ANDREA STORM
Feindin der Wikinger

 acabus

ANDREA STORM

Feindin der Wikinger

Die Jelling-Dynastie
Band 1

Historischer Roman

Storm, Andrea: Feindin der Wikinger. Die Jelling-Dynastie. Band 1.
Hamburg, acabus Verlag 2021

2. überarbeitete Auflage. Auflage 2023
ISBN: 978-3-86282-872-2

Dieses Buch ist auch als eBook erhältlich und kann über den Handel oder den Verlag bezogen werden.
ePub-eBook: 978-3-86282-808-1

Lektorat: Sarah Weber, acabus Verlag
Korrektorat: Lilly Seidel, acabus Verlag
Überarbeitung: Amandara M. Schulzke, acabus Verlag
Satz: Peter Feierabend
Umschlaggestaltung: Guter Punkt – Agentur für Gestaltung und Buchdesign, München (www.guter-punkt.de)

Bibliografische Information der Deutschen Nationalbibliothek:
Die Deutsche Nationalbibliothek verzeichnet diese Publikation in der Deutschen Nationalbibliografie; detaillierte bibliografische Daten sind im Internet über https://dnb.d-nb.de abrufbar.

Der acabus Verlag ist ein Imprint der Bedey und Thoms Media GmbH, Hermannstal 119k, 22119 Hamburg

---

© acabus Verlag, Hamburg 2023
Alle Rechte vorbehalten.
https://www.acabus-verlag.de
Gedruckt in Deutschland

Weißland 892 – Oxfordshire an der Themse

Dieser Tag ist der, vor dem sich jeder fürchtet und doch insgeheim den Wunsch ausspricht, er möge geschehen.
Es ist der letzte Tag vom alten und der erste Tag des neuen Lebens.

»Das wird Ärger geben«, murmelte Thyra und genoss den Duft der Narzissen. Sie lächelte versonnen und pustete sich eine Biene vom Gesicht.

»Verschwinde«, fauchte sie, kratzte die harte Erde energisch mit der Harke auf und zog die Unkräuter aus dem Blumenbeet. Sehnsuchtsvoll blickte sie von der ungeliebten Arbeit auf und sah in die blühenden Kronen der Obstbäume.

Die dunkle Erde trocknete unter den Fingernägeln, während die Sonne auf der Haut brannte. Den breitkrempigen Strohhut hatte sie am Anfang der Gartenarbeit mit einem gezielten Wurf in die Zweige des Apfelbaumes geworfen. Da hing er nun, zwischen den ersten zarten rosa-weißen Blüten, umschwärmt von Bienen. Thyra streckte das Gesicht der Sonne entgegen, genoss die Wärme und das Licht nach dem langen, kalten Winter in Wessex.

»Thyra!«

Der Schrei ließ ihren Körper zusammenzucken. Unwillkürlich biss sie die Zähne zusammen.

»Thyra!«

Wieder diese durchdringende Stimme.

Bedächtig erhob Thyra sich, denn sie wollte vor dieser verhassten Frau nicht knien. Nur das nicht!

»Wo ist der Hut?«, giftete die näherkommende dürre Person.

Thyra seufzte, rollte mit ihren Augen und deutete mit einer nachlässigen Handbewegung über die Schulter in die Blütenkrone des Apfelbaumes. Sie ahnte die kommende niederprasselnde Wortlawine.

»Thyra von Wessex!«, keifte die Hofmeisterin, doch dann folgte – Stille.

Kein Ärger. Kein Wortgewitter. Diese Frau war unberechenbar. Thyra richtete alle Sinne auf die Frau mit der schrillen Stimme. Gebannt stand sie im Blütenregen an den Stamm gelehnt und wartete.

Nichts!
Totenstille.

Argwöhnisch beobachtete Thyra Ethelgiva durch die Baumreihen des Obstbaumgartens. Dort stand sie. Still und bewegungslos.

Die Hofmeisterin horchte. Was Thyra auffiel, war die Blässe ihres sonst so rosigen Gesichtes. Kaum hob sich der flache Brustkorb. Nur schwach atmete Ethelgiva den Frühlingsduft ein.

»Bienen, nichts als Bienengesumm.« Thyra zog verärgert eine Grimasse, schlug schwarze Sandbrocken aus der Schürze und schüttelte den grob gewebten Leinenrock, den sie bei der Gartenarbeit trug.

»Diese dumme, dürre Frau. Dort steht sie. Die Angst vor einem Geräusch, das aus der Ferne kommt, lähmt sie.« Missmutig blinzelte Thyra hinauf zu ihrem goldschimmernden Strohhut. Er baumelte zwischen den zierlichen Blüten im Geäst.

»Unerreichbar!« Berechnend warf Thyra einen Blick auf Ethelgiva. Diese stand immer noch wie angewurzelt. Ein kraftvoller Wurf mit der kurzstieligen Harke und der wertvolle Strohhut segelte voller Anmut zur Erde. Zusammen mit unzähligen Blütenblättern.

Entschlossen packte Thyra den Sonnenhut, presste ihn auf ihr zerzaustes Haar und schritt zielstrebig zur Hofmeisterin. Trotzig stellte sie sich neben Ethelgiva und umfasste hinter ihrem Rücken das Handgelenk.

So stand sie, wartete, seufzte und langweilte sich.

Kein Vogel flog. Kein Wind kühlte. Nur azurblauer Himmel und Sonne.

»Was ist dort?«, schnaufte Thyra gereizt.

»Still!«

»Ich höre ni…«

Ethelgivas Hand schnellte hoch und beendete abrupt die Frage. Jetzt hörte es auch Thyra.

»Was ist das?« Abenteuerlustig strahlten ihre Augen.

»Schwerter«, murmelte Ethelgiva leise, fast fragend.

Ein sanfter Wind trug ihnen den hellen Klang von schlagendem Metall und das Sirren von Klingen entgegen.

»Schwerter! Endlich eine Abwechslung von diesem täglichen Einerlei.«

Doch dann! Dieser grässliche Schrei. Angstvoll und schmerzverzerrt.

Ein fremdländischer Ruf. Männerstimmen.

Jetzt horchte auch Thyra mit klopfendem Herzen.

Ein rauer Ruf. Eine kurze harte Antwort.

Fragend blickte Thyra zur Hofmeisterin. Ihr frostiger Blick erstickte die Worte, bevor sie die Kehle verließen. Das Entsetzen in ihren Augen erzählte Grausames! Etwas Erlebtes, das Ethelgiva an Schreckliches erinnerte!

Abgehackte Schreie. Männergebrüll. Ein Vogelschwarm flatterte auf. Eine Staubwolke verschleierte den schmalen Sandweg zum Haus. Raschelnde Blätter im Wind.

Thyras Nackenhaare stellten sich warnend auf.

Die Hofmeisterin stand starr. War nicht ansprechbar.

»Kommt!«

Energisch packte Thyra die dürre Frau. Zerrte sie zum Gartentor. Die Röcke flogen und sie erreichten den Eingang des steinernen Wirtschaftsgebäudes. Allein, dass Ethelgiva dieses mit sich geschehen ließ, versetzte Thyra in allerhöchste Alarmbereitschaft.

Mit ihrem Körper lehnte sie sich gegen die schwere Eichenholztür. Diese gab knarrend nach. Thyra blickte gehetzt durch den Raum.

»Niemand zu sehen. Nicht verwunderlich.« Murmelnd ließ sie ihren Blick über die Gartengeräte, Fässer, Körbe und Kleidung gleiten. Eilig wollte Thyra weiter. Doch plötzlich kam Leben in die starre Gestalt.

»Lasst mich augenblicklich los!« Ethelgiva riss sich frei.
Grinsend sah Thyra in das herrische Gesicht.
»Na endlich, alles beim Alten.«
Die Hofmeisterin schüttelte sich voller Abscheu und strich mit der Hand angewidert über die Stelle, an der dieser Adelsabkömmling sie berührt hatte. »Ungezogenes Balg«, empörte sie sich und gewann schlagartig ihre Fassung zurück. »Ihr dürft das Lächeln aus dem Gesicht entfernen.«
Den Rücken gerade und die mickrige Brust herausgestreckt, schritt Ethelgiva durch die nächste Tür in den Nebenraum. Hier lagerten stinkende Essensreste in der Drangtonne und verschämt in der Ecke stand der Notdurfteimer. Der durfte aber nur im Winter benutzt werden. Und nur nachts, wenn der eisige Nordwind den Gestank des vom Haus entfernten Aborthäuschens fortwehte.
Ein aufsehenerregender Luxus.
Thyra folgte in einigem Abstand. Sie fanden Solvor, die Magd. Sie wusch das Geschirr im Holzbottich und der Duft von frisch gebackenem Brot waberte durch die Luft. Die Magd buk die körnigen Brote im steinernen Ofen unter den Linden am Flussufer der Themse. Erstaunt blickte die dicke Frau von ihrer Arbeit auf, kümmerte sich aber nicht weiter um die Frauen. Sie kannte die Launen der Hofmeisterin genau und stellte keine Fragen.
Thyra lächelte Solvor verwegen an, während sie vorüber schritten. Griff mit flinken Fingern in den Brotkorb und brach einen heißen Kanten vom köstlichen Laib. Die rundliche Magd mit den kräftig roten Händen zwinkerte ihr heimlich zu.
Geschickt verschwand die Beute in Thyras Schürzentasche. Der Duft des Brotes, vermengt mit dem Aroma der Erde, haftete jetzt an ihren Händen. Sie freute sich über ihre Beute und folgte der Hofmeisterin.
»Beorhtric«, befahl Ethelgiva herrisch. Keine Antwort.
»Beorhtric!« Abermals zitierte sie den Bewirtschafter des Hauses

herbei. Doch der Mann schien verschwunden. Eilig rauschte sie durch die offene Eingangstür hinaus und stieß fast mit dem dicken Knecht zusammen. Ethelgiva schüttelte sich unbewusst. Beinahe hätte sie einen Mann berührt und die warme, verschwitzte Haut gespürt. Ein Schauder des Ekels lief über ihren verdorrten Körper.

»Beorhtric, was sind das für Geräusche?«, fragte sie mit eiserner Stimme.

Der ältere Mann ließ sich nicht aus der Ruhe bringen und antwortete lapidar: »Kampfgeräusche. Eindeutig Kampfgeräusche, Todesschreie und das Klingen von Schwertern.«

Bedächtig drehte sich der dicke Mann mit den roten Ohren zur Hofmeisterin.

»Barbaren kämpfen am Fluss.«

»Sie vergießen Blut am Wasser.« Ethelgiva erstickte fast an ihren Worten und Beorhtric hörte die Panik in ihrer Stimme deutlich heraus. Er mochte diese Frau in seinem Haus nicht und konnte die Schadenfreude in seinen Augen nicht unterdrücken, als er brummte: »Wikinger. Vermute ich.«

Er wand sich der Geräuschquelle zu.

»Wikinger!«, kreischte Ethelgiva und fing am gesamten Körper an zu zittern. Thyra sah es und fühlte fast Mitleid.

»Wir müssen weg!«, ordnete Ethelgiva bebend an. »Sofort!« Sie packte Thyra.

»Beorhtric. Hole Solvor. Wir müssen verschwinden«, befahl Ethelgiva, was ihr von Thyra einige Bewunderung entgegenbrachte. Die Angst steigerte sich in Panik. Dennoch behielt ihr Verstand die Oberhand und verlor selbst jetzt nicht seine Souveränität. Ethelgiva wartete nicht auf die Alten, sondern rannte ohne zu zögern fort vom Fluss. So schnell sie konnte, weg vom Kampfgeschehen.

»Widerliches Weib«, knurrte Beorhtric und trottete seelenruhig davon.

Der Staub waberte über den Weg und zeigte deutlich den Weg der flüchtenden Frauen. Ethelgiva schnaufte und ihr Gesicht wurde dunkelrot.

»Wir können uns doch ins hohe, trockene Gras legen«, Schweiß perlte auf Thyras Stirn, »und uns dort verstecken.«

»Vor den Wikingern? Diesen Mördern? Im Gras verstecken!« Ethelgiva lachte irre. »Nie!« Schnaufend beugte sie ihren Oberkörper vor. »Diese Berserker finden uns und bringen uns um. Der Weg bringt uns in Windeseile ins Landesinnere«, keuchte sie atemlos. »Wir müssen – weg. Schnell – weg – von diesen Barbaren. Thyra!«, kreischte sie. »Beeilt Euch! Ihr habt keine Ahnung! Das sind Mörder. Blutrünstige Berserker! Wikinger!«

Beim Wort Wikinger würgte Ethelgiva haltlos.

»Lauft! Lauft! Sonst werden sie uns töten und vorher …!« Sie starrte zum Fluss. »Oh lieber Gott, beschütze uns!« Ihr Gesicht war vor Entsetzen verzerrt und Thyra ahnte ihre Gedanken, denn auf der blassen, faltenreichen Haut erkannte sie jede brutale Einzelheit aus ihrer Vergangenheit.

Ethelgiva hatte recht mit den grauenvollen Geschichten vom Kampf der Wikinger.

Dass die Berserker den Menschen, egal welchen Alters, die Leiber aufschnitten, die Kehlen durchtrennten und die einzelnen Gliedmaßen der Getöteten zu Hügeln aufschichteten. Arm auf Arm, Bein auf Bein, Schädel auf Schädel!

Thyras Schritte verlangsamten sich. Ihre untrainierten Lungen keuchten. Sie erkannte Solvor und Beorhtric. Weit zurück – in einer Staubwolke.

»Beeilt euch!«, brüllte Thyra den beiden Alten durch den Staub zu, die Hände zu einem Trichter vor ihre schweißbedeckten Lippen geformt. Hustend beugte sie sich vornüber, während die Sandkörner ihre Kehle trockneten. Als sie sich aufrichtete, weiteten sich ihre Augen vor Entsetzen.

Hinter den beiden Alten tauchten sie auf.

Groß. Barbarisch. Die blutbespritzten Gesichter von langen, zotteligen Bärten verdeckt. Bärte, zu Zöpfen geflochten. Das Haar abstehend. Wild. Ungepflegt.

Vermengt mit dem rot glänzendem Saft getöteter Angelsachsen. Fast nackt, nur Blut und Erde auf den schweißglänzenden Körpern. In den Pranken hielten sie Eisenschwerter. Sie glänzten im Licht der Sonne. Thyra würgte und ahnte, in welche Leiber sie die scharfen Klingen eintauchen würden. Starr vor Entsetzen konnte sie ihre Augen nicht von den Kriegern wenden. Auf den Köpfen trugen sie lederne Kappen. Die Brust verteidigten sie mit Lederwesten. Thyra wollte gerade ihre Hand schützend über ihre Augen heben, um besser sehen zu können, als ihr Ethelgiva eine schallende Ohrfeige gab.

»Hört mir endlich zu!«, brüllte sie Thyra ins Ohr. »Wenn Ihr nicht von allen Barbaren vergewaltigt und danach grausam hingerichtet werden wollt – dann lauft! Lauft!«

Ohne weiter nachzudenken, lief Thyra, so schnell es die Röcke erlaubten, den Pfad entlang.

Sie stürmte davon. Sie sah sich nicht um! Thyra nahm irrwitzigerweise an, den schnaufenden, warmen Atem der Hofmeisterin im Genick zu spüren.

Thyra rannte, rannte, rannte.

Hörte die Todesschreie von Solvor und Beorhtric. Wollte stehen bleiben. Ihnen zu Hilfe eilen. Doch der treibende Atem in ihrem Nacken brannte. Der Staub klebte trocken im Mund und mit pfeifenden Tönen blieb sie endlich still stehen. Das Seitenstechen im Körper zwang quälend zur Pause.

»Ich kann nicht mehr. Bitte. Ethelgiva. Lasst uns etwas verschnaufen.« Thyra beugte sich weit vornüber, um den Stichen unter den Rippen aus dem Wege zu gehen. Von dem Lauf zitterten die Knie. Vor ihren Augen tanzten wirre bunte Punkte.

»Ethelgiva?«

Keine Antwort.

»Ethelgiva?«

Ihre Angst verstärkte sich, als die Hofmeisterin nicht antwortete. Langsam richtete sie sich auf und blickte sich um. Ihre Kehle weigerte sich, weiter den notwendigen Sauerstoff in die stechenden Lungen zu pumpen. Ethelgiva war nicht da! Zurückgeblieben im Staub auf dem Weg.

»Wo ist sie?«

Das gleißende Sonnenlicht blendete. Thyra hob die Hand zum Schutz und versuchte, durch die aufgewirbelte Sandwolke die Menschen darin zu entdecken. Sie war noch nicht so weit gelaufen, wie sie gehofft hatte.

Schreie. Nichts als schmerzverzerrte Schreie – und Ethelgiva, Solvor und Beorhtric waren die Opfer dieser blutrünstigen, grausamen, mordenden Barbaren!

Weitab blökte eine Kuh. Vögel zwitscherten vergnügt. Eine Taube gurrte lockend und tanzte verliebt auf dem Ast einer Buche. Der Wind strich über ihre verschwitzte Haut und kühlte angenehm.

Doch Thyra hatte nur Augen für die Eisenschwerter, die sich in die lebenden Leiber der Menschen bohrten, die ihr die Familie ersetzt hatten.

Sie sah, wie glänzendes, rotes Blut von den Klingen auf die noch zuckenden Körper und in den trockenen Staub auf dem Weg tropfte. Erkannte aus der Distanz die Todesfratzen. Sie sah die gefletschten Zähne und die Schwerter der Wikingerbarbaren in der Sonne blitzen.

Thyra schluckte. Einer dieser Männer hob seinen Blick. Starrte sie an. Todbringend, gierig – lüstern.

Das Haar stand dem grobschlächtigen Krieger vom Schädel ab und Thyra sah, wie er mit der schimmernden Zunge über seine Lippen fuhr!

Der Wikinger hob seinen Kopf und wischte mit dem Handrücken seiner Schwerthand den Schweiß von der Stirn. Musterte erregt die in der absinkenden Staubwolke stehende Frau.

»Es lohnt sich nicht für dich, fortzulaufen. Bleib stehen, Weib. Es wird dir gefallen«, gierte der Berserker lachend. Das war ein Versprechen an diese Angeln-Frau. Diese eine wollte er besteigen. ‚Ein perfekter Tag für die Schenkel dieser Frau!' Der Tod, die Schreie. Geistesabwesend fuhr er mit dem Finger durch das frische Blut der Getöteten, welches an seiner Schwertklinge klebte.

‚Der beißende Geruch von Angst, Schweiß, Blut. Danach ein Weib für meinen Schwanz.'

Sofort schwoll sein Glied an und ohne es zu merken, griff er mit seiner linken Hand zum Geschlecht und rieb es.

Thyra folgte mit den Augen den Bewegungen des Barbaren und erkannte schockiert seine Absicht.

»Du willst mich besteigen.« Ihr stockte der Atem.

Nicht einen Augenblick zögerte sie mehr! Sie hatte alles gesehen! Den Tod von Ethelgiva. Solvors abgetrennte Brüste. Den offenen, blutglänzenden Leib von Beorhtric. Nie würde Thyra den Anblick vergessen, wie genüsslich langsam der Wikingerkrieger das bluttriefende Schwert aus den warmen Körpern zog.

Sie rannte wie nie zuvor in ihrem Leben. Staub wirbelte auf. Die Zweige der Büsche am Wegesrand peitschten Thyra in das Gesicht und stachelten sie zum stürmischen Lauf an. Sie spürte den Wind. Der Schweiß brannte in den Augen. Doch der Wald stand weit entfernt. Steine bohrten sich in die Fußsohlen. Sie hörte das Brüllen des Barbaren. Thyra stolperte. Keuchte. Seitenstiche quälten.

»Angeln-Frau.«

Diese zimperlichen Weiber! Sollten endlich einen richtigen Mann in sich spüren!

Laut brüllte der Mörder: »Landmanna baestr, lids forungi, ek veit einn, ek sar hangistaz sina!«[1] Blitzschnell setzte er ihr nach.

---

1 Ich bin der Beste der Männer im Lande, der Führer dieser Kriegerschar - ich weiß eins, ich bin der Hengst dieser Frau.

Verschwommen sah sie die grüne Wand des Waldes. Sie rang nach Luft. Würgte und rannte. Ihre Beine flogen über die Erde. Die Röcke zerrten an den Waden. Thyra floh vor dem Jäger!

Sie sah sich nicht um. Wusste, wenn dieser Wilde sie packte, war sie verloren. Sie hörte sein wütendes Gebrüll. Hörte die mörderische Stimme.

»Schneller«, feuerte sie sich an, »bald, bald erreiche ich den Wald. Bald!«

»Grroaahh!«

Thyra erlaubte es sich nicht, sich umzusehen. Sie sah nur eine grüne, verschwommene Farbe.

»Grroaahh!«

Panik schnürte den Magen zu. Ihr klarer Verstand – vom Schlachtruf vernichtet. Endlich streiften die Zweige der Büsche am Waldrand ihre Haut. Versperrten den Weg. Schnaufend und nach Atemluft ringend, blieb sie kurz stehen. Sie sah nichts mehr!

Sie benötigte Augenblicke. Augenblicke, die sie nicht besaß!

Thyra warf einen Blick zurück! Da stand er! Ein Raubtier mit wehenden Haaren und blutverschmiertem Schwert. Warum war der Koloss so schnell?

Sie schluckte gehetzt ihre aufsteigende Panik herunter, durchbrach das Unterholz. Die trockenen Zweige knackten. Der Eichelhäher warnte. Thyra rannte – fiel.

»Verdammte Röcke.« Ihre erstickte Stimme verriet Angst. Mit zitternden Fingern nestelte sie an den Bändern der Röcke. Dann – abermals dieser Ruf.

»Grroaahh. Ek sar hangistaz sina!«[2]

Er war nah! Viel zu nah!

»Keine Zeit für Röcke!« Fieberhaft sah sie sich um. Ihre Augen gewöhnten sich ans Dämmerlicht. Sie brauchte nur kurz. Sie kannte den Wald.

---

2   Ich bin der Hengst dieser Frau.

»Zum Dachsbau.« Nervös ging ihr Blick durch die Büsche.
»Wo ist er?«
Geschickt sprang sie über pilzüberwucherte Baumstämme, bahnte sich einen Weg durch mannshohen Adlerfarn, zerriss ihre Röcke an den Dornenbüschen der Brombeere. Ein Kaninchenloch stoppte die Flucht. Mit ersticktem Schrei stürzte Thyra. Geräuschlos lag sie auf den trockenen Blättern, krallte die Hände in den Waldboden. Lauschte keuchend.
Thyra hörte ihn nicht. Sie roch ihn!
So nah war er!
Quälend langsam, kaum hörbar griff sie mit den Händen das verdorrte Laub, legte es auf ihren Körper. Doch die Unterseite der nassen Blätter glänzte dunkler.
‚Wohin?'
Es war zu spät! Sein Gestank kam immer näher. Sie roch seinen Schweiß. Er trug den Eisengeruch des Blutes und die Erinnerung daran. Thyra presste die Augen zusammen. Sie lag nur zur Hälfte unter dem feuchten Blattwerk. Da trat er wenige Schritte neben sie, seinen Blick suchend über den Waldboden gleitend.
Thyra drückte sich flach in die Erde. Der Farn legte die filigranen Wedel mit seinen vom Wind wiegenden Schatten schützend über ihren Körper. Der Wikinger war keine Körperlänge entfernt.
Sie atmete nicht. Ihre Beine zitterten vom Lauf und Panik verbrüderte sich mit Angst.
»Ek drepa sina!«,[3] knurrte die bösartige Stimme des Mörders. Suchend schlich er umher.
Thyra atmete nicht.
Er ging vorbei! Sein Gestank hing in der Luft. Zögernd schob sie den Blätterhaufen fort. Dort stand er! Deutlich sah sie den

---

3   Ich erschlage diese Frau!

Schweiß auf seinem Rücken. Das wirre Haar fiel über die Schultern. Am Ledergurt steckte das blutverschmierte Schwert.

In gebückter Haltung schlich sie in entgegengesetzter Richtung fort. Sie hörte seine grässliche Stimme und konnte ihren Beinen nicht befehlen, in gemäßigtem Tempo zu bleiben. Zuerst lief sie stockend schneller. Doch dann rannte sie wie nie zuvor. Das Rascheln der Blätter war ein Lockruf in den Ohren des Kriegers.

»Grroaahh!«

Der Wikinger entdeckte Thyra. Sein Schlachtruf war fürchterlich.

»Der Dachsbau! Ich muss dahin! Wo ist er? Dieser verdammte Kriegsschrei. Er vertreibt meinen Verstand!«

Im Lauf schürzte sie die Röcke. Ihre Füße trommelten über den Waldboden, während die Tiere flohen. Doch es war nicht die Flucht der Waldbewohner, die das Knacken der trockenen Äste und Zweige hervorrief. Der Wikinger brach sich todsicher seinen Weg.

Endlich sah sie die Löcher des Baues, den die Dächsin für die Welpen gegraben hatte. Ohne zu zögern, warf Thyra sich auf die Erde und zwängte sich mit den Füßen voran in die schmale Öffnung. Steine und Wurzeln rissen blutige Wunden. Sie merkte es nicht. Der Gartenrock schob sich bauschig am Körper hinauf und entwickelte auf ihren Hüften eine unförmige Wulst. Thyra wimmerte.

Immer tiefer drückte sie sich in den Dachsbau, grub ihre Handballen in den Waldboden, schob die Erde zurück. Mit den Beinen war sie schon im Bau. Sie steckte fest. Ihre Brüste bildeten zusammen mit der Schulter ein unüberwindbares Hindernis in dem kleinen, engen Loch. Thyra knirschte mit den Zähnen, drückte die Hände gegen die Erde. Sie wollte tiefer in die dunkle Bodenlosigkeit des Dachsbaues verschwinden. Ihr hochgeschobener Rock gab endlich seinen Widerstand auf und mit einem Ruck glitt Thyra nach unten, hinab in die Höhle.

»Nur noch die Schultern und der Kopf. Dann bin ich in Sicherheit!« Thyra stöhnte leise. Hörte nicht seine schleichenden Schritte. Roch nicht die Gefahr, die über ihr lauerte. Sah die Fratze des Grauens nicht.

Mit einem wutschnaubenden Grinsen schnappte der Wikinger mit seiner vom Kampf verschmierten Hand zu.

»Ek sar hangistaz sina«, grinste er zornig, packte die Frau am Genick und zog den Kopf an den Haaren in die Höhe.

»Ek sar hangistaz sina.«

Gierig presste der Wikinger seine Lippen auf den Mund der Gefangenen.

Er stand über Thyra gebeugt. Salziger, brauner Schweiß lief seine Kehle herunter. Tropfte auf Thyras Haut.

Sie atmete nicht.

Ihr anregender Duft nach Angst und Erde berauschte die Sinne des Wikingers. Eine würzige Mischung. Genau, wie er es mochte.

Erstarrt blickte Thyra dem Bärtigen in das lüsterne Gesicht.

Grausam packte er zu und zog die Geisel an den Haaren aus dem Dachsbau.

Sie schrie! Schlug mit den Armen! Lässig drückte er seine Beute auf die Knie. Lachte rau. Exakt das, was er nach einem blutigen Gemetzel brauchte. Ein wehrhaftes Weib für seinen Schwanz. Er wollte sie gleich! Hier! Auf dem Waldboden! Die Frau schrie. Er lachte. Rieb lüstern seinen steifen Penis.

Thyra sah mit Entsetzen, dass er an Umfang gewann. »Ich beiße ihn dir ab!«, fauchte sie. »Wage es und ich fresse deinen Schwanz zum Frühstück.« Ihre Augen funkelten. »Ahhh!« Sie griff sich an den Kopf.

Grob zog er Thyra an den Haaren auf die Füße, presste ihr einen feuchten, lüsternen Kuss auf die Lippen. Sie schmeckte sein Blut.

Der Berserker war unersättlich. Lachend und voller Zorn und Stolz betrachtete er sein Opfer.

»Wenn du mich berührst, wird mein Onkel, der König, dir den Kopf abschlagen!«

»Ek hangistaz«, grunzte er und rieb mit der blutigen Hand seinen steifen Schwanz.

Verächtlich blickte Thyra ihn an. Doch lachend stieß er die Frau mit einem Schlag zu Boden und kniete sich auf *sein* Weib. Umständlich nestelte er an der Hose und zeigte sein prächtiges Glied. Entsetzt riss Thyra die Augen auf. Roch den strengen Moschusduft. Ihre Lippen zitterten. Der Wikinger lachte erfreut, sah ihr blasses Gesicht und warf die Hose komplett fort. Sofort fummelte er an ihren Röcken. Schob sie hoch.

Das war zu viel!

»Verschwinde! Runter von mir!« Sie buckelte und drehte sich unter seinem Körper hervor. Richtete ihren Oberkörper auf. Wollte weg.

Der Wikinger lachte dröhnend. Was für ein Prachtweib!

Die Reaktion der Angeln-Frau stachelte ihn an.

Sehr sogar.

Kaltherzig starrte Thyra ihm in die Augen. Blickte kurz auf seine Mannespracht und packte unbarmherzig mit einer Hand seinen steifen Penis, krümmte diesen am Schaft heftig nach unten und schlug mit der anderen zu. Sein steifes Glied knickte brutal – mit einem heftigen Ruck – um!

Das prachtvolle Glied verlor seinen Stand nach dieser bestialischen Biegung. Der Schwellkörper riss im Inneren und das monströse Brüllen des Wikingers erfüllte das Blätterdach des Waldes, verstärkt durch den peitschenden Knall.

Thyra hatte seinen Penis gebrochen und sah mit einem zufriedenen Grinsen in sein schmerzverzerrtes Gesicht. Schlapp hing sein vorher so stolz aufragender Schwanz am Bein herab. Hellrotes Blut tropfte aus dem winzigen Loch der Eichel auf das tote Laub.

Bedächtig hob Thyra ihren Blick. Und obwohl ihre Beine noch unter ihm lagen, sah sie ihn hochmütig und drohend an.

Ganz langsam zog über das Gesicht des Mannes eine fürchterliche, unmenschliche Maske.

Es begann mit einem Zucken am Mundwinkel, zog hinauf zum mörderischen Blick der Augen. Thyra sah es und schlagartig wurde ihr klar: Sie hatte seine Männlichkeit zerstört. Den Krieger kastriert! Schlapp baumelte sein faltiges Glied neben den Hoden am Bein herunter. Ein blauschwarzer Bluterguss leuchtete auf und wuchs dort, wo das Gewebe peitschend zerriss. Der Riss im Penis schwoll beulenartig an.

Es sollte das letzte Mal sein, dass er anschwoll! Er würde nie wieder einer Frau die Beine spreizen und seinen Schwanz in sie rammen.

Sie sah den Schlag nicht. Die Wucht schleuderte ihren Kopf zur Erde. Das Ohr pochte. Der Berserker trommelte mit den Fäusten auf ihren Schädel, packte ihr Hemd und zerriss es mit einem Ruck. Der Stoff klaffte auseinander und die filigrane, durchscheinende Hemdspitze zeigte schimmernd ihre Brüste.

Halbnackt lag Thyra vor ihm im Dreck. Unbarmherzig lächelte er, legte die Hände zart streichelnd auf ihre prallen Rundungen. Liebkoste mit den Daumen ihre Brustwarzen.

Thyra keuchte entsetzt.

Dann drückte er gnadenlos zu.

»Ek hangistaz, ek drepa sina.«[4]

Sie funkelte ihn an. »Ich bin nicht dein Weib! Ich werde dir die Augen ausstechen und dann ...«, Thyra knirschte vor Schmerz mit den Zähnen, »... bist du – ein blinder Kastrat!«

Der Wikinger drückte zu. Vor Schmerz wölbte Thyra den Rücken. Krallte die Finger in den Waldboden. Grub panisch in der Erde. Suchte nach einem Stück Holz, einem Stein, nach irgendetwas. Trommelte mit den Füßen.

»Ek drepa sina.«

---

4   Ich bin der Hengst. Ich erschlage diese Frau.

Mordlüstern löste er seine Hand von einer Brust und legte diese fast schmeichelnd um ihren Hals. Umfasste mit der schwieligen Hand ihre Kehle – und drückte zu.

Thyra riss ihre Augen auf und prügelte auf ihn ein. Wollte mit ihren verdreckten Fingern seine Augen ausstechen. Doch ihre Arme waren zu kurz. Er hielt sie mit Leichtigkeit auf Abstand. Thyra rang nach Atem. Warf ihren Kopf hin und her. Packte seinen Arm und wollte ihn wegdrücken.

Er lachte nur rau.

Sie drehte sich unter seinem Gewicht und stieß ihr Knie in seinen Bauch. Zog mit den Fingernägeln blutige Risse in seinen behaarten Arm. Sein Blut zeichnete irrwitzige Spuren und tropfte warm auf ihre Haut. Sie zerrte an seiner Hand um ihren Hals. Zerriss dabei nur ihre Kette. Eilig umkrallte Thyra diese, packte einen seiner Finger und bog ihn weit nach hinten. Sie drückte und entfernte seine Hand schleppend von ihrem Hals.

Plötzlich konnte sie atmen! Sie keuchte und würgte. Er hatte sie losgelassen!

Urplötzlich!

Ihr wurde schwarz vor Augen. Bewusstlos lag sie im Dreck. Erst nach geraumer Zeit kam sie zu sich und erblickte den halbnackten Mann über sich stehend. Immer noch baumelte sein winziger, merkwürdig geformter Penis am Bein herab. Er dachte nicht daran, sein Geschlecht zu bedecken. In einer Hand hielt er ihre Kette und betrachtete zornesfunkelnd den Anhänger. Allmählich wanderte sein hämischer Blick zu der Frau vor ihm auf dem Boden. Diese Frau hatte ihn kastriert, sein Glied gebrochen! Nie wieder würde er seinen Schwanz für eine Frau benutzen können. Sein Volk würde ihn verspotten. Denn eine Frau, noch nicht einmal ein Knabe, hatte ihn mit nur einem Handgriff entmannt.

Seine Zähne mahlten vor unbändigem Zorn. Doch ihre Zukunft würde jetzt weitaus grausamer werden als diese

Vergewaltigung. Sie war von Adel. Der Anhänger in seiner Hand zeigte es deutlich. Erst allmählich gewann sein Verstand die Oberhand zurück.

»Wenn ich dich töte, bist du wertlos.« Grob packte er die Angeln-Frau und zog sie in die Höhe. Jetzt war sie seine Geisel. Sein Pfand für seinen Reichtum. »Du kommst mit. Ich verkaufe dich jetzt an jeden, der auf dir reiten will. Jeder Mann soll dich auf sein Lager ziehen und dir, Weib, zeigen, wo der Platz einer Geisel ist.«

* * *

Der Weg zurück auf dem staubigen Feldweg war eine einzige Qual. Der Wikinger konnte vor Schmerzen kaum aufrecht gehen und benutzte seine Geisel als willkommenen Krückstock. Fest krallte sich seine Hand in ihre Schulter und unbarmherzig legte er sein ganzes Gewicht darauf.

Thyra litt schweigend. Sie beobachtete, wie der Penis, den er notdürftig bedeckte, immer groteskere Formen und Farben annahm. Ohne dass ihre Mimik es verriet, blitzte kurz heroischer Stolz über ihren Sieg, den sie über diesen brutalen Mann errungen hatte, auf.

Nur langsam kamen sie vorwärts und Thyra kannte die Leichen. Menschen, die ihr bisheriges Leben bestimmt hatten. Ein Mann hockte am Wegesrand neben den Opfern und schlug mit der Hand die herbei summenden Fliegen beiseite. Sie krabbelten in die unterschiedlichsten Körperöffnungen der Ermordeten und legten ihre gelblich-weißen Eier ins Fleisch.

Die Sonne brannte.

Die Leichen von Ethelgiva, Solvor und Beorhtric rochen nach frischem Blut und aufgerissenen Innereien. Der Gestank des Todes war heftig. Thyra kniff die Nase zu und wandte speiübel den Blick ab. Tränen rannen über ihre Wangen.

»Filaga«, brummte der am Wegesrand Sitzende. »Skati hva-t ger-a pù so lang-aed?«[5] Er deutete mit einem anzüglichen Blick auf die Frau, die der Wikinger wie ein Schaf vor sich hertrieb.

»Ek drepa pair«,[6] knurrte Hafr und warf dem Kumpan die Kette mit dem Wappen zu. Geschickt fing der sie und besah sich den vielsagenden Anhänger. Thyra beobachtete ihn. Sah, wie der Wikinger erstaunt die buschigen Augenbrauen anhob und die Augen aufriss. Mit einem anzüglichen Grinsen auf den Lippen pfiff er und rieb sich voller Vorfreude die Hände. Plötzlich fiel sein Blick auf die riesige Beule des Kameraden. Er runzelte spöttisch die Stirn und warf seinem Freund einen fragenden Blick zu.

Thyra stand neben den Leichen ihrer Freunde und der Hofmeisterin. Hunderte grün-schwarz glänzende Fleischfliegen krabbelten auf dem blutigen Fleisch und flogen summend auf, als ihr Häscher vor Schmerz neben der Toten zusammenbrach.

Thyra wich erschrocken zurück.

»Ek mun drepa konu þessa!«,[7] keuchte er, legte die Hände auf sein untaugliches Geschlecht und presste die Augen zusammen. Der schwebende Staub umrahmte die Körper wie Nebel.

Der andere musterte Thyra grinsend, während seine Spöttelei keine Scham kannte. Er zeigte auf die drei Toten.

»Dóu þeir í Weißland.«[8]

Er grinste und bohrte mit der Schwertspitze in Solvors Leib. Thyra schluckte. Sie beobachtete, wie sich die Gedärme bewegten.

---

5   Kamerad, was machst du so lange?
6   Ich erschlage sie.
7   Ich erschlage diese Frau.
8   Sie starben in Weißland.

»Hafr var einn af inum beztum mönnum í landi ok helt hann úti liðit.«[9] Er schüttelte den Kopf. Sah betrübt auf die Angeln-Frau. Sie hatte ihr Leben verwirkt. Wäre sie Hafr doch gefügig gewesen.

»Hafr mun hefna á þér grimmliga!«,[10] knurrte er kopfschüttelnd und zog das Schwert aus dem Fleisch.

Thyra verstand kein Wort. Ihre salzigen Tränen tropften auf Solvor. Sie beugte sich über das verstaubte Gesicht und schloss mit zittrigen Fingern die starren Augen. Nahm die Fetzen der Bluse und legte diese notdürftig über den geschlachteten Körper. Die großen Brüste der Frau lagen zerhackt am Wegesrand. Sie konnte sich nicht dazu überwinden, die Brüste aufzuheben und diese zu Solvor zu legen.

»Ich bete zu deinem Gott, dass er dir auf deinem Weg beisteht«, flüsterte sie mit erstickter Stimme. Dann brach sie Haselnusszweige und legte diese sanft auf Solvors Brüste am Wegesrand.

Einige Zweige legte sie auf den offenen Brustkorb von Beorhtric. Dann ging sie zu Ethelgiva. Sie entdeckte zu ihrem Erstaunen keinen entsetzten Ausdruck auf dem blassen Gesicht der Hofmeisterin. Sie schien zufrieden, mit einem Lächeln auf den Lippen, gestorben zu sein.

Apathisch stand Thyra neben den Toten und blickte zum Wikinger.

Er steckte sein Schwert in die Schwertscheide und wuchtete ohne Schwierigkeiten seinen Kriegskameraden über die Schulter. Er stierte nur einmal drohend zu Thyra und deutete ihr mit einem Kopfnicken an, dass sie vor ihm zu gehen hatte. Sie zuckte kurz zusammen und ging dann den Weg zurück, den

---

9   Hafr gehörte zu den besten Männern im Land und hielt die Kriegsschar draußen.

10 Hafr wird sich an dir rächen.

sie vor Kurzem in Panik entlanggerannt war. Sie wollte fliehen! Doch wohin? Die Wikinger hatten vermutlich mit ihrer Streitmacht den kompletten Landstrich überfallen.

Die Menschen, die sie liebte und kannte, – lagen kalt im Staub. Vertrockneten im Sonnenschein. Eifrige Insekten krabbelten über die Leichen. Saugten Blut und vermehrten sich. Ihre Eier würden sich in wenigen Tagen durchs faulende Fleisch fressen und sich zu einem wimmelnden, weißen, krabbelnden Madenmeer entwickeln.

Thyra ging mit den Fremden.

»Ich werde ihnen erzählen, wer ich bin. Irgendwer wird schon meine Sprache sprechen. Schließlich ist das Siegel bekannt! Denn ich bin die jüngste Tochter des Königs Ethelred von Wessex und Kent und meine Mutter ist Königin Wulfthryth. Was soll mir schon geschehen? Denn mein Vater ist der ältere Bruder von König Alfred.«

*　*　*

Das kleine Dorf in Oxfordshire, im Königreich Wessex von Weißland, war nur wenige hundert Schritte von der Themse entfernt. Ein urwüchsiger Wald aus Eichenbäumen lag in einem sanft abfallenden Tal und suchte sich einen Weg hinauf zu den grünen Hügeln, wo hunderte Krähen in den Baumkronen der uralten Kiefern nisteten. Dort schlugen die Dorfbewohner ihr Holz zum Bau der kleinen Fischerboote, Häuser und für ihr Feuerholz im verschneiten Winter.

Die Rinder, Schafe und Ziegen auf den Weiden grasten friedlich. Das satte Grunzen der Säue und Ferkel versprach Reichtum im Herbst. Am Ufer des Flusses hingen Fischernetze an langen Gestellen. Die kleinen Häuser mit ihren Gärten und Obstbäumen lagen dicht aneinandergedrängt und normalerweise kräuselte Rauch aus den Schornsteinen den Himmel hinauf.

Die Flussnähe dieser ungeschützten Dörfer war für die Nordmänner perfekt für einen Überraschungsangriff.

Zügig marschierte die Dreiergruppe dem Dorf entgegen. Von Weitem erblickte Thyra Drachenschiffe am Ufer der Themse. Sie sah groß gewachsene Männer mit zerzausten Haaren und vom Kampf verdreckten Gesichtern. Sie hatten weder Hemden noch Mäntel. Die Nordmänner trugen Umhänge und warfen diese über die Schulter, so waren die Hände frei für den Kampf. Zusätzlich baumelten am Gürtel ein Beil, ein Dolch und das Schwert.

Hochgewachsene Frauen in fremdländischer Kleidung bewegten sich selbstbewusst und frei im Dorf.

Thyra verlangsamte ihr Tempo und erntete einen derben Stoß. Der Krieger grunzte und zeigte mit verärgertem Kopfnicken, dass sie zügig vorwärtszugehen hatte. Sie verzog das Gesicht, tat wie befohlen und hörte hinter sich den Getragenen gequält stöhnen.

Einige Fischerhäuser brannten und verwandelten sich zu Staub und Asche. Glänzten vom Ruß verkohlt. Verbrannt stinkende Gerippe. Der üble Geruch kroch brennend in ihre Nase. Doch es lag noch etwas Fremdes im beißenden Duft. Etwas Süßliches, fast Aromatisches! Thyra rümpfte die Nase. Schnüffelte. Konnte den Geruch nicht deuten. Sie stolperte und erhielt einen derben Stoß. Boshaft drehte sie sich um und warf dem Nordmann einen wütenden Blick zu. Der lachte lauthals, als er ihren Gesichtsausdruck erkannte, und schubste sie erneut.

»Du verdammter Fremdling! Büßen wirst du für diese Grobheit«, fauchte Thyra und schritt jetzt zügig voran. Bei jedem Schritt erhob sich unter ihren Fußsohlen eine bauchige Staubwolke. Fremd wirkte die vertraute Stadt. Hinter einer Baumreihe reihten sich viele Käfige. Mächtige Käfige! Ihre Augen wurden immer größer, je näher sie den Bäumen kamen. Ungläubig fiel ihre Kinnlade herab. In den Käfigen kauerten, standen und lagen – Menschen! Zielstrebig erreichte die Dreiergruppe die Gehege.

»Du wirst nicht!«, meinte sie noch.

Der Nordmann deutete in einen Käfig.

»Doch, er wird!«, stellte Thyra fest und blieb abrupt stehen.

»Djöfulskona, ek mun kyrkja þik með höndum mínum, ef þú eigi ferr í brott. Farþú í brott!«[11]

Thyra betrachtete äußerlich gelangweilt den Krieger. Ignorierte sein zorniges Gesicht.

»Ich gehe nicht!«, antwortete sie schnippisch.

»Grroaahh!«

Augenblicklich stellten sich vor Angst ihre Nackenhaare auf.

»Faru-brot!«,[12] schnaubte er wutentbrannt. Packte mit der freien Hand ihren Nacken und drückte zu.

»Ich – werde – nicht – gehen!«, presste Thyra mit Mühe, mit erstickter Stimme hervor.

»Grroaahh!« Der Kampfruf ließ nichts Gutes ahnen und er kniff noch härter zu.

»Ich …!« Vor Schmerz fiel Thyra auf die Knie – kapitulierte – und ging nun doch.

»Ich hasse dich!«, zischte sie und jaulte: »Ich verklage dich beim König. Ich – Auuu!«

So schritt das merkwürdige Gespann zu den Käfigen. Ein Wikinger, getragen von einem anderen, der eine gebückte und zeternde Angeln-Frau vor sich herschob.

Thyra schielte nach vorn, um zu erkennen, wer in den Käfigen hockte und erkannte die Gesichter der Eingepferchten.

Dort stand der Krämer mit seinem sonst so verschlagenen Blick. Neben ihm die hochschwangere Frau des Fischers. An

---

11   Du verdammtes Weib, ich drehe dir eigenhändig den Hals um, wenn du nicht sofort weitergehst!

12   Geh!

dessen Seite die Raufbolde des Dorfes. Die pubertären Jungen – standen jetzt alle artig und brav, mit ängstlichen Augen an den Rockzipfeln ihrer Mütter. Doch die Väter der Kinder starrten Thyra hasserfüllt an.

»Dort kommt sie, die Tochter Ethelreds und Nichte des jetzigen Königs Alfred«, knurrte der Fischer. »Ihr haben wir es zu verdanken, dass sie uns überfallen. Uns töten. Unser Land vernichten und unsere Häuser abbrennen.«

Zustimmendes Gemurmel übertönte den Wind.

»Das ist nicht wahr«, krächzte Thyra. Der Wikinger drückte fest ihr Genick. Sie fiel auf die Knie.

»Die Wikinger wollen unsere Reichtümer und die Herrschaft übers Land«, stichelte der Fischer.

»Aber sie ist doch eine von uns! Eine Angeln-Frau!«, wagte ein Bauer einzuwenden.

»Sie ist eine Adlige!«, fauchte der Fischer. »Keine von uns!«

Zustimmendes Gemurmel.

Thyra drehte ihren Kopf. Der Wikinger lockerte den Griff.

»Hvern fangaðir þú?«[13]

»Getr Hafr eigi gengið lengri?«[14]

Lauthals wurde ihr Treiber mit der schweren Last auf der Schulter begrüßt.

»Ho filaga!«,[15] riefen sie ihm grölend zu und gingen den Rückkehrern entgegen.

Sie musterten die Frau und wandten sich an ihren Gefährten. In dieser fremd klingenden Sprache empfingen sie ihn, schlugen ihre kräftigen Hände auf die Schulter des Trägers und derbe auf den breiten Rücken des Getragenen. Der fluchte lauthals. Er erntete volltönendes Lachen und wurde auf seine Füße gestellt.

---

13 Wen hast du denn gefangen?
14 Kann Hafr nicht mehr gehen?
15 Ho Kamerad.

Doch sofort fiel er, von irrsinnigen Schmerzen geplagt, auf die Knie.

»Das nimmt keinen guten Anfang! Diese Geschichte wird am Lagerfeuer mit Spott erzählt werden.« Sie biss sich auf die Lippen.

»Kein Fluchtweg.« Thyras Stimme klang verächtlich. »Überall Nordmänner!«

Eine Wikingerin packte die Fremde und nahm sie mit. Der Weg führte an Brandruinen vorbei, entlang der Dorfquelle. Leichenteile hingen über dem Brunnenrand. Zur Rechten säumte das schwarze Gerippe der heiligen Dorflinde den Weg. Blattlos, mit verkohlter Rinde ragten rauchende Arme hilflos sterbend in den Himmel.

Sprachlos betrachtete Thyra den verwüsteten Ort. Sie erkannte zu Beginn nicht die tiefschwarzen Gebilde, die aus den Fenstern hingen und in den geöffneten Türen den Weg versperrten. Die Toten lagen in Gärten zwischen duftenden Blumen, bei den grasenden Ziegen, in den Hühnerställen, unter den Hufen der Rinder. Einige Leichen qualmten noch, während andere nur starr und mahnend ihre Extremitäten von sich streckten. Der süßliche Geruch, der diesen Ort schwängerte, war widerlich.

Endlich verstand ihr Gehirn, was ihre Sinne schon lange wussten!

»Verbrannte Körper! Verkohltes Fleisch!« Ihr Magen verkrampfte, als sie die schwarzen Gebilde mit den Bewohnern des Hauses in Einklang brachte und erahnte, wessen Körper starr und drohend hervorragten.

»Ist das der Wagenradmacher? Der kräftige Wagenradmacher! Seine riesigen Hände ragen verkrampft in den Himmel. Und der schmale Leib neben ihm? Seine Frau? Und dort – das Kind!«

Der Inhalt ihres Magens quetschte sich durch die Speiseröhre hinauf durch den Hals. Noch bevor sie ihr Ziel erreichten, brach der kümmerliche Inhalt heraus und platschte in den Staub.

Die Wikingerfrau schnaubte verächtlich, drückte Thyras Oberarm noch fester. Thyra wischte ihre feuchten Lippen am Ärmel ihres Kleides ab und stolperte voran. Mit dem säuerlichen Geschmack im Mund erreichten sie die Käfige und die Überlebenden.

»So viele Gefangene«, flüsterte sie erschüttert.

Die Eingesperrten sagten kein Wort. Zornige, von Trauer durchflutete, hasserfüllte Blicke trafen die Nichte des Königs.

Plötzlich bekam sie einen kräftigen Stoß und Thyra stolperte in den Käfig. Ihre Gedanken hingen an Ethelgiva, Solvor und Beorhtric. Mit gesenktem Kopf schlich sie zur Käfigwand und glitt an den rauen Holzstäben herab. Mit angewinkelten Beinen hockte Thyra auf der Erde, wickelte ihre Arme um Kopf und Knie und weinte. Sie wollte nichts hören, nichts sehen und – nicht reden.

»Lasst mich alle in Ruhe!«

Sie hörte nicht das gleichmäßige Plätschern der Themse an den Bordwänden der Kriegsschiffe. Nicht das flüsternde Knarren der Planken und das Surren der Seile. Nicht das Möwengeschrei und das Knurren der Hunde, die ihre Zähne in die Überreste der Toten schlugen und sich um die saftigsten Fleischbrocken stritten.

Unbeherrscht drückte Thyra ihre Finger auf die Ohrmuscheln. Denn auch die harschen Befehle der Fremden sollten ihren Verstand nicht erreichen. Nicht die fremd klingende Sprache und nicht die Schmerzensschreie der Opfer!

Nichts.

Doch dann zuckte dieser blitzende Schreck wie Feuer durch jede Faser ihres Körpers.

»Bitte nicht!«

Unbewusst bewegte sich ihre Hand. Die Welt der Sinne kam zurück und bestürzt betrachtete Thyra eingehend die rechte Hand. Die Hand, die den Wikinger kastriert und besiegt hatte.

Besiegt?

»Nichts zu sehen.«

Erleichtert zischte der Atem heraus. Dennoch bewegte sich ihre Hand fragend zur Nase. Zögernd schnüffelte sie. Sofort prallte ihr Gesicht zurück. Ganz deutlich roch Thyra den Duft des Fremden. Seinen Samen – und noch etwas anderes! Scharf und eindringlich!

Blutleer presste Thyra die Lippen aufeinander. Rieb fanatisch mit dem Staub die Hände. Immer wieder! Bis sie, rot und angeschwollen, nicht mehr nach dem Mann rochen, der sie missbrauchen und sein Glied in sie hineinstoßen wollte.

Die blutverschmierten Dorfleute standen unter Schock. Erde und Dreck, Blut und Asche klebten auf der Kleidung, der Haut und in den Haaren. Auf den Gesichtern der Kinder und Frauen zogen getrocknete Tränen salzige Bahnen über die Wangen.

Der Fassmacher kauerte mit einem merkwürdig verdrehten Arm in einer Ecke. Aus einem Ohr sickerte hellrotes Blut, während seine zerfaserten Wunden zu trocknen anfingen.

»He«, flüsterte Thyra. Versuchte, einen Bauern mit erstickter Stimme auf sich aufmerksam zu machen, der sie mit leblosen Augen anstarrte.

Der aufgerissene Schnitt seines Oberschenkels legte blassgraue Knochensplitter frei. In der schwärzlichen Blutlache der klaffenden Wunde schwärmten summend fette, blau glänzende Fleischfliegen und krabbelten fleißig über ihre soeben gelegten Eier.

Thyra schluckte.

Die Krabbeltiere leckten mit schwarzen Rüsseln begierig den süßlich roten Saft. Bald würden scharenweise Maden aus der eitrigen Wunde krabbeln und köstliches Menschenfleisch fressen!

»Hast du Schmerzen?« Sie konnte nicht zu ihm gehen. Zu viele Verletzte lagen verstreut über den Käfigboden.

Er schüttelte kaum merklich seinen Kopf.

In ihren Augen schwammen Tränen.

»So sieht also Krieg aus!«

Sie schloss die Augen. Wollte das Leid nicht sehen. Presste den Rücken gegen die Holzstäbe, denn sie hatte kein Vertrauen mehr zu ihren zitternden Beinen.

Stumm drehte Thyra sich vom eigenen Volk fort. Starrte nichtssagend durch die mit Splittern durchsetzten Holzstäbe aufs Schlachtfeld und beobachtete stoisch die Feinde. Jede Kleinigkeit sollte sich in ihr Gedächtnis brennen.

Wie sie lebten. Welche Kleidung sie trugen. Was sie aßen und zu welchen Göttern sie beteten. Wo ihre Toten schliefen und die Kinder aufwuchsen. Wie die Wikinger ihre Frauen behandelten – diese Barbaren – die Mörder ihres Volkes.

Um diese Feindesmacht zu besiegen, wollte, musste sie diese Fremdlinge kennen. Besser kennenlernen als ihre engsten Freunde!

Die Nacht kam schnell.

Sie war kalt, feucht, schwarz und zerrte an den Nerven. Doch die Nordmänner kümmerten sich nicht um die Käfigmenschen.

Kein Wasser. Kein Brot. Keine Decken.

Die Notdurft verrichteten die Dorfbewohner verschämt in den Ecken der Pferche. Müde, hungrig, durstig, erniedrigt und teils schwerstverletzt kauerten sie im Dreck. Stoisch die einen – andere, mit Tränen verschmierten und verdreckten Gesichtern eher zornig und hasserfüllt. Sie wollten nicht um die Toten trauern.

Thyras Füße schmerzten, die Augen tränten. Nach dieser langen Zeit verlangte ihr Körper Ruhe und Schlaf.

»Ich lege mich nicht in diesen Dreck.« Sie beobachtete die knisternden Lagerfeuer mit den orangeroten, herrlich warmen Flammen. Bemerkte, dass Frauen die eigenen Verletzten versorgten und Mahlzeiten zubereiteten. Stumm zählte Thyra die Anzahl der Wikinger und der Wikingerinnen im Lager. Sie kam auf siebenundvierzig Männer und sieben Frauen.

»Das sind nicht viele. Einige von denen liegen tot oder verletzt im Dorf. Fünfzig oder sechzig Wikinger. Vielleicht? Ungewiss, ob die verwundeten Eindringlinge sterben.«

Der Wind trug ihr die fremden Stimmen zu. Grübelnd biss sie sich auf die Lippen.

»Diese Krieger kommen doch niemals mit nur sechzig Mann über die von Ungeheuern beherrschte Nordsee!«

Ihre Gedanken überschlugen sich.

»Und dann landen sie nur hier in Oxfordshire?« Skeptisch wanderte ihr Blick zu den Drachenschiffen. Ungläubig schüttelte sie den Kopf. Von so einem bedeutungslosen Angriff auf eine Stadt ohne Reichtümer hatten weder Ethelgiva noch die herumwandernden Geschichtenerzähler berichtet!

»Die Nordmänner werden Wessex überrennen. Es werden viele Schiffe sein!« Sie biss sich auf die Lippen. Fröstelnd atmete Thyra die kalte Nachtluft ein. »Die Wikinger sind, wenn sie jetzt hier in Oxfordshire sind, sicher auch längst in Ludúnir[16].«

Kreidebleich verstand sie erst jetzt, nachdem das Gesagte ihr Gehör erreicht hatte, den Umfang dieser Überfälle. »Die Nordmänner sind in Ludúnir.« Sie runzelte grübelnd die Stirn und versuchte, sich an die Orte zu erinnern, die an der Küste der Themse zwischen Oxfordshire und London lagen.

»Slough liegt am Ufer. Reading und Oxford sind lohnende Ziele!«

Vor Entsetzen schrie sie auf und schlug schnell die Hand vor den Mund. Sie starrte in die Nacht und ignorierte alle fragenden Blicke.

»Es werden viele, viele Wikingerschiffe sein und noch viel mehr bestialische Nordmänner«, murmelte sie tonlos. Den Rest traute sie sich noch nicht einmal auszusprechen. Nur ihre Gedanken flüsterten grausam.

---

16 London.

‚Es wird unzählige Tote geben! Frauen und Kinder. Die Männer des Königs, die Bauern auf dem Land, die Fischer am Fluss.' Tränen liefen ihr übers Gesicht, als sie sich das Grauen vorstellte. Ihre Schwestern und ihre Brüder. Unter Umständen waren sie schon den Schwertern dieser nordischen Bluthunde zum Opfer gefallen und tot. Oder – wie sie! Eine Geisel! Von den Lagerfeuern drang der derbe Fluch eines Nordmannes herüber. Sie sah den Mann nicht, denn die Dunkelheit fraß das Licht.

Thyra schärfte ihr Gehör. Erkannte im Schein des Feuers Gesichter, beobachtete Bewegungen und Gesten. Sie lernte! Lernte in diesen langen Wochen der Gefangenschaft die urtümliche Sprache der Nordmänner und studierte deren Verhalten. Doch sie hasste es!

Es war eine unheimliche, windstille Nacht nach dem Massaker. Das Stöhnen der Verletzten, leises Gemurmel und ersticktes Weinen durchbrachen die Düsternis. Thyra beobachtete Fledermäuse, wie sie lautlos über die Liegenden huschten. Ab und an verdeckten Wolken die silberhelle Mondsichel. Vor Müdigkeit schwankend, stand sie auf den Beinen. Schloss die Augen. Der Schlaf umgarnte den Verstand. Flüsterte, liebkoste, wollte, dass sie Aufmerksamkeit verlor. Die Müdigkeit erlahmten die Muskeln und ganz langsam, aber beständig, erlosch ihr Wille.

Starr blickte sie mit verschwommenem Blick in die lockenden Flammen. Drückte den Rücken gegen die Stäbe. Hörte das Flüstern einer Frau, die einem Verwundeten Wasser anbot. Doch die Augenlider wurden schwer und schwerer. Ihr Kopf fiel kaum merklich gegen das Gitter, fast sanft. Ein Kauz flog mit klagendem Ruf am Flussufer entlang.

Erschrocken richtete Thyra sich auf, schluckte. Riss weit die Augen auf. Sie wollte nicht schlafen!

Abermals lief eine Gestalt durch die Menge der schlafenden Nordmänner. Sie richtete ihren Blick starr auf den schlurfenden

Menschen. Er verschwand hinter dem Gebüsch. Bald hörte sie es plätschern und genussvolles Stöhnen. Sie sah schemenhaft, wie er an seiner Hose herumnestelte.

Nichts geschah in dieser Nacht.

Nach der verheerenden Schlacht waren alle, Krieger wie Gefangene, erschöpft, müde und innerlich zerrissen. Irgendwann schlossen sich Thyras Augenlider und ohne es zu merken, fiel ihr Körper kraftlos in einen tiefen, traumlosen Schlaf. Ihr Kopf drückte gegen die grob verarbeiteten, unregelmäßigen Holzstäbe. Die Muskeln ihrer Beine versagten und ganz langsam rutschte sie an den Streben herab. Sie zerkratzten die Haut im Gesicht und sie spürte es nicht. Die blutigen Schnitte trockneten im lauen Nachtwind und hinterließen eine bizarre Spur.

Nebelschwaden vom Fluss zogen feuchtkalt über die Schlafenden und die Toten, wanderten über die Felder und trafen auf den schwarz verbrannten Ort. Tautropfen glänzten schillernd im schwachen Licht. Fröstelnd erwachte das Leben und alle standen mit steifen und durchgefrorenen Gliedmaßen auf. Die Gefangenen schlugen wärmend die Arme um ihre Leiber, während die Wikinger sich in ihre Decken hüllten. Der Atem trug Nebelschwaden aus den Mündern und Thyra, die auf dem harten Boden liegend, zögernd erwachte, zitterte vor Kälte.

»Feuer.« Murmelnd setzte sie sich auf. »Doch nicht für uns.«

Sonnenstrahlen durchbrachen glitzernd die feuchtkalte Nebelwand. Heimlich wischte Thyra Tränen vom Gesicht, riss die getrockneten Kratzer auf und verschmierte das Blut mit dem rußigen Staub zur monströsen Grimasse. Stöhnend schob sie sich am Gitter hoch, bewegte Arme und Beine und ganz langsam kam die Beweglichkeit zurück.

Einen Moment später bohrte ihr jemand seinen Finger in den Rücken und befahl sie gestikulierend zum Ausgang des Käfigs!

»Þá er einnhverr maðr, er ætlar að tala við þik«,[17] schnarrte die Stimme.

Erschrocken blieb Thyra bewegungslos stehen, bis der fordernde Finger erneut und mit Nachdruck zwischen ihre Rippen drückte.

»Strax!«[18] Der schneidende Befehl.

Langsam drehte Thyra den Kopf und blickte in das bärtige Gesicht eines blonden Mannes. Er trug eine enge, lange Hose und ein rotbraunes, knielanges Hemd und war durch einen Umhang gegen die morgendliche Kälte geschützt. Er musste ein wohlhabender Wikinger sein, denn die obere Tunika aus der Wolle der Skuddenschafe war besetzt mit edlem Zobelpelz. An den Füßen trug er kurzschäftige Stiefel aus Ziegenleder.

»Ich gehe nicht!«

Der Nordmann grinste hämisch und forderte Thyra nun mit Nachdruck auf, zum Ausgang zu gehen. Irritiert sah sie ihn an.

»Was wollt Ihr?«, knurrte sie mürrisch und dachte: ‚Warum gerade ich? Es gibt hier schönere Frauen! Mit üppigen Brüsten und einladenden Schößen.'

Lauernd sah sie sich um, biss ihre Zähne nervös aufeinander und folgte zögernd der Anweisung. Mit beiden Händen griff sie zum Rocksaum und bahnte sich vorsichtig, über schlafende Kinder hinweg, einen Weg zur Gittertür. Der Wikinger wartete dort, packte sie fest am Arm und zog sie heraus.

Thyra hörte die Gefangenen noch leise murmeln, bevor sie mit dem Wikinger im dichten, grauen Nebel verschwand. Der Dunst schluckte jeden Umriss und dämpfte jeden Laut. Selbst die eigenen Schritte hörte sie kaum. Ihre Sinne waren zum Zerreißen gespannt und vor purer Nervosität zitterten ihre Beine.

---

17   Da will sich jemand mit dir unterhalten!
18   Sofort!

Mit einem Seitenblick schielte sie zum Nordmann. Er war groß, kräftig und eine friedfertige Ruhe ging von ihm aus, sodass Thyra sich bei diesem Feind fast geborgen fühlte. Das wiederum versetzte sie schlagartig in eine solche Panik, dass sie ihre Füße nicht mehr bewegte und stolperte.

»Hmpf.« Der Nordmann knurrte, packte die Geisel energischer, zog sie fort und ignorierte den spitzen Protestschrei.

Thyra hörte Schnarchlaute, das Flüstern einer Frau und eine brummende Antwort. Der Lichtschein eines Feuers durchdrang das nasse Grau und plötzlich stoppten sie. Thyra stand im gedämpften Lichtkegel, dessen Wärme sie dankbar annahm. Der Nordmann spürte ihren zitternden Körper und musterte mit hochgezogener Augenbraue die dünne Geisel.

»Ist das die Frau?«

»Ja, Gnupas. Sie ist es«, grinste der Bärtige. »Diesem Weib gehören die kräftigen Hände, die Hafr zum Ochsen gemacht haben.«

Sein Grinsen wurde breiter. Kleine Fältchen bildeten sich um die Augen.

»Finde heraus, ob sie die Besitzerin des Amulettes ist oder ob sie es gestohlen hat.«

Gnupas sah Gorm herausfordernd an. »Habe ich dich jemals enttäuscht?«

»Ich muss wissen, ob ihr dieses Amulett gehört. Ob sie ein Mitglied der königlichen Familie ist.«

Gnupas betrachtete die englische Frau.

»Ihr Benehmen deutete darauf hin. Aber ich werde dir in Kürze Genaueres sagen. Sie könnte auch eine Hofmeisterin sein.«

Gorm nickte.

»Und unsere Bemühungen wären vergebens und der Tribut dahin!«

Die alte Frau schüttelte sinnierend ihren grauhaarigen Kopf, während Gorm weitersprach: »Eine Tributzahlung vom König für eine Hofmeisterin zu fordern, ist sinnlos und überaus schlecht für weitere Verhandlungen!«

»Stimmt«, krächzte die Alte mit belegter Stimme und kniete sich stöhnend vors knisternde Feuer. Ohne auf die Zwei zu achten, streute sie getrocknete Blätter und Blüten in einen Topf mit kochendem Wasser und beobachtete, wie diese vom brodelnden Wasser in die Tiefe gerissen wurden. Starr blickte sie in den Strudel, während sie mit der Hand andeutete, dass Thyra sich zu ihr knien sollte.

Thyra war sich nicht sicher und sah fragend zum Bärtigen. Grunzend gab er ihr mit einem Kopfnicken zu verstehen, dass sie der Handbewegung zu folgen hatte. Verärgert über den Ungehorsam, musterte Gnupas die Angeln-Frau und zeigte energisch an, dass diese Geisel sich ans Feuer zu setzen hatte.

Als Thyra immer noch zögerte, drückte der Wikinger Thyras Schulter herunter und knurrte: »Du sollst dich zu Gnupas setzen. Sofort!«

Widerwillig beugte sich Thyra dem Druck. Sie hatte Angst. Bodenlose Angst! Dennoch, niemand sollte sie, Thyra, die jüngste Tochter des Königs Ethelred von Wessex und seiner Frau Wulfthryth, einen Feigling nennen oder erkennen, dass sie sich fürchtete!

Mit zitternden Beinen kniete sie sich neben die Wikingerin ans Feuer und sah die Alte herausfordernd an.

Doch die Wikingerfrau kümmerte sich nicht um die gefangene Angeln-Frau, sondern roch am Tee, krümelte einige getrocknete Wurzeln in den Sud, schürte in Seelenruhe die Glut und schnupperte erneut.

Thyras linkes Knie drückte auf spitze Steine und diese bohrten sich schmerzhaft ins Fleisch. Doch sie bewegte sich nicht! Erst nach vielen, unendlich langen Augenblicken drehte die Alte ihr Gesicht musternd zur Angeln-Frau. Gnupas schmunzelte, kurz bevor sie die Gefangene ansprach.

»Du bist also die Frau, die mit einem Handstreich Hafr zum Ochsen machte!«

Thyra starrte stur ins Feuer. Diese Sprache!

‚Was will die Frau?'

Gnupas rührte den Sud stoisch mit dem Holzlöffel. »Hafr, von einer dürren Frau kastriert!«

Gnupas schüttelte immer noch ungläubig den grauen Kopf. Der Blick wanderte zu Thyras gepflegten Händen mit den schmalen Fingern.

»Hafr wird zum Gespött der Krieger.« Ihr Tonfall war ernst und zum ersten Mal blickte Thyra die Wikingerfrau offen an. »Du hast dir einen starken Feind für dein gesamtes Leben geschaffen!«

Thyra erahnte den Sinn und die Ernsthaftigkeit hinter den unverständlichen Worten.

Plötzlich bückte sich die Wikingerin und ergriff ohne Vorwarnung Thyras Hände. Thyra erstarrte. Doch die Frau besah sich nur ihre Hände, drehte sie und befühlte die Innenflächen. Sanft glitten Gnupas Fingerspitzen darüber. Thyra zuckte erschrocken. Zog die Hände aber nicht fort und war erstaunt über die sanfte Berührung.

»Deine Hände sind ungewöhnlich zart. Sie sind schmutzig. Dennoch nicht verhornt.«

Blitzschnell beugte sie sich hinab und roch an Thyras Händen. Erschrocken zog Thyra sie fort. Doch das wissende Lächeln der Frau machte ihr deutlich, dass sie jetzt alles wusste!

Gnupas griff in den ledernen Beutel und zog einen grün schimmernden Stein heraus. Sie drehte und umschmeichelte ihn.

»Ich konnte die Markierung, die Hafr hinterließ, riechen. Auch deinen Schweiß und die Erde, die daran haftet. Doch mit dieser Erde wirst du seine Ausdünstungen nicht entfernen können.«

Sie hielt kurz inne und umschloss den Mineralstein fast liebevoll.

»Hier.« Sie reichte Thyra das Gestein. »Nimm diesen Stein und reinige damit deine Hände. Du hast diesen Mann für alle Frauen unbrauchbar gemacht. Von diesem Zeitpunkt an werden seine Gedanken und sein Verstand kasteit und ins Verderben gelenkt. Reibe den heiligen Stein mit deiner Haut. Überlasse ihm den Duft und sein Sekret. Ansonsten werden deine Hände für immer mit ihm verbunden bleiben!«

Gnupas musterte Thyra erwartungsvoll.

»Kein Mann wird deinen Händen sonst je wieder Vertrauen schenken.« Die Alte grinste. »Die Männer werden vor Angst erstarren und was vorher groß und kräftig ist, wird in deiner Nähe zu einem erbärmlichen Würmchen zusammen schrumpeln.«

»Hmpf«, grunzte es aus dem Nebelgrau und Thyra drehte sich erschrocken um. Versuchte die dichte, vom Feuerschein orange-goldene Nebelwand mit ihren Augen zu durchbrechen.

»Der Bärtige ist noch da«, flüsterte sie von Grauen gepackt und presste die Lippen zusammen. Er hockte in einiger Entfernung auf einem Baumstamm und wartete auf ein Zeichen von Gnupas.

Gnupas Mundwinkel zuckten feixend.

»Krieger haben immer Angst um den Wurm, der zwischen ihren Beinen baumelt.«

Thyra griff blitzschnell den Stein aus der Hand der Wikingerin. Kein Wort hatte sie verstanden. Nichts! Diese Sprache war ihr so fremd wie die Sitten und Gebräuche. Außerdem roch diese alte Frau merkwürdig!

»Was ist?«, forderte die Alte eindringlich.

Erstaunt riss Thyra ihre Augen auf und sah, wie die alte Wikingerin auffordernd ihre Hände rieb, als ob sie den Stein liebkoste. Sie fragte sich nicht, warum sie diesen Stein mit ihren Händen umschmeicheln sollte. Welcher Zauber in ihm wohnte? Sie tat einfach, wie ihr geheißen, und als sie das erfreute Gesicht der runzeligen Frau sah, wusste Thyra, sie tat das Richtige.

»Hmpf.«

Wieder hörte Thyra den Bärtigen, aber dieses Mal klang es irgendwie – anders?

Ein scheues Lächeln glitt über ihr Gesicht. Der Stein fühlte sich warm an. Er war so glatt geschliffen, dass nur kleine Erhöhungen fühlbar waren. Sie streichelte und wärmte den Stein, während die Wikingerfrau den Tee im Topf mit einem hölzernen Löffel rührte. Entspannt setzte Gnupas sich zurück und grub mit der linken Hand tief in den Taschen ihres Kleides. Lauernd und mit Bedacht zog Gnupas eine Kette aus den Tiefen ihres Gewandes hervor. Thyra sah es – und erschrak. Das war ihre Kette! Mit ihrem Amulett, das der Nordmann ihr wutentbrannt vom Hals gerissen hatte.

Zischend sog sie die kalte Luft durch die Zähne.

»Mein Medaillon!«, fauchte sie gereizt und Gnupas lächelte tückisch.

Dies war das Zeichen des Erkennens. Gnupas jubilierte. Es ist die Kette der Angeln-Frau!

Thyra sah ihr Relief nur allzu deutlich im Schein des rot glühenden Feuers schimmern. Die goldene Scheibe, die an den Rändern schlangenförmige Vertiefungen aufwies, zeigte das Symbol der königlichen Familie.

Das Siegel einer Königstochter!

‚Sie wissen, wer ich bin!', schoss es Thyra durch den Kopf. ‚Ist es gut? Oder ...?' Vor ihren Augen drehten sich wirre, farbenfrohe Punkte. Ihr Blick jagte über die Flammen. Dort stand niemand. Und hinter ihr?

‚Nein, da auch nicht!', zischte es durch ihre Gedanken. ‚Der Wikinger ist weit entfernt!'

Gnupas beobachtete die hektischen Bewegungen der Gefangenen.

»Ich weiß, wer du bist. Noch brauchst du dich nicht zu fürchten«, raunte die Wikingerin und beugte sich vor. Durchdringend musterte sie die Angeln-Frau. »Noch nicht.«

Thyra ahnte den Wortlaut.

»Du bist also eine Tochter von Ethelred.« Ein Grinsen zog über das faltige Gesicht der ehemals schönen Frau. »Eine Königstochter!«

Thyra riss erschrocken ihre Augen auf. Sie verstand! Auch wenn die Alte den Namen ihres Vaters mit einem merkwürdigen Akzent aussprach. Diese Frau aus dem Norden war nicht dumm. Thyra fixierte ihr Medaillon. Tänzelnd pendelte es an den goldenen Kettengliedern hin und her. Wie hypnotisiert starrte sie auf das funkelnde Metall und erkannte, dass ihre Eitelkeit sie verraten hatte. Zornig über ihre Dummheit presste sie ihre Lippen zusammen.

Ein Lächeln umspielte den wissenden Mund der Alten. Behutsam glitt das Geschmeide in ihre Tasche und bedächtig reichte sie der Königstochter einen Becher heißen Tee, nahm sich ebenso einen und genoss, laut schlürfend, das bittere Gebräu.

Thyra blickte in ihren Becher und beobachtete die Blattfetzen, welche sich am Grund des Trinkbechers ansiedelten und ließ sorgenvoll ihre Gedanken schweifen.

»Nichts wisst ihr!« Ihre Worte waren nicht mehr als ein Zischen.

Aufhorchend drehte die Alte den Kopf.

Zum wiederholten Mal starrte Thyra in ihren Becher, wo die Kräuterfetzen im goldenen Wasser tanzten. Hypnotisiert befand sie sich plötzlich in einer anderen Welt.

Ihr Vater, König Ethelred der Erste von Wessex, war der Sohn Ethelwulfs von Wessex. Ihre Mutter Wulfthryth lebte nach dem Tod des Mannes einsam im Kloster, abgeschieden von der Welt, ihren Kindern und der Familie.

Und ihr Vater – ihr Vater war schon lange tot! Gestorben in der Schlacht von Merton am 23. April 871. Erschlagen, als sie ein Jahr war! Er schaffte es nicht, dem Ansturm der Wikinger in seinem Land zu trotzen. Am 4. Januar 871 verlor König Ethelred der I. von Wessex die Schlacht gegen die dänische Invasionsarmee in der Schlacht von Reading. Seine Armee erlitt durch die grausamen Krieger in diesem Kampf größte Verluste.

Das erzählten ihr jedenfalls ihre Brüder mit stolz geschwellter Brust. Außerdem erzählten sie ihr, der jüngeren Schwester, die ihren Vater nicht kannte, vom Sieg des Vaters kurz darauf in Ashdown gegen die brutalen Wikinger. Allerdings war jetzt ihr Onkel Alfred, der vorherige Secundarius, König. Der Bruder ihres Vaters bestieg den Thron, obwohl Ethelred zwei Söhne hatte! Die rechtlichen Thronerben! Doch in der Zeit der heftigen Wikingerangriffe waren Ethelreds Söhne noch zu jung für dieses Amt.

‚Aber Vater wird nach seinem gewaltsamen Tod vom Volk als Heiliger verehrt', dachte Thyra stolz.

Traurig zuckte sie mit den Schultern.

‚Nur von der Kirche wird er nicht als Schutzheiliger geehrt.'

Jetzt herrschte ihr Onkel. Sie presste ihre Kiefer aufeinander. Alfred war ein starker und unnachgiebiger, aber charismatischer König.

Das englische Volk nannte ihn Alfred den Großen!

Thyra seufzte und nahm einen Schluck des bitteren Gebräus. Angewidert verzog sie das Gesicht, doch Gnupas lächelte verschlagen.

‚Trink, Mädchen! Trink!', befahlen Gnupas' Gedanken und suchten einen Weg zum Geist der Angeln-Frau. Gnupas registrierte den nach innen gewandten Blick der dünnen Frau und wusste, dass sich ihre Vergangenheit in die Gegenwart katapultierte.

Thyra war eine angelsächsische Prinzessin. Eine Tochter von Ethelred und Wulf-thryth.

Sie seufzte und flüsterte: »Ich bin fast wertlos. Ich leiste Alfred nur wertvolle Dienste, wenn er mich für seine machthungrigen Zwecke an einen Adligen mit umfangreichen Gütern verheiraten kann.« Ihr wurde übel. »Nur, um seinen Hunger auf noch mehr Land, mehr Geld und mehr politischen Einfluss zu stillen.«

Sie atmete zitternd ein. Sie war für ein langweiliges Leben an der Seite eines fetten, gierigen, langnäsigen, blassen, alten Mannes bestimmt.

Unwillkürlich schüttelte Thyra sich. Allerdings erging es ihren Schwestern ebenso! Deren Aufgabe war es, viele starke Söhne zu gebären, die den Ehegatten und den König erfreuten, um seine Herrschaft zu sichern.

So sah auch ihre Zukunft aus!

Die Kette in der Hand der Wikingerin erzählte, wer sie war!

Das duftende Harz in den Holzscheiten knackte in der Hitze des Feuers. Die ältere Frau legte einige Scheite nach und beobachtete über den Becherrand die Angeln-Frau, während sie den Tee in kleinen Schlucken genoss.

Thyra dachte an ihre Brüder und die Geschichten, die sie ihr erzählt hatten.

Dass die Wikingerangriffe erst im Jahr 878 unterblieben, nachdem die Dänen bei Edington eine schwere Niederlage von den Angelsachsen eingesteckt hatten. Eine Forderung der unzähligen Friedensvereinbarungen war, dass der große Wikingerkönig Guthrum sich taufen ließ und seinen heidnischen Göttern abschwor. Guthrum durfte fortan nur dem christlichen Gott dienen.

Jedes Mal, wenn ihre Brüder diese Stelle der Geschichte erreichten, schüttelten sie sich aus vor Lachen. Kämpften mit ihren Holzschwertern und keuchend brüllten sie: »Und ab sofort unterblieben die tödlichen Angriffe der Wikingerhorden!« Mit einer anmutigen Verbeugung verneigten sich ihre beiden Brüder vor der jüngeren Schwester Thyra.

»Einundzwanzig Jahre hatten wir Frieden«, murmelte Thyra erschüttert. »Bis jetzt! Bis zum Jahre 892.«

Sie nahm einen Schluck vom nur noch lauwarmen Tee.

Die Zeit verrann. Alfred hatte aufgerüstet. Thyra dachte an die geladenen Aristokraten an der königlichen Tafel. Sie hörte Alfreds unerschrockene Anhänger tönen. Ihre Verwandten sangen Lieder auf des Königs kluge Taten und reimten heroische Verse auf sein militärisches Geschick. Alfred ließ Festungen bauen und rüstete sein Reich gegen die kämpferische, skandinavische Armee. Er ließ an den Ufern der Themse leistungsstarke, umfangreiche Kriegsflotten Stellungen beziehen, deren Boote sich nach kurzer Zeit meilenweit am Ufer entlang erstreckten. So weit das Auge reichte, sah das Volk der Angelsachsen die Masten und Segel der imposanten Kriegsschiffe auf der Themse im Wind segeln.

»Wir dachten, der Frieden währt ewig.« Thyras Blick versteinerte. »Doch jetzt sitze ich als Geisel der Nordmänner an deren Feuer und trinke dieses Gebräu.« Skeptisch starrte sie in den fast leeren Becher. »Und bin ihren teuflischen Handlungen ausgeliefert. Wir fühlten uns sicher. Kein Angelsachse glaubte an die Gefahr eines Überfalles. Unser Volk ist zu arglos!« Sie schüttelte flüchtig ihren Kopf. »So sicher«, flüsterte sie, sodass die skandinavische Frau ihren Kopf hob und sie fragend ansah.

»Aber ihr werdet verlieren und getötet werden!«, sagte Thyra jetzt laut, mit erhobenem Kopf und heroischem Blick zur alten Frau. »Alfred hat Vorkehrungen getroffen. Er wird euch erneut vernichten!«

Die Wikingerfrau hob verwundert den Kopf und musterte Thyra fragend. Doch die Königstochter lächelte nur sinnierend und trank den Rest des Tees.

* * *

Es wurde ein langer, langer Tag. Sie saß wieder mit den Dorfbewohnern im Käfig und starrte durch die Stäbe. Argwöhnisch war sie von ihren Mitgefangenen beäugt worden, als sie am frühen Vormittag wieder zu ihnen gesperrt worden war.

Thyra hatte die misstrauischen Blicke ignoriert, sich an den gewohnten Platz gestellt und beobachtete seither die Nordmänner.

Die Sonne brannte erbarmungslos auf die Gefangenen und verbrannte die Haut im Gesicht, auf den Händen, den Armen. Die Kinder weinten, als ihnen die ersten heißen Sonnenstrahlen in diesem Frühling die Lippen aufplatzen ließen und ihre durstigen Körper von Kopfschmerzen und Schüttelfrost gequält wurden.

Thyra klebte die Zunge am Gaumen, der Kopf schmerzte, die Haut verbrannte. Doch die Wikingerfrauen übersahen das Leid der Gefangenen. Nicht einen Blick gönnten sie den weinenden Kindern.

Endlich ging dieser heiße, quälende Frühlingstag zur Neige. Niemand bekam einen Becher mit Wasser oder etwas zu essen. Auch die Kinder nicht! Mit zornigen Blicken und flehentlichen Bettelrufen forderten die Mütter die Wikingerfrauen am späten Nachmittag auf, wenigstens den Kindern einen Becher Wasser zu geben. Doch sie wurden ignoriert. Es war fast so, als existierten sie nicht. Die Mütter sahen, wie ihre Kinder unter der Sonne litten, hungerten und dürsteten. In ihrer Verzweiflung öffneten sie ihre Kleider und gaben ihnen die trockene Brust.

Thyra beobachtete es schweigend. Doch dann hetzten die Mütter ihre Männer in den Käfigen auf, für das Überleben der Kinder zu kämpfen. Beleidigten und forderten den Mut der verwundeten Männer heraus.

»Seid ihr Schwächlinge?«

»Kämpft für eure Kinder!«

»Ich habe einen Feigling geheiratet«, ätzte die eine.

»Unsere Männer sind Hasenfüße!«

»Sie sind allesamt Schwächlinge. Seht euch die Nordmänner an! Seht ihre Größe und seht, wie stark sie sind!«

»Sei still, Frau«, versuchte der Ziegenbauer, seine Frau zu besänftigen.

»Ich soll still sein!« Sie fuchtelte wild mit den Armen. »Dein Kind stirbt und ich soll still sein! Du bist eine Memme! Hast keinen Mut in den Knochen! Siehst zu, wie dein eigen Fleisch und Blut vor Hunger und Durst dahingerafft wird.«

»Was soll ich denn machen?«, zuckte er resignierend seine Schulter.

»Kämpfen! Rette dein Kind! Kämpfe!«

Die Hetzjagd der Frauen hatte begonnen – und ihre Männer ließen sich aufhetzen.

Thyra hörte es und spürte, wie die Aggression anschwoll. Sie hörte die wütenden Antworten der Männer. Sah aus dem Augenwinkel, wie sie mit ihren kräftigen Handwerkerhänden an den Käfigstäben rüttelten, zornig ihre geballten Fäuste den Wikingern entgegenstreckten.

Die Frauen hatten ihr Ziel erreicht!

Der Tumult in den Käfigen wurde eindringlicher. Die Kinder schrien vor Angst und einigen Frauen stand Panik ins Gesicht geschrieben.

Thyra wandte ihren Blick nicht vom Lager der Nordmänner ab. Unaufhörlich beobachtete sie das Treiben der Lagerstätte. Die Nacht brach herein und Dunkelheit kroch über das Land. Doch als sich der Mond mit der schmalen, kaum sichtbaren Sichel hinter den Wolken erhob, begriff Thyra, warum sie alle wie Geister behandelt wurden.

»Das ist Kriegsführung! Ängstige deinen Feind, sodass er nur noch sein eigenes und vielleicht das Leben seiner Familie retten will. Bringe deinen Feind dazu, Dinge zu sagen und zu vollbringen, die er sich nie in seinem Leben zugetraut hätte! Demütige ihn! Breche seinen Körper – und danach seinen Geist!«

Die Frauen rüttelten an den Gitterstäben und die Männer streckten ihre geballten Fäuste den Fremden entgegen. Sie überschütteten die Nordmänner mit Spott und Häme. Die Frauen kreischten, zogen Grimassen. Zwei hoben ihre Röcke und zeigten ihre Vagina. Der Lärm in den Käfigen wurde immer lauter und endlich beobachtete Thyra, wie sich eine Gruppe von elf Nordmännern zu den Gefangenenkäfigen bewegte.

»Sie kommen!«, flüsterte sie vor Erregung lauter als beabsichtigt. »Sie kommen!«

Doch die Wikinger stellten sich nur stumm, in einigem Abstand um die Käfige und sahen dem Treiben gelassen zu.

Irritiert guckte Thyra von einem Mann zum anderen. Kein Nordmann sprach ein Wort. Breitbeinig standen sie den Käfigen zugewandt und taten so, als bewachten sie Geistwesen. Sie sahen einfach durch die Gefangenen hindurch.

»Hier!«, fauchte eine Frau herrisch und schob ihr blasses, hungriges und durstiges Mädchen an die Gitterstäbe. »Seht sie euch an!« Wütend starrte sie nacheinander in die bärtigen Gesichter ihrer Bewacher.

»Seht sie euch an! Sie leidet!«

Keiner der Wikinger beachtete sie.

»Sie leidet!«, schrie die Frau hysterisch. »Habt ihr denn keine Kinder?«

Von Panik überrollt griff sie an die hölzernen Stäbe, erdrückte mit ihrem Körper fast ihr eigenes, schwaches Kind.

»Habt ihr denn gar kein Mitleid?«

Funkelnd weiteten sich ihre grauen Augen und die Farbe ihres Gesichtes wurde von violettem Rot überzogen. Sie rüttelte an den Stäben, schrie und schimpfte, drohte, bettelte, bis sie weinend zusammenbrach und von gnädigen Händen zur Seite gezogen wurde.

Ihr kleines Mädchen lag bewusstlos am Boden!

Thyra sah die Wächter an. Doch in den Augen der Wikinger zeigte sich kein Mitleid. Stur und gnadenlos ignorierten sie das Geschehen.

Der Tumult wurde stärker! Die Frauen kreischten und die Männer taten sich zusammen, um die Behausung zu zertrümmern.

Immer noch keine Reaktion.

»Sie sind sich sehr sicher.«

Thyra beobachtete abseits des Treibens, wenn dies in der Enge überhaupt möglich war.

»Kein Wikinger greift zum Schwert. Sie bewegen sich noch nicht einmal von der Stelle.« Mit klopfendem Herzen wanderten ihre Augen durch das Lager der Nordmänner. »Bereiten sie etwas anderes vor?«

Nervös griff sie sich ins Haar, biss auf ihre Lippen.

Der Tumult war kaum noch zu kontrollieren! Die Kinder weinten und die Männer brüllten. Plötzlich stoppte Thyras Blick.

»Was machen die dort?« Sie kniff die Augen zusammen. »Zwei Nordmänner, die sich abseits der verkohlten Häuser unterhalten und uns nicht aus den Augen lassen. Was heckt ihr aus?«

Vorsichtig trat sie in die Mitte der Menschenmenge, wollte von den Beobachtern in der Dämmerung nicht erkannt werden.

»Ihr seid offenbar die Ränkeschmiede des Spektakels. Was ist euer Plan?« Thyra kniff grübelnd die Augen zusammen. »Krieg unter den Gefangenen?«

Sie grinste wissend. Doch als sie sich ihres verräterischen Gesichtsausdrucks bewusst wurde, nahm sie schnell wieder einen unbeteiligten Ausdruck an.

Die zusammengepferchten Männer aus Oxfordshire gaben ihr Vorhaben nach kurzer Zeit auf. Die Käfige standen auf einem festen Fundament. Die Frauen hockten bei ihren schlafenden und manchmal auch weinenden Kindern, beruhigten sie mit sanften Liedern oder sahen mit gebrochenem Blick in die Ferne.

Die Lagerfeuer der Nordmänner brannten und köstliche Düfte von gebratenem Fleisch, Eintopf und Getreidebrei waberten zu ihnen hinüber. Thyra hörte Mägen knurren und schlang ihre Arme um ihren dünnen Körper.

»Peiniger«, murmelte sie, stellte sich wieder an den Käfigrand und beobachtete das Lager.

Die Nacht war finster, die schmale Mondsichel durchbrach die Dunkelheit nicht. Thyra erkannte, dass einer der zwei Männer, die sie beobachtet hatten, auf sie zukam.

»Was habt ihr vor?« Sie biss sich auf die Zunge. Stattdessen dachte sie: ‚Wen holt ihr heute Abend?'

Einige Nordmänner beobachteten die Gefangenen.

»Ich bräuchte mal wieder eine für meinen Schwanz.« Gierig wanderten seine Augen über die üppigen Brüste der Bäckersfrau.

»Du solltest Gorm fragen.«

Entrüstet blähte er sich auf. »In wenigen Augenblicken bin ich fertig und mein Samen wächst im Schoß der Frau.«

»Na dann, viel Erfolg für dich und deinen Schwanz.«

Er war groß, blond, mit buschigen Augenbrauen. Er trug die typische Tracht der Nordmänner. Als er sich dem Käfig bis auf einen Schritt genähert hatte, befahl er einem Wächter, die Käfigtür zu öffnen. Angstvoll starrte Thyra den Mann an. Fest presste sie sich gegen die Stäbe!

‚Nicht ich', dachte sie mit einem Anflug von Panik.

Doch sie brauchte sich nicht zu sorgen. Denn zielstrebig ging der nordische Wächter zu einer Frau, die vier Kinder an ihrem Rock zu hängen hatte. Packte die füllige Frau, riss ihr den Säugling aus der Hand und drückte das schreiende Kind einem in der Nähe stehenden Mann in den Arm. Dann verschwand er mit ihr! Sie wehrte sich und schrie. Zwei Männer zogen die Frau von ihren Kindern weg. Sie schlug mit ihren Fäusten auf den Nordmann ein. Doch er vernachlässigte ihre weiblichen Abwehrversuche und zog sie hinter sich her. Er zog nur einmal kurz eine seiner buschigen Augenbrauen in die Höhe, als sie versuchte, ihn brutal in seine Geschlechtsteile zu treten.

Die Käfigtür schloss sich. Die Frau ließ sich fallen, drehte und wendete sich. Sie schrie und biss einem in die Hand. Doch nur die staubige Schleifspur ihres Rockes und die Kerben der Schuhe in der Erde zeugten von ihrem Versuch zu bleiben. Stumm und paralysiert standen alle im Käfig.

Die Erste!

Sie haben ihr erstes Opfer geholt!

Thyra sah es und ihr Herz klopfte bis zum Hals.

‚Wer ist die Zweite? Wer wird als Nächstes vergewaltigt?'

Die Feuer brannten und färbten die flackernden Schatten der geheimnisvollen Dunkelheit leuchtend orange-rot. Dumpfe Trommelschläge vibrierten und eine kristallklare Mädchenstimme sang im Takt der Trommeln. Die Schläge stießen durchdringend wie Messerstiche ins Fleisch. Zogen böig wie der Wind und rhythmisch wie die Wellen der See in die Ohren der Gefangenen.

Die Skandinavier fielen in den Gesang ein. Die vielfachen Stimmen schwebten übers Feld in die Düsternis. Die dunklen Stimmen der Männer, der helle Klang der Frau im Takt der Trommeln. Jeder Laut drang in Thyras Körper und mit jedem Ton fingen ihr Fleisch und ihr Blut an zu vibrieren. Es war unheimlich, wie sie auf den fremden Klang der Trommeln reagierte.

Doch es war mehr! Ein Gefühl. Eine Ahnung. Es klang nach Abenteuer, Verlangen und – etwas Entferntem – Aufregendem!

Sie wehrte sich nicht!

Ihre Lippen zitterten und krampfhaft umfasste sie das raue Holz.

Die Trommeln pochten!

Weiß traten ihre Fingerknöchel hervor. Holzsplitter stachen durch die Haut und ein dicker Blutfaden lief am trockenen Holz herunter. Sofort wurde der rote Saft aufgesogen. Thyra bemerkte es nicht.

Die Luft vibrierte. Die Feuer tanzten und die Wikinger sangen. Ein magischer, geheimnisvoller Moment.

Erst als der lange, markerschütternde Schrei einer Frau die Atmosphäre durchbrach, gelang es Thyra, sich in das tatsächliche Geschehen zu katapultieren.

Stille!

Nur das aufplatzende Harz in den glühenden Holzscheiten im Feuer wagte es, die Grabesstille krachend zu durchbrechen.

Dann wieder – dieser grässliche, schmerzverzerrte Schrei. Tränen schossen Thyra in die Augen, als sie das Leid der Frau hörte. Ihre Gedanken wanderten zu Solvor. Wie sie auf dem staubigen Weg im eigenen Blut lag. Thyra schloss die Augen.

Doch dann sah sie Beorhtric und die erstarrten Augen von Ethelgiva, umgeben von verkohlten Leichen.

»Was tun sie der Frau an?« Thyra schäumte vor unbändigem Zorn und ballte die Fäuste. »Vergewaltigen sie die Frau erst oder wird sie gleich aufgeschlitzt?«

Wieder ihr Schrei und dann hörte Thyra das gutturale Gebrüll eines Mannes hinter sich.

»Grroaahh!«

So animalisch, so zornig und hilflos, dass Thyra sich erschrocken umdrehte.

Dort stand er! Der vorher feige Ehemann der gefolterten Frau. Umringt von den anderen Männern im Käfig. Sie hielten ihn fest. Umklammerten seine Arme und seinen Leib.

Doch er wehrte sich, kämpfte, schrie, brüllte.

Brüllte. Boxte sich frei. Brach einem Kameraden die Nase, bevor er wieder von den Männern gepackt und mit einem gezielten Schlag auf seine Schläfe in eine erbarmungsvolle Ohnmacht geschickt wurde. Wieder schrie seine Frau, doch ihre Stimme wurde leiser und schließlich drang nur noch ein gequältes Wimmern an die Ohren. Ihr Ehemann hörte es nicht mehr!

Entsetzt sah Thyra hinaus in die Nacht.

»Diese Barbaren!«

Voller Verachtung und Zorn biss sie ihre Zähne aufeinander, knetete den Rock und ballte erneut ihre Hände zu Fäusten. Sie schwor, dass ihr nicht ein Ton aus der Kehle rinnen sollte, wenn die Wahl der Nordmänner auf sie fallen würde.

* * *

Der Morgen graute. Sanft und friedlich begann er mit zartem Vogelgesang. Die Strahlen der Sonne wärmten mild und anheimelnd. Thyra war eingeschlafen und rieb sich mit der Hand die Augen. Ihr Körper schmerzte. Erst allmählich kehrte die Erinnerung zurück. Sie war noch nicht vollständig wach, als sie die Frau sah!

Dort hockte sie. Halb sitzend. Halb liegend, außerhalb der Käfige an eine uralte Eiche gefesselt.

Die zerrissene Kleidung bedeckte nur notdürftig den nackten Körper. Kaum ausreichend über die zerschundene Gestalt gezogen. Das Gesicht blutunterlaufen, von brutalen Schlägen blau und geschwollen. Die Haare standen wirr um den hängenden Kopf.

Thyra setzte sich und wischte den nebelhaften Schleier von ihren Augen fort. Sie erkannte keine Wunde. Doch das Blut lief dunkel an den Innenseiten der Beine herunter. Am glanzlosen Blick des Opfers erkannte Thyra, dass die Vergewaltigung sie fürs Leben gezeichnet hatte. Die Frau hob ohne Eile ihren Kopf und starrte mit leblosen Augen hinauf in die Krone der knorrigen Eiche, die ihren Rücken stützte.

Plötzlich hellwach drehte Thyra sich um und sah zum Ehemann der Frau! Er schlief noch, in seinen Armen die Kinder.

Dies war das Grauen! Purer Horror!

Doch die barbarischen Heiden fingen erst an!

Die Nordmänner schafften es, die Gemeinschaft der Dorfbewohner ins Schwanken zu bringen. Dieser Mann würde vielleicht noch nicht sagen, wo die Vorräte, die Saat und Tiere des

Dorfes versteckt waren. Doch vielleicht der Zweite, spätestens der Dritte würde übersprudeln mit seinem Wissen, um seine Frau oder seine Kinder vor diesen Qualen zu retten.

‚Krieg!', erkannte Thyra. ‚Sie sind hervorragend in ihrer Kriegsführung!'

Nervös knetete sie ihren Rock.

»Sie dürfen nicht erfahren, wie erfolgreich sie mit ihrer Taktik sind.« Ihr Körper zitterte. »Sie dürfen es nicht!«

Der Morgen war frostklar. Die Sonne glühte am Himmelsgewölbe und vertrieb die Kälte der Nacht. Eisige Stille herrschte in den Käfigen und die Wikinger behandelten die Gefangenen erneut wie Geistwesen. Kein Essen, kein Wasser, um den Durst zu löschen, kein Eimer, der verschämt in eine Ecke gestellt werden konnte, um die Notdurft zu verrichten. Zorn keimte in Thyra auf, während sie mehr und mehr erkannte, wie sich Frustration und Hoffnungslosigkeit einnisteten.

Verzweifelt hämmerte Thyra mit der Faust gegen das Gitter.

»Ich gebe nicht auf!« Ihre Augen glühten. »Dieses Volk aus dem Norden kann mir nichts anhaben! Ich kämpfe!«

Immer wieder erneuerte sie dieses Versprechen im monotonen Singsang. Bis es sich tief einprägte. Das sah er, der Wikinger, der Thyra schon seit geraumer Zeit aus dem Schatten der verkohlten Häuser beobachtete. Er sah, wie die anderen resignierten und jammerten, nur diese eine nicht!

»Tochter von Ethelred, wer bist du? Was planst du?«

Der Wikinger folgte ihrer Blickrichtung. »Ich werde auf dich achtgeben müssen«, überlegte der Mann und fuhr mit der Hand durch seinen Bart. Ärgerlich stieß er mit der Fußspitze in den Staub, so heftig, dass kleine Steine wegschleuderten.

»Kluge Frauen sind mir ein Gräuel. Sie machen nur Ärger«, fluchte er zähneknirschend.

Thyra stand am Gatter und beobachtete aufmerksam jede Bewegung der Menschen im Lager. Der Wikinger erkannte, wie diese Frau allmählich begriff! Er erkannte es daran, wie sie kurz eine Augenbraue anhob oder ein kaum erkennbares Lächeln des Verstehens ihre Lippen umspielte.

»Diese Frau könnte für unser Unternehmen riskant werden! Aber bei Odin! Sie ist zu unserem Glück kein Mann!«

Er erkannte an ihrer Körperhaltung, dass sie begriff! Verstand, wie die hierarchische Struktur des Wikingerheeres aufgebaut war. Wer Handwerker, Krieger oder Bauer war.

Gorm beobachtete diese Gefangene eine Weile, ohne dass sie ihn entdeckte.

»Nicht einen Wimpernschlag lang hockt sie sich auf die Erde oder zeigt Schwäche. Diese Angeln-Frau lässt sich nicht von unseren Gräueltaten beeindrucken! Und gerade dieses Weib hätte es nötig!«, knurrte er verärgert, denn am frühen Vormittag hatte er, Gorm, der Häuptling, der *styrimannr* dieser Wikingerflotte, Hafr auf dem Krankenlager besucht.

* * *

Die Heilerin hatte Hafrs Penis dick mit einer grünlichen, merkwürdig stinkenden Kräutermischung eingerieben, sein Glied mit einer festen Schiene gestützt und beides mit weißen Leinenstreifen umwickelt.

»Heilt er?«, fragte Gorm, mit einer lässigen Handbewegung zur Beule unter der Decke deutend.

Wutschnaubend schlug Hafr seine Felldecke zurück und zeigte anklagend zum dicken Penisverband, der wie eine riesige Wespenkugel zwischen seinen nackten Schenkeln lag.

»Siehst du das?«, fauchte Hafr zornesrot. »Sieh dir meinen Schwanz genau an!«

Gorm konnte gerade noch ein Grinsen unterdrücken, denn nur die rötliche Spitze seiner Männlichkeit lugte verschämt aus der Penisverbandskugel heraus.

»Wenn ich diese Frau in meine Finger bekomme«, grollte Hafr gefährlich leise. »Dann werde ich sie ganz langsam und genüsslich zu Tode quälen. Ihre Schmerzensschreie werden tage- und nächtelang über die Ebene bis vor die Tore von Walhalla gellen.« Energisch schlug er das Fell über seinen fast nackten Unterkörper und starrte mit bösartigem Blick zur Decke der Unterkunft.

‚Wenn du dich da mal nicht irrst!', dachte Gorm, sagte aber: »Sie steht im Käfig.«

»Noch nicht einmal pissen kann ich!«, überhörte Hafr die Bemerkung.

‚Und ficken konntest du sie auch nicht! Wer weiß, ob jemals wieder!', schoss es Gorm durch den Kopf.

»Wie ist es denn geschehen?«

»Wie es geschehen ist!« Hafr brüllte aufbrausend und fuhr aus seinem Lager in die Höhe, sodass die Felldecke verrutschte und seine Peniskugel mit der rötlichen Spitze gefährlich hin und her wippte.

»Ich sah sie auf dem Weg stehen. Die Alten hatten wir schon.« Langsam ließ er sich zurücksinken. »Sie sah so verlockend aus.«

»Stimmt«, bestätigte Gorm gedankenverloren.

»Ich rannte los. Doch dieses dumme Weib auch.« Hafr zuckte mit der Schulter. »Sie war schnell.« Unbewusst legte sich ein Grinsen um seine Mundwinkel. »Ich konnte ihre nackten Beine sehen.« Er seufzte und machte eine kurze Pause. »Sie hat versucht, sich in einen Dachsbau zu schieben.«

»In einen Dachsbau?« Erstaunt lachte Gorm.

»Aber sie war nicht schnell genug. Ich hatte sie.«

Hafr schloss seine Augen und Gorm konnte sehen, wie er vor seinem inneren Auge die Situation noch einmal hervorholte. »Sie wollte nicht«, knurrte er. »Wie fast alle Weiber! Sie wehrte sich!« Er lachte brüllend. »Doch das hat uns noch nie abgehalten.«

»Bestimmt nicht!«

»Sie lag schon so, wie ich sie haben wollte. Ich war kurz vorm Ziel, da packt dieses Weib mit der Hand zu und bricht mir meinen Schwanz!«

Hafrs Gesicht war vor Wut und Schmerz zur Grimasse verzerrt. Aufgebracht schlug er mit einer Faust neben sich aufs Bett. »Sie hat mir meinen Schwanz abgebrochen!«

Immer noch ungläubig starrte er dem Häuptling ins Gesicht.

Gorm besah sich das Zimmer und meinte leise: »Ich wusste gar nicht, dass so etwas möglich ist!«

»Ich auch nicht«, grummelte Hafr und zog die Decke wieder über seinen Körper. »Doch nun hängt mein Schwanz krumm und schlapp wie die zerrissene Sehne eines Langbogens an mir herunter.« Hafr starrte zu den dunklen Balken an der Decke. »Sie hat mich zum Gespött unseres Heeres gemacht und die Frauen verlieren die Achtung als Mann vor mir.«

»Deine kriegerischen Taten werden ihnen immer im Gedächtnis bleiben«, munterte Gorm ihn auf.

»Ja«, ächzte Hafr. »Aber zuerst werden sie immer an den schlappen Wurm unter meinem Wams zwischen den Beinen denken.«

‚Das ist möglich', dachte Gorm, schwieg aber.

»Ich bringe sie um. Ganz langsam werde ich ihre Kehle zudrücken und zusehen, wie ihre Augen aus den Höhlen quetschen.«

»Aber erst, wenn du wieder pissen kannst«, meinte Gorm und versuchte, ein Grinsen zu unterdrücken.

»Sie steht im Käfig?«

»Mit all den anderen.«

»Das ist gut.« Erleichtert ließ Hafr seinen Kopf auf das nass geschwitzte Kissen sinken. »Dann kann sie nicht weg.«

»Nein. Sie ist sicher.«

Eine Frau trat mit einer dampfenden Schale Getreidebrei in den Raum.

»Ich komme morgen wieder«, meinte Gorm mit einem eigenartigen Seitenblick auf den Getreidebrei. »Kein Fleisch?«
»Bestimmt nicht.«
Eilig bückte Gorm sich und ging durch die kleine Tür ins Freie.
»Ganz langsam drücke ich zu«, hörte er Hafr noch murmeln. Dann schloss sich die Tür.
Die Sonne schien Gorm ins Gesicht und blendete ihn.
»Die Angeln-Frau hat es verstanden, aus einem großen, von allen Männern und Frauen angesehenen und geachteten Krieger mit einem Handstreich einen Verlierer zu machen. Einen Nordmann, der von den Kriegern belächelt und dessen Manneskraft von den Frauen nicht mehr bewundernd besungen, sondern verhöhnt wird.«
Mit zügigen Schritten ging Gorm durchs Lager zum Fluss, wo die Schiffe in Reih und Glied vertäut lagen.
»Mit dem Griff einer zarten, dennoch kräftigen Frauenhand«, flüsterte er versonnen, als er den weißen, kreischenden Möwen hinterherschaute.
Plötzlich betrachtete er Frauenhände in einem ganz anderen Licht.

* * *

Thyra sah den blonden Wikinger, wie er aus einem der wenigen nicht verbrannten Häuser trat. Ihr Herz schlug schneller.
»Du bist eine Närrin. Er ist dein Feind! Ein gut aussehender, gewiss. Aber ein Nordmann, ein Berserker, ein Mörder!«
Schnell fügte sie noch einige hässliche Worte hinzu, damit das Herzklopfen versiegte. Außerdem war sie eine angelsächsische Prinzessin, von Alfred dem Großen auserkoren, sein Reich zu vergrößern und einen adäquaten Adligen zu heiraten. Sie seufzte, als sie ans Los der Schwestern dachte. Allein in einem grauen,

kalten, steinernen Gebäude und so lange Kinder gebären und dem Gatten zu Willen zu sein, bis der männliche Nachfolger geboren war. Sie schüttelte sich, als sie an den Mann dachte, der für sie bestimmt worden war. Blass und dickbäuchig, stinkender Atem und schütteres Haar. Sie war jetzt zweiundzwanzig Jahre.

Eine alte Jungfer, weil sie sich bisher hartnäckig gegen diese Zwangsheirat sträubte. Jedoch hatte König Alfred Thyra während ihres letzten Besuches in seinen königlichen Gemäuern mitgeteilt, dieses sei ihr letzter Sommer auf dem Land! Im Winter, wenn der Festungsbau und der Schiffsbau ruhten, wollte er sie vermählen.

»Mit diesem fetten, reichen, stinkenden, alten ...« Ihr fiel nichts mehr ein. Thyra schüttelte sich. »... Mann!«, quetschte sie spuckend hervor.

Jäh presste sie die Augen zusammen und versuchte, sich auf etwas Erfreulicheres zu konzentrieren und fing unvermittelt zu summen an. Keine Ahnung, warum ihr diese Melodie einfiel. Es war ein Lied, das Solvor sang, wenn Beorhtric krank und fiebernd auf dem Lager lag.

Zuerst summte sie nur die Melodie, doch plötzlich kamen ihr die fremden Worte in den Sinn und ohne zu überlegen, sang sie den Text:

Iorp bip ak estpr
Ok uphimaen
Sol ok santae Maria
Ok sialfaen Guddrottaen.[19]

Dann ahmte Thyra die geschmeidigen Bewegungen nach, die Solvor zum Takt des Liedes tanzte. Sie öffnete ihre Arme,

---

19 Die Erde bitte ich um Schutz und den Himmel darüber, die Sonne und die heilige Maria und den Herrgott selbst. - Aus Runenkunde von Düwel.

wiegte ihren Körper zum Rhythmus und schloss die Augen. Sie bemerkte nicht, wie die Dorfbewohner entsetzt ihre Augen aufrissen und sich hastig bekreuzigten. Sie tuschelten und stießen einander an.

»Sieh!«, flüsterte die Frau des Webers entsetzt. »Sieh nur! Thyra, die Tochter des alten Königs! Sie beschwört mit dem Tanz die althergebrachten Geister.« Fest umkrallte sie ihren grob gewebten Rock.

»Die Tochter des toten Königs beschwört die Ahnen der Rus, die alten Götter der Wikinger in einem Atemzug mit Maria, der Heiligen Jungfrau!« Das Gesicht der Frau wurde kreidebleich. »Wir sind verloren. Nun sind wir des Todes.«

Thyra hörte und sah es nicht. Immer wieder sang sie das Lied der toten Solvor, die ihr wie eine Mutter in Kindertagen gewesen war.

Erst als zwei Wikingerfrauen einen Nordmann am Arm zum Käfig zogen, bemerkte Thyra die Aufmerksamkeit, die ihr gewidmet wurde, und erstarrte mitten in der Bewegung.

‚Was habe ich getan? Was hat Solvor immer gesungen? Ist es das Lied? Der Tanz?', nervös zuckten ihre Finger. ‚Was ist es?'

Eilig versuchte sie, sich die dicke Frau in Erinnerung zu rufen, wenn sie die Strophen aussprach. Doch das Einzige, was ihr in den Sinn kam, war, dass Solvor es immer ohne Zuschauer, nie bei der Gartenarbeit oder beim Kochen tat.

»Aber sie hat doch Maria besungen, das kann doch nicht falsch sein?«, grübelte sie, war sich aber nicht sicher, denn die anderen Worte waren ihr fremd. Unsicher sah sie sich um und entdeckte die entsetzten Blicke ihrer Mitgefangenen.

»Verdammt!«

Sie wusste auch nicht, warum ihr gerade dieses Lied und das ausgerechnet jetzt eingefallen war.

»Was wollt ihr? Warum steht ihr vor dem Gefangenenkäfig?« Sie fauchte die Wikinger an.

Niemand sollte auf die Idee kommen, dass sie keine Kenntnis darüber hatte, was sie tat. Oder schlimmer noch! Dass sie sich fürchtete.

Dann sprach der Häuptling der Nordmänner und Thyra erschrak über so viel Härte in dieser Stimme.

»Deyr fé, deyia fraendr, deyr siálfr it sama; ec veit einn, er aldri deyr: dómr um daudan hvern.«[20]

Thyra wich unbewusst einige Schritte zurück und blinzelte erschrocken.

»Ich weiß nicht«, fauchte sie herausfordernd, »was ihr gesagt habt und was es bedeutet!« Wütend trat sie ans Gitter. »Aber eines lasst euch gesagt sein!« Sie hob drohend ihre kleine Faust seinem Gesicht entgegen. »Ich bin kein Feigling! Ich werde kämpfen und ich lasse mich nicht von euren Drohgebärden einschüchtern!«

Der Häuptling runzelte die Stirn und blickte erstaunt zur Frau im Käfig herab. Er war deutlich größer und auch seine Muskelkraft war nicht zu verachten. Dennoch funkelten die Augen dieser kleinen Frau ihn zornig an. Thyra verstand nicht die Worte, dennoch ahnte sie den Sinn der folgenden Sätze.

»Was bist du für ein Weib? Du singst die Beschwörungsformel gegen die Dämonenmächte. Weißt du, was du tust?« Ein leichter Anflug von Belustigung trat für einen Moment in seine blauen Augen. »Du bist eine Angeln-Frau! Und du bist dem König offenbar von Bedeutung, das erzählt das Kettenamulett.« Gorm musterte die Geisel und sagte herausfordernd: »Königstochter.«

Er lächelte, doch seine Gedanken behielt er für sich. Mit einem kurzen Seitenblick zu den Wikingerfrauen ordnete er an, dass er diese Frau haben wollte.

»Holt sie später aus dem Käfig und bringt sie heute Abend an mein Feuer«, befahl er und ging.

---

20 Besitz stirbt, Verwandte sterben, man selbst stirbt ebenso. Ich weiß eins, das niemals stirbt: das Urteil über einen jeden Toten.

Heute Nacht wollte er mit ihr an einem Feuer sitzen. Und wenn die Göttinnen ihm gnädig waren – mehr.

Sie gingen! Thyra sah erstaunt und mehr als beunruhigt auf den Rücken des Fremden.

»Was genau hat er gesagt?« Ihre Augenlider flatterten nervös. Es musste von Bedeutung gewesen sein, denn die Wikingerfrauen hatten sich vorgebeugt und einander hinter seinem Rücken vielsagend angesehen.

Entsetzt drehte Thyra sich um und presste ihren Rücken gegen die so verhassten Gitterstäbe, die ihr gerade Halt gaben.

»Warum ausgerechnet ich?«

Doch im nächsten Atemzug wusste sie, warum! Die anderen Frauen hockten demütig auf dem festgetretenen Boden, schlugen ängstlich ihre Augen nieder und wagten kaum, sich zu bewegen.

»Und ich«, zischte Thyra kaum hörbar, »ich singe von Dämonen und tanze dazu!«

Ihr wurde übel bei dem, was sie angerichtet hatte.

»Bin ich so dumm, dass ich mich nicht beherrschen kann und meinen Verstand nicht unter Kontrolle habe?«

Sie schloss die Augen und schüttelte kaum merklich den Kopf.

»Gedankenlos und leichtsinnig!«

Bewusst straffte sie den Rücken, atmete die Frühlingsluft ein und schlug, ohne Vorwarnung, drohend ihre Augen auf. Jeder Angelsachse wich ihrem Blick aus.

‚Sollen sie doch Angst vor mir haben', dachte sie eigensinnig. ‚Sollen sie doch!'

Ruckartig drehte sie sich um und starrte durch die Gitter. Der breitschultrige Skandinavier war nicht mehr zu sehen.

»Er ist mein Feind«, schnaubte sie. »Mein Feind!«

Doch das Herz raste.

* * *

Es war Nacht. Sie konnte nicht schlafen. Jemand schnarchte, ein Kind sprach im Schlaf, ein anderes weinte. Die Mutter tröstete es liebevoll mit leiser Stimme. Der Wind spielte mit ihrem Haar und irgendwo jaulte eine Katze. Thyra sah müde in den wolkenverhangenen Himmel. Die grauen Gebilde flogen über den Mond und die funkelnden Sterne hinweg. Droben am Firmament tobte ein gewaltiger Sturm, während sie hier unten bewegungslos gefangen war.

Sie seufzte und schloss die Augen. Aber der Schlaf wollte sich nicht einstellen. Eine innere Unruhe quälte sie, sodass sie sich schließlich entnervt aufsetzte, die Beine mit ihren Armen umschlang, müde den Kopf auf die Knie legte und endlich anfing, über den Tod von Solvor, Beorhtric und Ethelgiva zu trauern. Tränen rannen über die Wangen, rollten hinab und wurden vom rauen Stoff des Kleides aufgesogen. Nicht ein Ton drang aus ihrer Kehle, denn es waren bittere Tränen der Trauer.

Verstohlen wischte Thyra mit ihrem Handrücken übers Gesicht und konnte ein Schluchzen nicht mehr unterdrücken. Sie rieb den nassen Handrücken am Rock trocken, als ihr der letzte Schluchzer in der Kehle stecken blieb. Unbemerkt hatte sich ein Nordmann an die Gitterstäbe geschlichen und legte ihr fordernd eine Hand auf die Schulter!

Sie erstarrte bis ins Mark! Ihr Herz pochte bis zum Hals. Sie wagte es nicht, sich zu bewegen! Geschweige denn, den Kopf zu drehen.

‚Der Nordmann', dachte sie unwillkürlich. ‚Es ist – DER – Nordmann!' Selbst in Gedanken stotterte sie.

Ganz langsam drehte sie sich um, aber ihre Haarsträhnen versperrten den Blick.

»Herkona, veit ek, at þú munt fylgja mér til eldsins bróðurins míns!"[21]

---

21   Kriegerin, ich weiß, du wirst mir zum Lagerfeuer meines Bruders folgen!

Mit zitternder Hand strich sie sich das Haar aus dem Gesicht und sah den Bärtigen fragend an. »Was willst du?«

Erneut legte er, dieses Mal mit viel mehr Druck, die Hand auf ihre Schulter und wiederholte leise und bestimmt seine Anweisung. Zusätzlich warf er einen scharfen Blick zur Tür.

Thyra folgte seiner Blickrichtung und erstarrte, als sie den Ausgang des Käfigs erkannte. Wieselflink kroch Thyra von der Käfigwand fort. Wich zurück, weg vom Barbaren. Krabbelte ungeschickt über eine schlafende Gestalt und blickte gehetzt von der Gittertür zum Wikinger und wieder zurück.

»Nein«, fauchte sie ätzend. »Ich gehe nicht!«

Der Nordmann richtete sich zur vollen Größe auf und jeder freundliche Ausdruck wich einer drohenden Entschlossenheit. Thyra saß auf ihrem Hintern und schüttelte unnachgiebig den Kopf.

»Nein! Ich werde mich nicht diesen Nordmännern ausliefern«, zischte sie leise. »Ihr wollt mich unter eure nackten Körper zwingen! Ich habe doch gesehen, wie wenige Frauen zu eurem Überfallkommando gehören! Die genügen euren brünstigen Ausschweifungen nicht!«

Der Wikinger hob seinen Arm und zeigte mit dem Zeigefinger deutlich den Weg. Trotzig schüttelte sie ihren Kopf und verweigerte den Gehorsam. Das Gesicht des Wikingers wurde hochrot vor Zorn.

Thyra hörte, wie ein drohendes Grollen aus seiner Kehle rollte. Sie schluckte und schüttelte erneut den Kopf und grummelte: »Ich werde dir bestimmt nicht folgen, damit du mich mit deinen Kameraden vor dem Feuer vergewaltigen kannst!«

Das Grollen des Wikingerkriegers wurde lauter!

Ohne es zu bemerken, rutschte Thyra auf ihrem Hintern weiter vor ihm zurück.

»Kona!«,[22] zischte er scharf durch seine Zähne hindurch.

Thyra zuckte entsetzt zusammen.

»Kona! Hér mun standa herkona þessa«,[23] fauchte der Wikinger zwischen zusammengebissenen Zähnen hervor und zeigte angestrengt auf den Ausgang. Sein Gesicht war puterrot vor Zorn. Eine Frau weigerte sich, seinem Befehl zu gehorchen. Eine Frau!

Sein muskelbepackter Körper straffte sich und er presste seine Hände zu Fäusten. Er bebte vor Zorn und Selbstbeherrschung. Thyra erkannte es trotz der Dunkelheit und zuckte zusammen. Dieser Nordmann wirkte selbst im fahlen Mondlicht einschüchternd.

Er sah die aufsässige Frau dort inmitten des Käfigs sitzen. Ein kleines Weib wagte es, nicht zu gehorchen! Eine Angeln-Frau! Noch nicht einmal eine Frau seines Volkes! Er war kurz davor, sich in den Käfig zu stürzen, diese Frau an ihren langen Haaren zu packen und sie aus der Menge zu ziehen.

Thyra saß unentschlossen auf dem harten Boden.

»Was soll ich tun?«

Unsicher blickte Thyra über die schlafende Menschenmenge.

Die Mondsichel lächelte vom Nachthimmel, eine Schleiereule flog lautlos über die Käfige. Thyra sah sich Hilfe suchend im Pferch um. Doch von wem hatte sie Hilfe zu erwarten?

Von der vierfachen Mutter, die mit ihrem weinenden Säugling auf dem Schoß eingeschüchtert in einer Ecke hockte? Thyra sah in die geöffneten Augen des kräftigen Schmiedes, der in ihrer Nähe auf der Seite lag. Doch als er ihren Blick auffing, sah er weg.

»Feigling«, zischte sie.

Sie beobachtete noch einige Dorfbewohner, die den Wortwechsel zwischen ihr und dem Wikinger gehört hatten. Keiner erhob sich.

---

22   Frau!
23   Frau! Hier soll stehen diese Kriegerin!

Sie war allein! Die Wolke vor der Mondsichel verschwand und Thyra suchte den Nordmann.

»Er ist nicht mehr da!« Ein wahnsinnig freudiger Schreck durchfuhr sie. »Er ist weg!« Erleichtert flatterte die Anspannung davon. »Ich bin noch einmal davongekommen.« Glücklich seufzte sie und lächelte. Dankbar schloss sie die Augen und streckte ihr Gesicht dem Himmel entgegen. Eine tiefe innere Ruhe durchströmte alles und Thyra sah immer noch lächelnd über die Mitgefangenen hinweg.

Als dann! – Plötzlich! Ihre Freude verflog schlagartig, als sich eine eisige Geisterpranke grauenvoll an ihr festkrallte. Sie atmete nicht.

Dort stand er! Groß! Drohend! Zornig!

Die Haare standen ihm vor Wut vom Kopf ab. Selbst der zu zwei Zöpfen geflochtene Bart zitterte unheilvoll.

Dort stand er! Vor der Gittertür! Die Hände in die Hüfte gestemmt. Seine Ellenbogen vom Körper abgewinkelt. Den Blick starr auf sie gerichtet. Als er ihre Aufmerksamkeit registrierte, schnellte seine Rechte hervor und mit vibrierendem Zeigefinger, den Boden vor sich markierend, orderte er dieses aufsässige Weib zu sich. Sein Blick bedeutete ihr, dass sie ihm augenblicklich zu folgen hatte. Sofort! Wenn sie Schlimmeres verhindern wollte.

Ganz langsam stand Thyra auf. Stützte sich mit den Händen auf der festgetretenen Erde ab. Ihre Finger zitterten. Schwankend stieg sie mit leichenblassem Gesicht über die Schlafenden hinweg. Ihr Rocksaum verfing sich an den Körpern, zerrte an deren Kleidung. Thyra sah in offene Augen und wache Gesichter. Doch nicht einer kam ihr zu Hilfe. Sie spürte förmlich die Angst der Menschen, über die sie trat. Steif lagen sie unter ihr, wagten kaum zu atmen. Sie sah das Weiß in den aufgerissenen Augen und verfluchte alle.

»Feiglinge!«

Dann stand sie vor der Tür und zögernd hob sie den Blick zum Nordmann hinauf. Schwer atmete sie zitternd die Nachtluft ein. Sie hörte nichts. Roch nichts. Blickte nur zum aufgebrachten Wikinger. Bemerkte, wie er seine unbändige Wut bezwang und mit einer unendlichen Langsamkeit die Gittertür öffnete. Kein Wort kam über seine fest zusammengepressten Lippen, als die Angeln-Frau hinaustrat. Der Nordmann mit den Zöpfen im Bart nickte einem anderen Wikinger zu.

Erschrocken riss Thyra ihren Kopf herum und zischte: »Den habe ich nicht gesehen.«

Der Zweite schloss die Tür. Sie jedoch wurde am Oberarm gepackt und vor dem Bezopften hergeschoben. Ihre Füße flogen geradezu über die Erde, berührten diese kaum, so schnell ging er vorwärts. Sie drehte sich nicht um. Wagte es nicht. Zu sehr hatte sie diesen Krieger provoziert!

‚Sei vorsichtiger! Warte ab, was sie wollen', befahl sie sich.

Ihr Arm schmerzte vom festen Griff, doch sie hatten das Ziel noch nicht erreicht. Sie hörte, wie der zweite Nordmann sich mühsam dem schnellen Schritt des Bezopften anpasste. Der fluchte, als er offenbar mit einem Zeh gegen einen Stein stieß und jetzt humpelnd dem ungleichen Paar folgte.

Thyra biss die Zähne zusammen. In den nächsten Tagen würden farbenfrohe Flecke zu sehen sein, die die zerquetschten Muskelfasern freigaben, wenn sich das Blut seinen Weg suchte.

Dann entdeckte sie das Feuer. Es brannte abseits des Lagers und ihr wurde übel bei dem Gedanken, welche Qualen nun folgen würden. Im Lichtschein sah sie einen weiteren Nordmann sitzen. Ihr Magen rebellierte vor Angst und sie schluckte die saure Magenflüssigkeit, die nach oben drängte und schon auf der Zunge zu schmecken war, herunter.

»Jörðina biobid ek til varðar ok himinninn fyrir ofan ok sólina ok heilaga Maríu ok allvaldinn sjálfan«,[24] flüsterte Thyra die Worte Solvors, als sie vor dem Nordmann am Lagerfeuer auf die Erde geschmissen wurde.

»Hmpf!«, grunzte der Wikinger, vor dessen Füßen sie lag.

»Hún er djörf kona. Herkona!«[25]

»Já, þat er hún«,[26] knurrte der Wikinger mit den zwei Zöpfen im Bart zornig. »Ok er hún mjök stolt kona!«[27]

Der andere grinste. Diese Frau war etwas Besonderes! Er hatte es schon erkannt, als sie mit Hafr ins Lager gebracht worden war!

Aggressiv funkelte sie ihre Feinde an. Sie war nicht demütig. Keine Frau, die im Käfig umherschlich. Diese bewegte sich selbstsicher, fast arrogant und wild. Dann ihre Körperhaltung, wie sie in dem Käfig stand. Würdevoll und aufrecht. Niemand wagte es, sich neben diese Angeln-Frau zu stellen. Und er erkannte, dass sie Angst hatte, sich aber nicht von ihrer Angst bezwingen ließ.

Schon wieder raste ihr Herz, als sie genau in die hellen Augen blickte.

»Krieger!« Thyra keuchte und sah ins Gesicht des blonden Wikingers. Übel gelaunt rappelte sie sich auf und stellte sich vor das Feuer. Ein rot glühender Lichtschein umspielte ihre Silhouette. Der blonde Nordmann sah amüsiert zu der Frau, die ihre kleinen Fäuste in ihre schmale Taille stemmte und mit zornig flammenden Augen auf ihn, den Häuptling, herabsah.

---

24 Die Erde bitte ich um Schutz und den Himmel darüber, die Sonne und die heilige Maria und den Herrgott selbst.
25 Sie ist eine mutige Frau! Eine Kriegerin!
26 Ja, das ist sie.
27 Und eine sehr stolze Frau dazu!

»Gormr er nafn mitt.«[28] Er grinste übers gesamte Gesicht. Diese Frau amüsierte ihn.

»Wenn ihr es wagt ...!«, fauchte Thyra. »Wenn ihr es auch nur wagt, nur einen kleinen Finger an meinen Körper zu legen, dann werde ich euch ...« Sie schluckte.

‚Ja, was würde ich dann? Dem Riesen vor mir die Gurgel durchtrennen? Mit dem Finger? Ich habe noch nicht einmal einen Stein in der Hand, um diesem Unmenschen den Schädel einzuschlagen!'

»Dann werde ich euch ...!«, fing sie wieder an und ihre Stimme bebte vor Wut. »Mit meinen Fingern die Augen ausstechen, sodass ihr euer restliches Leben in völliger Dunkelheit verbringen müsst!«

‚Endlich! Vollbracht!', dachte sie mit drohend erhobener Faust und beugte sich dem Wikinger wutschnaubend entgegen. Sie keuchte und ihr Körper zitterte vor Angst und Wut. Niemals würde sie diesem Mann freiwillig ihren Körper anbieten und sich unter ihn legen. Niemals!

»Kona þessa hagar sér merkilega ok heimskliga",[29] meinte Gorm, der immer noch vor dem Lagerfeuer saß, zu Siguror. Er ignorierte die zornige Angeln-Frau, die mit ihrer kleinen Faust zänkisch vor seinem Gesicht herumfuchtelte, völlig.

Der Nordmann mit den Zöpfen im Bart zuckte mit der Schulter, dachte an die Weigerung der Frau, seinen Befehlen zu folgen, und unterdrückte seine Wut.

»Hún er eigi sem öðru enskar konur«,[30] brummte er stattdessen und setzte sich ebenfalls ans Feuer. In einer Holzschale

---

28 Mein Name ist Gorm.
29 Dieses Weib hat ein sonderbares, törichtes Benehmen.
30 Sie ist schon sehr eigenwillig.

lag Obst. Er suchte sich einen Apfel aus und biss genießerisch in das saftige Fleisch. Der Apfel krachte beim Biss und Thyra fuhr erschrocken herum. Ihre Nerven waren zum Zerreißen gespannt.

»Hún er eigi sem öðru enskar konur«,[31] kaute er. »Hún er með sterkum vilja.«[32] Wieder biss er in den saftigen Apfel. »Hvat viltu henni?«[33]

Mit seinem behaarten Handrücken wischte er sich den Saft von den Lippen.

»Eigi veit ek. Kona þessa er eigi sem öðru konur. Þú hefr rétt at mæla.«[34] Grübelnd musterte Gorm die blasse Frau. Sie stand immer noch im Feuerschein.

‚Sie sieht hinreißend aus!', dachte er, sagte aber. »Kona þessa hagar sér merkilega ok heimskliga.«[35] Er beobachtete die Angeln-Frau und es störte ihn unsagbar, dass sie so anmaßend auf ihn herabsah. Ohne zu zögern, packte er dieses störrische Weib am Handgelenk und riss sie zu sich herunter.

Mit einem kurzen Aufschrei plumpste Thyra vor ihm auf die Knie.

»Hmpf«, grunzte Gorm nur. Keine Frau hatte auf ihn herabzusehen. Denn er war der Häuptling dieses furchtlosen Wikingerheeres!

Thyra funkelte ihn wütend an. Fügte sich. Krabbelte von ihm weg und blieb in einigem Abstand am Feuer sitzen.

---

31 Sie ist anders als die anderen Angeln-Frauen.
32 Sie hat einen starken Willen.
33 Was willst du eigentlich von ihr?
34 Ich weiß es auch nicht so genau. Diese Frau hier ist anders! Du hast recht.
35 Ich vermute, sie spricht unsere Sprache.

»Konur«,[36] grinste Gorm. »Ván ek at hún mun tala mjök um land þetta.«[37] Zweifelnd sah er das Weib an. »Hvar þau geyma korn, fé ok vápn þeirra.«[38]

»Kona þessa ...!« Der Bezopfte verschluckte sich fast und er hustete. »Hugir þú, at hún mun tala um þetta fyrir þik?«[39]

Der restliche Apfel verschwand hinter dem Bart in Sigurors Mund. Nur den Apfelstiel schmiss er ins Feuer.

Der Blonde musterte Thyra und Thyra tat, als ob sie es nicht bemerkte.

»Ek veit eigi«,[40] antwortete Gorm schlicht. »En hún er kona.«[41] Er feixte und deutete mit den Fingern das Zeichen für den Geschlechtsakt an. »Ef ek segi, hvat ek vil af henni, en hún þó neitar, þá verðr hún ráðin af ørlögum ok segja allt.«[42]

Sie lachten beide rau und Thyra blickte erschrocken von einem zum anderen.

‚Das fängt gar nicht gut an.' Unruhig zuckten ihre Augen hin und her. Ihr Atem ging noch schneller. ‚Ich muss mich beruhigen. Langsam einatmen und ruhig ausatmen. Sonst kannst du nicht denken. Bleib ruhig. Konzentriere dich! Bleib wachsam!'

Das Feuer brannte herunter und diese Wikinger waren immer noch nicht über sie hergefallen.

‚Worauf warten sie?'

---

36   Weiber.
37   Ich hoffe, sie wird mir einiges über dieses Land erzählen.
38   Wo sie das Korn lagern, ihr Vieh untergebracht und die Waffen versteckt haben.
39   Glaubst du, sie erzählt dir das?
40   Ich weiß nicht.
41   Aber sie ist eine Frau.
42   Wenn ich ihr sage, was ich will und sie sich weigert, wird sie vom Schicksal bestimmt und alles erzählen.

Sie wurde unruhiger. Die Angst zerfraß ihre restliche Ruhe und ohne zu überlegen, spähte sie in der Dunkelheit nach einer Fluchtmöglichkeit.

‚Wo ist der Dritte?' Thyra konnte ihn nicht sehen. ‚Steht er im Lichtschatten des Feuers oder ist er zurückgegangen, um die anderen zu bewachen?'

»Kona!«, sprach der Blonde sie plötzlich an, sodass sie gewaltig zusammenzuckte. »Kona, segðu mér, hvat þú veizt.«[43] Gorm setzte sich neben sie. Thyra atmete seinen männlichen Duft ein. Er roch so maskulin und herb. Sie schluckte unbeherrscht. ‚Er ist ein Berserker! Der Mörder deiner Landsleute. Sei vorsichtig! Traue ihm nicht! Aber er riecht so verdammt gut.'

»Seg – mer ...«, fragte er, »segðu mér, hvar tókuð þit fé yðvart, kornit, ávextina þurkaða ok brauðit?«[44]

Sie sah ihn verständnislos an.

Gorm ignorierte den Blick. Er kannte die Frauen und deren Taktiken.

»Síðan vil ek víta.«[45] Er sprach im Plauderton und begutachtete gelangweilt seine Fingernägel. »Hvar þit geymduð vápnin yðvar?«[46]

Der *styrimannr* sah Thyra herausfordernd an und seine Fingernägel waren ihm plötzlich nicht mehr wichtig.

Thyra sah von einem Übeltäter zum nächsten. Es war ihr schon klar, was diese Mörder wollten. Sie hatte das Wort *naut* für Vieh verstanden. Sie kannte es von Beorhtric, der die Rinder derbe mit diesem Ausdruck beschimpfte. Besonders, wenn die Rindviecher ihren eigenen Willen durchsetzten.

---

43   Frau, sage mir, was du weißt.
44   Sage mir, wo habt ihr euer Vieh, das Korn, das Dörrobst und das Brot hingebracht?
45   Danach will ich wissen.
46   Wo habt ihr eure Waffen versteckt?

‚Ihr wollt also, dass ich meine Landsleute verrate und sie im folgenden Winter dem Hungertod ausliefere', dachte sie spöttisch und hoffte, ihr Gesicht verriet nicht allzu viel von ihren Gedankengängen. Also starrte sie die Männer nur blöde an und hoffte, das würde reichen! Entnervt rollte der bezopfte Bärtige mit den Augen, während er den grotesken Gesichtsausdruck deutete.

»Gorm, dieses Weib benimmt sich wie Bergdis.« Schnaufend blies er Luft aus. »Für den Fall, dass sie nichts erzählen will«, knurrte Siguror müde und zwirbelte seine Bartzöpfe in die Höhe, »zeige diesem Weib, was für sie bestimmt ist.« Deutlich starrte Siguror in Thyras Richtung. »Wenn sie nicht zusammenarbeitet. Dann sparen wir viel Zeit und bekommen unseren Spaß!«

»Weißt du nicht, was sie mit Hafr gemacht hat?«, gluckste Gorm.

Thyra blickte auf und sah den Häuptling verständnislos an.

»Glaubst du, sie brach den Schwanz, wie Hafr erzählte?« Ungläubig strich Siguror durch sein Haar.

»Glaubst du«, stellte Gorm mit einem breiten Grinsen die Gegenfrage, »dass Hafr lügt?« Er schüttelte den Kopf. »Wenn er eine zusätzliche Verwundung hätte«, überlegte Gorm. »Hafr ist ein Nordmann! Nie hätte er kundgetan, dass sein schlapper Schwanz von einer Frau stammt. Seine Lunte ist hinüber. Die brennt für eine sehr lange Zeit nicht mehr! Zermalmt von den Fingern eines Weibes!« Gorm zerquetschte gereizt den Apfel in seiner Hand. »Hafr wäre gut beraten zu erzählen, ein Mann hätte seinen Schwanz gepackt und ihn für die Weiber unbrauchbar gemacht! In einem Kampf!« Abermals schüttelte Gorm den Kopf.

»Hafr erzählte die Wahrheit über diese Angeln-Frau. Er wollte seinen steifen Hammer in sie hineinstoßen.« Lauernd betrachtete Gorm Thyra. »Und sie hat sich gewehrt!« Ein verschwiegenes Lächeln glitt über seine Lippen. »Hafr hatte es bei diesen wahnsinnigen Schmerzen schwer, sich eine andere Geschichte auszudenken.« Abermals schüttelte der Häuptling den Kopf und warf ein Holzscheit ins Feuer.»In der kurzen Zeit, die ihm blieb.«

»Na ja!«, meinte Siguror kopfschüttelnd. »Hafr könnte erzählen, ein Angelsachse zielte schlecht mit dem Schwert und traf seinen Schwanz. Jeder hätte es geglaubt.« Gorm lachte, dass seine weißen Zähne im Feuerschein blitzten.

Thyra sah es und ein heftiges Flattern erschütterte ihre Magengrube. ‚Feind', urteilte sie hastig. ‚Dieser Mann ist ein Feind! Mein Feind!'

»Du hast recht«, grinste Gorm Siguror an. »Hafr war viel zu schockiert über seine Entmannung! Er dachte nicht über die Wirkung seiner Worte nach.« Gorm griente breit. »Jetzt ist es gesagt!«

Nachdenklich betrachtete Gorm die zarten Hände der Frau. Er ahnte nicht, was sein Blick in ihr auslöste.

»Sie hat sich einen bösartigen Feind eingefangen.«

»Ja«, grunzte Siguror und spuckte ins Feuer. »Wir sollten sie schnell nehmen, bevor nichts mehr von ihr übrig bleibt!«

Gorm sah seinen Freund nachdenklich an. »Sie ist eine reiche Frau. Das offenbart ihr Amulett. Eine Königstochter – vielleicht?«

Schweigend starrten die Männer ins Feuer.

Thyra wurde nervöser. ‚Solange die Männer sich unterhalten', erkannte sie, ‚habe ich nichts zu befürchten.'

»Ich befehle Hafr morgen, die Finger von diesem Weib zu lassen. Bis geklärt ist, wer und was sie ist.«

Gorm machte eine kurze Pause und blickte die Frau nachdenklich an. »Bis sie uns erzählt, was wir wissen wollen«, befahl der Häuptling. »Später kann Hafr seine Kriegerehre als Nordmann zurückerobern und seinem Ruf gerecht werden.«

Thyra sah fragend von einem zum anderen. Ihr Magen knurrte und sie schielte zur Obstschale. ‚Diese Bluthunde werden mir nichts anbieten. Also werde ich mir etwas nehmen.'

Ihr Herz klopfte bis zum Hals. ‚Schnell oder langsam?', überlegte sie kurz. ‚Ganz normal bewegen.' Ohne dass es als etwas Besonderes schien, langte sie in die Schale, fischte sich einen Apfel und die goldgelb glänzende Birne heraus. Biss genüsslich in die Birne und vergrub, parallel zum Kauen des herrlich süßen Fruchtfleisches, den Apfel in einer Tasche ihres Rockes.

Gorm beobachtete es aus dem Augenwinkel.

‚Sie ist dreist', erkannte er kopfschüttelnd und grinste verschmitzt. ‚Eine Angeln-Frau, die einen Wikinger herausfordert.'

Erneut legte er ein Holzscheit ins Feuer und richtete seine Frage direkt an die Frau.

»Hvert er nafn þitt?«[47]

Thyra starrte ihn an. Unschuldig lief etwas Birnensaft an ihrem Mundwinkel herab und rasch wischte sie es weg.

Freundlich wiederholte Gorm die Frage. »Hvert er nafn þitt?«

»Meinst du, sie versteht uns?«, erkundigte sich Siguror zweifelnd und runzelte die Stirn.

Gorm wiegte kaum merklich den Kopf. »Könnte sein! Die Frage ist nur, ob sie will, dass wir es wissen!« Mit Nachdruck starrte er Thyra in die Augen. Erschüttert von diesem energischen Blick schob Thyra unruhig ihren Hintern hin und her.

‚Was will der?' Zaghaft versteckte sie den Rest der angebissenen Birne unter ihren Rockfalten. Gorm sah es und schmunzelte.

»Hvert er nafn þitt?«[48]

»Ich ahne, was ihr wollt«, fing Thyra mit energischer Stimme zu sprechen an, obwohl sie ziemlich eingeschüchtert war. Sie zögerte einen Atemzug, richtete sich auf und sagte mit fester Stimme: »Ich bin die Tochter des toten Königs Ethelred von Wessex und Wulfthryth. Ich bin eine angelsächsische Königstochter!«

---

47 Wie ist dein Name?
48 Sag, wie heißt du?

Sie wartete auf einen erstaunten Blick oder wenigstens einen überraschten Ausruf.

Doch! – Nichts!

Keine Andeutung von Verstehen. Leicht zornig presste Thyra die Lippen zusammen und die senkrechte Falte an der Stirn über ihrer Nase vertiefte sich. ‚Haben diese Wikinger keine Ahnung! Wissen die denn gar nichts?' Verstimmt sprach sie weiter und eine Wildheit lag in ihrer Stimme, die Gorm und Siguror sofort aufhorchen ließ.

»Ich vermute, ihr verdammten Berserker und Mörder meiner Landsleute wollt meinen Namen! Und da ich glaube, dass ihr meine Sprache nicht sprecht, mich nicht versteht, sage ich euch ...«, sie machte eine kurze Pause und holte Atem, »... mein Name ist Thyra Danebod.«

Aufgerichtet, mit stolzem Blick saß sie neben dem nordischen Häuptling Gorm und seinem Wikingerfreund Siguror. Fragend sah sie von einem zum anderen. Doch nichts! Kein Erkennen!

»Ihr seid dumme, einfältige, unwissende Männer aus einem kargen Land«, spuckte Thyra verächtlich. Überzeugt, diese Nordmänner verstanden kein Wort von dem, was sie sagte. Sie sollte sich irren! Gorm sah unbewegt ins Feuer. Auch wenn er nicht alles verstand. Jedoch – die Wortfetzen, die er auffing, ließen eine gnadenlose Wut in ihm aufsteigen.

‚Was bildet diese Angeln-Frau sich eigentlich ein? Die Beleidigungen, die sie gegen mich, einen Wikinger ausspricht, sind vor unseren Göttern demütigend. Dafür wird sie Opfer bringen!'

»Sie ist sehr hochmütig!«, sagte Gorm mit äußerlich ruhiger Stimme an Siguror gerichtet.

Der grinste ihn an. »Was hast du anderes erwartet?«

»Hmpf.«

Thyra sah abwartend hin und her. Der Linke neben ihr war offensichtlich höher im Rang, doch der Bezopfte schien ein

Freund zu sein. Sie starrte ins Feuer und versuchte, die Feinde zu ignorieren. Es gelang ihr nicht. Obwohl sie angestrengt über die flackernden Flammen hinweg den Nachthimmel fixierte.

»Talar þú várt mál?«,[49] fragte der mit den Bartzöpfen unerwartet. Thyra musterte ihn eindringlich. Sie wusste, was er wollte. ‚Doch warum soll ich antworten!', dachte sie hochmütig und blickte weiter in den Sternenhimmel.

»Kona!«, fauchte der Große neben ihr und packte sie grob am Arm.

»Au!«

»Svaraþú! Talar þú várt mál?«[50]

Thyra versuchte, seine Hand zu entfernen. Gorm ließ sich jedoch von ihren kümmerlichen Versuchen nicht beeindrucken.

»Ich weiß, was ihr wollt!«, zischte sie. »Doch ich kann eure Sprache nicht!«

Gorm packte noch fester zu, schüttelte Thyra hin und her. Seine Wut duldete keinen Aufschub mehr.

Ihr Selbstbewusstsein war erschüttert und bestürzt fing sie an zu reden.

»Das Lied, das ich sang, sind meine einzigen Worte in eurer Sprache«, stotterte Thyra nervös und versuchte, ihre Fassung wieder zu finden. »Also«, fing sie an, stockte und sah den bärtigen Männern in die Gesichter.

»Lorp bip ak uarpae ok uphimaen sol ok santae Maria ok sialfaen Guddrotten.« Sie sang und blickte in die erschütterten Gesichter der Wikinger.

»Das ist alles!«

»Sie ist eine Zauberin«, meinte Siguror.

»Eine Angeln-Frau? Eine Zauberin?«

»Vielleicht – keine Gute?«

---

49 Sprichst du unsere Sprache?
50 Antworte! Sprichst du unsere Sprache?

»Oder nur eine, die Geschichten erzählt!«
Thyra sah im Wechsel von einem zum anderen.
»Eine Heilerin?«, verdächtigte Siguror sie grinsend.
»Erzähle mehr!«, forderte Gorm, den Blick auf Thyra gerichtet. Diese sah ihn unschuldig an und wiederholte das eben Gesagte.
»Sie ist dumm.« Siguror sah seine Vermutung bestätigt.
»Sie stellt sich dumm.«
Wieder richtete Gorm eine Frage an Thyra, doch sie wiederholte nur die Worte aus Solvors Lied.
Siguror schüttelte den Kopf und sah seinen Freund zweifelnd an. »Sollen wir ihr drohen?«
Gorm grinste. »Willst du deinen Schwanz zuerst zur Verfügung stellen?«
Siguror fing schallend zu lachen an und schlug sich übermütig auf seine muskulösen Oberschenkel. Grinsend begutachtete er seinen Schwanz. »Guter Häuptling! Ich glaube nicht.« Siguror schüttelte abweisend den Kopf. »Aber diese Sklavin wird uns erheblichen Ärger bereiten.«
Gorm grinste und nickte.
Fragend sah Thyra die Nordmänner an. Doch diese ignorierten die Frau und unterhielten sich mit einem anzüglichen Grinsen auf den Lippen.
‚Fasst mich nur nicht an!', drohte Thyra in Gedanken und starrte böse.
»Sie wird deinen Schwanz für alle folgenden Frauen und auch für dich unbrauchbar machen.« Gorm feixte, als er in das Gesicht der störrischen Angeln-Frau sah. »Soll sich doch einer ihrer Landsmänner mit ihr vergnügen.«
»Derjenige wird seine wahre Freude an ihr haben«, mutmaßte Siguror. »Aber wenn sie wirklich von Adel ist, bringt sie uns einen wertvollen Tribut ein.« Er ahnte nicht, wie wahr seine Worte werden würden.

Abschätzend ließ Gorm seinen Blick über die zarte Frau wandern, sodass Thyra sich vor seinen Blicken schützte, indem sie ihre Arme vor der Brust überkreuzte. ‚Brünstiger Moloch', beschimpfte sie ihn im Geiste.

»Nur, wenn sie wirklich mit dem König verwandt sein sollte.«

* * *

Thyra wurde in den Käfig zurückgebracht, ohne dass die Nordmänner auch nur ihren Körper berührt hatten. Sie hatten sie nicht vergewaltigt oder gefoltert! Nur Fragen. Sonst nichts!

Sprachlos ging sie im Käfig auf ihren angestammten Platz. Hockte sich auf den Boden, den Rücken gegen die Stäbe gelehnt und starrte ausdruckslos zum mit Sternen übersäten Nachthimmel. Ihre Mitgefangenen beäugten Thyra. Teils mitfühlend, teils neugierig, doch auch verächtlich. Sie tuschelten und flüsterten. Thyra ignorierte sie alle. Sollten sie doch denken, was sie wollten!

Die Wikinger hatten ihr heute Nacht ein völlig neues Bild gezeigt.

Sie hatten miteinander gelacht und gescherzt. Der Große und der mit den Zöpfen hatten höflich gefragt und waren nicht zornig geworden. Auch als sie bemerkt hatten, dass sie ihre Sprache nicht verstand oder nicht verstehen wollte! Die Nordmänner am Feuer waren nicht über sie hergefallen. Sie hatten sie nicht gefoltert und am Ende der Nacht ihre Beine gespreizt, um in sie einzudringen, sie mit ihrem Samen zu füllen und in ihrem Leib eine ungeliebte Frucht zu säen.

Wenig von dem, was Ethelgiva erzählte, entsprach der Wahrheit.

Thyra musste nachdenken, überlegen. Dazu brauchte sie Zeit, Ruhe und Einsamkeit!

Der Morgen dämmerte. Sie hatte kaum geschlafen. Verzerrte Traumbilder raubten ihr den Verstand. Abgekämpft erhob sie sich mit rotgeränderten Augen. Jede Faser ihres Körpers schmerzte, der harte Boden und die nächtliche Kälte fraßen sich ins Blut, in jeden Muskel und drangen zuletzt bis in die Knochen. Steif und stöhnend stellte Thyra sich gegen das Gitter und starrte müde auf die nun schon vertrauten Bilder.

Die morgendlichen Rituale begannen.

Thyra drehte sich nicht um. Sie hörte, wie ihre Mitgefangenen die Abortecke aufsuchten und sich erleichterten. Ebenso missachtete sie das Schreien der Kinder und die verzweifelten Versuche der Mütter, diese zu beruhigen. Genervt von der Situation lehnte sie den Kopf gegen die Gitterstäbe und schloss die Augen. »Ich brauche Ruhe, will Schlaf und endlich wieder allein sein! Selbst in den kalten Räumen in einer dieser Burgen würde ich jetzt schlafen wollen.«

Ihr Onkel, König Alfred, hatte in den letzten Jahren ein Netz aus Festungen und ummauerten Städten errichtet, welches sich durchs gesamte Königreich erstreckte. Thyra hatte gehört, wie er die notwendigen Anordnungen für den Unterhalt und den Schutz der Anlagen befahl und wie er den Schutz der Untertanen regelte.

Der Adel teilte die Meinung des Königs. Sie buhlten um die Gunst des Monarchen, wollten seine Burgen und Städte befehligen und diese in ihren eigenen Besitz bringen. Sie erlernten die Kriegskunst in seiner Armee, kämpften zum Wohle des Königs und ihres eigenen Reichtums, während ihr Volk den Krieg bezahlte, die Felder bestellte und unter Armut und Hunger litt.

Thyra lächelte mit geschlossenen Augen, als sie an ein Geschehen zurückdachte. Ein entfernter Vetter erhielt die Befehlsgewalt einer Burg in Wessex. Sie kannte ihn seit Kindertagen und las in dem Gesicht des Cousins wie in einem offenen Buch! Mit stolzgeschwellter Brust und ernster Miene nahm er die Auszeichnung entgegen, doch Thyra wusste, dass er seine Bauern für sein persönliches Wohlergehen gnadenlos arbeiten lassen würde.

‚Zum Wohle des Volkes – und zu seinem', fügte sie in Gedanken hinzu.

Ein Habicht schrie und riss Thyra aus den Gedanken. Blinzelnd sah sie in den Himmel und folgte dem Flug des Raubvogels. Abermals vergegenwärtigte Thyra sich, wo sie tatsächlich war!

»Ich bin in Wessex!«, murmelte sie schlaftrunken. Zerschlagen sah sie sich um. »Und wo sind die Kämpfer? Wo sind die Soldaten meines Volkes? Warum kommen sie nicht und vertreiben die Eindringlinge?« Sehnsüchtig blickte sie zur Themse. Doch sie erkannte nur die schwankenden Masten der Nordmannschiffe. Wo waren die imposanten Kriegsschiffe zur Verteidigung?

‚Wussten sie es denn noch nicht, dass die Wikinger die Themse hinauf gesegelt waren?'

»Doch! Sie müssen es wissen!« Mit heftigem Herzklopfen fing sie ganz langsam zu verstehen an! »Es müssen viele Wikinger sein! So viele, dass sie genügend Schiffe aufbringen, um an Ludúnir, Slough, Reading und Oxford vorbei zu segeln und sogar noch einige Kriegsschiffe samt Besatzung für das entfernte Oxfordshire zum Kampf einsetzen können.«

Dann fing Thyra zu rechnen an.

»Wie viele Kriegsschiffe braucht ein Kriegsherr, um eine Stadt einzunehmen? Zum Beispiel für Southend an der Flussmündung.« Sie wiegte den Kopf hin und her. »Keine – vielleicht – wenn sie bei Nacht an der Stadt Southend vorbeisegeln, um in Ludúnir einen Überraschungsangriff zu starten.«

Sie verstummte, um gleich darauf mit ihren Gedanken fortzufahren.

»Aber in Ludúnir brauchen sie eine stattliche Anzahl an Kriegsschiffen. Doch wie viele Krieger fahren auf einem Schiff?« Sie schwieg und überlegte, ob sie jemals eine Zahl gehört hatte.

»Wie viele Seeleute fahren auf einem Drachenschiff?« Grübelnd betrachtete Thyra die Masten, auf denen sich die weißen Möwen schreiend niedergelassen hatten und sich um einen fetten Fischkopf stritten.

»Dreißig vielleicht oder fünfzig?« Dann riss sie ihre Augen auf und zählte die schwankenden Masten. Gleichzeitig überlegte sie, wie viele Masten ein Wikingerkriegsschiff besaß. Dann begriff sie! Sie erinnerte sich an eine Skizze der Wikingerschiffe. »Ein Schiff mit einem einzigen bauchigen Segel.«

Thyra grinste. »Ein Segel! Also ein Mast!« Sie schluckte und zählte noch einmal. »Sieben«, wisperte sie. »Sieben Schiffe und auf jedem Schiff fahren vierzig bis fünfzig Wikinger.« Sie erschrak furchtbar und erkannte, dass etwa zweihundert Nordmänner Oxfordshire überfallen hatten!

»Wie viele Wikinger mochten dann Ludúnir, Slough, Reading und Oxford überfallen haben?« Sie weigerte sich, weiter zu denken. Doch die Zahl schoss ihr wie von selbst ins Hirn.

»Neunhundert.« Ihr Magen zog sich allein bei diesem Gedanken zusammen. »Oder mehr!«

Ihre Gedanken machten sich selbstständig. Doch Thyra sollte sich noch mehr erschrecken, wenn sie erfuhr, dass die genaue Zahl der Wikingerschiffe bei dreihundertdreißig lag!

Zweihundertfünfzig an der Südküste in Kent und achtzig an der englischen Nordküste.

»Neunhundert Männer«, murmelte sie. »Kann das sein?«

Langsam fuhr sie mit ihrer Zunge überlegend über die Lippen und presste sie zusammen. »Zweihundert hier im kleinen Ort Oxfordshire, dann sind in Oxford vielleicht ...?« Sie zog ihre Stirn kraus. »Zwanzig, dreißig Schiffe. Demnach tausend bis tausendfünfhundert Nordmänner.« Heftig schlug sie ihre Hand auf den Mund. Schluckte. Biss die Zähne aufeinander. »Dann sind in Reading und Slough vielleicht ...?«

Sie mochte nicht rechnen, legte den Kopf in den Nacken und beobachtete den eleganten Flug einer Möwe am wolkenlosen Himmel.

‚Nein, nein, nein!', schrie sie im Geiste. ‚Nicht denken! Nicht!' Doch sie zählte im Geiste schon die Schiffe, die Ludúnir überfallen haben könnten.

»Dann sind über hundert Kriegsschiffe der Nordmänner in Ludúnir.« Ihre Stimme war kaum noch zu verstehen. »Und mit ihnen könnten dann über fünftausend Wikinger in der Stadt eingefallen sein und sie haben ...!«

Thyra weigerte sich zu denken. Ihre Knie wurden weich. Sie rutschte am Gitter herab auf den festgetretenen Boden. Dort hockte sie und krallte sich mit leichenblassem Gesicht an den Stäben fest. Ihr Magen rebellierte und ohne Vorwarnung schmeckte Thyra Magensäure auf der Zunge.

»Das kann nicht sein!«, schrie sie unbeabsichtigt. »Hirngespinste!«

Erstaunt blickten die Mitgefangenen Thyra an. Sie sah in die fragenden Augen des Kammmachers und starrte einfach durch ihn hindurch. Es war zu ungeheuerlich! Zu groß! Zu viele! Unbegreiflich!

»Ist so etwas überhaupt möglich? Gibt es überhaupt so viele Menschen? Wie weitläufig ist denn das Land, wo die Nordmänner ihre Heimat haben?« Thyra rieselte es prickelnd über die gesamte Haut.

»Wie viele Angelsachsen gibt es in Northumbria, in Gwynedd, in Dyfed, in Mercia in Mittelanglia oder in Ostanglia?«

Sie wusste, Wessex war bedeutsam. Doch wie viele Menschen lebten dort und dann gab es ja auch noch Kent? Und die Schotten! Noch nie hatte sie sich diese Frage gestellt! Grübelnd hob Thyra die Finger ans Kinn und schloss die Augen.

»Wenn ich am Ostermorgen zum Dom in Ludúnir ging«, murmelte sie, »sah ich jedes Mal unzählige Menschen auf den Straßen. Mmmh!«

Langsam stellte sie sich aufrecht hin. »Waren es tausend Menschen?« Gedankenverloren fuhr sie mit den Fingern über ihre Lippen.

»Eintausend.«

»Was sagt Ihr da?«, fragte der Schmied grob. Er stand hinter ihr und stierte mit zornesrotem Gesicht auf Thyra.

Langsam drehte sie sich um und betrachtete den hochgewachsenen Schmied herablassend. »Was ich sage, mache oder tue, geht Euch nichts an«, zischte sie böse.

Die Gesichtshaut des Mannes wurde noch eine Nuance dunkler. Er drückte die zusammenballten Fäuste in die Hüfte und schritt auf Thyra zu. Sie erschrak! Blieb jedoch vor dem massigen Mann stehen.

»Ich befehle es Euch!«, drohte der Schmied.

Thyra wurde blass vor Zorn. Ein Schmied! Ein einfacher Dorfschmied wagte es, so mit ihr zu reden! Und noch ehe Thyra überlegte, schmetterte sie dem Mann ins Gesicht: »Ihr habt mir nicht das Geringste zu befehlen.« Tief holte sie Atem und trat dem stattlichen Handwerker einen Schritt entgegen, obwohl kaum noch Platz zwischen ihnen war.

»Ihr seid eine Frau«, schmetterte er.

»Sicher bin ich eine!«

»Eine Frau«, er baute sich vor ihr auf. »Eine Frau darf keine Zahlen in den Mund nehmen!«

»Wer sagt das?«

»Ich! Ich bin der Schmied des Dorfes.«

»Und ein Schmied in einem Dorf weiß, was ich, die Nichte des Königs, zu unterlassen habe?«

»Ich ...«

»Ihr seid einer meiner Untertanen!« Thyra schmiss ihm die Worte entgegen und drückte ihren Zeigefinger fest in seinen weichen Bauch. Er wich erstaunt zurück.

»Und Ihr!« Sie holte erneut Atem. »Ihr habt mir weder etwas zu sagen, geschweige denn das Wort mit einem Befehl an mich zu richten!« Ihr gesamter Körper zitterte vor Zorn.

»Ihr, Ihr, Ihr ...!« Der Schmied brüllte mit hochrotem Kopf und seine geballte Faust zitterte vor ihrem Gesicht.

»Was!«, schrie sie ihn schneidend an.

Er wollte gerade antworten, als eine behaarte Männerhand sich um seinen Oberarm krallte. Jählings drehte der Schmied sich um und starrte zornentbrannt in das besonnene Gesicht des Kammmachers.

»Lass es gut sein«, raunte er.

»Was!«, dröhnte der Schmied. »Wenn sie so weitermacht, dann schlitzen uns die Nordmänner im Berserkerrausch auf und fressen uns zum Frühstück!«

»Das glaubst du doch selbst nicht.«

»Doch genau das! Hast du nicht gesehen, wie sie die Männer unserer Feinde umgarnt und für sich einnimmt.« Hastig zeigte anklagend sein Finger auf Thyra. »Sie zählt sie«, beugte er sich zischend zu Thyra hinab und flüsterte ihr direkt ins Gesicht.

Thyra spürte seinen warmen Atem – und roch den fauligen Gestank. Sie schnappte nach Luft, öffnete den Mund, um sich zu verteidigen.

Doch er kam ihr zuvor. »Dieses Weib opfert uns alle. Nur um selbst zu überleben!«, donnerte der Schmied.

Alle standen erstarrt in den Käfigen. Keiner bewegte sich.

»Ist das wahr?«, fragte der Kammmacher mit leiser Stimme.

Thyra antwortete ihm nicht.

»Ist das wahr?«

»Ich werde Euch nicht Rede und Antwort stehen. Nur weil Ihr Euch nicht beherrschen könnt«, warf sie dem Schmied kalt entgegen.

»Ihr werdet nicht ...«

»Nein!«, warnte sie ihn mit schneidender Stimme. »Und sagt jetzt kein Wort mehr, es könnte Euch Euren Kopf kosten.« Sie sagte es leise, fast liebevoll, doch ihre zornigen Augen warnten den schwitzenden Mann.

Der hervorgetretene Kehlkopf des Schmiedes tanzte im Schlund auf und ab.

»Lass es gut sein.« Der Kammmacher beruhigte ihn und zog ihn fort.

»Mmph«, grunzte der Schmied und schüttelte angewidert die Hand des Kammmachers ab. »Sie ist ein Weib wie jedes andere. Und ein gehässiges dazu!«, ächzte er. Doch plötzlich erinnerte er sich an ihren einflussreichen Onkel. Den König, den das Volk ‚Alfred den Großen' nannte. Seine Haut glänzte vom Schweiß und nicht nur Thyra sah, wie seine Muskeln beunruhigend flatterten. Zitternd atmete er die feuchte Luft ein, drehte sich kurz darauf um und ging. »Mit einem König im Nacken kann man mit Leichtigkeit fauchen!«

Thyra stand steif und starr. Stolz und beherrscht sah sie einen nach dem anderen an. Doch niemand wagte es, ihrem Blick standzuhalten. »Was war denn das?« Bedächtig drehte sie sich um und starrte, ohne wirklich etwas zu sehen, auf das Heer der Wikinger.

Auch bei den Nordmännern blieb der lautstarke Streit nicht unbeobachtet.

Siguror lehnte in einiger Entfernung am Stamm einer uralten Buche und beobachtete im Schatten des Baumes den Disput. Er hielt einen Becher und trank mit vorsichtigen Schlucken den heißen Tee.

»Diese Frau ist streitsüchtig und nicht zu unterschätzen«, murmelte Siguror. »Sie wird uns einen prächtigen Tribut einbringen! Wer hätte das gedacht!« Sein breites Grinsen schmiss Falten um seine Augen. »Dieses Weib kastrierte Hafr mit einer Hand und sie schafft es, diesen englischen Hünen und alle anderen Gefangenen nur mit ihrer Zunge und ihrem Blick zum Schweigen zu bringen!«

Gemächlich entfernte Siguror sich aus dem Schatten der weiten Baumkrone. Gorm war sicher schon wach.

* * *

Nichts geschah in den folgenden Tagen. Aber die Gefangenen bekamen jetzt jeden Tag zu essen und Wasser in einem Eimer, welches sich die Käfigmenschen einteilten. Das Lagerleben nahm einen beschaulichen Verlauf. Die Sonne stieg mit jedem Frühlingstag höher und wärmte die Tage.

Nur die Bauern im Käfig wurden mit jedem Tag mürrischer. Der Acker musste gepflügt und die Saat in die fette, schwarze Erde gesät werden. Sie sorgten sich um das Vieh, welches sie vor dem Überfall im Wald versteckt hatten. Es verhungerte. In ihren Träumen hörten sie die Kühe brüllen, weil ihre prall gefüllten Euter schmerzten. Die Hühner, Gänse, Enten und Puten in ihren engen Weidenkörben waren sicher schon elendig verreckt.

Die Pferde und Rinder hatten sie eilig an Bäume gebunden und waren, von der Angst um die eigene Familie getrieben, zurück ins Dorf gerannt. Niemand hatte früher an einen Überfall gedacht. Die Dorfbewohner hatten keine Vorsorge getroffen. Sie hatten von den Schergen des Königs gehört, dass *burhs*[51] im ganzen Land errichtet und ausgebaut wurden zum Schutz der Landsleute.

Sie hatten sich sicher gefühlt, so tief im Landesinneren.

Im Laufe der Zeit waren Geschichtenerzähler ins Dorf gekommen und hatten von unglaublichen Gräueltaten der Berserkerhorden aus Skandinavien berichtet. Gebannt hatten die Dörfler dem Erzähler gelauscht. Hatten sich um den Fremden

---

51 Burgen.

geschart und andächtig der erfahrenen Stimme zugehört. Einer dieser Berichte hatte von einem beträchtlichen Dänenheer erzählt, das ins Land der Angelsachsen eindrang.

Und jedes Mal hatten die Geschichten mit den Worten angefangen:

»Damals, im Jahre 871, als das große Sommerheer der Wikinger einfiel, um unseren Reichtum, die Frauen und das Land zu stehlen – doch die Westsachsen vergossen unbarmherzig das Blut und siegten nach unermesslichen Verlusten.«

Dann hatte der Geschichtenerzähler immer eine Pause gemacht und zustimmendes Gemurmel geerntet.

»Wir kämpften und töteten. Immer mehr Wikinger kamen in unser Land und schließlich verloren wir im Jahre 871 bei Reading gegen diese Bluthunde.« Traurig hatte er seinen Kopf gewogen und von einer Frau einen Kanten Brot bekommen, den er sich eilig in die Rocktasche geschoben hatte.

»Schließlich schlossen die Westsachsen unterwürfig Frieden, aber nur, um ihr Leben zu retten. Was bedeutete, dass sie das große Dänenheer mit Lebensmitteln zu versorgen und Tributzahlungen an die Wikinger zu entrichten hatten.«

Er hatte einen Schluck getrunken, um seine trockene Kehle wieder geschmeidig zu machen.

»Dann, nur drei Jahre später, trieben die Wikinger König Burgred ins Exil und eroberten das Königreich Mercia. Ein großer Schritt für die Wikinger und ein entsetzlicher für uns! Sie setzten einen ihrer Männer auf unseren Thron.«

Eine Schande, wie der Geschichtenerzähler den Dorfbewohnern zugeflüstert hatte. »Doch Ceolwulf war jetzt der neue Wikingerkönig in Mercia. Gemeinsam mit drei weiteren nordischen Königen, Guttorm, Oscetel und Anwend errichtete er nach vielen Kämpfen skandinavische Siedlungen in den östlichen Midlands und dehnte sich immer mehr in die westlichen Midlands aus.«

Der Geschichtenerzähler hatte einen weiteren Becher vom süßen Met gewollt, wohl wissend, dass seine Zuhörer nach seinen Geschichten hungerten.

Er hatte den Becher bekommen und war fortgefahren.

»Guthrum ging mit seiner Wikinger-Streitmacht im Januar 878 von Wessex ans Werk, besetzte das Land und vertrieb König Alfred in die Sümpfe bei Athelney von Sommerset. Aber Alfred sammelte seine Truppen zu einem riesigen Feldzug und siegte in der Schlacht von Wiltshire.«

Allgemeines zufriedenes Gemurmel hatte eingesetzt und der Geschichtenerzähler hatte in die Runde gegrinst.

»Und jetzt, glaubt es oder nicht«, hatte er mit erhobener Stimme angefangen, den weiteren Verlauf der Geschichte anzukündigen, und erneut seinen Becher in die Höhe gehalten, der sofort gefüllt wurde. »Jetzt befahl Alfred ein Fest von großer Wichtigkeit. Die ausgedehnte Zeremonie begann in Aller, in der Nähe der Sümpfe von Athelney und endete auf dem königlichen Gut in Sommerset.«

Er hatte Beifall heischend in die Runde gesehen und sich unersättlich seinen dicken Bauch gerieben. Eilig war ihm ein dünner Streifen Speck gereicht worden, den er aber geringschätzig zurückgewiesen hatte.

»Liebe Leute, ihr müsst wissen, Geschichten erzählen macht hungrig und mit einem knurrenden Magen könnte ich wichtige Bestandteile des Geschehens vergessen, ohne es zu merken!«

Die Dorfleute hatten sich angesehen. Wer opferte ein Stück seines guten Schinkens? Schließlich war eine Bäuerin eilig in ihr Häuschen gegangen und mit strahlenden Augen, in der Hoffnung auf die weitere Geschichte, mit einem fetten Streifen des Räucherwerks herausgekommen.

»Mhhh! Der duftet aber köstlich«, hatte der Geschichtenerzähler gegrinst, einmal hineingebissen und den fetten Schinken in der Tasche seiner Jacke verschwinden lassen.

»König Alfred ließ Guthrum und dreißig seiner Anführer taufen. Sie alle wurden zum christlichen Glauben bekehrt und mussten ihren heidnischen Göttern abschwören!«

Ein zustimmendes Gemurmel hatte den dicken Mann umrundet.

»König Alfred und der jetzt christliche König Guthrum zogen eine Grenze – das Danelag! Das Danelag wurde formell anerkannt und ordnungsgemäß in einem Vertrag festgelegt.« Er hatte sich selbst beifällig zugenickt.

»Das Danelag ist die Grenze zwischen Mercia, Mittelanglia und Ostanglia zu Wessex!« Er hatte einmal tief durchgeatmet. Seine Geschichte war gleich zu Ende gewesen und er hatte gewusst, es war die letzte Möglichkeit, seinen Becher noch einmal füllen zu lassen.

»Seit dem Jahr 878 sorgt unser König Alfred dafür, dass wir in Frieden leben können!«

Zustimmendes und zufriedenes Gemurmel hatte sich erhoben und der Geschichtenerzähler hatte lächelnd in die Runde geblickt. Es war wichtig für ihn, dass die Leute zufrieden waren. Denn nur dann konnte er wiederkommen und weitere Geschichten erzählen.

Er hatte den Leuten von Oxfordshire allerdings verschwiegen, dass ihr Gebiet – Wessex – vom ehemaligen dänischen König, vom christlichen Guthrum, regiert wurde.

Wer wollte das denn schon wissen?

Thyra sah auf die schwankenden Masten der Wikingerschiffe. Das waren vierzehn Jahre. Vierzehn Jahre, in denen die Äcker in Frieden bestellt werden konnten! Eine unbekümmerte Zeit, in der Eltern sich keine Sorgen um ihre Kinder machen mussten! So lange Frieden, keine mörderischen Kämpfe, keine Kriege um Land und Macht und keine Tränen für die Toten.

Lange Jahre der Sicherheit, die ihr Leben bestimmt hatten. Niemand hatte je daran gedacht, dass erneut Wikinger ins Land eindringen könnten.

Um die Mittagszeit bekamen die Käfigmenschen eine wässrige, geschmacklose Getreidegrütze. Keine Kräuter, kein Salz gaben der Zunge einen winzigen Gaumenkitzel. Thyra aß emotionslos den Brei. Sie wollte leben und bei Kräften bleiben!

Mit der klebrigen Substanz auf der Zunge beobachtete sie den Himmel und sah, wie massige Gewitterwolken sich am Horizont auftürmten. Dunkelgrau und ungestüm bauten sie sich auf und der Wind trieb sie unablässig näher.

Zuerst nur sanft, fast wie das Schlagen der Flügel eines Zaunkönigs, dann immer heftiger, bis die Kronen der Laubbäume sich bogen und im Sturm schüttelten. Thyra aß hastig den Rest ihrer dürftigen Mahlzeit, bevor der Regen, den sie schon riechen konnte, ihn noch mehr verwässerte.

Dann kam er – der Regen!

Zuerst hörte sie nur ein sanftes Rauschen, das sich bedrohlich auf die Menschen zubewegte. Mit jedem Schritt, den das Gewitter näherkam, erhöhte sich das rauschend-tosende Geräusch. Die Tropfen prallten auf die Blätter der Bäume, krachten ins trockene Laub, platschten in die rasant wachsenden Pfützen.

Prasselten dröhnend herab. Eine unheimliche, grauweiße Wand!

Dann sah sie den undurchdringlich grauen Regenvorhang. Eine Wasserwand, vom Sturm angetrieben. Laut und drohend, immer schneller, immer dichter peitschten die Tropfen die Blätter der Bäume, bis die gefürchtete Regenwand die Menschen erreichte.

Die ersten wenigen, jedoch haselnussgroßen Tropfen platschten auf die staubige Erde, schlugen auf die Menschen. In Augenblicken erreichte sie der kalte Regen, und sofort prallte die Regenwucht nieder. Die Menschen wurden gnadenlos von harten Regentropfen geschlagen und bis auf die Haut durchnässt. Die eiskalten Tropfen klatschten auf die Erde, und es dauerte nur wenige Augenblicke, bis teichgroße Pfützen den Boden bedeckten, um dann in Strömen zum Fluss zu fließen.

Die überfüllten Wolken hüllten das Land in einen mystischen grüngelben Lichtschein. Blitze tanzten grell blendend am Himmel, gefolgt vom dunklen Donnergrollen.

»Das ist ein Zeichen«, murmelte Thyra von Grauen gepackt. »Ein Zeichen der Götter – Solvors Götter!« Sie presste sich hoffnungslos zitternd gegen die Stäbe. Die Arme um den Körper geschlungen. Blinzelte gegen die Wassermassen und erblickte die Mutter mit ihren vier Kindern, wie sie erfolglos versuchte, ihre Kinder vor dem Unwetter zu schützen. Thyra schloss ihre Augen.

‚Die Kinder können ja nichts für ihre schwache Mutter', dachte Thyra und rannte zu ihr. Riss der erstaunten Frau zwei Kinder aus der Umklammerung und beugte sich schützend über die kleinen frierenden Körper. Die Blicke der Frauen trafen sich und Thyra erkannte eine große, staunende Dankbarkeit in den braungrünen Augen der Frau.

Der Regen prasselte auf die zusammengekauerten Menschen. Der Sturm nahm an Kraft zu, wurde stärker. Der Wind war aggressiv, schneidend. Plötzlich sah Thyra den grellen, gezackten Lichtstrahl.

Ein Blitz! Sofort folgte ein furchterregendes Donnergrollen. Die Erde bebte. Die Luft vibrierte.

Erschrocken starrte Thyra in den wirren Wolkenhimmel! »Das war nah.«

Den Blitzeinschlag spürte sie körperlich. Thyra wehte der unangenehme Luftdruck des Donners entgegen. Sie schnupperte. »Kein Rauch. Auch nichts zu sehen.« Fröstelnd suchte sie die hoch emporragenden Wolken ab. »Ist das ein Fingerzeig Gottes? Oder straft uns der Donnergott der Heiden?« Ihre blauen Lippen zitterten. Heftig atmend sah sie sich um. Ein magerer Hund schlich mit vor Angst weit unter den Bauch geschlagenen Schwanz über den regennassen Dorfplatz.

Thyra nestelte mit kalten, steifen Fingern an den Bändern ihrer Röcke. Sie weinte vor Verzweiflung, denn die nassen Bänder boten ihren Öffnungsversuchen erbitterten Widerstand. Doch nach ihr unendlich lange erscheinenden Atemzügen gelang es ihr schließlich, das nasse Zeug zu lösen. Eilig stieg sie aus ihren Röcken.

Der eiskalte Regen vermischte sich mit gefrorenem Hagel und schnitt in die Haut. Sie sah, wie die harten Tropfen die junge Haut der zitternden Kinder rötete.

Jeder Treffer schmerzte. Sie zitterten, wischten sich das Wasser aus den Augen, und durch den Wasserschleier sah Thyra die verängstigten Kinder zusammenkauernd Schutz suchen.

Die Eistropfen ließen die zarte Gesichtshaut aufplatzen. Nun vermischte sich ihr hellrotes Blut mit dem Wasser des Himmels. Eilig legte Thyra ihre Röcke über die dünnen Leiber der Kinder.

Ihr ehemals weißer Unterrock klebte an ihren Beinen wie eine zweite Haut. Fest umarmte Thyra die jammernden Kinder und murmelte beruhigende Worte.

Der Wind zerrte an der Kleidung, an den Haaren und unvermittelt spürte sie harte Schläge auf ihrem Rücken. Fest und unnachgiebig schlugen jetzt vogeleigroße Hagelkörner auf alles ein, was sich auf ihrer Bahn befand. Die Kinder schrien vor Schmerz und die beiden Frauen rückten noch enger zusammen.

Sie sahen sich nur an und verstanden einander wortlos. Die Kinder weinten und Thyra drang mit ihren beruhigenden Worten nicht mehr zu ihnen durch. Sie schluckte. Die Hagelkörner ließen die Haut auf ihrem Rücken aufplatzen. Von Schmerzen gepeinigt schloss sie die Augen und biss die Zähne zusammen.

»Verdammtes Unwetter!«, schrie sie dem Sturm entgegen. »Warum?« Sie hörte keine Antwort, nur das Wimmern der Kinder drang an ihr Ohr.

»Habt keine Angst«, rief sie in die Kinderohren. Doch die Kleinen reagierten nicht. Sie hörten das Tosen des Windes, das Rauschen in den Baumkronen und spürten die Angst der Erwachsenen. Die schwarz verkohlte Linde auf dem Dorfplatz bog ihre verbrannten Arme und schüttelte sich im Wind. Der heilige Baum hatte den Blitz eingefangen und brannte! Thyra erkannte, wie der knorrige alte Baum mit den Unbilden der Natur kämpfte – und verlor. Zuerst ganz sanft, fast liebevoll, neigte sich der brennende Stamm zur Seite.

Noch eine Bö. Die uralte Linde kämpfte. Schüttelte sich. Sie warf Zweige ab, um ins Gleichgewicht zu kommen. Der kalte Regen lief schwarzglänzend an der schon verkohlten Rinde herab und der Orkan wagte einen erneuten Angriff.

Sie hörten, wie der Wind sich aufbaute und sahen, wie er die Wasserschneise des Flusses nutzte, um seine Kraft zu erhöhen. Die riesigen Pappeln am Themseufer bogen sich und knarrten im Wind. Aber die Pappeln waren biegsam, sie spielten mit der Kraft des Windes.

Erneut griff der Wind an! Gezielt traf er die Linde und – sie gab auf.

Entsetzt riss Thyra die Augen auf. Sie sah, wie der Baum sich neigte, der Stamm laut knarzend einriss und das goldene Innere sichtbar feucht glänzte.

Noch eine Sturmbö! Die Linde ergab sich dieser tödlichen Naturgewalt. Sie neigte sich der Erde entgegen. Ihr Holz splitterte. Die ersten Astspitzen berührten das matschige Erdreich. Holzfetzen schossen durch die aufgepeitschte Luft. Thyra hielt den Atem an.

Ihr Todeskampf war beendet.

Laut krachend fiel der hochbetagte Baum auf die Erde. Wasser spritzte. Schlamm schleuderte auf.

Wippend federten die Äste den Baum in die Höhe. Es war sein letzter Atemzug. Sein Abschied. Jetzt lag er bewegungslos. Selbst der Wind verbeugte sich vor seinem Tod. Dieser uralte

Baum, die Linde, die das Dorf seit vielen Jahrhunderten behütet und beschützt hatte – starb.

Thyra schluckte. Damit war das Schicksal der Dorflinde besiegelt. Die Schutzherrin des Ortes war tot. Beugte sich dem Kampf der Gewalten.

»Es ist Bestimmung«, flüsterte eine Frau. »Nun werden auch wir alle sterben.«

Thyra betrachtete die blassen Gesichter der Kinder in ihren Armen und lächelte.

»Oh, nein. Wir überleben.«

Die Kinder durften die Angst nicht spüren und sie fing an, zuerst leise und stockend, dann immer lauter und kräftiger, ein Lied zu singen. Ein fröhliches Kinderlied!

Mit heller, klarer Stimme sang sie, so laut sie konnte. Die Mutter der Kinder horchte erstaunt auf und blickte Thyra fragend an. Ein zartes Lächeln umspielte ihre Lippen, als sie begriff.

Der Regen prasselte herunter. Hagel peitschte die Erde und die Körper. Doch die Frauen lächelten und sangen so laut, wie ihre Lungen es vermochten.

Der Kammmacher blickte erstaunt auf und fragte sich, was die dummen Weiber dazu antrieb, bei diesem heftigen Unwetter Lieder zu singen. Dann erkannte auch er die angstbesetzten Augen. Lächelte, als er das Staunen und das Weichen des Grauens in den arglosen Kinderaugen erkannte.

Sein Körper zitterte unkontrolliert. Doch auch er stimmte mit ein und fing aus ganzer Kehle zu singen an. Sein kräftiger Bariton ließ die Frauen aufhorchen. Thyra sah aus dem Augenwinkel den singenden Kammmacher und ein heftiger Freudenstoß ließ sie laut auflachen.

Das Unwetter tobte, als ob es keinen Morgen mehr geben sollte! Doch die Gefangenen sangen. Die Kinderaugen strahlten und schweißten die Erwachsenen gegen die Unbilden der Natur zusammen.

Eine Wikingerfrau hörte die Stimmen. Sie sah aus dem Fenster aus einem der Häuser. Durch den fast undurchdringlichen Regen und den weißen Hagelschauer beobachtete sie die Gefangenen, vernahm deren Gesang! Erstaunt riss sie ihre Augen auf, lief vom Fenster fort, um einen Nordmann zu holen. Fest packte sie seine Hand und zog ihn zum Fenster.

»Hörst du, wie sie singen?«

Still standen beide am Fenster. Der Regen prasselte platschend in die Pfützen und ließ das Wasser auf der Oberfläche tanzen. Es hagelte nicht mehr! Die Eiskörner lagen jetzt wie ein weißer Teppich auf der Erde und kühlten die Luft herunter. Sie standen lauschend im Haus und endlich hörte auch der Mann die singenden Stimmen der Angelsachsen. Er schüttelte seinen Kopf und sah seine Frau staunend an.

»Ein merkwürdiges Volk, diese Angelsachsen«, murmelte er und ging ans wärmende Feuer zurück.

Das Unwetter, das den Himmel gelbgrün gefärbt hatte, war vorüber.

Die Götter zürnten wütend.

Das glaubte jetzt endlich auch Thyra.

Kein Windhauch strich über die dampfende Ebene.

Zitternd stellte sie sich auf und entließ die beiden Kinder, die sich sofort an den üppigen Busen der Mutter drückten. Ruhig blickte Thyra auf die Gefangenen.

Dort lagen die Dorfbewohner im Schlamm, manche zusammengekauert, andere zitternd und fröstelnd zu Menschenbündeln aneinandergeschmiegt. Thyra starrte auf den verwundeten Bauern. Sie erkannte sein blasses, lebloses Gesicht, die Augen starr, ohne Glanz. Erschrocken wanderten ihre Augen weiter zum Fassmacher! Sie suchte eine Weile. Dann fand sie ihn und blickte in die trauernden Augen seiner Ehefrau. Sie hatte den Kopf ihres Mannes auf ihren Schoß gebettet. Streichelte wie in Trance sein nasses Haar. In der tiefen Bauchwunde des

Fassmachers schwammen weiße, schmelzende Eiskörner im noch warmen, roten Blut.

Er war nicht der einzige Tote. Die Kampfverletzungen während des Überfalles forderten letzten Endes ihren Tribut.

Thyra drehte ihren Kopf weg. Sie ertrug das Leid in den Augen der Überlebenden nicht.

Sie wollte es nicht spüren, nicht weinen, nicht trauern.

»Das vergiftet meine Gedanken. Das kann ich jetzt nicht gebrauchen. Wir müssen hier raus! Sonst sterben wir alle!« Hasserfüllt umkrallte Thyra die Gitterstäbe und brüllte: »Ich will euren Häuptling sprechen!« Ihr Atem entwich dampfend. »Hört ihr! Ich will mit eurem Häuptling sprechen!«

Ein Nordmann ging am Gefangenenkäfig vorbei, ohne sie zu beachten.

Thyras Gesicht verfärbte sich hochrot vor Zorn. Sie bückte sich und kratzte mit den Fingernägeln einen kantigen Stein aus der feuchten, festgetretenen Erde.

»Nun mach schon!«, weinte sie vor Wut. Der Stein schien mit der Erde verwachsen. Unnachgiebig drückte Thyra ihre Fingernägel in die klebrig, nasskalte Erde und kratzte den lehmigen Sand um den Stein fort.

»Bitte!« Ihre Unterlippe zitterte. »Bitte«, flehte sie und Tränen rannen von ihr unbemerkt über die Wangen. Der braune Lehm quetschte sich schmerzend unter ihre Nägel. Unbarmherzig scharrte Thyra. Plötzlich hielt sie den Stein in der Hand. Blut rann über den kantigen grünblau schimmernden Flintstein. Ihr Blut!

Thyra sah es und betete. »Das ist mein Geschenk!« Sie fixierte den Stein. »Hilf mir!«

Unbewusst prüfte sie sein Gewicht, hob den rechten Arm und zielte mit einem kräftigen Schwung auf den Wikinger. In einem schwachen Bogen flog er auf den Nordmann zu. Der Stein war schnell! Doch ihr kam es wie eine kleine Ewigkeit vor.

Er klatschte mit einer spitzen Kante gegen seine Schulter.

»Au!«, rief der Nordmann erschrocken und griff mit der Hand an die Stelle, die jetzt blutete. Erstaunt sah er aufs Blut und dann in das blasse Gesicht dieser Frau. Eindringlich starrte sie ihn durch die Gitterstäbe an! Unbewusst drehte er sich um, schaute nach, ob hinter ihm noch jemand stand.

»Meint sie wirklich mich?« Doch er sah weder neben noch hinter sich jemand anderen. Bedächtig drehte er sein Gesicht zu der Gefangenen, die mit beiden Händen die Stäbe umkrallte und ihn fordernd anstarrte.

»Ich will euren Häuptling sprechen!« Thyra giftete den Mann an, der sie endlich beachtete.

»Þá tekr þú dirfð á þik!«,[52] fauchte er wütend und stampfte zu der Gefangenen. Unwillkürlich wich Thyra zurück und ließ den Griff der Hand des Mannes, die sie durch die Holzstäbe packen wollte, ins Leere gehen.

Plötzlich war sie nicht mehr ganz so mutig, als sie ins zornige Gesicht des Nordmannes blickte, sagte aber mit fester Stimme: »Ich will euren Häuptling sprechen!«

»Óskaplig kona! Hvernig kemr þér í hug at kasta stein í mik?"‚[53] fauchte Geiri.

Thyra musterte sein junges Gesicht. Blonder Bartflaum bedeckte dürftig sein Kinn.

»Ein Jüngling. Auch das noch! Wie soll so ein Bengel mir den Häuptling herbringen?« Seufzend trat sie einen Schritt auf den Burschen zu und befahl mit befehlsgewohnter Stimme: »Ich will deinen Häuptling sprechen. Hole ihn!«

Geiri wich erschrocken einen Schritt vor der schönen Gefangenen zurück und blickte sich unsicher um. ‚Hoffentlich hat das keiner gesehen!' Aber das Seefahrervolk schlief noch.

---

52   Was bildest du dir ein!
53   Du verrücktes Weib! Was fällt dir ein, einen Stein nach mir zu werfen?

»Hvat vilt þú?«,[54] fragte er vorsichtig, denn sie musste etwas Besonderes sein. Eine gewöhnliche Frau hätte es niemals gewagt, so mit einem Krieger aus dem Norden zu sprechen.

‚Endlich', erkannte Thyra. ‚Er begreift.'

»Ich will euren Häuptling! Euren Anführer! Euren obersten Krieger sprechen!«

Geiri musterte mit zusammengekniffenen Augen das Weib und die anderen Gefangenen. Sie war nicht verletzt. Das stellte er schnell fest. Nicht krank oder gebrechlich! Sie wollte etwas anderes!

Thyra legte lächelnd den Kopf schief. »Du willst verstehen.«

Sie hob ihre Arme und zeigte eine große Person, formte die Hände zur Krone, griff an ein imaginäres Schwert und deutete einen Kampf an.

Geiri beobachtete sie genau. Thyra verschränkte ihre Arme vor der Brust und ahmte König Alfred nach, wenn er den Untergebenen Befehle erteilte. Sie imitierte seine Stimme, den herablassenden Blick und den Tonfall, um den Knaben zu verdeutlichen, dass sie einen Häuptling, einen Herrscher suchte.

»Ich will deinen Häuptling sprechen. Hole ihn für mich! Bitte!«

»Held ek at víta, hvat þit viljið.«[55] Er grinste lausbübisch. »Ek fæ manninn«,[56] und schon rannte er fort.

Hoffnungsvoll sah Thyra ihm nach.

»Bitte! Bitte lass es ihn verstehen.«

Sie sah, wie er im Haus des toten Fassmachers verschwand.

Doch – nichts geschah! Ihre Füße wurden kalt und sie trat auf der Stelle, um das Blut in Wallung zu bringen. Mit heftigen,

---

54 Was willst du?
55 Ich glaube, ich weiß, was ihr wollt.
56 Ich hole den Mann.

raumgreifenden Bewegungen schlug sie die Arme um den Oberkörper.

Das Haus ließ sie nicht aus den Augen.

Die Zeit verstrich.

Nichts geschah!

Die Sonne schickte ihre warmen Strahlen endlich zur Erde und die Eiskörner schmolzen auf dem grünen Gras.

»Herrlich.« Thyra genoss die Wärme. Tief atmete sie ein und öffnete wieder ihre Augen.

»Ah!«, fuhr sie erschrocken zusammen und stolperte zurück. Vor ihr stand ein Wikinger!

Der Nordmann!

Der Wikinger vom Lagerfeuer, bei dem ihr Herz aus dem Takt geriet – und neben ihm der strahlende Knabe.

»Er hat es begriffen!«, jubelte Thyra.

»Hvat viljið þit?«,[57] fragte Gorm grimmig.

Thyra sah ihn aus ihren strahlend blaugrauen Augen hoffnungsvoll an. Sie legte bewusst ihre ganze Hoffnung und Intensität in diesen einen Blick. Nutzte ihre gesamte Energie, ihr verlockendstes Lächeln, um diesen Mann zu betören, um ihn davon zu überzeugen, ihr zuzuhören!

Thyra sah ihm direkt ins Herz, in seine Seele und brachte sein Gleichgewicht ins Schwanken.

»Fœrþú út hana!«,[58] befahl er Geiri, der ihn erstaunt anstarrte, aber nicht wagte, eine Frage zu stellen. Gorm war der Häuptling!

Zornig stierte Gorm Thyra an, so dass sie schon an ihrem Entschluss zweifelte. Dann ging er! Ohne ein Wort, ohne sie zu beachten. Einfach so!

Thyra verlor ihr Lächeln und starrte erschüttert auf seinen Rücken.

---

57   Was wollt ihr?
58   Hole sie da raus!

»Nein!«, schrie sie ihm nach. »Gehe nicht weg! Bitte! Bleib!« Verzweifelt rüttelte sie am Gitter. »Nein!«

Die Dorfbewohner im Käfig atmeten erleichtert aus. Diese dumme Adelsgöre würde sie mit ihren Eskapaden noch alle ins Grab bringen.

»Sie soll endlich still sein und schweigen«, knurrte der Schmied.

»Sie bringt uns noch allen den Tod«, schrie eine zahnlose Bäuerin und schüttelte sich voller Abscheu.

Thyra ignorierte das Geflüster hinter ihrem Rücken.

»Du verdammter Hundesohn! Du elender Schweinekopf! Gebraten sollst du werden!« Zornesbebend brüllte sie dem Häuptling hinterher. Weiß traten die Knöchel ihrer Hände hervor, so fest rüttelte sie an den Stäben.

Die Frau des Kammmachers sah Thyra erstaunt an und raunte grimmig: »So eine bist du also! Von wegen vornehm und Adel und so. Du kannst genauso fluchen wie jede von uns.«

Wütend stierte Thyra die Kammmacherfrau an. Augenblicklich drehte diese ihren Kopf zur Seite und drückte ihren kleinen rundlichen Körper zwischen die anderen.

Heftig hob und senkte sich Thyras Brustkorb, so wütend war sie, und sämtliche Käfigbewohner wichen vor ihr zurück.

Thyra fühlte, wie ihr Arm umklammert wurde, und drehte sich aufgebracht um. »Was?«, fuhr sie die Person an, die erschüttert vor ihr zurückwich. Thyra hörte noch, wie die Umstehenden heftig zischend die Luft einsogen, als sie den Jüngling erkannte. Zornbebend stand sie vor ihm, stemmte die Hände in ihre Hüfte und fauchte Geiri an: »Was willst du?«

»Höfðingi sagði mér, at ek mun taka þik inn í húsinu.«[59] Er sah sie schüchtern an und biss sich auf die Lippen.

‚Gewiss, ich bin ein Kämpfer, ein Nordmann und ein Wikinger! Aber diese Frau ist eine Herrscherin. Bestimmt!', vermutete

---

59   Der Häuptling sagte mir, dass ich dich in das Haus bringen soll.

er und hoffte inständig, dass keiner aus seinem Seefahrervolk ihn jetzt beobachtete.

Thyra schnaubte verärgert.

»Komþú!«,[60] flehte er mit jugendlichem Charme. »Komþú með mér, ek bið þik!«[61] Er konnte sie doch nicht schlagen und aus dem Käfig schleifen. Allein der Gedanke ließ ihn zögern. Doch was sollte er seinem Häuptling sagen, wenn sie sich weigerte?

Thyra versuchte, ihren Gesichtsausdruck nicht zu verändern, doch innerlich jubilierte und grinste sie.

‚Geschafft! Ich kann mit dem Häuptling reden.'

Ohne auf den Jüngling zu achten, schritt sie auf die Käfigtür zu und wartete, bis er sie öffnete. Geiri wollte sie erneut packen, doch ein frostiger Blick von ihr auf seine Hand genügte und er entfernte diese zaudernd.

Langsam ging Thyra hinaus und wartete auf den Nordmann. Er sollte ihr den Weg zeigen und deutete diesen mit einem Kopfnicken an. Zitternd atmete Geiri. Was sollte er mit so einem Weib anstellen? Er kannte nur Frauen, die gehorchten, wenn ein Mann ihnen etwas auftrug. Aber diese benahm sich selbst wie ein Häuptling!

»Sie wird uns ins Grab bringen.« Beschwörend sah der Schmied die Dörfler an. »Alle!«

Geiri zögerte kurz. Dann ging er zügig voran. Hörte an ihren schnellen Atemzügen und den eiligen Schritten, die in die Pfützen und auf die nasse Erde platschten, dass sie ihm folgte.

Er achtete nicht auf die anzüglichen Blicke seiner Kameraden, die jetzt am Feuer saßen oder arbeiteten. Sollten alle glauben, dass diese Frau ihm folgte wie ein Hund. Er grinste.

* * *

---

60 Bitte!
61 Bitte kommt mit mir!

Thyra trat in das Dunkel des Hauses und sah sich suchend um. Ihre Augen schienen blind. Sie zögerte! Wartete auf eine Aufforderung, auf einen Zuruf! Doch nichts!

Sie stand im Lichtschein des Türrahmens und wartete, dass sich ihre Augen an die Dunkelheit im Raum gewöhnten.

Er saß entspannt auf wärmenden graubraunen Wolfsfellen mit dem Rücken gegen die Lehmwand gelehnt und beobachtete sie.

Er atmete leise. Sie sollte ihn nicht hören. Er wollte diesen Augenblick genießen, wie sie im Lichtschein der offenen Tür stand. Stolz zwar, doch auch ängstlich und anmutig. Er musterte ihre Haare, die der Sturm gelöst hatte, und begutachtete genüsslich ihre weiblichen Rundungen.

Lautlos schluckte er. Was für eine Frau! Er sah den wohlgeformten Schwung ihrer Hüfte, welche durch ihre schmale Taille deutlich hervorgehoben wurde. Ihr nasser Rock klebte an den Oberschenkeln und ließ nichts im Verborgenen. Jeden Muskel, die Silhouette ihrer schlanken Beine, die üppige Form der Brust. Alles betrachtete er fasziniert im Dämmerlicht. Er sah, wie sie zitterte und wie sie versuchte, ihn im Raum ausfindig zu machen.

Doch er wollte ihren Körper noch etwas genießen, sehen, wie sie reagierte.

Thyra schlang ihre Arme um den Oberkörper und blickte suchend durchs Dämmerlicht. Schließlich blieb ihr Blick an Gorm haften. Ihre Augen gewöhnten sich an die Dunkelheit.

Gorm räusperte sich ertappt, hob den Kopf und deutete mit einer einladenden Armbewegung an, dass Thyra sich setzen sollte. Seine Stimme würde ihm noch nicht gehorchen, das ahnte er. Aber er registrierte, dass die Frau seiner Order folgte, und lehnte sich zufrieden zurück.

Thyra sah ihn genau! Dort, aus der Ecke, starrte er sie mit seinen kalten Augen an. Sie erschrak abgrundtief und beherrschte sich trotzdem, blieb bewegungslos stehen. Nur ihren Blick wandte sie jetzt nicht mehr von ihm ab. Starr fixierte sie den Wikinger und erkannte schaudernd, wie er einladend auf den Fellplatz neben sich zeigte.

»Was? Ich soll mich zu dir auf dein Lager setzten?«

Vorsichtig trat sie ans Felllager und setzte sich umständlich ans äußere Ende der Bettstatt – auf die warmen Wolfspelze. Mit zitternden Fingern strich sie ihren Unterrock glatt und blickte bestürzt an sich herab, sog zischend die Luft ein.

»Ach, du meine Güte!«, presste sie entsetzt hervor, als sie den feuchten Stoff an den Beinen kleben sah. »Daran habe ich überhaupt nicht …«

»Hvat vilt þú?« [62]Gorm unterbrach ihre Gedanken.

»Ich …«, fing Thyra erschrocken an und drückte den Rücken durch.

»Was habe ich mir nur dabei gedacht? Wie konnte ich nur? Wenn er dich jetzt vergewaltigt! Allein – mit diesem Mann – im Haus.«

Fest ballte sie ihre kalten Hände zu Fäusten. »Lass die Dorfbewohner frei. Sie verhungern und sterben! Sie leiden!«

Herausfordernd musterte sie Gorm.

Ein Hund bellte auf dem Dorfplatz. Tauben flatterten aufgeregt. Thyra wartete. Suchte in seinem Gesicht nach einem Verstehen, einem Erkennen ihres Anliegens.

»Ek heiti Gormr. Ek em höfðingi víkingana, danskr víkingr, svartr maðr, skipherra þeirra. Hvat heitir þú?"[63]

‚Was will er?' Sie musterte den Mann und blickte direkt in diese graublauen Augen. ‚Verdammt! Sieh ihn nicht an.' Darauf war sie nicht vorbereitet. Auf anderes! Nur nicht darauf, dass

---

62 Was willst du?
63 Ich heiße Gorm. Ich bin der Häuptling der Wikinger, ein dänischer Wikinger, ein Schwarzer, ihr Schiffsführer. Wie heißt du?

ihr Magen flatterte, ihre Knie zitterten und der Verstand sich verabschiedete.

»Ich bitte dich, lass die Dorfbewohner frei. Sie müssen ihre Wunden, ihre Kinder und das Vieh versorgen, die Äcker bestellen. Sie sterben!«, prasselte es aus ihr hinaus, doch sie erntete nur den fragenden Blick ihres Gegenübers.

»Ek heiti Gormr. Hvat heitir þú?« Gorm wiederholte stoisch seine Frage und betrachtete eindringlich seine sinnliche Geisel. Er hatte Schwierigkeiten, seinen Verstand und seinen Körper unter Kontrolle zu halten.

Zu gut roch sie! Zu schön ihr Körper!

Gleichwohl, sie war eine Angeln-Frau! Vielleicht wirklich von Adel? Möglicherweise konnte sie ihm und seinem Volk eine wertvolle Sklavin sein? Aber es war auch denkbar, dass sie das Medaillon gestohlen hatte.

»Síðarr«, versprach er sich. »Síðarr – munt þú vera mín ok mun ek liggja hjá þér!«[64]

Thyra sah ihn fragend an. Doch Gorm grinste mit der Gewissheit, dass sie ihn nicht verstand.

»Aesa.« Er rief nach einer jungen Wikingerin, die sein Schiff begleitete, um Heilkräuter zu suchen und diese zu verarbeiten und um die Verletzten zu versorgen.

»Aesa«, brüllte er ein zweites Mal und sein kräftiger Bariton schwang im Raum.

»Nimm dieses Weib mit und bring ihr unsere Sprache bei«, knurrte er die junge Wikingerin an, als sie den Raum betrat. »Und das schnell! Wir haben nicht viel Zeit.«

Er ging hinaus und ließ Aesa mit Thyra allein. Wo sollte die Angeln-Frau auch hinlaufen. Überall lagerten seine *Ascomanni*, seine dänischen Wikinger – die *Danskir víkingar*.

Sie hatte keine Chance!

---

64   Später – später wirst du sein und mein Lager mit mir teilen.

Ratlos sah Aesa dem verschwindenden Häuptling hinterher.
»Was soll ich mit dieser Angeln-Frau anfangen?«
Thyra verstand kein Wort.

Unwirsch stampfte die Wikingerin auf Thyra zu, packte eine Hand und besah sich fluchend die zarte Handinnenfläche. Mit den Fingern rieb sie darüber, sodass Thyra nur staunend dastand und sich alles gefallen ließ.

Wütend stieß Aesa die Hand der Angeln-Frau weg.
»Genau das habe ich erwartet! Das ist keine Magd, die die Rinder füttert und melkt. Dieses Gestell kann feine Näharbeiten erledigen. Vielleicht noch leichte Gartenarbeit. Mehr nicht!«
Sie fluchte!
»Das kann ich gerade noch gebrauchen! Kann Gorm nicht einen der vielen Männer mit diesem Weib beschäftigen? Ich habe mehr als genug mit den Verletzten zu tun. Dann die Mahlzeiten kochen und nun auch noch eine Sklavin, die ich unsere Sprache lehren soll!«

Aesa zeterte und tanzte erbost um Thyra herum. Hob ihre Hände in die Höhe und ballte die Fäuste. Stampfte mit den Füßen auf den festgetretenen Lehmboden. Funkelte wütend, so dass Thyra ihr schließlich grinsend mit den Augen folgte, während sie sich um ihre eigene Achse drehte. Aesa erinnerte Thyra an Solvor. Und Solvor hatte sie geliebt.

Plötzlich blieb Aesa stehen und sah die Sklavin erstaunt an. Das Lächeln dieser Frau ließ sie verblüfft innehalten und sie betrachtete Thyra eingehender. Prüfend legte sie den Kopf schief.

»Þú kannt hjálpa mér at samna jurtir ok læra at lækna sárin.«[65]
Wortlos starrten die Frauen einander an. Musterten sich und fanden sich auf eine eigenartige Weise sympathisch.

---

65 Du kannst mir helfen, Kräuter zu suchen und auch gleich lernen, Wunden zu versorgen.

»Þá kannt þú koma með mér strax.«⁶⁶ Aesa packte Thyra und zog sie hinter sich her, raus aus dem Haus.

Völlig überrascht folgte Thyra der Wikingerin. Sie stolperte hinterher und versuchte, Schritt zu halten. Aesa ging in raschem Tempo über den Dorfplatz. An der schwarz verkohlten Dorflinde vorbei. Entlang der Lagerfeuer, ohne auf die Wikinger zu achten, und ließ sämtliche Gefangenenkäfige hinter sich.

»Bald ist es so weit! Bald sind wir alle tot, weil die Königstochter uns verrät!«, hörte Thyra es zischeln. Doch als sie sich umdrehte, standen alle stumm hinter den Gittern.

Aesa plapperte derweil ohne Unterlass.

»Die Pappel heilt Kopfschmerzen. Siehst du die Weide, die Rinde benötigen wir gegen das Fieber. Und schau da.« Aesa bückte sich und pflückte Blätter des blaublühenden Gundermanns. »Der heilt den Bauch, wenn du ohne Pause scheißt und deine Scheiße dünn wie ein Wasserstrahl aus dir raus schießt.« Sie sah Thyra nachdrücklich an. »Hast du verstanden, was ich sage?«

Thyra betrachtete die Wikingerin mit den blauen Blumen in der Hand nur verständnislos. Sie fror, der nasse Unterrock wärmte nicht.

Aesa zuckte mit den Schultern.

»Du verstehst kein Wort.« Sie seufzte erbärmlich. »Das wird ein hartes Stück Arbeit.«

Erneut griff sie Thyras Hand und ging zum Fluss, dort, wo die Schiffe vor Anker lagen. Sie brauchte Freiheit zum Atmen und wollte ihre angestaute Wut auf den Häuptling bezähmen. Dies gelang ihr stets, wenn sie über das Wasser in die Ferne blicken konnte.

Die Heilerin liebte das Rauschen der Meereswellen, den salzigen Geschmack auf der Zunge und die nach Meer, Algen und Fisch duftende Brise, die einem bei Wind ins Gesicht schlug. Sie

---

66   Dann kannst du ja auch gleich mitkommen.

brauchte die unendliche Weite, wo sie am Horizont die Wellenberge weiß schäumend brechen sah, wo die Sonne verschwand und der Mond sein Unwesen trieb.

Hier gab es kein Meer – aber einen Fluss.

Auf dem Strom kräuselten sich die Wellen im Wind. Die Blätter in den Baumkronen raschelten und Aesa hörte das sanfte Plätschern der winzigen Dünung am Flussufer. Sie beruhigte sich zunehmend. Die Wikingerin schloss die Augen. Still und lauschend stand sie mit nackten Füßen auf dem weißen weichen Sand im Wasser und genoss es.

Staunend betrachtete Thyra die respekteinflößenden und imposanten Kriegsschiffe. Sie atmete ruhig und verlangsamte die Schritte. Aesa bemerkte es. Lächelte. Sie kannte das Gefühl, welches einen beim Anblick dieser prächtigen Schiffe übermannte. Die Heilerin beobachtete die Angeln-Frau, die ehrfurchtsvoll die Seeräuberschiffe, ihr *uthlaupsship*, huldigte.

Thyra schnappte nach Luft. Das war mehr als beeindruckend! Die Wikingerschiffe knarrten und knackten, rochen nach Meertang und Seeungeheuern. An den Eichenplanken der Bootsrümpfe klebten tausende Muscheln und Seepocken, die von abenteuerlichen Reisen über mystische Meere voller grauenerregender Ungeheuer heimliche Geschichten flüsterten.

Sie schob den Kopf in den Nacken, um an einer Bordwand emporzublicken. Hoch oben auf dem Mast hockte eine Möwe, die schreiend ihren Aussichtspunkt verteidigte. Thyra bewunderte ein Schiff vom Heck bis zum Bug und erstarrte.

»Was ist das? Das Schiff hat einen Schädel!« Entgeistert deutete Thyra mit dem ausgestreckten Arm auf die Gestalt.

Aesa hatte auf diese Reaktion gewartet. Denn dieses war ein besonderes Schiff – ein *herskip*. Stolz sagte sie: »Dieses Kriegsschiff ist ein Drache und es wurde Odin geweiht. Unser Gott beschützt dieses Schiff. Und Hel, unsere Todesgöttin, gab ihm seinen Namen: *dreki*.«

Erwartungsvoll sah sie Thyra an und wurde nicht enttäuscht. »Dieses Kriegsschiff gleicht den todbringenden Drachen aus dem Meer.«

»Wie lang ist es?«, fragte Thyra beeindruckt, nicht daran denkend, dass Aesa ihre Worte nicht verstand.

»Mit dem Drachen segeln wir übers keltische Meer, mit seinen Meeresungeheuern, die so groß wie die Hügel hinter dem Fluss sind. Die Wellen lassen den Drachen tanzen und fauchen.« Ernst sah die Wikingerin zur Angeln-Frau.

»Das Wasser ist eisig kalt. Die Winde blasen ins Segel und treiben uns voran. Bisweilen kämpft der Drache Wochen, manchmal Monate mit dem Meer.« Aesa beobachtete die Gefangene. »Das ist eine lange Zeit. Männer sterben. Oder das Trinkwasser reicht nicht. Manchmal wird es faulig.« Aesa rollte mit den Augen. »Dann grollen bei jedem Seefahrer die Därme im Bauch.« Sie lächelte. »Aber das ist selten.«

»Der Drache ist dreizehn Krieger groß, das Holz stammt aus unseren Wäldern, aus Dänemark.« Aesa plapperte drauflos, erzählte der Angeln-Frau alles, was ihr einfiel. Irgendwann, irgendwann würde sie verstehen!

»Im Norden sind die Nächte im Winter lang und oft bricht die Sonne selbst am Tag nicht durch die Wolkendecke. Der kalte Westwind bringt viel Regen, während der Ostwind eisige Kälte schickt und die Wolken Unmengen von Schnee tragen.«

Thyra bemerkte die Sehnsucht in Aesas Stimme.

»Doch der Drache wird uns bald zurückbringen in meine Heimat!« Sie seufzte schwermütig. »Dann ist es Sommer«, strahlte Aesa Thyra an. »Auf den Feldern reift das goldgelbe Korn. Überall blühen Blumen auf den Wiesen und in den Wäldern versteckt sich das Wild.«

Träumend ließ Aesa ihren Blick über den Fluss schweifen. »Ich vermisse meine Familie, die Wälder, die duftenden Moore – und das Meer und den Wind.«

Unvorhergesehen drehte sie sich um und schleifte die Angeln-Frau mit.

»He!«, empörte sich Thyra. »Was soll das?« Sie nahm ihre andere Hand und bog die rauen Finger der Wikingerin weit nach oben, um den festen Griff zu lockern. Was auch gelang. Wütend blieb Aesa stehen und schlug Thyra ohne Vorwarnung ins Gesicht. Der feurige Abdruck ihrer Hand zeichnete rote Streifen auf Thyras Wange.

Heftig schnappte Thyra nach Luft, schlug für einen Augenblick ihre Augenlider nieder, sammelte sich, hob gefährlich langsam den Blick und starrte bedrohlich ins Gesicht der Wikingerin. Mit undurchdringlicher Miene starrte Thyra die Barbarin warnend an und sah in ein überraschtes Augenpaar.

Aesa erkannte, wie sich die Sklavin Furcht einflößend aufstellte. Sie sah die Hand der Angeln-Frau nicht kommen und spürte den Schlag auf ihrer Wange.

Heiß brannte er auf der Haut!

»Wage es kein zweites Mal, deine Hand gegen mich zu erheben!« Thyra fauchte gepresst. »Wage es nicht!« Sie zitterte vor Wut.

Aesa legte ihre Hand an ihre glühende Wange und starrte die Sklavin an.

»Þú!«, giftete sie Thyra an. »Þú ert fönguð, ambátt, gísl! Þú átt at hlýða!«[67] Aesa flüsterte gefährlich leise. Ihr Gesicht wurde blass vor Zorn.

»Ich bin Thyra Danebod!« Sie trat wutschnaubend einen Schritt auf die Wikingerin zu. Sie spürte die Wärme der Nordfrau auf ihrer Haut, so eng standen sie einander gegenüber. »Ich bin die Nichte des Königs!«

Thyra zitterte am ganzen Körper.

---

67 Du bist eine Gefangene, eine Sklavin, eine Geisel! Du hast zu gehorchen!

»Noch nie traute es sich jemand, mich zu schlagen«, schnaubte sie. »Ich erlaube es kein zweites Mal!« Thyra ballte ihre Fäuste. Ohne auf eine Antwort dieser Nordfrau zu warten, drehte sie sich abrupt um und stampfte zornig zum Lager. Thyra ließ Aesa stehen. Sollte die Frau doch machen, was sie wollte! Das tat sie schließlich auch!

Aufgebracht stiefelte Thyra durch die schlammige Erde des Flussufers. Ließ zwei erstaunt blickende Nordmänner zurück, die zum Schiff schlenderten, und kreuzte den Treidelweg, der den Fluss entlang zum nächsten Ort führte.

Doch nur drei Schritte!

Thyra hielt inne und sah sich kurz um. Hinter ihr schnaufte die Wikingerin. Sie überlegte kurz. Musterte listig lächelnd die Nordfrau, die nur eine Handbreit vor ihr stehen blieb.

»Pù!«, fauchte Aesa. »Pù ...!« Mehr Worte kamen nicht über ihre Lippen, denn Thyra schubste die Nordfrau mit einem hämischen Grinsen die glitschige Uferböschung herunter.

»Ahhh!«, entsetzt stürzte Aesa den lehmigen Abhang hinunter. Das Gesicht wutverzerrt, griff sie zum Grasbüschel. Allerdings hielten die Wurzeln nicht in der nassen Erde und mit einem schrillen Aufschrei platschte Aesa rücklings in das eisige Wasser der Themse.

»Ohhh! Das wirst du bereuen!« Wutschnaubend kletterte sie am glitschigen Ufer empor.

Thyra sah noch, wie die Wikingerin festen Grund erreichte. Dann rannte sie los. Zurück zum Dorf. Noch während sie lief, sah sie im Augenwinkel den Treidelpfad. Der Weg war dicht bewachsen. Sie kannte ihn. Er war lang und schmal. Mit Windungen wie eine Schlange. Nur kurz zögerte sie. Blickte über die Schulter zurück zur fluchenden Wikingerin. Ein hastiger Blick zum Dorf. Ein rascher Entschluss. Dann nahm sie den Pfad.

Die Zweige schlugen ihr ins Gesicht, zerrten an der Kleidung und behinderten den Lauf. Sie rannte – rannte – rannte.

Pfützen überzogen den Pfad. Der matschige Uferboden ließ ihre Füße einsinken. Rasend atmend drehte Thyra sich um. Folgte ihr die Nordfrau? Sie sah sie nicht! Hörte sie nicht! Getrieben von Angst hastete sie voran. Das scharfkantige Schilfblatt schnitt in die Haut der nackten Waden. Klaffend floss das Blut aus ihrem Fleisch, lief die Beine herunter, tropfte in den Matsch.

Thyra rannte!

Verlor einen Schuh. Zu tief steckte er im Morast.

»Verdammt«, fluchte sie in Panik, weithin hörbar und viel lauter als beabsichtigt, während sie den Schuh packte und daran zog. Doch der Sog hielt dagegen. Thyra hörte jemanden auf dem Pfad heraneilen.

»Verdammt! Verdammt!« Verzweifelt zog sie den anderen Schuh aus. Schmiss ihn fort. Gehetzt folgte sie dem Treidelpfad.

Rutschte im Schlamm aus.

Rappelte sich auf.

Rannte!

Fischotter tummelten sich am Ufer und nutzten den Weg, um Süßwassermuscheln zu fressen. Myriaden von Muschelschalen lagen achtlos herum. Ließen den Weg wie Perlmutt in der Sonne schillern.

Thyra wusste um die exzellenten, schneidenden Eigenschaften der Muscheln und riss entsetzt den Mund auf. Sog die Luft ein! Doch die Angst trieb sie voran. Sie hatte keine Zeit, biss die Zähne zusammen und lief über die zerbrochenen Muschelschalen.

Messerscharf drangen die nadelspitzen Kanten in die Fußsohle, blieben stecken, drangen tiefer hinein – ins Fleisch.

»Ahhh!« Thyra brach auf die Knie. Schwer atmend griff sie ihren Fuß und starrte auf die blutige Sohle. Eine Muschelscheibe steckte tief im Fleisch. Nur ein kümmerlicher Rest des weißen Gerippes ragte aus der Fußsohle heraus.

»Oh, nein«, jammerte Thyra. Nicht vor Schmerz, sondern weil ihr die Flucht misslang.

Tränen der Wut und Enttäuschung liefen über ihr Gesicht. Verärgert hob sie den Fuß und legte ihn auf den Oberschenkel, biss die Zähne zusammen, packte die Muschelscherbe und mit einem schnellen Ruck riss sie die Perlmuttscheibe heraus.

Sie stöhnte verhalten. Sofort schoss das Blut heraus, tropfte auf den braungrauen Schlamm und färbte ihn hellrot. Kein Laut glitt über ihre verärgerten, fest zusammengepressten Lippen. Stattdessen fasste sie stoisch den Saum des verdreckten Unterrockes, riss mit einem wutschnaubenden Ruck einen Leinenstreifen ab und umwickelte den Fuß.

So fand Aesa sie. Die Sklavin saß in gleichmütiger Untätigkeit auf dem Pfad und wartete offenkundig auf sie.

»Das hat aber lange gedauert.« Die Königstochter begrüßte Aesa sarkastisch.

»Hmpf«, schnaubte diese nur und packte grob Thyras Fuß.

»Ah«, keuchte Thyra. »Lass das!«

Das beendete die Untersuchung, denn abrupt ließ Aesa den Fuß auf die Erde fallen.

Thyra erhob sich humpelnd. Die *Ascomanni* griff ihr unter den Arm und gemeinsam stolperten sie den enggewundenen Pfad zurück.

»Þú skyldir eigi hafa hlaupit í brott«,[68] grinste Aesa die Sklavin an.

»Pah.« Thyra verstand sie auch so. »Ich soll mich wieder einpferchen lassen und auf den Tod warten!«

»Guðin vár gáfu mér náð.«[69] Aesa sah besorgt auf den blutenden Fuß herab. »Eigi þér, opinberliga.«[70]

---

68 Du hättest nicht weglaufen sollen.
69 Unsere Götter waren mir gnädig.
70 Dir offenbar nicht.

»Wenn ich wieder laufen kann«, presste Thyra zwischen blassen Lippen hervor, denn der Schmerz war unerträglich, »dann – bin – ich – weg!«, quetschte sie stockend hervor.

Aesa beobachtete die Körpersprache der Sklavin und blickte skeptisch zur Verletzung.

»Ef þú mátt ganga nökkru sinni.«[71]

Schweigsam humpelten sie den Rest des Weges zurück. Regen setzte ein und Aesa brachte Thyra in eines der Häuser. Hier war es dunkel, warm und trocken. Die Dänin legte die Sklavin auf ein Fell neben dem Feuer.

Thyra zitterte vor Schmerz und Kälte wie Espenlaub. Der Leinenstreifen war mit Blut, Schlamm und Dreck verkrustet. Vorsichtig wickelte Aesa das Tuch herunter.

Sie sagte nichts, während sie die Wunde betrachtete. Presste nur den Mund zusammen und versuchte, die Blässe ihres Gesichtes nicht zu zeigen.

Was scheiterte!

Thyra ließ sich resignierend auf den Rücken fallen und starrte die Decke an.

»Das war ja sehr erfolgreich!«, verhöhnte sie sich. »Misslungene Flucht! Der Fuß unbrauchbar!« Sie blickte an sich herab. »Und ein Gewand habe ich auch nicht mehr!«

Ihr Kopf plumpste auf die festgetretene harte Erde.

»Au«, griff sie jaulend an ihren Hinterkopf. »Und mein Verstand ist auch nicht mehr da!«

Aesa schälte Zweige der Weidenrinde und kochte diese im Flusswasser. Die flache tönerne Schale mit dem warmen Sud stellte sie neben der Sklavin auf den Boden und forderte Thyra auf, den Fuß hineinzulegen.

Der Weidenrindensud war heiß. Vorsichtig legte Thyra den Fuß in die Schale und bewegte ihn behutsam.

---

71 Wenn du je wieder laufen kannst.

»Er schmerzt plötzlich nicht mehr so stark«, flüsterte Thyra und lächelte zaghaft.

»Skalt þú eigi nýta fótinn nökkurra daga, en munt þú eigi missa hans.«[72] Aesa beugte sich herunter und säuberte gewissenhaft die Schnittwunde.

»Su dil-i sin, ei pùn-g-lig-r«,[73] beruhigte Aesa Thyra durch den Klang ihrer Stimme. »Pù verd-a sat-t-r dag-r pann Fot-r ei njo-r efl-a, en hann per fa.«[74]

Thyra hörte die Zuversicht und erleichtert ließ sie ihre angespannten Schultern sinken.

»Ich danke dir. Wirklich! Und wenn ich wieder in Ludúnir bei Hofe bin, werde ich dafür sorgen, dass es dir gut ergeht!« Und zu sich sagte sie, wieder liegend: »Und dann bin ich wirklich froh, diese grässliche Sprache nicht mehr hören zu müssen.«

Aesa sah Thyra fragend an. Schüttelte den Kopf und fing mit einem Mörser an, Wurzeln und Blätter zu einem Brei zu zerkleinern, den sie auf die gesäuberte Wunde bringen wollte.

* * *

Wie lange hatte sie geschlafen? Thyra hörte, wie Männer Befehle brüllten. Hunde bellten. Kinder weinten. Der Traum, in dem sie sich befand, verwirrte ihre Gedanken. Sie blinzelte. Schattengebilde und vereinzelte Sonnenstrahlen zeichneten seltsame Bilder an die Hüttendecke. Sie war so müde. Kühe brüllten. Ein merkwürdiger Traum.

Fest presste sie ihre Augenlider zusammen und zog sich die wärmende Felldecke über den Kopf. Die Stimmen wurden

---

[72] Du hättest von Anfang an auf mich hören sollen.
[73] Die Wunde ist nicht schlimm.
[74] Du wirst einige Tage den Fuß nicht benützen können, aber er bleibt dir erhalten.

leiser, doch ihr Verstand glitt skeptisch vom Traum in den Wachzustand über.

»Kühe«, argwöhnte Thyra unter der Decke. »Die sind doch alle im Wald! Angebunden! So laut brüllt kein Rind.« Plötzlich riss sie ihre Augen auf und starrte gegen das Dunkle der Felldecke. Nun quiekte ein Schwein!

»Ein Schwein?« Thyra stutzte. »Die sind auch alle weg!« Abrupt setzte sie sich auf. Die Felldecke rutschte ihr vom Kopf. Wirr standen die Haare ab. »Wo …? Ach ja.« Thyra kratzte sich den Kopf, orientierte sich.

Hunde bellten – wütend dieses Mal. Durch die winzigen Fenster des Hauses drang kümmerlich das Morgenlicht. Es regnete und dunkle Wolken versperrten der Sonne den Weg. Blitzartig war Thyra hellwach! Ihr Herz schlug pochend gegen die Brust.

»Was ist das? Was hat der Lärm zu bedeuten?«

Eilig schälte sie sich unter der Decke hervor und feuchte Kühle umhüllte ihre Haut.

»Au! Verdammt.« Sie hatte ihren verletzten Fuß vergessen, doch der stechende Schmerz zeigte sich heftig. Fluchend kroch sie auf allen Vieren zur Tür, setzte sich an den Türrahmen und beobachtete erstaunt das hektisch-bunte Treiben auf dem Dorfplatz.

Überall liefen und arbeiteten Menschen. Männer rollten eichene Holzfässer zum Fluss. Einer trieb Rinder in die gleiche Richtung. In geflochtenen Körben gackerten zusammengepferchte Gänse, Hühner und Enten – zur Abfahrt bereit.

»Woher kennt dieses verdammte Volk unser Versteck für die Tiere? Wer hat es diesen Bluthunden verraten?«

Unwillkürlich drehte Thyra ihren Kopf. Doch sie sah die Gefangenenkäfige nicht. »Die Dorfbewohner werden glauben, dass ich die Verräterin bin.«

Vorsichtig stellte Thyra sich hin und hinkte vorwärts. Schmiegte sich eng an die Hausmauer und hoffte, dass sie im

Durcheinander nicht auffiel. Geschickt umrundete sie die Hausecke.

Dann erblickte sie die Gefangenenkäfige und stutzte! Alle Dorfbewohner schienen darin zu hocken. Sie sah genau hin. Erkannte die Frau mit den Kindern, den Kammmacher, den Korbflechter, die Fischer. Sie zählte. Einer fehlte! Wer?

Noch einmal sah sie von einem zum anderen und erstarrte.

»Der Schmied! Er fehlt? Haben sie ihn gefoltert? Hatte er die Schmerzen nicht ertragen und den Wikingern gezeigt, was sie wissen wollten?« Grübelnd kroch Thyra weiter und lehnte mit der Schulter nur wenige Schritte entfernt an die Hausmauer.

Genau vor ihr werkelten die *Ascomanni.*

Dort baumelte blutüberströmt ein geschlachtetes Schwein am Galgen. Den Kopf nach unten, tropfte das rote Nass in die schmierig, glänzende Pfütze.

Thyra sah zum Fluss. Die Wikinger waren damit beschäftigt, die Schiffe zu beladen.

Erleichtert grinste sie.

»Endlich«, frohlockte Thyra. »Sie ziehen ab.« Erleichtert rutschte sie an der Hausmauer herunter, beobachtete die Nordmänner und drehte entgeistert ihren Kopf zur Seite, als sie ein Pferd wiehern hörte.

»Nein!«, flüsterte sie unheilvoll. »Nicht die Pferde! Die brauchen wir doch! Wie sollen wir sonst die Äcker bestellen?«

Mühsam rappelte sie sich auf und hüpfte auf einem Bein zu den Pferden. Sie überlegte nicht. Sie handelte nur!

»Nein!«, schrie sie dem Mann entgegen, der zwei Kaltblüter am Zügel führte.

»Ihr dürft die Pferde nicht mitnehmen! Wie sollen wir denn die Äcker bestellen?« Thyra rutschte auf ihrem Bein aus und fiel in den weich getretenen Schlamm. Eilig rappelte sie sich hoch. Doch niemand achtete auf die verdreckte, humpelnde Frau.

»Ihr dürft uns das Vieh nicht nehmen!«, schrie Thyra. »Wie sollen wir überleben? Ohne Vieh! Ohne Korn!«

»Farþú ór veginum.«[75] Ein Nordmann schubste sie um und betrachtete verächtlich kopfschüttelnd das verrückte Weib. Ohne weiter auf die Sklavin zu achten, verrichtete er seine Arbeit. Thyra saß im Dreck auf ihrem Hintern und Tränen der Wut blitzten auf. Der Nordmann mit den Pferden zog vorbei. Schafe und Ziegen wurden zu den Schiffen getrieben.

»Was macht ihr da?« Thyra begriff zögernd das Geschehen. Sie richtete sich grübelnd auf und humpelte zu den Gefangenenkäfigen.

Schon von Weitem rief sie: »Was hat das zu bedeuten? Wo ist der Schmied?«

Doch die Dorfleute sahen durch sie hindurch.

»Geistfrau«, flüsterten sie.

Thyra erreichte schnaufend den Käfig und klammerte sich an die Hölzer.

»Was hat das zu bedeuten?«

Keine Antwort.

Ihr Herz flatterte. Was sollte das? Warum antworteten sie nicht?

»Kammmacher!«, schrie sie den Mann an. »Was soll das? Wo wollen die Nordmänner hin?«

Doch er beachtete sie nicht. Nicht ein Muskelzucken zeigte ihr an, dass er sie verstand. Gehetzt suchte Thyra den Blick der Frau, deren Kinder sie vor dem Unwetter geschützt hatte. Gott sei Dank! Sie wich ihrem Blick nicht aus.

»Ziehen sie ab? Wo ist der Schmied? Was ist mit ihm geschehen?«

Hoffnungsvoll betrachtete sie die Frau und erkannte, dass sie antworten wollte. Sah, wie die Mutter kurz zur Seite schaute und

---

75 Geh aus dem Weg.

die Blicke der Dorfbewohner auf sich fühlte. Die Frau schluckte und sah Thyra traurig an. Kein Wort kam über ihre blassen Lippen, doch sie schüttelte leicht ihren Kopf, bevor sie ihre Augenlider senkte und auf ihre Kinder blickte.

Kein Wort!

‚Sie denken, dass ich sie verraten habe.'

»Nein!«, brüllte sie verzweifelt in den Käfig. »Ich habe niemandem etwas gesagt! Ich wollte euch aus dem Käfig holen! Nur darum wollte ich mit dem Häuptling sprechen!«

Keine Reaktion!

»Ich habe euch nicht verraten«, rief sie mit tränenerstickter Stimme. »Ich habe niemandem etwas erzählt.« Thyra sah die Menschen an. Doch niemand erwiderte ihren Blick oder glaubte ihren Beteuerungen.

Für die Dorfbewohner war sie gestorben. Die Nichte des Königs war eine Verräterin! Nie würden sie ein Wort mit einer Verräterin tauschen. Für sie war dieses Weib tot und unsichtbar.

Langsam umklammerte Thyra immer fester die Gitterstäbe. Eine unbändige Wut machte sich breit.

‚Sollen sie doch alle verrecken!', dachte sie aufgebracht und Flammen loderten aus ihren Augen. ‚Sie sind es nicht wert, dass ich mich für sie einsetze.'

»Dummes Bauernvolk!«, brach es aus voller Kehle aus Thyra heraus.

Der bittere Stachel der Enttäuschung verletzte zutiefst. Wut, gepaart mit Hass, hielt sie davon ab, unkontrolliert in Tränen auszubrechen. Nur der grenzenlose, ungezügelte Groll auf die Dörfler stärkte gerade den Rücken. Schwerfällig humpelte sie zurück zum Haus und ignorierte das Treiben. Im Haus wollte sie weinen. Ihren Zorn herausschreien. Dort würde sie keiner sehen! Dort war sie allein!

Der Kloß in ihrem Hals schwoll an. Noch hatte sie sich unter Kontrolle!

Noch!
Kurz darauf stieß sie die hölzerne Tür auf und schlug sie wütend hinter sich zu.
»Diese …, diese …!« Ihr fehlten die Worte für diese hässliche Niedertracht.
»Þar ert þú!«[76] Aesa drehte sich zu Thyra um. Sie stand vor dem Feuer und blickte Thyra musternd an. »Ek fekk með mér klæði fyrir þik, þú ferr með oss.«[77]

* * *

Es war eng auf dem Wikingerschiff. Thyra hockte neben den gackernden Hühnern.
»Na, auch in Käfigen?«, begrüßte sie diese sarkastisch.
Die Rinder, Schweine, Ziegen, Schafe standen in der Mitte des Schiffes eng aneinandergebunden. An den Bordwänden entlang saßen die Wikinger auf ihren Seekisten, in denen sie ihre persönlichen Wertsachen lagerten. Dicht hintereinander aufgereiht bewegten die Dänen im Gleichtakt die Riemen. Monoton gab der Rufer am Anfang jeder Fahrt den Takt an und forderte so einen gleichmäßigen Ruderschlag. Bei Bedarf änderten die Ruderer die Richtung des Kriegsschiffes durch eine minimale Drehung oder eine Veränderung des Bewegungsablaufes ihrer Ruderbewegungen. Jetzt glitt der Drache mit der Strömung der Themse flussabwärts.
Thyra beobachtete erstaunt, mit welcher Geschwindigkeit das Ufer vorbeizurasen schien. Sie war die einzige Sklavin aus dem Dorf, die mit aufs Schiff genommen wurde – und ganz allmählich dämmerte es ihr. Sie war eine Geisel. Eine Sklavin, eine Gefangene. Sie wurde verschleppt.

---

76 Da bist du ja.

77 Ich habe dir Kleidung mitgebracht, du reist mit uns.

»Ich kann nur hoffen, dass mein Volk genügend Geiseln nimmt, um mich gegen die anderen einzutauschen.« Sie betrachtete die Wolken. »Ich sollte mir keine Sorgen machen. Schließlich bin ich nicht irgendeine Geisel, sondern auch für Alfred von hohem Wert. Der König wird für mich zahlen.«

Sie war sich so sicher!

Die Schiffe waren noch nicht weit entfernt von Oxfordshire. Thyra sah noch die Rauchfahnen der Häuser und hörte Schreie.

»Lasst uns wenigstens ein Pferd! Bitte! Nehmt nicht meine Ziege!«

»Habt ihr denn gar kein Erbarmen? Sollen wir und unsere Kinder verhungern?«, brüllte ein Mann hasserfüllt.

»Nein«, kreischte die Frau, der Thyra während des Unwetters beigestanden hatte. »Bitte! Nehmt nicht unser Korn! Wir müssen es aussäen!«

Die Stimmen wurden leiser und Thyra hoffte, dass die Dörfler sich aus den Käfigen befreien konnten. Sie ahnte nicht, dass nur eine Handvoll Menschen aus dem Dorf die Käfige verlassen würden. Abgemagert, krank und ausgedörrt fand der Geschichtenerzähler die Hungernden und öffnete den Wenigen die Gittertore.

Die Toten lagen aufeinandergestapelt in den Ecken.

Die Hühner gackerten und flatterten in den engen Käfigen. Federn und Staub flogen und Thyra drehte sich hustend zur Seite. Eng zusammengedrängt hockte sie mit unglaublich vielen Tieren in der Mitte des Schiffes. Die Rinder verteilten überall ihre dampfenden Fladen auf die Decksplanken und rutschten auf dem Kot aus.

Ein Pferd keilte mit der Hinterhand aus und der Huf zischte unerwartet dicht an einem Ruderer vorbei. Als Thyra das sah, war sie froh, neben dem Federvieh zu hocken.

Am Heck standen einträchtig Wikinger in ihren prachtvollsten Gewändern.

Sie staunte! Das hatte sie nicht erwartet! Die Männer aus dem hohen Norden trugen hervorragend gewebte Umhänge, mit Zobel- und Biberpelzen besetzt. Auf ihren Köpfen blitzten Eisenhelme, worauf die Abbilder ihrer Götter mit mystischen Tieren kunstvoll eingeritzt waren. Die schimmernden, konisch geformten Helme ließen jeden Schwerthieb abgleiten.

Thyra kniff lauernd die Augen zusammen und erkannte den Häuptling und den Bezopften. Blitzartig änderte sie die Blickrichtung hinauf zum Mast, blinzelte dem Sonnenlicht entgegen und beobachtete den Flug der weißen Wolken.

»Bitte, bitte«, flehte sie. »Bringt mich nach Ludúnir! Bringt mich zu meiner Familie!«

Plötzlich schossen Tränen in ihre Augen, doch schleunigst wischte sie die verräterische Feuchtigkeit mit dem Handrücken fort.

Die Enge auf dem Schiff war beeindruckend. Keine Fläche, die nicht genutzt wurde. Überall Stimmengewirr.

»Au!«, knurrte Thyra gereizt, als ein Mann über ihre Beine stolperte und der Schmerz im verletzten Fuß zurückkehrte.

»Verdammt! Pass doch auf, wo du hintrittst.«

Der Nordmann blickte nur verächtlich zur Frau, die an einem Ring in den Bodenplanken angebunden war. Sie war eine Geisel und hatte das Wort nicht an einen Krieger zu richten. Vor allem nicht mit einem Befehl! Aber er ignorierte die *Ambátt*[78] und ging seiner Beschäftigung nach.

Nervös durchsuchte Thyra die Menschenreihen. War die Wikingerfrau, die ihr die Kräuter auf den Fuß gelegt hatte, auf diesem Kriegsschiff?

»Ich hasse diese Nordmänner!« Es war ihr egal, ob irgendjemand die Worte verstand. »Ich hasse euch! Ich verfluche euch!« Ihr Blick giftete hinüber zum Häuptling und zum Bezopften am

---

78 Sklavin.

Bug. Dort standen sie in ihren prunkvollen Gewändern mit den glänzenden Schwertern am breiten Ledergürtel. Die Schwertknäufe funkelten im Sonnenlicht. Der Schwertgriff von Gorm war mit silbernen Ornamenten verziert. Ein dunkelbrauner Ledergürtel mit einem eingravierten Drachen umspannte seine Taille.

Sie bewunderte diesen Mann – allerdings widerwillig.

Sie beobachtete, wie die *Ascomanni* in eine Unterhaltung vertieft, übers Land schauten. Doch als Gorm ihren Blick erwiderte, schlug sie eilig die Augen nieder, zupfte an ihrer befremdlichen, grob gewebten Kleidung.

»Verflixt.« Thyra zwinkerte ins blendende Licht. »Das sind Mörder. Widerwärtige Todesbringer!«

Äußerlich gelassen, lehnte sie sich gegen die Hühnerkisten, schloss die Augen und schlief tatsächlich für eine Weile ein.

Schilfbewachsene Ufersäume wechselten sich ab mit steilen Sandabbrüchen in den scharfen Windungen des kräftigen Flusses. Uralte Trauerweiden ließen die Spitzen ihrer weit über den Fluss hängenden Zweige ins Wasser hängen. Sie streiften die Schiffe und hinterließen auf dem Holz der Planken für einen kurzen Moment eine nasse Spur. Bis die Sonne das Nass auflöste.

In der Ferne graste ein Rudel Hirsche. Es mussten über hundert sein. Schwäne flogen mit singenden Flügelschlägen über das sanft hügelige Land und Enten flohen entsetzt schnatternd vor den Drachenschiffen.

»Du solltest diese Frau nicht immer so anstarren!« Siguror grinste anzüglich.

»Was?«

»Anstarren!« wiederholte Siguror. »Du starrst dieses Weib an.« Er bohrte in der Nase. »Zu jeder Zeit.«

»Niemals«, log Gorm. »Diese *Ambátt* ist nur interessant, weil sie uns einen hohen Tribut einbringen wird.«

Siguror lachte unverschämt und fasste anzüglich an seinen Schwanz. »Nur der Tribut?«

Das Wasser plätscherte gurgelnd gegen die Holzplanken. Der Wind spielte mit ihrem Haar. Gorm betrachtete die Frau auf seinem Schiff, der *dreki*. Er musterte ihren Körper, ihre Hände und sah den blutigen Wickel an ihrem Fuß. Erstaunt hob er eine Augenbraue. ‚Sie ist verletzt!', schoss es ihm durch den Kopf.

»Wir werden unser Ziel schnell erreichen«, unterbrach Siguror Gorms Gedanken und beobachtete das vorbeiziehende Flussufer.

»Ja.« Gorm räusperte sich, als er seine Aufmerksamkeit wieder auf das Schiff richtete. »In einigen Tagen erreichen wir Ludúnir!«

Siguror grinste. »Wir werden in dieser Stadt viel Spaß haben.«

»Unglaublich viel«, lachte Gorm.

Siguror schwärmte: »Wir werden nächtelang in den Schlafstätten unzähligen nackten Weibern mit unserem schweißbedeckten Körper jeden Wunsch erfüllen. Unsere Bäuche mit den leckersten Speisen verwöhnen und trinken wie ...«

»... und die *Ambátt* verkaufen!«, beendete Gorm Sigurors Schwärmerei.

Nachdenklich betrachtete Siguror die Angeln-Frau. »Wer sie wohl ist?«

»Gnupas ist überzeugt, dass sie das Amulett nicht gestohlen hat. Sie muss mit dem Königshaus der Angelsachsen verwandt sein.«

»Wollen wir nur hoffen, dass wir unseren Tribut bekommen.«

»Wir werden sehen«, murmelte Gorm nachdenklich. »Wir werden sehen.«

Die Möwen kreischten und Thyra erwachte. Die Sonne brannte auf ihre inzwischen gebräunte Haut. Durch aufgequollene Augenlider blinzelnd sah sie hinauf zum Glanz der glühenden Strahlen. Die dünne Haut an den Lippen riss blutig ein. Vorsichtig benetzte Thyra diese mit ihrer klebrigen Zunge.

»Danke, Ethelgiva. Das habe ich jetzt von den Hüten, die ich immer tragen musste.«

Sie versuchte, ihre Körperstellung zu verändern. Der Hintern schmerzte von den harten Holzplanken. Ihre Füße fühlten sich trotz der Wärme eiskalt an. Die Hände kribbelten, denn die Lederriemen, mit denen sie am Eisenring angebunden war, schnürten die Blutzirkulation ab. Thyra spuckte aufs Leder, wollte es anfeuchten, es weiten. Doch nach einer Weile gab sie es auf und blinzelte erneut in die Sonne.

»Ich habe Durst und Hunger.«

Unbeholfen rutschte sie auf ihrem Hintern hin und her, versuchte, den schmalen Schatten des Mastes aufzufangen.

»Jetzt hätte ich gerne einen von Ethelgivas Hüten. Außerdem quält mich noch ein anderes Problem!« Sie biss sich auf die Lippen. »Ich muss pinkeln! Dringend!« Nervös blickte sie sich um. »Keine Aborte«, flüsterte sie fahrig und sah hektisch in die Ecken des Schiffes. »Wo verrichten denn die Nordmänner und vor allem die Frauen ihre Notdurft?«

Die Sonne brannte und es dauerte nicht lange, da erspähte Thyra einen Wikinger, der sich während der Fahrt erleichterte. Er zog ungeniert seine Beinkleider herunter und hockte sich mit seinem blanken Hintern einfach auf die Reling. Er pinkelte ins Wasser und der laute Plumps deutete unüberhörbar an, dass er auch über Bord schiss.

»Oh nein«, zischte Thyra entsetzt zwischen zusammengebissenen Zähnen hervor. »Das machen Frauen doch bestimmt nicht so. Oder?« Zweifelnd hoffte Thyra darauf, dass das Drachenboot am Abend am Ufer der Themse anlegte.

Sie hörte den Männern beim Rudern zu und versuchte herauszubekommen, was sie erzählten. Sie beobachtete mit verquollenen Augenlidern die Lippenbewegungen. Bemühte sich, aus den Windfetzen der Wörter den Sinn zu erahnen. Wollte diese verhasste Sprache verstehen! Und alles nur, um sich von

den Schmerzen im Fuß, den Verbrennungen auf der Haut und dem immer dringenderen Bedürfnis zu pinkeln, abzulenken!
»Sprecht doch etwas lauter.« Sie verfolgte mit den Augen die Mundbewegungen der Ruderer.
»... skar-i ...«[79]
»... loek-r ...«[80]
»Lung ...«[81]
»Sei-n-lig-r ...«[82]
Sie schüttelte den Kopf. »Diese Aussprache ist unerträglich!«
»... flot-a ...«[83]
Sie bemerkte, wie die beiden Männer ihren Körper musterten. Drohend starrte Thyra zurück.
»...pyt-a ...«[84]
»... man-n-a.«[85]
Die Männer machten eindeutige Gesten.
»Wagt es nicht! Ich kastriere euch mit einer Hand!« Dazu zeigte sie den Männern die typische, abknickende Handbewegung und starrte den Ruderern genau zwischen die Beine. »Erinnert euch an euren kastrierten Krieger«, knurrte sie gefährlich leise.

Die Wikinger sahen einander verdutzt an. Verstand das Weib ihre Worte? Heimliche Blicke wanderten zu ihren unversehrten Schwänzen und schweigend griffen sie die Riemen.

»Diese Bälger einer räudigen Hündin sollten vorsichtig sein! Jedem werde ich den Schwanz abknicken und die Hoden zerquetschen! Jedem!«

---

79 junge Möwe.
80 langsam fließender Bach.
81 Langschiff.
82 sich langsam bewegend.
83 auf dem Wasser treiben lassen.
84 zur Hure machen.
85 zum Mann machen.

Das Leder schnitt tiefer in ihre Haut.

»Das war keine gute Idee. Ich hätte das Leder besser nicht anspucken sollen.«

Nachdenklich betrachtete Thyra die immer enger werdenden Lederschnüre und sah sich suchend nach Hilfe um. Aber niemand beachtete die am Boden gefesselte Geisel.

»Wo ist die Wikingerfrau?« Suchend glitt ihr Blick von einem zum anderen Gesicht. Doch Thyra fand Aesa nicht. »Sie wird auf einem der anderen Schiffe sein. Jetzt, wo die Zeit nicht verrinnt, würde ich mich sogar mit einer Nordmann-Frau abgeben.«

Der Zorn auf die Männer an den Riemen verrauchte. Gelangweilt beobachtete sie den ruhigen Fluss, das endlos lange Ufer, den Flug des Bussardes, das Glitzern des ... »Was ist das?«

Auf der Bugspitze funkelte etwas. Sie versuchte, ihr Gesicht in den Schatten zu drehen, um es besser erkennen zu können. Sie drehte und dehnte, verrenkte sich und lag dicht mit einem Ohr an den Kisten des Federviehs. Der Protest war eindeutig. Das Schiff fuhr eine Biegung und ein Schattenfetzen fiel auf ein Auge. Das andere Auge kniff sie zusammen.

»Oh!«, staunte Thyra laut und setzte sich hin. Doch konnte sie jetzt nichts mehr erkennen. Der Fahnenmast störte. Also nahm sie erneut die unbequeme Stellung ein. Das Ding glänzte und glitzerte in der Sonne.

Sie beobachtete, wie der Wind das goldglänzende Teil hin und her bewegte.

»Ist das eine Fahne?«

Sie kniff die Augen zusammen. Der Wind drehte ihr die Breitseite des Gegenstandes zu und sie sog zischend den Atem ein.

»Eine Fahne aus Gold! Eine Standarte mit mystisch ineinander verschlungenen Drachen im Inneren des Viertelkreises! Mmmh?« Fragend runzelte sie die Stirn. »Mit heidnischen Runenzeichen?«

Der Reichtum der Dänen war eindeutig. Mit stolzgeschwellter Brust standen sie an Deck, der Wind packte kraftvoll deren

Gewänder und zerrte an den Haaren. Beim Bezopften bewegten sich sogar die Bartspitzen.

Unbewusst lächelte Thyra. »Die Götter müssen mit ihnen sein«, murmelte sie und erschrak über diesen Gedanken. Hastig bekreuzigte sie sich und fügte eilig etwas lauter hinzu: »Aber der christliche Gott wird alle Heiden besiegen!«

Wie zur eigenen Bestätigung nickte Thyra und sah zur Mitte des Flusses, wo die massive, goldglänzende Wetterfahne erneut ihren Blick einfing.

»Das ist unsere *vedrviti*.[86] Die *vedrviti* der *dreki*«, sagte ein Wikinger, der Thyra beobachtete. »Sie hat die Form eines Viertelkreises mit einer breitflächigen Umrandung.« Er forderte mit einer Handbewegung die *Ambátt* auf, hinzusehen. »Die Umrahmung zeigt ein Gebilde aus ineinander verschlungenem Blattwerk und Schlingpflanzen, das sich im filigranen Inneren der lichtdurchlässigen Fahne mit den Drachen verbindet.«

Thyra betrachtete den Wikinger verwirrt.

»Sieh genau hin.« Er deutete mit ausgestrecktem Arm auf die *vedrviti*. Um seine Augen bildeten sich schelmische Lachfalten.

Sie gehorchte.

»Oben auf der Spitze steht ein prachtvoller Hirsch. Er ist aus massivem Gold und auf den kräftigen Schenkeln des Hirsches hat Odin selbst seine göttlichen Schutzzeichen eingeritzt.« Der Wikinger verstummte kurz und legte eine Hand zum Schutz vor dem Sonnenlicht über die Augen. Der Wind spielte mit der Wetterfahne und schwenkte sie hin und her.

»Da! Siehst du.« Er tippte Thyra an die Schulter, als die Wetterfahne ihnen die Breitseite zukehrte. »In der Mitte der *vedrviti* schützt ein von Ranken und Blattwerk verschlungener Drache unser Schiff. Ein kleines Tier beißt in seinen Fuß und ein anderes in seinen gebogenen Schwanz.«

---

86 Wetterfahne.

Er nickte stolz.

»Der Rumpf gleicht einem kräftigen, muskelbepackten Meeresungeheuer. Seine Beine können an Land laufen wie der Wind und im Meer schwimmt es schnell wie ein Wal. Es ist mutig und zornig und klug und es bekämpft jeden Feind, um ihn nach seinem Sieg zu verschlingen!«

Sie sah staunend zur *vedrviti* und zurück zum Wikinger.

Er nickte bestätigend und sagte würdevoll: »So ist es.«

* * *

Träge trug die Themse das Kriegsschiff der *Ascomanni* übers Wasser, an der angelsächsischen Flussküste vorbei, der bedeutenden, ohrenbetäubenden Stadt Ludúnir entgegen.

Die ruhige Fahrt wirkte einschläfernd und Thyras Gedanken wanderten zu einem Besuch in Ludúnir, der Jahre zurücklag.

Damals hatte sie der Begegnung mit dem König mit gemischten Gefühlen entgegengesehen. In Ludúnir hatte sie die Vielfalt der Märkte erdrückt, die von Menschen überfüllten Straßen, die Fülle des Wohlstandes und die monumentalen Gebäude. Mit der Neugierde der Jugend hatte sie damals die Marktstände bestaunt, mit den Früchten, Obst, Fellen, Wolle, Getreide, getöpferten Schalen, Krügen, Kelche. Sie hatte Weidenkörbe, Gewänder, Schmuck, Langbögen und Pfeile, Messer, Äxte und Schwerter entdeckt. Und sie hatte es kaum erwarten können, Obst und Gemüse, das Fleisch vom Schaf, Rind, Schwein, Geflügel und besonders der zierlichen Wachteln zu essen und den Geschmack auf der Zunge zu haben.

An den Giebeln und Wänden, neben den Eingangstüren der Adels- und Handelshäuser, waren steinerne Gestalten angebracht gewesen. Diese Fresken, halb Mensch, halb Tier, mit verzerrten Mäulern, aufgerissenen Augen, verbogenen Körpern und gefährlichen Eckzähnen, hatten ihr Angst eingejagt. Doch auch sanftmütige Gesichter mit Engelsflügeln, vom christlichen Glauben geprägte Figuren, hatten die Häuser geschmückt. Dennoch, die Mehrzahl der Skulpturen hatten angsteinflößend gedroht und Thyra hatte beobachtet, wie Ethelgiva sich beim Anblick der Fratzen jedes Mal bekreuzigte.

Sie hatte sich auf ein Wiedersehen mit ihrer Familie gefreut, auf die Abendtafel mit Freunden im Hause des Königs, Alfred des Großen.

Sänger und Geschichtenerzähler hatten während der Mahlzeiten die Gäste und Gesandten mit gruseligen Erzählungen und Heiterem unterhalten. Glückseligkeit hatte auf ihren Gesichtern geschillert, wenn sie ihre Hörer in eine andere, verzauberte Welt führen konnten.

Ein Insekt krabbelte auf Thyras Hand und holte sie mit sanftem Trippeln zurück in die Gegenwart. Sie seufzte und wischte die Fliege fort. Der Wind trocknete den Schweiß von der Haut, und die Schatten der Bäume am Ufer der Themse kühlten. Der Gleichklang der Ruder, die im Wasser plätscherten und die monotone Stimme des Mannes, der den Takt angab, wirkten einschläfernd und beruhigend.

Müde fiel ihr Körper zur Seite. Der Kotgestank der Tiere war unerträglich. Sie träumte vom Onkel König Alfred. Wie würde er reagieren, wenn er seine Nichte in der Gewalt der Wikinger wiederfand? Würde der König sie aus der Geiselhaft freikaufen? Im Traum sah sie sein abschätzendes Gesicht.

‚Ich bin deine Nichte!', schrie sie ihm entsetzt entgegen. ‚Die jüngste Tochter deines Bruders!'

Der Fuß eines Nordmannes trat schmerzhaft gegen ihre Hüfte. »Au!«, erschrocken wachte Thyra auf.

»Hvarf!«,[87] brummte der. »Farþú ór veginum.«[88]

---

87 Verschwinde!
88 Geh aus dem Weg.

Eilig kroch Thyra, so weit es ihre Fesseln erlaubten, weg.

»Hvarf!«, befahl der Däne erneut und starrte die kriechende Frau drohend an.

»Verdammt noch mal!«, fauchte Thyra. »Weiter kann ich nicht!« Wütend blitzte sie ihn an.

Der Wikinger sah die aufgebrachte Geisel auf den Bodenplanken weg robben. Doch sie schien ihm nicht schnell genug.

»Þú munt læra þik at hlýða menn þegar í stað!«,[89] drohte er und hob sein Bein. Kräftig trat er in Thyras Bauch.

Sie keuchte. »Du!« Der Schmerz raubte ihr die Stimme. »Du Satan!«, röchelte Thyra stoßweise und starrte den Wikinger, der drohend über ihr stand, herausfordernd an. »Wenn meine Hände ohne Fesseln sind ...« Ein schmerzverzerrtes blutiges Grinsen zeigte sich auf ihren aufgesprungenen Lippen. »... lasse ich dich in den Kerker werfen und Ratten nagen an deinem lebenden und dennoch schon verwesenden Körper, bis nur noch die weißen, fetten Würmer Gefallen an dir finden!«

Er verstand die hasserfüllten Worte nicht, doch der Ton ihrer Stimme verriet alles. Diese arrogante *Ambátt*!

»Helvítiskona!«[90]

Ein weiteres Mal holte er mit der gesamten Wucht seines kräftigen Beines aus, um in den Bauch der Sklavin zu treten.

Thyra riss entsetzt die Augen auf und sah fassungslos zum Nordmann! Schützend rollte sie sich zusammen.

Der Befehl war als bissiges Gefühl spürbar, während er durch die Frühlingsluft schmetterte: »Hal-d!«[91]

Einem Peitschenknall gleich drohte der Bezopfte. Thyra atmete erleichtert ihren angehaltenen Atem aus.

---

89   Du wirst es lernen, einem Mann augenblicklich zu gehorchen!
90   Du verdammtes Weib!
91   Halt!

Der Mann hielt verdutzt inne und starrte in die Richtung, aus dem der Befehl kam. »Was?«, schnauzte er gereizt und sah herausfordernd zum Heck.

»Diese Frau ist eine *Ambátt*«, kam leise drohend die Antwort.

»Genau«, grollte er, weiß vor Wut.

»Diese *Ambátt* bleibt unverletzt«, presste Siguror die Worte heraus.

Der andere knurrte zähnefletschend: »Niemand wird die Tritte sehen!«

»Sie bleibt unverletzt!«

Thyra erkannte am Klang der Stimme, dass Siguror seinen Zorn nur äußerst mühsam beherrschte. Sie beobachtete, wie der erniedrigte Wikinger fast an seiner Wut erstickte. Er ballte rasend seine Fäuste. Die unebenen Adern auf seinen Armen und an den Schläfen quetschten hervor.

»Wie du befiehlst!«, presste er hervor und drehte sich weg.

Erleichtert seufzte Thyra und wagte einen Blick in Richtung Heck. Doch der Häuptling und der Bezopfte beachteten die *Ambátt* nicht weiter.

»Ein Feind reicht!«, murmelte Thyra, während sie an den von ihr kastrierten Wikinger dachte. Und ohne es zu bemerken, schlich sich ein verschmitztes Lächeln auf ihre Lippen.

Bergdis, eine der wenigen Frauen an Bord, saß auf einer Kiste hinter Thyra, beobachtete die Szenerie stirnrunzelnd.

»Was treibst du denn für ein Spiel? Willst du die Männer gegeneinander aufhetzen?«

Bergdis' Blick schnellte zu Siguror und Gorm. Sie erkannte, wie sich ihre Lippen bewegten, verstand aber kein Wort. Eilig drehte sie sich um und suchte den gedemütigten Ketill, der vor aller Augen von Siguror getadelt wurde, weil er die dürre Angeln-Frau trat. Bergdis' Augen verengten sich zu schmalen Schlitzen. Sie beobachtete Ketill. Sie konnte förmlich seinen Ärger und den Hass spüren.

»Ich glaube«, raunte sie leise. »Ich werde mich zu dir ans Feuer setzen.«

Sie sah auf ihre Näharbeit.

»Allein!« Ein rolliges Gurren verriet ihre rebellischen Gedanken.

Thyra beobachtete den Bezopften und folgte seiner Blickrichtung. Er beobachtete den Nordmann, der sie getreten hatte.

Siguror fuhr mit seiner Rechten an einen Bartzopf und drehte diesen gedankenverloren. Er behielt Ketill im Auge und erkannte, wie der sich, in seinem Stolz tief verletzt, von der Sklavin abwandte. Er hatte ihn vor der Mannschaft zurechtgewiesen. Das würde Ketill nicht auf sich beruhen lassen!

Äußerlich ungerührt stand Siguror neben Gorm, doch Siguror wusste, Ketill war aufbrausend und launisch. Zudem schlau und listig.

»Ketill wird uns noch viel Ärger bereiten«, erklärte Gorm unvermutet, ohne seine Blickrichtung über den Fluss zu verändern.

»Er ist unberechenbar.«

»Teile ihn für eine Arbeit ein. Eine Beschäftigung, die seine gesamte Aufmerksamkeit in Anspruch nimmt!«, befahl Gorm fast plaudernd und beobachtete die rudernde Mannschaft.

»Du hast recht.« Siguror nickte und seine blonden Bartzöpfe wippten im Takt.

Nachdenklich strich Gorm über sein Kinn.

»Ketill soll Lebensmittel beschaffen und darüber wachen, dass sie nicht faulen, gären oder gestohlen werden.«

Er trat an die Reling und starrte ins klare Wasser, um die Wassertiefe auszuloten.

»Ich richte es ihm aus«, brummte Siguror.

»Aber erst in einigen Tagen. Er soll nicht denken, dass er für seine Tat bestraft wird.«

Siguror grinste. »Wie du befiehlst, großer Häuptling.«

Dann änderte sich der Ton und Gorm fragte: »Was wirst du in Ludúnir zuallererst machen?«

»Ich?« Gespielt erstaunt sah Siguror seinen Freund an. »Also ...«, begann er.

»Ehrlich!«, ärgerte Gorm ihn schmunzelnd.

»Also ehrlich!«, feixte Siguror lachend. »Zuerst werde ich mir ein schönes und großes ...«

»Nun komme mir nicht mit einem großen Horn Met.« Gorm stöhnte und verdrehte die Augen.

»... fettes ...«

»... Stück Schweinefleisch?«, forschte Gorm.

»... Weib.« Siguror beendete seinen Satz und griff sich ungeniert in den Schritt.

»In Ludúnir gibt es keine fetten Weiber«, spottete Gorm.

Siguror lachte und sagte im Brustton der Überzeugung: »Ich werde eines finden.«

»Du wirst suchen müssen.«

»Ach«, winkte Siguror großzügig ab. »Hinter jeder Ecke, in jeder Kneipe hockt eine mit üppigen Brüsten, fetten Schenkeln und einer feuchten, warmen Möse.« Er schloss genießerisch die Augen. »Hmmh«, stöhnte Siguror. »Es wird die reinste Wonne.«

Gorm lachte schallend, als er die Fantastereien seines Freundes erfuhr.

Gespielt empört riss Siguror seine Augen auf und sah Gorm herausfordernd an. »Das glaubst du mir nicht?«

»Du wirst erst eine anfüttern müssen.« Gorm spähte auf Sigurors Geldbeutel, der prall gefüllt am Gürtel baumelte. »Die Weiber in der Stadt sind alle mager wie die Weidenruten im Wind.«

Siguror folgte Gorms Blick und griff an den Lederbeutel. »Es ist genug da.« Er nahm ihn in die Hand und wog unbekümmert das Gewicht der Münzen. »Für diesen Inhalt kann ich mindestens drei kriegen!« Bei jedem Wort blitzten Sigurors Augen vor Übermut.

Gorm lachte und sein kräftiger Bariton klang übers Deck der *dreki* und die flachen Wellen des Flusses. Ein Schwarm Blässhühner fühlte sich gestört und rannte eilig platschend über die Wasseroberfläche. Thyra hörte Gorms volltönendes Lachen und blickte auf. Sie sah zwei stattliche Männer am Heck stehen und ihr Blick wurde magisch vom blonden Häuptling angezogen. In ihrer Magengrube flatterte es.

»Nicht der!«, beschwor sie sich leise. »Er ist ein Heide, ein Mörder.« Sie rief sich zur Ordnung. Doch ihre Augen wanderten erneut zum großgewachsenen Mann.

»Ein Krieger. Ein Däne«, flüsterte sie müde. »Nicht für eine christliche Angeln-Frau bestimmt.«

Sie träumte vom blühenden Obstbaumgarten in Oxfordshire, erblickte Solvor in ihrer gebückten Haltung beim Unkraut Entfernen. In ihrer Nähe arbeitete Beorhtric mit seinem abgewetzten Hut und den aufgekrempelten Hemdsärmeln. Thyra lächelte im Schlaf und sah die dürre Hofmeisterin hereineilen. Doch Ethelgiva sah so merkwürdig aus. So blass. Ihr geöffneter Brustkorb glänzte rot. Blut floss aus ihrer widerwärtigen Wunde. Thyra wollte sich abwenden. Noch aus dem Augenwinkel sah sie abertausend wimmelnde, weiße Würmer in den Gedärmen krabbeln. Selbst im Schlaf wurde ihr übel.

Der Wind strich über ihr zerzaustes Haar. Ein Käfer krabbelte mit seinen sechs Beinen über ihre Haut. Sie schob ihn herunter und er landete auf seinem runden Rücken, wo er sich zappelnd umdrehte und schließlich das Weite suchte. Thyra hörte im Halbschlaf die Nordmänner reden.

»Einige Tage noch, dann werden wir wieder vereint sein.«

»Leg dich in die Riemen und halt deinen Mund.«

»Dann werde ich Schweinefleisch essen.«

»Schnauze!«

»Rindfleisch und Hühnchen«, ließ der Wikinger sich nicht beirren.

»Und ich werde dir den Rücken aufschlitzen!«, fauchte sein Nebenmann.

»Pah«, spottete der Nordmann und forderte seinen Kameraden heraus. »Du bist viel zu schwach, als dass du im Wettkampf gegen einen echten nordischen Krieger, wie ich es einer bin, bestehst!«

»Ich reiße dich in Stücke!«, schnaufte der so Beleidigte.

Der andere grinste und stichelte.

»An Land«, schnaufte er und zog kräftig am Ruderblatt, »wenn wir an Land sind, will ich dich kämpfen sehen!«

»Pah!«

»Ich denke, du verlierst«, provozierte der Wikinger. »Beim Steinweitwurf wird der Stein genau vor deinen Füßen landen, bevor du ihn auch nur einen Arm lang weit werfen kannst!«

»Du wirst es sehen!«

»Genau!«, reizte Gestr weiter. »Der Stein wird vor deine Füße fallen und auch den Baumstamm wirst du nicht werfen können. Du wirst ihn vor Schwäche kaum anheben. Der Stamm wird sich deinen dünnen Armen widersetzen – und ich …« Er grinste. »Und ich werde Rindfleisch, Schweinefleisch und Hühnchen essen!«

»Hahhh«, verlor Hallgeirr bei diesen Beleidigungen die Geduld, ließ seinen Riemen los und stürzte auf seinen Herausforderer.

Augenblicklich gab es einen riesigen Tumult auf dem Schiff. Der Takt der Ruderschläge war unterbrochen und die Riemen krachten gegeneinander. Das Schiff verlor die Richtung und steuerte unheilvoll auf die schlammige Uferböschung zu.

Die beiden Kampfhähne schlugen aufeinander ein und verkeilten sich zwischen der Enge der Sitzplätze.

»Du Winzling!«

»Ich werde dir die Arme auskugeln und in den verfressenen Rachen schieben!«

Sie keuchten und schenkten einander nichts. Prügelten einer auf den anderen ein. Zerfetzten die Kleidung.

»Ahhh«, schrie Gestr. »Du räudiger Sohn einer streunenden Hündin.«

»Nehmt die Ruder!«, brüllte der Steuermann.

»Ich bringe dich um!« Der Herausforderer krallte seine Hände in den Hals des Kameraden.

»Seid ihr von Sinnen!«

»Hey, Afaldr«, rief Eirikr. »Schlag zu! Schlag ihnen die Schädel ein! Sie bringen das Schiff in die Böschung.«

Afaldr grinste, ließ das Ruder fallen und erhob sich vom Sitzplatz hinter den Raufbolden. Er war groß, sehr groß, und stark. Seine Oberarme waren mächtig wie Baumstämme.

»Harrch«, dröhnte er markerschütternd und durchdringend, hob seine Faust und traf Hallgeirr, der taumelnd mittschiffs fiel. Afaldr grinste derbe, als er das dünne Rinnsal aus hellrotem Blut an Hallgeirrs Schläfe sah.

»Harrch«, brüllte Afaldr unüberhörbar seinen Schlachtruf und schlug mit der gesamten Kraft seiner Faust auf Gestrs Schädel. Gestr rollte mit den Augen, schwankte kurz hin und her, bevor er kopfüber mit dem Gesicht auf die Bodenplanken fiel. Sein schweres Gewicht schob ihn über die rauen Planken und diese zerschrammten die Haut der Wange, der Nase und der Lippen.

»Packt eure Riemen oder ihr werdet kielgeholt«, brüllte Ongull, der Steuermann, Hallgeirr und Gestr an. Als sie nicht sofort reagierten, brüllte er: »Sofort!«

Hallgeirr erhob sich schwerfällig. Er grunzte zornig, doch als er Gestr auf den Planken mit zerschundenem Gesicht liegen sah, griente er zufrieden.

Er sah auf Afaldr und grinste ihn noch breiter an.

»Afaldr.«

Afaldr sah Hallgeirr ausdruckslos an. Bereit, ihm noch einen kräftigen Kinnhaken zu geben. Doch Hallgeirr grinste über beide Ohren. »Gestr hast du aber gut einen verpasst!«, meinte er und rieb sich seine schmerzende Schläfe.

»Kannst auch noch einen kriegen«, knurrte Afaldr.

»Nein!«, abwehrend hob Hallgeirr die Hand. »Mir reicht's!«

»Mmrch.« Afaldr sah auf Gestr, der benommen seinen Kopf schüttelte, sich aber anschickte, seinen Platz am Riemen einzunehmen.

Eingeschüchtert griffen beide Streithähne den Riemen und hörten auf das Kommando des Steuermannes.

»Holt ein«, rief Ongull langatmig. »Hooolt ein! Hooolt ein!«

Kräftig schlugen die langen Ruderblätter aufs Wasser und das Stöhnen der Männer, die sich mit aller Kraft in die Riemen legten, breitete sich wie eine dichte Wolke übers Schiff aus.

»Hooolt ein!« Ongull ließ seine satte Stimme erklingen. »Hooolt ein!«

Allmählich fand die Mannschaft in den Takt zurück, schaffte es, das schwere Kriegsschiff in die Mitte der Themse zu fahren, doch grimmige Blicke durchbohrten Hallgeirr und Gestr. Das würden die zwei büßen müssen. Sie hatten das Schiff in Gefahr gebracht. Ihr Schiff.

Und das Schiff bedeutete alles.

Es sorgte für ihr Überleben. Ihren Sieg über den Feind im Kampf. Es war ihr Zuhause, wenn sie lange Jahre auf fremden Kontinenten mit den Kaufleuten um Gewürze, Pelze, Schmuck und Edelsteine, seidene Tücher und edle Stoffe, Krüge und Waffen handelten.

Die *dreki* trug die Mannschaft über unberechenbare Meere, war ihr Freund auf den Wellen in den Stürmen. Es empfing Meeresungeheuer und beschützte sie vor diesen. Es brachte sie von Küste zu Küste. Die *dreki* trug ihren Reichtum zurück zu den Familien und brachte Macht, Ruhm und Anerkennung.

Das Schiff bedeutete ihnen mehr als die eigene Familie!

Die *dreki* war ihr Leben!

Die *Ascomanni* wollten die letzten Tage vor Ludúnir nicht mehr an Land gehen. Die Strafe durfte aber nicht warten! Noch bevor der Abend graute und jeder seine karge Nachtmahlzeit einnahm, wurde das *mót*[92] am *reidumenn*[93] einberufen.

»Hallgeirr und Gestr haben unser Schiff, unsere *dreki*, in große Gefahr gebracht«, rief Gorm mit scharfer Stimme übers Deck vor versammelter Mannschaft. »Sie haben eines unserer wichtigsten Gesetze gebrochen und müssen bestraft werden.«

Zustimmendes Gemurmel, auch von Hallgeirr und Gestr, setzte ein.

Gorm blickte prüfend über seine Mannschaft.

»Die Strafe darf nicht zu gering ausfallen!«, forderte Ongull.

»Wir sollten Hallgeirr und Gestr an Land, im Feindessgebiet, aussetzen!«

Siguror hob beschwichtigend seine Hände. »Wir wollen unsere Männer den Feinden nicht zum Fraß vorwerfen. Wir wollen ihnen das Leben im Volk der *Ascomanni* nicht verwehren.«

»Hallgeirr und Gestr brachten unsere gesamte Flotte in Gefahr.«

Gorm betrachtete mit eiskaltem Blick die beiden Schläger. »Hallgeirr und Gestr ...«, er sah die Nordmänner drohend an, »werden kielgeholt«, befahl der Häuptling mit kalter Stimme ohne äußerliche Gefühlsregung. »Sofort!«

Hallgeirrs und Gestrs Gesichter wurden bei der Urteilsverkündung leichenblass.

»So soll es sein«, sprachen ihre Kameraden im Chor.

»So soll es sein«, sprachen die tonlosen Stimmen der Gesetzesbrecher aus trockenen Kehlen.

Ein Seil wurde vom Bug aus ins Wasser geworfen und unter dem Schiff entlanggeführt. Ulkell fischte das Seil mit einem

---

92   das Schiffsgericht.
93   dem Schiffsmast.

Haken aus dem Wasser. Sein Grinsen glich durch seinen dichten Bart dem Fletschen von Wolfszähnen. Er besah sich das Seil. Es hing voll mit hellgrünen Algen und an den Algen hing sehr viel weißer Flusssand.

»Sie werden herauskommen mit der Haut eines Neugeborenen.« Er schüttelte den Beifang vom Seil herab. »Der feine Sand wird die gesamte Haut abschaben. Kein einziges Haar wird ihnen am Körper bleiben! Die Weiber werden denken, es sind junge Knaben ohne Haare am Sack!«

Hallgeirr sah es und wurde blass. Die Themse war hier nicht tief. Schläfrig zog das Schiff über den Grund hinweg und die Rumpfplanken wurden von langen, hauchdünnen Algenblättern gestreichelt.

Bedächtig öffnete Hallgeirr die Bänder seines Schwertgürtels und legte diesen in seine Seekiste. Zusammen mit seinem Wams, seiner Hose und seiner Lederkappe. Die ledernen Schuhe stellte er daneben. Nackt stand er nun vor den Kameraden und wartete, dass ihm das nasse Seil um den Oberkörper gebunden wurde. Er klagte nicht! Er hatte die Strafe verdient. Wer das Leben der Mannschaft unbedacht in Gefahr brachte, musste bestraft werden. Das war Gesetz!

Gestr tat es ihm gleich.

»Ich bitte dich, großer Häuptling Gorm«, drehte sich Hallgeirr zum Führer der *Ascomanni*. »Gib meiner Frau meine Kleidung und den Anteil der Beute, die mir zusteht, wenn ich unsere Heimat nicht wiedersehen sollte!«

Ernst sah er ins Gesicht des *styrimannr*. Gorm bestätigte es ihm nickend und Hallgeirr atmete erleichtert aus.

»Wenigstens das kann ich meiner Frau hinterlassen«, dankte er Gorm.

Das Wort Tod kam nicht über seine Lippen. Es war eine Schande, im Flusswasser beim Kielholen zu sterben! Es war ein eines Wikingerkriegers unwürdiger Tod.

Niemand würde ihn und seine kriegerischen Taten besingen. Niemand seinen Namen nennen. Seine Frau und seine Kinder würden mit dieser Schmach zum Gespött der Gemeinschaft werden. Seine Frau keinen anderen, angesehenen Mann heiraten können und in Armut leben. Seinen Kindern hatte er den Stempel der Schande aufgedrückt. Es würde ein schweres Leben für seine Kinder werden, weil sie sich gegen seine Schande Ruhm und Ehre und Anerkennung würden neu erkämpfen müssen, um ein reiches Leben als Krieger führen zu dürfen.

Seine erworbenen Titel wären mit diesem Tod verloren.

‚Ich darf nicht sterben! Eingequetscht zwischen dem Rumpf des Schiffes und dem weichen Flusssand der Themse!', schwor er sich. ‚Ich darf es einfach nicht!'

Ulkell kam näher und zog Hallgeirr das nasse Seil fest um den Oberkörper. Ohne seinen Kameraden anzublicken, gingen sie zum Bug der *dreki*.

Gorm und Siguror standen schon dort und warteten auf die Angeklagten. Gestr folgte ohne Aufforderung.

Die gesamte Mannschaft stand um Hallgeirr und Gestr herum. Jeder *Ascomanni* war sich der Schwere der Strafe bewusst und mit ernstem Blick wohnten sie der Züchtigung bei.

Sie wussten, das Wasser unter dem Schiffsrumpf konnte den Tod ihrer Kameraden bedeuten. Wer kannte schon genau die Tiefe des Flusses unter der *dreki*. Dort lauerten schroffe Felsen, Sandberge oder kräftig saugende Treibsandlöcher. Die Körper konnten zwischen dem Grund des Flusses und dem Rumpf des Schiffes eingeklemmt werden. Der nackte Körper zusammengedrückt und qualvoll in den Schlamm gepresst werden.

»Werden sie es überleben?«, fragte Geiri, der Nordmann, der Thyra aus dem Käfig geholt hatte, seinen Freund Eirikr.

»Wenn ihr Atem ausreicht und genug Wasser unter dem Kiel ist«, antwortete Eirikr mit ernster Miene. »Dann – vielleicht!«

Geiri sah Eirikr entsetzt an. »Sie können beide sterben!«

»Und wir haben dann durch deren Dummheit zwei gute Krieger und ausgezeichnete Kämpfer verloren!«

Sie wurden von Hallgeirrs Ruf über die Wasseroberfläche des Flusses unterbrochen.

»Ich bitte Odin um Vergebung für meine Tat! Soll er entscheiden, was aus mir wird.«

Ohne äußerlich erkennbare Regung trat Hallgeirr auf die Heckspitze und bevor Gorm die Anweisung zum Kielholen geben konnte, sprang er ins Wasser.

»Zieht!«, schrie Siguror und rannte hektisch zur Bugspitze. »Zieht, was ihr könnt!«

Tanni, Styrmir, Kali und Aalakr standen am Bug und zogen das Seil, so schnell sie es vermochten, aus dem Wasser, unter dem Kiel der *dreki* entlang. Denn Hallgeirr war ihr Freund und Kamerad. Er sollte seine Strafe erhalten, doch sie brauchten ihn auch, sie wollten, dass er die Strafe überlebte.

Sie zogen und der Schweiß bildete schimmernde Tropfen auf der gebräunten Haut. Deutlich traten ihre Muskelstränge hervor. Prall hoben sich die blauvioletten Linien der Adern.

»Zieht!«, schrie Siguror. »Beeilt euch!«

Das Seil verhakte. Es war fest.

»Zieht! Verdammt!«

Geiri trat vor und packte ans nasse, von den Algen glitschige Seil und wurde sofort brutal von Eirikr zurückgezogen.

»Es dürfen nur die Krieger am Seil ziehen, die vorher dazu bestimmt wurden«, knurrte er. Doch auch Eirikrs Gesicht war blass und angespannt starrte er auf die Hände der vier Männer am Bug.

»Er stirbt!«, schrie Geiri Eirikr an und wollte erneut zupacken.

»Dann hat Odin es so gewollt!«

Gestr stand wie unbeteiligt und starrte übers Wasser. Doch auf seinem nackten Körper bildete sich feiner Angstschweiß.

Endlich! Das Seil bewegte sich wieder. Tanni zog und ließ das Seil mit Styrmir, Kali und Aalakr nur so durch die Hände laufen.

Das Flusswasser tropfte von ihren Händen und vom Seil auf die Bodenplanken und bildete eine glänzende Wasserlache. Noch einmal stockte das Seil. Doch die Männer zerrten und zogen und mit einem kurzen heftigen Ruck kam Hallgeirrs Körper am Bug aus dem Wasser.

Dünne Haare umschmeichelten eng anliegend seinen Kopf. Das Wasser färbte sich unter ihm schimmernd blutrot!

Leblos klatschte sein nackter, geschundener Körper gegen die Außenbretter des Schiffes. Noch ein heftiger Zug am Seil und Aalakr packte Hallgeirrs Arm. Styrmir folgte dem Beispiel und mit einem grässlichen Poltern fiel Hallgeirr an Deck.

Mit ernstem Gesicht trat Gorm heran.

»Lebt er?«

Styrmir beugte sich über den blutverschmierten Brustkorb und legte sein Ohr auf die kalte Haut.

»Nun!«, herrschte Gorm ihn an. »Lebt er?«

»Ich glaube!«, zögerte Aalakr. »Sein Herz schlägt noch!«

Eine vorsichtige Freude zog über Styrmirs Gesicht. Die Mannschaft murmelte erleichtert und fiel aus ihrer Erstarrung.

»Gut!« Gorm wandte sich ab, um kurz über die Breite des Flusses zu blicken.

»Wir danken dir, großer Odin!«, rief er übers Wasser und blickte in den Himmel. »Wir danken dir für das Leben des Hallgeirr.«

Dann drehte er sich um und sah auf Gestr, der ohne zu zögern und mit festem Schritt zum Heck ging. Er packte das vorbereitete Seil und schlang es sich um seinen Oberkörper. Selbstbewusst stand er auf der schmalen Reling am Heck und blickte zum Bug. Dort standen die vier Nordmänner, die über sein Schicksal entschieden. Kali, der Erste am Seil, nickte ihm zu.

Noch ein kurzer Blick zu Gorm. Der hob seinen Arm und ließ ihn blitzschnell nach unten fahren.

Ohne zu zögern, sprang Gestr in den kalten Fluss. Dunkel umfing ihn das Wasser. Er hatte vergessen, genug Luft einzuatmen und vor Aufregung schon einen Teil aus seiner Lunge herausgeblasen. Hart schlug er mit dem Rücken gegen das Ruder und spürte gleichzeitig einen heftigen Ruck des Seiles. Die Männer zogen und er war glücklich über den Schmerz, den er darüber empfand.

Algen umschmeichelten seine Schulter und er fühlte die schuppige Haut von Fischen, die an ihm entlangglitten. Er wollte atmen, doch noch verbot ihm sein Verstand den ersehnten Sog nach Luft. Er fühlte, wie das Seil ihm in die Haut schnitt, doch wie das warme Blut herausquoll, merkte er nicht. Die Männer zogen und zogen und er war dankbar für ihre Kraft und Stärke.

Die Muscheln am Kiel, die sich über die Jahre am Holz festgeklammert hatten, zerschnitten ihm die Haut im Gesicht und an den Armen und Muskelstränge auf dem Bauch.

Das Schiff bewegte sich vorwärts, seine Kameraden zogen am Seil.

Die Luft wurde knapp und panisch verlangten seine Lungen nach frischer Nahrung. Er wollte atmen, wollte seinen Lungen den so lebensspendenden Zug ermöglichen. Fest kniff er seine Lippen zusammen, ließ seinen Verstand über den Körper siegen.

Noch!

Die harten, vorwärts schiebenden Holzplanken drehten ihn auf den Bauch und plötzlich fühlte er, wie sein Kopf tief in den weichen, weißen Flusssand gedrückt wurde. Der feine, zarte Flusssand drang in seinen Mund, in die Nasenlöcher und in seine vorher fest verschlossenen Augen. Er spuckte, drückte mit der Zunge die Körner heraus und mit dem Sand drang wieder etwas Luft aus seiner Lunge. Der Sand schmirgelte seine Augäpfel. Er wollte es herausreiben, hob schon seine Arme, als sein linker Arm gegen einen Felsen gedrückt wurde. Er schrie auf!

Doch der Schrei war nur ein dunkles Gurgeln unter Wasser. Die Luftblasen tanzten am Bug entlang, hinauf zur Wasseroberfläche. Dorthin, wo auch er sehnlichst hinwollte.

Atmen. Luft holen. Raus aus der Falle!

Keiner sah es, als seine Atemblasen an der Wasseroberfläche zerplatzten.

Die Männer zogen, das Schiff drückte von oben und zerteilte sein warmes Fleisch auf dem Rücken. Der weiche Sand unter seinem nackten Körper gab nach. Tief wurde er in die feuchte Masse gedrückt. Er merkte noch, wie etwas in seinem Körper brach. Spürte, wie etwas Spitzes durch den Teil seines Körpers gedrückt wurde, der die Luft einfing. Er fragte sich noch, wo sein Arm hinwollte. Der Felsen hatte ihn abgerissen!

Der Schmerz drang blitzartig in sein Bewusstsein und tief atmete er ein, sein Wille brach!

»Estrid!«, schrie er nach seiner dänischen Frau und sah ihr schmales Gesicht vor sich. Doch nur ein tönernes, blutiges Gurgeln blubberte aus seinem Mund.

Erstaunt fühlte er die Kälte in seinem Körper. Fühlte, wie das kalte, klare Flusswasser seine Lungen füllte. Noch einmal wagte er einen gehetzten Atemzug, zu verdutzt, um ihn zu verhindern.

Die Lunge füllte sich!

Das Schiff schob sich langsam vorwärts, von der Strömung der Themse getragen.

Wieder brachen seine Knochen, sie knackten nur leicht, selbst für ihn kaum wahrnehmbar. Er drehte sich langsam zur Seite. Sein zerschnittenes Gesicht hob sich aus dem nassen, kalten Flusssand. Er öffnete seinen Mund und seine Augen. Starrte blicklos in die Dunkelheit. Dann verlor er das Bewusstsein.

Die Männer an Deck zogen währenddessen kräftig am nassen Tau. Das Flusswasser glitt glänzend durch die Fäuste und der Schweiß lief an ihren nackten, muskelbepackten und von der Sonne gebräunten Oberkörpern hinab. Lautstark wurden sie von der Mannschaft angefeuert.

»Zieht!«, schrie Siguror. »Zieht!« Er wollte in seiner Erregung schon mit anpacken. Doch Gorm packte ihn am Arm und schüttelte kaum merklich den Kopf. Die Gesetze mussten eingehalten werden!

Noch bevor sie Gestr aus dem Wasser zogen, sah Geiri, wie sich eine rote Blutwolke unter dem Kiel nach oben drängte.

»Er ist tot!«, schrie er. Ein Anflug von Panik zeichnete sich in seinem entsetzten Gesicht ab. »Er ist tot!«

»Er ist erst tot«, knurrte Ongull ihn ungehalten an, »wenn sein Körper auf den Planken liegt und der letzte Atemzug aus ihm gewichen ist! Also halte deinen Mund und schreie nicht nach dem Tod eines Kriegers, der nicht von Odin bestätigt wurde!«

Blass wich Geiri von der Reling zurück und drängte sich zwischen die Mannschaft. Er hatte das viele Blut im Wasser gesehen, noch bevor der Körper hochgezogen wurde.

»Alles ist rot«, flüsterte er. »Alles ist voller Blut!«

Gestrs nackter Körper klatschte auf die Planken. Doch es war nicht mehr viel von ihm zu erkennen. Ein Arm fehlte, das Gesicht, der Brustkorb, sein Rücken, alles war von den unzähligen Muscheln unterm Schiffskiel zerschnitten. Aus seiner Brust ragte ein zersplitterter Knochen und noch immer blubberte es rosarot und schäumend aus dem Loch aus seinem Bauch heraus. Die anderen Gliedmaßen lagen verrenkt in einer unnatürlichen Form auf den nassen Planken. Ein Fuß war in zwei Teile gerissen und nur zu deutlich waren jede Sehne, jeder Muskel und jeder Knochen zu sehen.

Der Häuptling beugte sich über den Kielgeholten.

»Er ist tot«, sagte Gorm. »Der einstige Krieger Gestr ist in das Reich der Toten übergesiedelt.«

Er blickte auf die entsetzten Gesichter seiner Nordmänner.

»Er wird unserem Schiff fehlen«, erklärte er mit fester Stimme. »Er wird uns im Kampf fehlen!« Der Häuptling ließ seinen Blick über die Köpfe streifen. »Er wird seiner Familie fehlen!« Gorm biss seine Zähne fest aufeinander, so dass sein Kiefer durch seine Wangen hindurch sichtbar wurde.

»Er zahlte den höchsten Preis für seine Dummheit! Wir zahlen einen unbezahlbaren Preis!«

Unvermittelt drehte er sich um und befahl Siguror barsch: »Kleidet ihn an und bestattet diesen unehrenhaft gestorbenen Nordmann am Ufer, wie es einem Dummkopf gebührt!«

Gorm ging und ließ die Mannschaft mit den zerfetzten menschlichen Überresten allein. Gestr war tot und Hallgeirr schwer verletzt. Ob er überleben würde, stand noch nicht fest. Das wusste Odin allein.

Gorm war weiß vor Wut. Wie konnten zwei Männer das Leben der gesamten Mannschaft mit so einer Dummheit gefährden?

Mit weitausgreifenden Schritten stürmte er zum Heck. Die dünne *Ambátt* auf den Planken, die ihn mit weit aufgerissenen Augen anstarrte, bemerkte er nicht.

Sie ankerten notdürftig am Ufer. Weit reichte hier der Blick. Der Wind streichelte das Gras. Die Halme bogen sich wiegend im Wind und ein leises Rauschen zog übers Land. Drei Männer hoben im flachen Ufersaum ein Loch aus der Erde, während der Gesang der Lerchen sie begleitete. Ohne Zeremonie wurde Gestr in die feuchte Mulde gelegt. Sie war etwas zu kurz für seinen stattlichen Körper. Eirikr drehte Gestr auf die Seite, mit angewinkelten Beinen und gebeugtem Rücken. Ongull bedeckte Gestrs Augen mit einem Tuch und Tanni drückte Gestr einen zur Klinge beschlagenen Flintstein in die schon steifen Hände. Gestr sollte nicht vollends wehrlos ins furchterregende Totenreich übersiedeln.

»Du sollst Hel, unserer Göttin des Todes, nicht ausgehungert gegenüberstehen«, murmelte Eirikr traurig und legte Gestr einen Fisch mit ins Grab. »Damit du nicht hungern musst, guter Freund.«

Styrmir legte Tanni eine Hand auf die Schulter. »Er war ein guter Mann, ein guter Krieger.«

»Ja, ein guter Krieger. Temperamentvoll und eine Spur zu hitzig!«

»Mhhh.«

»Lasst uns den Sand des Flusses, der ihn tötete, auf seinen Leichnam streuen.« Mit bedachter Stimme gab Ongull die Anweisung.

»Ohne Grabrede?« Tanni war bestürzt.

»Gestr ist in Schande gestorben«, knurrte Ongull. »Das Leben im Totenreich wird fürchterlich für jeden unehrenhaft gestorbenen Nordmann.«

»Aber seine Kämpfe? Seine Siege und seine ruhmreichen Taten?«, fing Tanni an. »Das kann doch nicht alles mit einer einzigen schändlichen Tat vergangen sein! Wie soll er denn im Reich der Toten leben. Er ist nackt!« Tannis Stimme überschlug sich.

Ongull schüttelte traurig seinen Kopf.

»Er hat eigenhändig Schande über sein Leben gebracht. Uns alle mit dieser unbedachten Tat Schwierigkeiten bereitet. Gestr muss mit diesen Freveltaten im Totenreich leben. Möge unsere Totengöttin Hel nicht zu grausam mit ihm sein.«

»Hel!«, murmelte Tanni. »Die hässliche, grausame und schöne, verführerische Hel, doch zuallererst gerechte Göttin.« Er senkte den Kopf und starrte auf die zerschnittene Leiche seines Freundes.

»Gib Gestr doch wenigstens einige Worte mit auf dem Weg, damit er der Todesgöttin mit etwas Würde gegenübertreten kann.« Er hob den Kopf und sah den Steuermann herausfordernd an.

»Seid ihr ohne Tadel? Ist irgendwer ohne Fehl?«, rief er trotzig in die Runde.

Doch die Augen der Nordmänner blieben hart. Und was noch schlimmer war! Niemand wich seinem herausfordernden Blick aus.

Ongull sah Tanni und die anderen schweigend an. Kurz überlegte Ongull und sagte gehetzt: »Legt ihm seine Kleidung mit ins Grab. Schnell!« Er hatte Angst, er würde es sich anders überlegen und die Götter ihn für seine Schwäche strafen.

Tanni rannte los. Sprang auf den wippenden Holzsteg vom Ufer zur *dreki*. Balancierte, die Arme wedelnd, stürzte fast in den Fluss, fing sich und schwang sich gekonnt über die Reling auf das Schiff. Überstürzt klaubte er Gestrs Kluft zusammen. Doch urplötzlich fiel sein Blick auf die silberne Klinge eines kurzen Messers.

Es blitzte und blinkte in der Sonne.

»Es muss ja keiner sehen.« Tanni nahm zögernd das lockende Messer. Wie ein Dieb sah er sich um.

‚Hatte es jemand gesehen? Doch? Nein! Jeder war mit seiner Arbeit beschäftigt.'

Eilig schob er das Messer zwischen das Kleiderbündel und rannte zurück zum Grab.

Schnaufend stand er am schwarzen Loch. Die feuchte Erde am Rande des Grabes bröckelte schmatzend auf Gestr hinab. Tanni fiel auf die Knie und legte ihm die Kleider sanft auf den noch lauwarmen Körper.

»Mögest du es gut anwenden«, raunte er, drückte kurz Gestrs steif werdende Hand. Erschüttert richtete Tanni sich auf.

Er sah Ongull dankbar an. »Fertig.«

Ongull räusperte sich unwohl und sagte mit fester Stimme:

»Besitz stirbt, Sippen sterben,

Du selbst stirbst wie sie;

Eins weiß ich, das ewig lebt:

Des Toten Tatentum.«[94]

---

94 Zitat.

Leichenblass sah Tanni Ongull an. Die Worte des Steuermannes klangen in seinem Kopf nach: ‚Eins weiß ich, das ewig lebt, des Toten Tatentum. Mein lieber Freund, du wirst es schwer haben, bei der grausamen und zugleich liebenswürdigen Todesgöttin Hel.'
Eilig warfen die *Ascomanni* die ausgehobene Erde auf den Leichnam.
Die feuchte, dunkle Erde platschte schmatzend auf den fast knochenlosen Körper. Aus Gestrs Bauchloch blubberte in rosa schäumenden Blasen seine restliche Atemluft, bis endlich das Flusswasser heraussickerte und durch die Erde zurück ins angestammte Reich verschwand.
Das war die erste Gabe an Hel!
Gierig trank sie sein Blut.
Tanni blickte von Bord hinüber zum Grab. Die Sonne strahlte und wärmte sein Gesicht.
»Dein Gesicht wird von jetzt an für immer kalt bleiben. Ich wünsche dir viel Kraft, Energie und den Mut, vor Hel zu bestehen. Weiche nicht, wenn sie dir ihre hässliche Seite zeigt, und lasse dich nicht von ihrer Schönheit beeindrucken, wenn sie dich lockt. Sei auf der Hut, guter Freund.«
Er drehte sich um und ging zum angestammten Platz am Ruder.
Es blieb nur ein dunkler feuchter Fleck von der aufgeworfenen Erde am Ufer, der von Gestrs sterblichen Überresten zeugte.
Die Wikinger saßen auf ihren Sitzkisten und ruderten mit der Strömung der Stadt entgegen. Niemand warf einen Blick aufs Grab, das in wenigen Wochen nicht mehr sichtbar, vom saftgrünen Gras überwuchert sein würde.

* * *

Thyra lag auf den Planken und sah dem Martyrium der Männer mit offenem Mund schweigend zu. Eiskalt prickelte es über ihren Rücken, als die Seefahrer den ersten Wikinger mit zerschnittener Haut fast leblos an Bord hievten, sein Blut sich mit dem Flusswasser mischte und durch die Ritzen der Bodenplanken verschwand.

Doch als sie den zweiten Nordmann nackt am Heck stehen sah und erkannte, wie er mit versteinerter Miene, ohne zu zögern, über Bord sprang, schrie sie entsetzt auf und flüsterte kaum hörbar: »Wenn ihr eure eigenen Männer so mörderisch bestraft, was geschieht dann mit euren Sklaven?«

Der Verletzte wurde neben Thyra gelegt. Und obwohl sie ihn kurz vorher so grausam bestraft hatten, wurde er jetzt umsichtig umsorgt und gepflegt. Thyra freute sich, als sie Aesa sah, die von einem anderen Schiff der Flotte herübergeholt wurde, um Hallgeirr zu pflegen.

»Endlich«, flüsterte Thyra erleichtert. »Obwohl wir uns ja nicht wirklich gut vertragen haben«, grinste sie spitzbübisch. »Doch irgendwie bin ich froh, dich zu sehen.«

Aesa musterte die Sklavin eilig. ‚Die Angeln-Frau sieht gut aus', dachte die Heilerin. ‚Nicht mehr so blass.' Dann warf sie einen Blick auf Hallgeirrs entstellten Körper.

»Hallgeirr! Hallgeirr, hörst du mich?«

Seine Augenlider flackerten.

»Hallgeirr, mach dir keine Sorgen.« Sie lächelte ihn beruhigend an, obwohl sie genau wusste, dass er sie mit diesen geschwollenen Augenlidern nicht sehen konnte.

»Ich helfe dir! Du wirst gesund!« Sie kramte in ihrem Lederbeutel, holte eine hölzerne Schale und Kräuter heraus. »Ich werde dir Kräuter auf deine Wunden legen und dich verbinden«, erklärte die Heilerin im geschäftsmäßigen Ton, doch Thyra sah, wie Tränen ihre Augen füllten.

Nachdem Aesa die Kräuter in der Schale vermengt und eine für Thyra undefinierbare Flüssigkeit hinzugegeben hatte, beugte

Aesa sich über den Verletzten und flüsterte ihm ins Ohr: »Ich fange jetzt an. Es wird schmerzhaft sein!« Eine Träne tropfte auf Hallgeirrs Haar. »Ich werde ganz vorsichtig sein. Die Götter werden dir beistehen!« ‚Und mir!', fügte sie flehend in Gedanken hinzu. Hektisch wischte Aesa die Tränen fort.

Thyra beobachtete Aesa und erkannte in der Art, wie sie ihn berührte, ihn ansah und die Kräuter auf seine unzähligen Wunden legte, eine tiefe Verbundenheit.

‚Sie liebt ihn! Die Kräuterfrau liebt den verletzten Nordmann. Aber sie verheimlicht es. Warum?'

Niemand beachtete Aesa, wie sie sich um Hallgeirr kümmerte. Denn schließlich war sie die Heilerin der *Ascomanni*.

‚Wissen es die anderen? Darf sie ihn nicht lieben?', überlegte Thyra.

Plötzlich sah Aesa von ihrer Arbeit auf, direkt in Thyras Augen. Eine tiefliegende Angst flackerte auf, bevor Aesa ihre Augen niederschlug.

»Ich werde es niemandem erzählen«, versprach Thyra.

»Niemandem!«

Aesa sah die Angeln-Frau merkwürdig an, fuhr aber mit ihrer Arbeit fort.

‚Sie hat es gesehen!', wusste Aesa mit einem Anflug von Panik. ‚Sie weiß es!' Fest biss Aesa die Zähne aufeinander und schloss die Augen und suchte sofort in Thyras Gesicht nach Anzeichen von Wissen. Aber die Sklavin sah nur eingeschüchtert zu ihr hinüber.

‚Sie weiß, dass ich ihn liebe!' Emsig arbeitete Aesa. ‚Doch sie weiß nicht um die Bedeutung ihres Wissens!' Ihre Hände zitterten. ‚Also soll sie auch unwissend bleiben! Vielleicht ahnt sie ja auch nichts und ich bilde es mir nur ein.'

Aesa strich einen dünnen Hauch der grünen Paste über den Leinenstreifen vor sich. ‚So etwas darf mir nicht wieder passieren!', verbot sie sich. ‚Ich muss besser aufpassen!'

»Ich werde zu den Göttern beten«, sagte Aesa so laut, dass sich einige Ruderer zu ihr umdrehten. Doch war es nicht allzu verständlich, dass die Heilerin die Götter um Hilfe anflehte! Die Männer ruderten weiter, beachteten die Heilerin nicht weiter. Was war schon wichtig daran, was Frauen taten!

»Aesa flickt ihn schon wieder zusammen«, meinte Afaldr gutmütig zu Eirikr. »Sie ist eine gute Heilerin.«

»Das ist sie.« Eirikrs Hände griffen fest um die Ruderstange und zogen kräftig an. »Hallgeirr ist bei ihr in guten Händen.«

Aber Aesas Hände zitterten, als sie das Leinen um Hallgeirrs Wunden wickelte.

* * *

Die Tage vergingen ohne Zwischenfälle. Stetig zog das Ufer vorüber. Dichte Buchenwälder, feuchte Auen, uralte Bäume mit knorrigen Ästen, blumige Wiesen mit dicken Kühen, blökenden Schafen und springenden Ziegen.

Die Kriegsschiffe zogen, ohne zu rauben, an den Fischerdörfern vorbei.

Die *Ascomanni* hielten nicht an. Mit einem grimmigen, befriedigten Lächeln hörten die Krieger die Angstschreie der Angelsachsen. Sahen, wie Fischer und Bauern sich mit Sensen und Sicheln bewaffneten, um ihre Familien, ihr Hab und Gut mit diesen spärlichen Waffen zu verteidigen.

»Pah! Schwächlinge!« Gorm stand am Mast der *dreki* und sah über die breiter werdende Wasseroberfläche des Flusses.

Thyra beobachtete Gorm aus dem Augenwinkel. Er stand neben seinem Freund Siguror. Sein Schwertknauf blitzte in der Sonne. Sein langes Haar bildete einen lebhaften Kontrast zur gebräunten Haut und zum tiefbraunen Umhang, der lässig über der Schulter baumelte.

»Er ist ein Nordmann, ein Wikinger, dein Feind! Er ist ein Mörder!«, ächzte Thyra und ihre Worte sollten ihrem Verstand Vernunft einreden. Vergebens!

Die Schiffsflotte glitt an vielen Dörfern vorbei. Aber die Nordmänner hatten genügend Wasser und Vorräte an Bord, es war kein Landgang notwendig – Ludúnir wartete – und Haesten. Hallgeirr stöhnte vor Schmerzen im Schlaf. Seine Augenlider flatterten, während sich sein Brustkorb nur notdürftig bewegte.

»Aesa muss einen guten Trank wissen.« Thyra musterte den schwer verletzten Wikinger neben sich. »Trotz deiner heftigen Schmerzen schläfst du einen tiefen Schlaf.« Aesa sprach energisch mit Gorm. Thyra beobachtete es. Auch wie Gorm offensichtlich überlegte. Doch kurz darauf befreite Aesa Thyra vom eisernen Bodenring.

»Pù stall-a at Hallgeirr",[95] ordnete Aesa an. Die Lederriemen quietschten unter den Schnitten ihres Messers und fielen wie Federn aufs Deck. Thyra rieb erleichtert die geröteten Handgelenke.

»Pù hlý-ja Hallgeirr me-d pín bol-r en vard-veit-a, pat hann sér á up-p-hafn-ing in-n ver-ód-i ei enn fir-r gra-nd-a!«[96]

Thyra sah Aesa fragend an. »Was willst du?«

Aesa seufzte. »Þú ert hjá Hallgeiri.«[97] Thyra stand fragend neben der Wikingerin. Unwirsch packte Aesa diese dumme Angeln-Frau an der Schulter und drückte sie hart herunter und fauchte zornig: »Thyra!«

»Ja doch, ja«, beeilte Thyra sich und ging neben dem Verletzten auf den harten Bodenplanken auf die Knie.

---

95   Du bleibst bei Hallgeirr.
96   Du wärmst Hallgeirr mit deinem Körper und achtest darauf, dass er sich im Wahn der Schmerzen nicht verletzt!
97   Du legst dich jetzt zu Hallgeirr.

»Þú munt hlýja Hallgeir með líkama þínum ok gefa gaum at þetta, at hann eigi særisk sárenda vegna.«[98] Gereizt griff Aesa Thyras Hand.

»Þá!«,[99] fauchte die *laek-n-a*[100]. »Þú munt taka Hallgeir í faðm þér.«[101]

Sanft legte Aesa den Arm der Gefangenen auf Hallgeirr. »Du wärmst ihn. Aber sei vorsichtig«, befahl sie und beugte sich tief zu Thyra hinunter. »Wage es nicht, ihm Schmerzen zuzufügen.« Ihre Lippen berührten fast Thyras Ohr. »Wage es nicht.«

Nur Thyra hörte die Drohung. Obwohl sie die Worte nicht verstand, erkannte sie eindeutig deren Bedeutung. Sie zischte verärgert und etwas zynisch. ‚Es scheint etwas Besonderes zwischen dir und diesem Mann zu sein.'

»Nun mach schon! Leg dich dichter neben ihn!« Die Sorge und die Liebe zu Hallgeirr brannten in Aesas Augen. Fest packte sie die Sklavin an.

Thyra runzelte verärgert die Stirn und kniete sich hin. »Was soll das?«, zischte sie bärbeißig. »Þú Hallgeirr faðm.«[102]

Aesa stutzte. »Hvat sagðir þú?«[103]

»Þú Hallgeirr faðm«, wiederholte Thyra.

Aesa schüttelte verwirrt den Kopf.

»Thyra«, deutete Thyra auf ihre Brust.

Aesa grinste. »Thyra.«

---

98 Du wärmst Hallgeirr mit deinem Körper und achtest darauf, dass er sich im Wahn der Schmerzen nicht verletzt!
99 Dann!
100 Heilerin.
101 Legst du deinen Arm um Hallgeirr.
102 Du Hallgeirr Arm.
103 Was hast du gesagt?

»Ja«, lächelte Thyra und drückte ihre Hand auf ihren Brustkorb. Dann tippte Thyra auf die Brust der Kräuterfrau und forderte sie mit einem Kopfnicken auf, ihren Namen zu nennen.

»Aesa.«

»Na ja«, grollte Thyra, der es äußerst zuwider war, sich einem Wikinger mit ihrem gesamten Körper so zu nähern. »Wahrscheinlich hält deine Arbeit dich davon ab, ihn zu wärmen.« Ganz eng kroch Thyra an Hallgeirr heran und umarmte den Schlafenden sanft. Gutmütig drückte sie ihren Körper gegen den zitternden Fremden.

»Ist es so richtig?«

Die Sonne blendete und Thyra kniff schnell die Augen zusammen. Aber irgendwie spürte Thyra die Angst der Heilerin. Sachte rutschte sie noch enger an den fiebernden Körper. »Ich werde deinen Liebsten schützen und wärmen. Und ich werde dein Geheimnis hüten. Warum auch immer.«

Aesa ging fort, doch in ihrem Herzen stach das Leid und es kostete ihre gesamte Beherrschung, um nicht vor Trauer und Eifersucht in Tränen auszubrechen.

Gorm sah von der Arbeit auf und schaute zu Aesa. Er musterte das Gesicht der Heilerin und war irritiert. »Was hat sie? Ist Hallgeirr so schwer verletzt, dass sie ihn nicht retten kann?« Er schüttelte kaum merklich den Kopf. »Das bereitet ihr sonst doch kein Leid.«

Gorm musterte Hallgeirr und entdeckte die Angeln-Frau, wie sie sich eng an Hallgeirrs Körper schmiegte und unerwartet durchfuhr ein heftiger Stich seine Brust. ‚Was soll das?' Heftig atmete er aus. ‚Sicher. Hallgeirr brauchte Wärme. Doch warum ausgerechnet von ihr?' Schnell sah er zu den Wolken am Himmel und beherrschte augenblicklich seine Gesichtszüge.

»Verdammt. Sie ist eine Gefangene. Eine Geisel. Meine Sklavin«, maßregelte er sich leise. »Aesa heilt die Kranken mit allen

Mitteln.« Noch einmal warf er einen Blick auf die am Boden Liegenden.

Sein Gesichtsausdruck war etwas gefasster, als er beobachtete, wie die Angeln-Frau sich an Hallgeirr schmiegte. »Aber so eng müsste es auch nicht sein.«

»Wenn der Wind uns weiter so in das Segel bläst, sind wir in wenigen Tagen in Ludúnir«, riss Siguror seinen Freund aus der Gedankenwelt.

»Ja, ja.« Gorm räusperte sich. »In zwei oder drei Tagen treffen wir dann Haesten.«

»Wir werden uns viel erzählen.« »Ja.«

»Wäre interessant zu wissen, wie der englische Adel auf Haestens und unseren Überfall reagiert hat.« Sigurors Grinsen wurde noch breiter und er steckte Gorm an.

»Haesten ist ein erfahrener und angesehener Heerführer. Er führt eine Flotte von achtzig Schiffen. Sein Heer besteht aus nahezu vierhundert Kriegern.« Gorms Stimme vibrierte leicht vor Verärgerung. ‚Warum spukt ausgerechnet diese Angeln-Frau in meinem Hirn herum?'

Siguror grinste diabolisch. »Wir werden im Triumph unser Wiedersehen feiern!«

Gorm ließ sich anstecken. »Die Götter begleiten unsere Schiffe. Sie segnen unsere Schiffe. Sie geben allen *Ascomanni* Kraft, Mut und Ausdauer. Wir werden diese Engländer besiegen. Ihnen zeigen, wer und was wir Wikinger sind. Wir plündern ihre Häuser und Höfe. Wir rauben Sklaven, schlachten Tiere und braten sie über dem Feuer, bis das Fett brennend vom Feuer verschlungen wird. Das englische Heer wird beim Anblick unserer Krieger die Schwänze einziehen und jaulend wie ein räudiger Hunde davonlaufen!«

Laut lachten sie und zogen ohne Ausnahme alle Blicke auf sich. Die Männer an den Rudern betrachteten einander und grinsten. Packten fest die Riemen und zogen die Ruder kraftstrotzend durchs Wasser. Der Wind blähte das Segel und gemeinsam trieben sie den Drachen voran.

»Bald werden wir es wissen.« Gorm sah mit weitem Blick über den Fluss. »Es war sehr klug von Haesten, im Winter in die Themse einzufahren und in der Mündung Festungen zu bauen.«

»Entscheidend für unseren Kampf werden die *burhs* in Milton und die *burh* von Appledore in Kent.«

»In Kent lagert das große Heer aus Dänemark, das vor wenigen Wochen eintraf.«

»Besonders Haestens *burh* in Benfleet, in Essex, ist strategisch ungeheuer bedeutend.« Siguror prüfte den Wind.

»Mhhh.« Wie durch Zufall ließ Gorm seinen Blick über die Gefangene und Hallgeirr schweifen.

»In Appledore liegen zweihundertfünfzig Schiffe, zusammen mit tausenden Wikingern.«

»Das stimmt. Wir haben weniger Krieger, doch wir werden die Ludúnirer überrennen. Zudem ist es das erste Mal, dass auf unseren Drachenschiffen Pferde mit an Bord reisen. Nie zuvor hat unser Volk, wenn sie von Dänemark über den Kanal zum Land der Angelsachsen segelten, diese List eingesetzt. Wir werden die Angelsachsen zu Wasser und an Land besiegen. Das Bauernvolk wird nichts gegen uns ausrichten. Auch wenn wir jetzt knapper an Kriegern sind.« Nachdenklich kratzte Gorm seinen Kopf.

»Diese Angelsachsen«, spottete Siguror. »Sie denken, mit ihren gewöhnlichen Bauern können sie uns besiegen.«

»Kent ist groß! Die Bauern beackern das Land.« Gorm lachte und seine Augen funkelten belustigt. »Diese Landmänner sind schwach. Nicht ausgebildet. Keiner kann gegen einen unserer Krieger bestehen. Sie können mit der Forke umgehen und ihre Felder bestellen.« Sarkastisch lächelnd streichelte Gorm den Schwertgriff. »Doch vom Kampf und der Kriegsführung verstehen sie nichts. Sie werden die Toten auf dem Schlachtfeld sein.

Ihr Blut und Fleisch wird die Felder düngen. Das riesige dänische Heer in Appledore wird Kent einnehmen. Und wir werden mit unseren achtzig Drachenschiffen und unseren erfahrenen Kriegern deren Städte überrennen.« Grimmig betrachtete Gorm die zerfetzten Wolkenbilder. »Wir zwingen die Angelsachsen, uns ihr Land und ihren Reichtum zu überlassen.«

»Das werden wir.« Siguror sah verträumt übers Land, das bald dem dänischen Volk gehören würde. »Hier ist es im Winter vollkommen. Es herrscht ein mildes Klima. Selbst im Winter! Im Frühling werden die Felder überwuchert sein vom saftigen Gras für Rinder, Ziegen, Schafe und Pferde. Im Fluss sah ich sagenhafte Fischschwärme und im Wald stehen uralte Eichen und Buchen.« Sigurors Augen strahlten, als die Erinnerung ihn einholte. Er musterte Gorm, der über die Ebene schaute und anderen Gedanken nachhing.

»Eichen eignen sich hervorragend zum Bau unserer Kriegsflotte.«

»Mmh.«

Siguror sah Gorm abwägend an. »Hast du das Rotwild, die imposanten Wildschweinrotten, die Hasen, Fischotter, Zobel und Biber gesehen?«

»Mmmh.«

»Morgen heiratet deine Mutter meinen Vater und sie zeugen in einer Nacht sieben Kinder!«

»Mmmh.«

»Du hörst mir nicht zu!« Siguror grummelte mit einem hämischen Lächeln im Mundwinkel.

»Was?«

»Wo fliegen deine Gedanken herum?«

»Fliegen?«

»Weit im Himmel!«

Gorm räusperte sich. »Ich überlege, ob Haesten es geschafft hat, siegreich in Ludúnir einzufallen.«

»Ah – ha.« Ungläubig sah Siguror seinen Freund an und meinte spöttisch: »DAS hast du also überlegt?«

Wieder räusperte sich Gorm. »Ja. Und was die Sklavin uns für einen Tribut einbringen wird.«

»Nun kommen wir der Geschichte schon näher!«

»Welcher Geschichte?« Gorm fühlte sich ertappt.

»Du solltest sie nicht so ansehen und beobachten!«, riet Siguror Gorm.

»Wen?«

Siguror betrachtete seinen Häuptling beleidigt. »Sie natürlich!« Er deutete mit einem Kopfnicken in Thyras Richtung.

Gorm folgte der gedachten Linie und bemerkte, wie Thyra, mit seiner Meinung nach vollem Körpereinsatz, den verletzten Hallgeirr umschlang.

»Sie?« Er räusperte sich erneut. »Du meinst unsere Geisel?«

»Wen denn sonst? Hallgeirr?« Leicht verärgert sah Siguror den Freund an. »Nimm sie mit in dein Lager und vergnüge dich mit ihr. Am besten noch heute Nacht. Dann bist du mit deinen Gedanken frei und wieder bei unserem Vorhaben.«

Siguror beobachtete den grauwolkigen Horizont.

»Vielleicht sollte ich sie wirklich mit in mein Felllager nehmen ...«, überlegte Gorm und betrachtete Thyra.

»... und zwar bald!«

»Mmmh.«

Siguror sah Gorm zweifelnd an. »Es hat dich erwischt!«

»Was?«, fragte Gorm mit hektischen roten Flecken im Gesicht.

Doch Siguror grinste nur.

»Wenn du keinen in die Fresse haben willst, schweigst du über diesen Schwachsinn!«

Siguror lachte nur und drehte Gorm den Rücken zu.

* * *

Thyra lag auf den Planken. Der Rücken schmerzte. Ein Arm kribbelte und fühlte sich taub an und auf ihren Beinen hatten hungrige Mückenschwärme blutigen Mundraub begangen. Alles juckte. Ungeduldig rutschte Thyra auf den rauen Planken hin und her. Unmittelbar stöhnte Hallgeirr. Erschrocken hob Thyra den Kopf.

»Hast du Schmerzen?«

Er warf hektisch den Kopf hin und her. Das Gesicht leichenblass, von Schweiß bedeckt.

»Ssscht.« Sie versuchte, Hallgeirr zu beruhigen.

Behutsam streichelte sie das nasse Gesicht und versuchte, den schlagenden Kopf einzufangen. Hallgeirr zitterte. Vorsichtig drückte Thyra ihren Körper noch fester an den Verletzten und bedauerte zum ersten Mal in ihrem Leben, dass sie nicht dicker war.

»Es wird alles gut«, flüsterte sie beruhigend, wohl wissend, dass er ihre Worte nicht verstand. »Sie kommt gleich wieder. Gleich ist sie da und gibt dir deine Medizin.« Ungeduldig blickte Thyra übers Deck.

»Wo ist Aesa? Wo ist dieses verdammte Weib?« Fluchend setzte sie sich auf. »Überall Menschen! Doch nirgends diese eine!«

Der Fremde in ihren Armen bewegte sich hektischer. Die wahnsinnigen Schmerzen verstärkten seine Unruhe.

»Bleib liegen!« Sie packte seine Arme. Doch ohne Schwierigkeiten hob er Thyra an und schüttelte sie wie unwillkommenen Ballast ab.

»Wikinger-Frau!«, schrie sie. Leise – zuerst. Doch dann – laut und eindringlich! »Wikinger-Frau! Wo bleibst du? Dänin! Aesa! Schnell!«

Thyra ignorierte die erstaunten Blicke der Männer an den Riemen und warf sich Hallgeirr auf die Brust.

»Wikingerin!« Sie hatte das Gefühl, dem Verletzten unter ihr müssten die Ohren zerfetzen, so markerschütternd brüllte sie. »Wikingerin!«

»Ek em hér þegar«,[104] beruhigte Aesa die Sklavin. »Ek em hér þegar.«

Erschrocken zuckte Thyra zusammen. Sie hatte die Heilerin nicht kommen sehen. Plötzlich stand die Frau über ihr.

»Verdammt, wo warst du? Er hat Schmerzen!« Hallgeirr wälzte seinen Körper von der einen auf die andere Seite. Thyra legte sich auf ihn, packte Hallgeirr an der Schulter und drückte ihn mit ihrem gesamten Körpergewicht herunter. Aber das hatte Grenzen.

»Hand-sam-a! [105]Annars fæ ek eigi lækning inn í munni hans!«[106]

Unbeherrscht schleuderte Hallgeirr den Kopf zur Seite. Er bäumte seinen Körper auf. Besorgt sahen die Frauen einander an und verstanden sich ohne Worte. Hallgeirr schrie! Das gesamte Schiff schwieg, als die Schmerzensschreie über die dreki schallten.

»Hand-sam-a!«[107]

Thyra drückte fest auf Hallgeirrs Schulter und versuchte, ihn mit ihrem Körpergewicht auf die Planken zu pressen.

Er wehrte sich! Bäumte sich auf!

»Beeile dich! Er – ist – zu – stark. Schnell!« Thyra keuchte, als der Mann unter ihrem Körper seine Beine gegen die Decksplanken drückte und sich aufbäumte. Aesa verschüttete etwas von der kostbaren Medizin und fluchte ungeniert. Der Wikinger brüllte und schlug mit dem Kopf. Aesa traten bei seinem Anblick Tränen in die Augen. Nur kurz zögerte Thyra.

»Wenn du es meinem Volk erzählst, dass ich mich auf dich lege, sind meine Aussichten, einen adligen Mann zu ehelichen,

---

104 Ich bin ja schon da.
105 Halte ihn fest!
106 Sonst bekomme ich das Heilmittel nicht in seinen Mund!
107 Halte ihn!

dahin. Dann mache ich mit dir das Gleiche wie mit dem Kastrierten«, erklärte sie dem Nordmann übel gelaunt, packte seine Hände und legte sich blitzschnell auf seinen Körper. Drückte ihren Kopf gegen seinen hin und her schlagenden Schädel und umklammerte mit ihren Beinen seine Waden.

Erstaunt riss Aesa die Augen auf und starrte die Angeln-Frau entgeistert an. Dann begriff sie und lächelte Thyra mit Tränen in den Augen an.

»Mutige Frau!«, murmelte Aesa, packte Hallgeirrs Haarschopf mit festem Griff, drückte seinen Kopf in den Nacken und flößte ihm, ohne zu zögern, das bittere Gebräu in den Rachen. Hallgeirr verschluckte sich. Hustete und plötzlich packte er mit beiden Händen brüllend zu. Sein Gesicht verzog sich zornesrot zu einer entsetzlichen Grimasse. Mit eisernem Griff umklammerte er das Wesen auf seinem Oberkörper, das jetzt eingequetscht auf ihm lag.

Panisch riss Thyra die Augen auf. »Was soll das? Lass los!« Sie schnappte nach Luft und würgte.

Doch der verwirrte Nordmann besaß Berserkerkräfte.

»Lass los.« Thyra zappelte hektisch mit den Beinen und keuchte. Immer irrsinniger presste der Wikinger ihren Brustkorb zusammen.

»Mmph«, würgte sie und quetschte schmerzverzerrt die Augen zusammen.

Aesa packte Hallgeirr am Arm, zerrte, zog.

»Hallgeirr! Lass los. Du erwürgst sie! Verdammt! Hallgeirr!« Aesa kniete gegen den Mann und riss an den Armen. »Sinnlos!«, erkannte die Heilerin schnaufend und fauchte Broddr an: »Los! Hilf uns. Verdammt!«

»Hmpf«, japste Thyra und schlug mit den Fäusten auf die Decksplanken, trat mit den Füßen.

Eilig zog Broddr seinen Riemen an Deck und polterte unbeholfen auf das am Boden kämpfende Trio zu.

»Los«, brüllte Aesa, weil er tatenlos daneben stand und offenbar nicht wusste, was er zu tun hatte.

»Pack seine Arme und zieh sie auseinander! Er ist im Wahn! Die Schmerzen bringen ihn um den Verstand!«, brüllte Aesa Broddr an.

Doch Broddr stand wie angewurzelt.

»Oah«, krächzte Thyra mit zusammengekniffenem Gesicht, als Hallgeirr ihr ins Haar packte und versuchte, eine dicke Haarsträhne aus ihrer Kopfhaut zu reißen.

Aesa sog zischend die Luft durch ihre weit geöffneten Nasenlöcher, sah auf Thyra, die gerade von Hallgeirr zerquetscht wurde, und baute sich zornig vor Broddr auf. Mit einem urgewaltigen Schrei brüllte sie ihn an: »Pack ihn endlich! Jetzt!«

Broddr starrte entsetzt in das Gesicht der Heilerin und griff zu. Schweiß trat ihm auf die Stirn und mit verzerrtem Gesicht brüllte er: »Konall! Pack mit an. Schnell! Hallgeirr ist wahnsinnig!«

Broddr stand breitbeinig über den ringenden Körpern und versuchte, die *Ambátt* aus der Umklammerung zu befreien. Thyras Gesicht lief rot an und sie rang nach Luft, während Hallgeirr zähnefletschend immer grausamer zudrückte.

»Grroaahh!«, brüllte der Berserker und verstärkte die Umklammerung.

»Ziiieeehhh!« Konall zerrte an Hallgeirrs Arm, beugte sich weit zurück.

»Ziieeehhh!«

Broddr und Konall versuchten, die Arme auseinanderzuziehen. Schweiß bedeckte ihre roten Gesichter.

»Weiter!«, feuerte Aesa an, während Thyra mit eingequetschtem Brustkorb um Luft rang.

Nur das gleichmäßige Plätschern der Ruderschläge war noch an Bord zu hören. Alle schwiegen und schauten mit unbewegten Mienen dem irren Schauspiel zu.

Broddrs Hand rutschte von Hallgeirrs schweißnasser Haut und er verfluchte die Heilerin, als er Hallgeirrs schmierige Hautfetzen in seiner Hand erkannte. Erneut packte er zu. Broddr und Konall zogen an den kraftstrotzenden Armen Hallgeirrs. Die Adern der Männer pulsierten und zogen wie blaue, schlängelnde Flüsse unter der Haut entlang. Die Muskeln traten aufgepumpt eindrucksvoll hervor.

»Grroaahh!«, polterte Broddr. »Verdammt Hallgeirr, lass endlich los!«

»Oah!«, hechelte Thyra. Sie roch und fühlte den Schweiß des unter ihr liegenden Mannes. Unbeugsam zerquetschte er sie. Ihre Haut war glitschig vom Schweiß der Männer.

‚Wie schaffte ich es nur, Hafr zu kastrieren?', schoss es ihr in dieser Situation irrsinniger Weise durch die Gedanken.

Irgendwer zog an ihren Beinen.

»Ihr seid irre! Ihr reißt mich ...! Aaah!«

Endlich löste sich die mörderische Umklammerung. Thyra lag auf Hallgeirr und röchelte.

»Das mache ich nie wieder! Ich schwöre bei meinem Gott und bei allen heidnischen Gottheiten.« Sie würgte. »Nie wieder!« Ihr Mageninhalt wollte den ihr völlig unangenehmen Weg hinaus nehmen. Sie schluckte eilig die saure Flüssigkeit hinunter. Ein unbarmherziger Griff um ihre Fußgelenke zerrte sie vom Wahnsinnigen herunter. Thyra rutschte über den zappelnden Körper des Nordmannes und polterte rumpelnd auf die Planken.

Irgendwas schrie. Eindringlich, fast wie ein Gesang. Sie erstarrte und versuchte das pfeifende Rauschen in den Ohren zu ignorieren.

Noch immer dieser bizarre Gesang. Thyra verstand kein Wort.

»Egal«, schnaufte sie glücklich. »Endlich atmen. Hemmungslos atmen!«

Sie lag auf den Decksplanken, drehte sich auf den Rücken und genoss, wie die kalte Luft in ihre Lungenflügel strömte. Sie würgte, rang nach Atem und röchelte. Dann erkannte sie, dass die gesamte Mannschaft auf dem Schiff laut und rhythmisch zwei Wörter sang.

»Konall! Broddr!«

Thyra drehte den Kopf zur Seite und erkannte, dass die Heilerin den Kranken versorgte. Schwerfällig setzte sie sich auf. Vor ihren Augen tanzten irrsinnig drehend bunte Punkte. Sie schüttelte den Kopf, versuchte, den Lärm zu verdrängen, doch dieser merkwürdige Gesang blieb.

»Konall, Broddr, Konall, Broddr!«

Zögernd gewann ihr Verstand die Oberhand und erstaunt starrte Thyra in die Gesichter der Wikinger. Sie schluckte, schüttelte ungläubig den Kopf und sah erneut in die grinsenden Gesichter.

»Konall, Broddr«, sangen sie im Takt der Ruderschläge.

Thyra blickte von einem Nordmann zum anderen und dann grinste auch sie.

Zwei Wikinger gingen an ihr vorbei und schlugen ihr freundschaftlich grinsend auf den Rücken.

»Þú gerðir vel, stúlka!«[108]

Sie verstand kein Wort, erkannte immerhin den lobenden Tonfall mit dem anerkennenden Klaps auf der Schulter.

»Danke!«, krächzte sie mit malträtierten Stimmbändern, stellte sich vorsichtig auf wackelige Beine und ging mit zittrigen Schritten zu Aesa, die den Schweiß von der Stirn des Kranken wischte.

»Alles in Ordnung mit ihm?«

Aesa lächelte sie an. »Gerð – vel.«[109]

Thyra wurde nicht wieder gefesselt. Mit einer Einschränkung durfte sie sich frei auf dem Schiff bewegen! Nur auf die leicht

---

108 Gut gemacht, Mädchen.
109 Gut gemacht.

erhöhte Plattform, wo der Häuptling mit seinem *Königsdrengir* stand, durfte sie keinen Fuß setzen.

* * *

Bergdis schlenderte mit dem Holzeimer in der Hand von einem Ruderer zum nächsten und bot den Männern eine Kelle Trinkwasser an. Für jeden hatte sie ein freundliches Wort, dennoch warf sie verstohlene Blicke auf die Sklavin, die beim verletzten Hallgeirr hockte.

‚Vielleicht bist du mein Schlüssel zu Gorm und bringst mich an die Macht!' Sie lächelte in Gedanken versunken.

Bergdis flanierte zum nächsten durstigen Wikinger und reichte Ketill die hölzerne Kelle.

»Heute Abend. Am Heck!«, raunte sie Ketill ins Ohr.

»Vielen Dank für das Wasser, Bergdis«, plauderte Ketill unüberhörbar und zischte: »Wie jeden Tag.« Gleichzeitig blickte er der weißblonden Frau für einen kurzen Moment bedeutungsvoll in ihre leuchtend blauen Augen.

Bergdis reichte Snoorri, der das Rudern für einen kurzen Moment einstellte, das Wasser. Wie unbeabsichtigt beugte sie sich vor und streifte mit ihrer Brust Ketills Arm.

»Danke, Bergdis.« Snoorri trank die Kelle in einem Zug.

»Danke, Bergdis«, schmunzelte Ketill.

»Klasse Weib«, seufzte Snoorri schmachtend.

»Wer? Bergdis?«

»Wer denn sonst! Hast du sie dir denn noch nie genau angesehen?« Entsetzt über Ketills Unvermögen starrte Snoorri Ketill an. »Die langen schlanken Beine und die prallen Brüste! Und erst diese Taille. Wenn ich sie mit beiden Händen umfassen würde, würden meine Fingerspitzen zusammenstoßen. Und dann das lange, fast weiße Haar!«, schwärmte er. »Wie eine Göttin!«

Ketill tat, als ob er Bergdis das erste Mal genauer betrachtete.

»Die ist mir eindeutig zu dünn. Ich finde ja einen kräftigen Hintern richtig gut. Aber so etwas kann mir Bergdis nicht bieten«, log Ketill.

Snoorri lachte laut. »Dann kann ich mich ja auf Bergdis stürzen!«

»Wenn sie dich lässt!«, höhnte Ketill und ergriff das Ruder.

* * *

Aesa gesellte sich zu Hallgeirr und Thyra, die nebeneinander auf einer Kiste saßen.
»Thyra.« Die Heilerin nickte der Sklavin begrüßend zu.
»Aesa.«
Glücklich beugte Aesa sich zu Hallgeirr hinab.
»Wie geht es dir?«
Er blinzelte gegen das Sonnenlicht. Dann erkannte er Aesa und lächelte verzerrt, soweit es die heilenden Gesichtsverletzungen erlaubten.
»Betri, mjök betri.«[110]
Aesa kniete sich neben Hallgeirr und die *Ambátt* und begann, die Verbände zu wechseln.

Vorsichtig hob sie das rotbraun verfärbte Leinenband von den Wunden und erteilte Thyra Unterricht in der Sprache des Nordmannes.
»Díl-i.«[111] Die Heilerin deutete auf das blutige Loch in der Haut.
»Lyf.«[112] Sie zeigte auf den grünbraunen Inhalt der Schale und hob gleichzeitig das verschmutzte Leinen in die Höhe.
»Lín-a.«[113]

---

110 Besser, viel besser.
111 Wunde.
112 Heilmittel.
113 Leinenbinde.

Thyra hörte genau zu und versuchte, sich die fremden Worte einzuprägen.

Bergdis schlich Schritt für Schritt näher und war entsetzt, als sie begriff, was dort vor sich ging.

»Die Feindin spricht unsere Sprache!«, zischte sie unbeherrscht und weithin hörbarer als beabsichtigt. »Und wird in die Geheimnisse der Heilkunst eingewiesen. Eine Feindin!« Ungestüm suchte Bergdis den Blickkontakt zum am Heck stehenden Dänenhäuptling Gorm.

»Weiß Gorm, was hier vor sich geht?«

Gorm beobachtete das gegenüberliegende Ufer. Nervös biss Bergdis auf die Unterlippe. Freundlich trat sie mit falschem Lächeln auf den Lippen zur Kräuterfrau.

»Hallo, Kräuterfrau. Darf ich dir eine Kelle mit frischem, kühlen Wasser reichen?«, lockte sie.

»Oh, danke.« Aesa griff zu und nahm einen kräftigen Schluck. Auch Hallgeirr trank vorsichtig. Doch als Thyra auch nach der Kelle griff, schrie Bergdis entrüstet: »Was! Eine Angeln-Frau! Eine *Ambátt* will vor unseren Kameraden, die an den Ruderbänken schwer arbeiten und deren Schweiß von ihren Körpern auf die Planken tropft, trinken! Eine Sklavin will von unserem Wasser trinken! Weißt du nicht, was sich gehört?«, schrie sie unüberhörbar kreischend und sah sich Beifall heischend um.

‚Schön‘, erkannte Bergdis kaltblütig. ‚Alle schauen her.‘

Erstaunt hob Thyra den Kopf und sah die schöne Frau stirnrunzelnd an.

»Was soll das?«, flüsterte sie, überrascht von der Feindseligkeit dieser Wikingerin.

»Gorm! Diese *Ambátt* benimmt sich nicht, wie es ihrem Stand gebührt!« Mit ausgestrecktem Finger stellte sie Thyra zur Schau und forderte öffentlich den Häuptling zur Stellungnahme heraus. Die Nordmänner ruderten langsamer. Waren sie doch für jede Abwechslung dankbar und sahen neugierig von den Kontrahenten zum Häuptling und zurück.

Gorm betrachtete das bizarre Trio und schüttelte kaum merklich den Kopf.

»Diese Angeln-Frau sorgt aber auch immerfort für Unruhe«, raunte er Siguror zu. »Sorge für Ruhe auf meinem Schiff.«

Siguror schritt entnervt zu den Dreien. ‚Stets ist diese Sklavin dabei! Nichts als Unruhe, Streit und Ärger. Wir sollten sie über Bord werfen und auf unseren Tribut verzichten.'

Bergdis sah es und knirschte mit den Zähnen. So hatte sie sich die Lösung nicht vorgestellt.

»Was ist, Bergdis? Was schreist du Weib auf der *dreki*. Wissen Frauen nicht, wie sie sich zu benehmen haben?«, fuhr Siguror die Frauen an.

Bergdis schluckte. ‚Verdammt. Es war ein Fehler, den Häuptling auf seinem Schiff vor jedem seiner Krieger herauszufordern.'

»Diese Gefangene verlangt vor allen mutigen Dänen nach Wasser. Sie benimmt sich nicht standesgemäß! Das machte mich plötzlich so wütend.« Sie sah Siguror mit flehendem Augenaufschlag an.

‚Schließlich bist du auch nur ein Mann', dachte sie und gurrte listig. Sie schaffte es, dass einzelne Tränen ihre Augen zum Glänzen brachten.

Siguror schluckte und Bergdis erkannte ihre Chance.

»Bitte Gorm in meinem Namen um Entschuldigung. Ich war nur so entsetzt!«, flötete sie und legte behutsam ihre Hand auf Sigurors Arm.

Aesa sah es und konnte ein Augenrollen nicht unterdrücken. ‚Bergdis', durchschaute die Heilerin ihr Intrigenspiel, ‚du kannst doch nicht immer jeden Mann betören und hereinlegen.'

Siguror spürte die sanfte Wärme von Bergdis' Hand. Unruhig trampelte er auf der Stelle herum.

»Ich hoffe, dass euer ungebührliches Betragen nicht noch einmal Anlass zum Unmut gibt.«

»Bist du mir noch böse?«, fragte Bergdis und knetete die verschmutzte Leinenbinde.

‚Was für ein raffiniertes Biest.' Aesa wurde nun richtig zornig. »Nein.«

»Möchtest du etwas Wasser?« Geschmeidig reichte Bergdis dem Königsdrengir die Wasserkelle, die Siguror ihr mit einem glücklichen Kopfnicken abnahm.

Aesa schüttelte ihren Kopf. »Männer. Alle gleich! Gluckt eine Henne, seid ihr alle wie Hunde an der Kette. Flehender Blick und wollüstige Gedanken.« Sie wand sich Hallgeirrs Wunden zu.

»Darf ich Gorm auch etwas von unserem kühlen Nass bringen?«, gurrte Bergdis unschuldig.

»Gehe ruhig. Er wird es sicher nicht ablehnen.« Siguror griff ihre Hand und führte Bergdis zum erhöhten Heck.

Bergdis lächelte. ‚Das wird ja immer besser', erkannte sie und flirtete dreister mit Siguror. »Ich danke dir.«

Gorm betrachtete aus der Entfernung die Debatte.

»Es wird Zeit, dass wir Ludúnir erreichen und du deine fetten Weiber ins Nachtlager holst«, brummte er leise, bevor das Paar ihn erreichte.

»Möchtest du etwas Wasser? Siguror war so freundlich, mich zu dir zu begleiten.«

»Danke.« Gorm trank einen kräftigen Schluck.

»Aesa heilt unsere Kranken wirklich mit sehr viel Geschick«, eröffnete Bergdis das Gespräch.

»Sie ist sehr gut.«

»Jeder Kranke und Verletzte kann sich in ihrer Nähe aufgehoben fühlen. Und dabei ist sie so wortgewandt. Sie bringt neben ihren Heilkünsten dieser *Ambátt* zusätzlich unsere Sprache bei.« Lauernd beobachtete sie Gorm. Doch er sah über den Rand der Wasserkelle zum Trio auf den Decksplanken und bemerkte Bergdis' bespitzelnden Blick nicht. Unbewusst wanderten Gorms Augen zu Thyra.

»Hm. Ich hoffe, sie lernt schnell«, brummte er nur und schleuderte den Wasserrest aus der Kelle.

‚Sie soll unsere Sprache lernen!', schrie Bergdis im Geiste und sah Gorm entsetzt an. Doch pfeilschnell brachte sie ihre Mimik unter Kontrolle und schlug die Augen nieder.

»Diese Sklavin ist klug, sie wird sehr schnell begreifen«, meinte Bergdis stattdessen und ließ die Schöpfkelle im Wassereimer verschwinden.

‚Ich muss heute Abend unbedingt mit Ketill reden. Unbedingt!'

* * *

Gorm beobachtete das Treiben auf seinem Schiff. Die Nacht brach herein und seine Gedanken schweiften zurück zu den Anfängen des Überfalles.

Diese Invasion zu den Angelsachsen hatten sie seit vielen Monaten geplant.

Die Drachenschiffe waren in den letzten warmen Tagen des Jahres gefahren, zu der Zeit, wenn die Bäume noch ihre gelben Blätter trugen und die Erde von den ersten Nachtfrösten weiß gefroren war, von der Heimat fort.

Zweihundertfünfzig Drachenschiffe mit zehntausend blutrünstigen und kampferprobten Wikingern, mit Berserkern, an Bord! Dieses mächtige dänische Heer hatte bei Fulham überwintert und fuhr jetzt im Frühling, wo die Tage allmählich länger wurden und eine warme Brise alle Segel blähte, nach Appledore.

Der erste Angelsachse, der dieses unglaubliche Heer auf dem Meer erblickt hatte, war vor Schreck erstarrt. Der Bauer hatte auf dem Feld gearbeitet und die letzten verfrorenen Kartoffeln aus dem Acker gegraben. Er hatte über das Meer gesehen, weil so viele Möwen ohrenbetäubend gekreischt hatten.

Der Mann hatte die Augen zusammengekniffen, um besser erkennen zu können, was dort auf der kalten Nordsee die Vögel

173

so erschreckte. Er hatte sich die verdreckten Haare gerauft und zu den glitzernden Meereswogen geblinzelt. Zweifelnd hatte der Angelsachse seine faltigen Augenlider zusammengekniffen, die trockene Stirn gerunzelt und erneut über das keltische Meer gestarrt.

»Flecken auf dem Meer?«, hatte er ungläubig geflüstert. »Überall dunkle Fleckenteppiche am Horizont. Was ist das?«

Die sonst so ebenmäßig scheinende Kimmung des Meeres war gespickt gewesen mit Segeln. Dicke, bauchige, bunte Flecken hatten sich wippend auf den Wellen getummelt.

Der Bauer hatte den Spaten in die Erde gestoßen und die Hände schützend vor dem Sonnenlicht über beide Augen geschürzt.

»Was ist das denn?« Sein Verstand hatte nicht geglaubt, was das Auge gesehen hatte.

Zwischen Angst und abenteuerlicher Spannung hin- und hergerissen, hatte er auf der Stelle getrampelt und die verschrumpelten Kartoffeln zermatscht.

»Meeresungeheuer?« Er hatte kaum denken mögen, doch die Neugierde hatte ihn an Ort und Stelle gefangen gehalten.

Die Masten der Drachenschiffe hatten auf den Wellen gewippt und es hatte geschienen, als ob die Mastspitzen die Wolken am Himmel aufspießten.

Angestrengt hatte der Angelsachse über die unendliche Ebene des Meeres gestarrt und sich eilig bekreuzigt.

»Meeresungeheuer!«, hatte der Bauer erkannt und das Herz hatte vor Schreck hastige Sprünge gemacht. Er hatte schon wegrennen wollen, doch die Aussicht, als erster Mann im Dorf Meeresungeheuer zu sehen und davon berichten zu können, hatte ihn bleiben lassen. Er hatte sicher sein wollen.

Der warme Wind hatte ihm derbe ins Gesicht gebliesen. Er hatte den Seetang gerochen, den Wind und das Salz auf der Haut gespürt.

»Das sind die Ungeheuer aus meinen Träumen«, hatte er sich eingeredet.

Dann waren sie nähergekommen, die Drachen der Meere, mit ihren schrecklichen Mäulern und dem monströsen, dumpfen Gleichklang aus ihren Bäuchen, wenn sie sich mit ihren stachligen Beinen rhythmisch über die Wellen geschoben hatten. Mit weit geblähten Segeln waren sie auf den Wasserbergen geritten.

Am Bug der Schiffe barbusige Frauen mit langen, wilden Mähnen und zähnefletschende Bestien mit gewaltigen Zähnen und Feuer speienden Rachen.

Immer schneller waren die Kriegsschiffe auf die Küste zu getrieben und plötzlich hatte er sie gehört! Diese wilde, derbe Sprache, deren Sinn der Bauer nicht erfasst hatte.

Der Wind hatte die tiefen Stimmen der Nordmänner weit übers Meer geweht. Der Horizont hatte immer mehr Drachenboote ausgespuckt. Hatte den klirrend kalten Himmel in den bunten Farben der unzähligen Segel gefärbt.

Ungläubig hatte sich der Landmann die Augen gerieben. Hatte nochmal übers Meer gestarrt, doch das Bild hatte sich nicht verändert. Immer näher waren die monströsen Schiffe gekommen und hatten sich in die Mündung der Themse eingereiht. Und dann hatte er das Ungeheuer wiehern hören! Entsetzt hatte er seine Augen aufgerissen und die pure Angst hatte seinen gesamten mageren Körper durchflutet.

»Ungeheuer«, hatte er gestammelt. »Wiehernde Ungeheuer!«

Nichts hatte ihn jetzt mehr auf seinem Beobachtungsposten halten können. In Panik war der Angelsachse in sein Dorf gerannt.

* * *

»Willst du kein Brot?« Siguror tippte Gorm ein zweites Mal mit dem Arm an.

»Wie?« Gorm blinzelte.

»Willst du kein Brot?«

»Gib schon her.« Gorm riss ihm den Kanten aus der Hand und biss herzhaft hinein. Die Sonne berührte gerade die sanft geschwungenen Hügel. Glutrot verbrannte sie die Erde, während das rötliche Schimmern auf den kurzen Wellen der Themse ertrank.

»Ich frage mich gerade ...«, Gorm kaute, »... ob Haesten es wohl geschafft hat, Ludúnir einzunehmen?«

»Er ist ein mutiger, erfahrener Kämpfer und Anführer. Was sollte ihn aufhalten?«

»Die Angelsachsen?«

Siguror grinste Gorm an. »Die Angelsachsen.« Er schüttelte ungläubig den Kopf. »Niemand kann Haesten aufhalten!«

Gorm legte den Kopf in den Nacken und betrachtete den Zug der Wolken.

»Alfred der Große sorgte nicht minder vor. Die *burhs*, die der König baute, sind gewaltig, mit dicken hohen Mauern.« Gorm steckte sich den Brotrest in den Mund und redete mit vollem Mund weiter. »Haesten wird die Angelsachsen in Benfleet aushungern müssen. Es wird aber nicht lange dauern, denn ihre Vorräte sind nach dem langen Winter aufgebraucht. Sie werden uns kaum Widerstand entgegenbringen.« Er trank einen Schluck Tee aus dem Becher und spülte das trockene Brot die Kehle hinunter. »Wir werden uns mit Haesten in Benfleet treffen. Er wird in Kürze die *burh* einnehmen. So war es ausgemacht.«

Siguror nickte und wiederholte sinnierend. »So war es ausgemacht.«

Die Sonne versank hinter den sanft geschwungenen Hügeln und legte bleierne Dunkelheit aufs Land.

Gorm sah sich nach Ongull um. »Der Steuermann soll einen Liegeplatz suchen. Nachts ist diese Flussfahrt zu gefährlich. Die Wolken bedecken den Himmel und wenn die Sterne uns nicht führen, müssen wir rasten.«

Siguror nickte und gab Ongull das erwartete Zeichen. In einer weitläufigen Kurve der Themse hatte die Strömung eine flache Bucht ausgewaschen. Dort gingen die Schiffe vor Anker. Die Seeleute legten den Mast um und errichteten auf dem Schiffsdeck das Zelt. Eilig spannte die Mannschaft die Zelttücher längs zum Schiffsdeck über den Mast. So entstanden zu den Giebelöffnungen, zum Bug und zum Heck Öffnungen. Eines der Segeltücher wurde auf dem *stafntjald*[114] und das zweite auf dem *lytingartjaldm*[115] aufgebaut.

Um die Zelte miteinander zu verbinden, überlappten die Segeltücher und wurden dort zusammengeknüpft. An der Spitze der Giebelöffnung kreuzten sich zwei kunstvoll geschnitzte Bretter mit den magischen Zeichen der *dreki*.

So entstand in kurzer Zeit ein vor Wind und Wetter geschützter Wohnbereich, in dem gegessen, geschlafen und bei längerer Übernachtung an einem Ort auch Zusammenkünfte abgehalten werden konnten.

»Stellt die Tische auf! Tanni und Eirikr, ihr holt die *riklingr*[116] und unseren *skreid*[117] und legt ihn in die flachen Schalen. Bergfin, du holst die *drykkr*[118] aus dem Fass. Vestar, du schneidest das Brot und Knut, du versorgst uns mit Trinkwasser aus den Fässern.« Ongull überwachte den Trubel, hatte alles im Blick gemeinsam mit Einar, der die Segeltücher im Auge behielt.

Thyra staunte und versuchte, dem geschäftigen Treiben aus dem Weg zu gehen. Zum ersten Mal war sie dabei, wenn über das Drachenschiff ein schützendes Dach gespannt wurde. In

---

114 Vorderdeck.
115 Hinterdeck.
116 Heilbuttstreifen.
117 Stockfisch.
118 Molke.

den Tagen zuvor schlief die Mannschaft in den *húdfats*[119] unter freiem Himmel.

In kürzester Zeit schufen die Wikinger eine behagliche Atmosphäre, saßen zufrieden auf ihren Plätzen, aßen, tranken und genossen das ersterbende Taglicht, das ihnen eine Weile nach Anbruch der Dunkelheit diffuses Licht spendete. Nach kurzer Zeit überwältigte Müdigkeit die Krieger und ihre Schlafsäcke kamen zum Vorschein.

»Wo ist unser *húdfat*?«, wollte Tanni von Styrmir wissen.

Styrmir reichte ihm wortlos den Schlafsack und Tanni kletterte in den *húdfat*, den er vorher sorgfältig in dem *rúm*[120] ausbreitete.

»Du brauchst zu viel Platz zwischen den Spanten.«[121] Styrmir fuchtelte ungehalten mit den Armen. »Ich komme so nicht an meine Sitzkiste.« Er spuckte über die Reling. »Und die anderen Männer auch nicht.«

Tanni achtete nicht auf den missmutigen Styrmir.

Nur wenige Augenblicke später kroch Styrmir zu Tanni in den Doppelschlafsack. Eng zusammengekuschelt lagen die beiden Männer in ihrem gemeinsamen *húdfat*. Thyra sah die beiden Wikinger mit entsetzten Augen an und schluckte.

»Teilen sich die zwei Wikinger einen Schlafsack?« Sie ließ Tanni und Styrmir nicht aus den Augen.

»Tanni en Styrmir sín húdfatfélagar«,[122] bekam Thyra die Antwort von Ongull. Erschrocken blickte Thyra den Steuermann an.

»Húdfatfélager?«, fragte sie und versuchte, das Wort deutlich auszusprechen.

---

119 Doppelschlafsack.
120 Raum.
121 Schiffsrippen.
122 Tanni und Styrmir sind Schlafgenossen.

»Ja. Hvárr norðmaðr hefr húdfatféger.«[123]
»Hvárr?«[124] Ihr Blick wanderte zu Gorm.
»Hvárr«, griente Ongull, als er sah, wem ihre Frage galt.
»Oh!« Ongull kramte seinen *húdfat* hervor. »Húdfatféger minn er Ulkell.«[125]
»Du teilst deinen Schlafsack mit Ulkell!« Thyra schluckte ungläubig.
Ongull lachte spitzbübisch. »Er ist immer schön warm.« Dann wurde er ernst. »Jeder Nordmann hat einen Schlafgenossen. So ist es Brauch. *Húdfatfélager* haben eine besonders enge Beziehung zueinander.«
»Oh!« Thyra riss ihre Augen auf. Sie hatte nicht alle Worte verstanden, doch Ongull erklärte es ihr in seiner umfangreichen Körpersprache.
»Das heißt nicht, dass wir Männer begehren«, zeigte er ihr mit Gebärden deutlich.
»Oh!« Thyra fühlte sich ertappt und eine herrliche Röte wanderte über ihr Gesicht.
»Alle Wikinger an Bord teilen einen Schlafsack miteinander.«
»Auch die Frauen?«
Er nickte. »Die auch.«
»Aber ich lag allein an Deck, mit den Händen an die Holzplanken gefesselt.« Auch Thyra bediente sich ihrer Hände.
»Das ist das Los einer Sklavin«, zuckte Ongull mit der Schulter und legte sich zu Ulkell in den *húdfat* im *rúm* zwischen den Spanten.
Thyra bekam eine Felldecke von Bergdis überreicht.

---

123 Jeder Nordmann hat seinen Schlafgenossen.
124 Jeder.
125 Mein Schlafgenosse ist Ulkell.

»Hún er fyrir þik.«[126]

»Was sind das für eigenartige Schlafgewohnheiten?« Verlegen runzelte Thyra die Stirn. Wie eine Spannerin spähte sie in jeden einzelnen *rúm*. »Und warum bemerke ich es erst jetzt?« Sie starrte durch die Giebelöffnung zum sternenklaren Himmel. »Die Dunkelheit setzt später ein! Die Nächte werden kürzer! Darum habe ich diese ungewöhnlichen Verbrüderungen nicht bemerkt«, rief sie und gluckste. »Was die Dunkelheit alles verbirgt.«

Bergdis zuckte mit den Achseln. Sie verstand die Fremde nicht.

Die Nacht war kalt und Thyra fror. Fröstelnd zog sie die Decke um den Körper und augenblicklich verstand sie den Nutzen dieser merkwürdigen Schlaffreundschaften und schlief zitternd ein.

* * *

Den gleichen Sonnenuntergang, den Gorm und Siguror an Deck der *dreki* sahen, betrachtete auch der angelsächsische König von Wessex. Er stand in einem behaglich beheizten Raum am Fenster und beobachtete, wie die sternenklare Nacht die Sonne verschluckte.

Ohne Vorwarnung wurde die schwere hölzerne Tür aufgerissen. Verärgert drehte sich der englische König zum Eindringling. Kälte schlängelte sich mit dem Überbringer in den Raum.

»Sir.« Der Diener näherte sich unter vielen Verbeugungen. »Sir, ich bitte um Nachsicht. Eine dringende Nachricht wurde soeben von einem Reiter überbracht.«

»Eine Nachricht?« Würdig blieb der König vor dem Fenstersims stehen, hob seine Hand, damit der Überbringer das Papier hineinlegen konnte.

---

126 Die ist für dich.

Das tat dieser auch geschwind mit den Worten: »Der Überbringer sagte, es sei sehr wichtig.« Dann verschwand er eiligst aus dem Raum.

Alfred brach das rote Siegel und flog mit den Augen über das Papier. Ungläubig sah er auf und brüllte: »Wie kann dieser Haesten es wagen, mein Land anzugreifen! Beute machen, Sklaven nehmen und dann besitzt er die Frechheit und baut auf meinem Land burhs!« Er tobte und lief zornig auf und ab. Seine Frau Ethelswitha blickte von ihrer Stickarbeit auf und folgte mit den Augen dem Marsch ihres Mannes durch den Raum.

»Wir hatten eine Vereinbarung! Verdammt! Wie kann Haesten es wagen, diese zu missachten! Ich werde ihn vernichten! Ihn zerstören! Mir mein Land zurückholen!« Er sah seine Frau an und schnaubte: »Was ist?«

»Nichts! Gar nichts.« Eilig beugte sie sich wieder über ihre Stickarbeit.

»Hol mir meine Berater!« Der König fauchte die Dienerin an, die geschäftig trockene Holzscheite in den Kamin legte. Als sie nicht augenblicklich antwortete, gab der König ihr einen Tritt in den Hintern. Sie fiel fast ins aufflackernde Feuer.

»Sofort!«, brüllte er und drehte sich um. Aufgewühlt starrte Alfred aus dem Fenster, wo der feuchte Westwind sein Gesicht kühlte.

Die Dienerin rappelte sich auf, schlug Glutfunken von ihrem Leinenrock und verschwand eiligst aus dem Raum.

»Wie kann Haesten es wagen, mit seinen Kriegsschiffen die Themse herauf zu fahren, mein Land einzunehmen und meine Untertanen zu töten? Wir hatten ein Abkommen! Verdammt! Ein Abkommen!« Er schlug mit der Faust gegen die Wand. »Ein Abkommen, dass wir unsere Länder beiderseits nicht angreifen!« Tief atmete er die kalte Luft, die durch das geöffnete Fenster strömte, ein. »Dieser Haesten baut Befestigungsanlagen auf meinem Land«, schnaubte er. »Und er errichtet eine *burh* in Benfleet in Essex!«

Nachdenklich starrte er auf den immer dunkler werdenden Nachthimmel.

»Haesten hat mit mir und Ethelred ein Abkommen! Ethelred, mein toter älterer Bruder und unser damaliger Ealdorman. Haestens Söhne sind mein und Ethelreds Patenkinder. Wir hatten eine Übereinkunft. Verdammt!«

Er schlug kraftlos mit der Faust gegen den kalten Stein des Fenstersimses. »Haesten hat sie gebrochen!«

»Ist er vielleicht gierig? Gierig nach deinem Land. Dem Land der Angelsachsen«, fütterte Ethelswitha ihren Mann mit ihren Gedanken und sah mit ihren klugen Augen kurz von der Stickarbeit auf. »Hat Haesten sich vielleicht mit Guthrum vereinigt? Möglicherweise hat Guthrum nie die Niederlage verwunden, als er im Jahre 884 in Wessex einfiel und du Guthrum mit seinem Heer besiegtest?«

»Guthrum ist seit dem Friedensvertrag von Wedmore mein Adoptivsohn!«, knurrte er gefährlich leise. »Er trägt den Taufnamen wie mein ältester Bruder.« Die Wut ließ den König rot anlaufen.

‚Gott sei Dank sehe nur ich, wie er die Beherrschung verliert‘, erkannte Ethelswitha.

»Guthrum ritt mit seinem Wikingerheer von Wessex nach Cirencester in Mercia und herrscht seitdem über diesen Landstrich in Mercia, das Danelag«, spuckte Alfred aufgebracht und lief zornig im Raum auf und ab.

»Aber das ist lange her«, wagte seine Gemahlin ihn zu erinnern.

»Das war 878!«

»Vierzehn Jahre, eine lange Zeit!«

»Er hat sie sinnvoll genutzt, dieser Heide!«, empörte sich Alfred. »Nimmt den christlichen Glauben an, lässt sich taufen und verstärkt dadurch seinen Herrschaftsanspruch bei den heidnischen Wikingern und den gläubigen Christen.«

Wutentbrannt klatschte Alfreds flache Hand gegen die raue Felswand.

»Er nennt die Ländereien in unserem Mercia, dem jetzigen dänischen Danelag, East Anglia und Fens!« Entrüstet holte er Luft zum Atmen. »Das Königreich Guthrums nennen die Nordmänner Danelag!«, donnerte er. »Das ist eine Beleidigung für mich, den König!« Er schritt erneut zum Fenster und raunte leise: »Das ist eine Kriegserklärung an mich – den König der Angelsachsen.«

Ethelswitha stickte eifrig an dem Wandbehang.

»Guthrum ist ein überlegter Mann, ein kluger Führer. Es könnte sein, dass er sich nach der Niederlage, damals 884 in Wessex, Verbündete suchte.«

»Ihr meint«, überlegte Alfred, »während er im Gebiet von Rochester, in Kent, mit seinem heidnischen Heer unser Land verwüstete?«

Stumm starrte er aus dem Fenster. Drehte seiner Gemahlin den Rücken zu.

Die Sonne verschwand hinter dem Horizont.

Ethelswitha legte ihre Handarbeit in den Schoß. »Damals wurde sein Wikingerheer von Kriegern aus East Anglia gestärkt! Doch Ihr habt ihn besiegen können, weil Ihr so weitsichtig wart und Verteidigungsanlagen bautet.«

»Ja.« Alfred rieb sich mit der rechten Hand übers Kinn. »Das war kein leichter Kampf! Das Schlachtfeld leuchtete rot vom Blut der Toten.«

»Ihr habt Ludúnir zurückerobert und in die rechtmäßigen Hände der Angelsachsen gelegt! Die Nordmänner dorthin verwiesen, wo sie hingehören. Ins Danelag. In die skandinavischen Siedlungen und nicht nach Ludúnir.«

Alfred richtete sich auf und grinste mit geschwellter Brust. »Daraufhin erneuerten wir den Vertrag von Wedmore und die

Grenze läuft jetzt an der Themse und dem Lea entlang. Bis zur Quelle des Lea, dann in gerader Linie nach Bedford die Ouse hinauf bis zur Watling Street.«

Ethelswitha lächelte und griff zur Nadel mit dem bunten Faden. »Es besteht die Möglichkeit, das Guthrum es Euch übelnahm, dass Ihr ihn besiegtet. Oder er hat sich mit Haesten verbündet, um erneut in unser Land einzufallen.« Sie war klug und beugte sich konzentriert über ihre Arbeit.

»Wie meint Ihr es?«, fragte Alfred misstrauisch und suchte den Blickkontakt zur Gattin. Doch sie arbeitete plötzlich sehr intensiv.

»Wie meint Ihr das?«, knurrte er Ethelswitha gereizt an.

»Ach! Es sind nur die Gedanken einer ängstlichen, besorgten Frau.« Sie sah ihren Mann offen an. »Aber könnte es nicht sein, dass die Nordmänner einen großen Angriff auf unser Land planen?«

»Ach Weib!«, schnaubte Alfred. Verächtlich wischte er den Gedanken beiseite. »Die Wikinger planen doch immer Angriffe auf unser Land!« Aber zu sich flüsterte er: »Dieser Haesten wird mir zu dreist. Ich werde etwas gegen ihn unternehmen müssen.«

* * *

Die Nacht brach herein. Die Sterne flimmerten am tiefschwarzen Himmel. Die schmale Sichel des Mondes lag auf dem Rücken und ein blutroter Schein ummantelte den magischen Trabanten.

Gorm legte seinen Kopf in den Nacken und sah hinauf auf das Sternbild der Nacht. Er sah den Großen Wagen und die goldene Kassiopeia.

»Blut auf dem Mond«, raunte Siguror.

»Ich weiß.« Besorgt warf Gorm einen weiteren Blick zum Mond. »Das bedeutet Kampf und wahnsinnig viel Ärger!«

»Tod und Siechtum.«

»Ich muss mit Gnupas sprechen und Genaueres erfahren! Auf welchem Schiff reist sie?«

»Auf der *ormr inn langi*«,[127] klärte Siguror seinen *edl-ing-r*[128] auf.

»Lasse sie rufen. Wir werden heute Nacht die Götter befragen!«

Sigurors Blick schnellte kurz sorgenvoll auf, dann ging er eilig zu Ongull. Gorm sah, wie die beiden sich besprachen. Zufrieden zog ein Lächeln über sein Gesicht. Er konnte sich blind auf Siguror und den Steuermann Ongull verlassen.

Gorm sah über die Reling ins dunkle Wasser, es schimmerte vom fahlen Mondlicht. Kurz warf er einen Blick über die Schulter. Gorm erkannte im Dämmerlicht die *ulfr elfar*,[129] die *vargr hafs*,[130] die *gullbringa*[131] und die *ormr inn langi*. Sie lagen aufgereiht wie eine Perlenkette am Flussufer. Die unendliche Dunkelheit der Nacht begann! Gorms Augen durchdrangen die Schwärze nicht mehr. Doch er wusste, es folgte der *gammr*,[132] das *faxi byrjar*[133] und der *hárknifr*.[134]

Rufe drangen durch die Nacht. Er hörte das Poltern von Schritten auf den Decksplanken, eilige, mürrisch-müde Männerstimmen, kurze Befehle. Das Geflügel an Bord gackerte und schnatterte aufgeregt. Ein Pferd schnaubte und eine Kuh ließ ihren matschigen Kuhfladen platschend auf die Planken fallen.

---

127 Lange Schlange.
128 Häuptling.
129 Wolf der Flüsse.
130 Wolf des Meeres.
131 Goldbrust.
132 Greif.
133 Windpferd.
134 Rasiermesser.

»Húskarl!«,[135] ließ Gorm seine kräftige Stimme verlauten. »Heute Nacht werden wir hier rasten. Agmundr, Vestar, Knut, Bergfin und Njal, ihr werdet die erste Nachtwache übernehmen. Die zweite Wache wird von Gizur, Fargrim, Einar, Arnthor und Ulf übernommen«, befahl er.

Ohne zu zögern, sprang Gorm von der Reling ins eiskalte Wasser.

»Grmph!«, fuhr es ihm ungewollt aus der Kehle, als er bis zur Brust im Flusswasser stand. Er spürte den festen Sand unter den Füßen und stapfte mit erhobenen Armen durch das schneidende Schilf an Land.

»Macht ein Feuer und holt Gnupas!« Eilig sah er sich um und schüttelte sich wie ein nasser Hund. »Ulkell, Kali und Aalakr«, rief er die Männer zu sich. »Geht und seht nach, wo wir uns befinden. Kundschaftet aus, ob Häuser, Dörfer oder Wanderer in der Nähe sind.«

»Wir werden unsere Feinde finden«, knurrte Kali.

»... und töten!«, vollendete Gorm den Satz mit kaltem Blick.

»Und töten.«

Drei kräftige Pferde mit dicken Mähnen und stämmigen, kurzen Beinen verließen die *dreki* und stapften an Land. Mit nasser Kleidung ritten die Wikinger auf ihren kleinen trittfesten Pferden durch die rabenschwarze Nacht. Nur der tiefrote, magische Blutmond erhellte den Weg.

Innerhalb kürzester Zeit brannten am Ufer unzählige Lagerfeuer. Gnupas schlurrte von der *ormr inn langi* zum Feuer des Häuptlings.

Gorm saß dort mit Siguror, trank warmen Honigwein und ließ seine Kleidung von den Flammen trocknen. Er sah sich nicht um, doch die schlurfenden Schritte der Frau kündigten sie schon Augenblicke vorher an.

---

135 Männer.

»Ich grüße euch, *Ascomanni*«, sagte sie in ihrer Altweiberstimme, bevor sie in den Lichtkreis des Feuers trat.

»Wir grüßen dich, *ry-n-d-r gryl-a*.«[136]

Aus Gnupas langem Gewand tropfte noch das Flusswasser, als sie sich umständlich zu Gorm und Siguror ans Feuer setzte.

»Blut auf dem Mond«, krächzte sie mit belegter Stimme und blickte zum roten Trabanten.

»Hmm«, brummte Siguror zustimmend und bot ihr etwas vom getrockneten Fisch an.

Gnupas griff zum Schwanzstück und biss mit Appetit hinein.

»Das bedeutet nichts Gutes.«

»Hmm.«

»Der Tod leuchtet auf dem Mond. Das Blut fließt um ihn herum wie in einem Totensee.« Sie hob ihren Blick und betrachtete den Erdbegleiter. »Ein blutig-roter Hof ummantelt den Silbermann.«

Gorm trank schweigend den Met, ließ das alte Zauberweib jedoch nicht aus den Augen. Schmatzend genoss die Frau den Fisch und pulte mit den Fingern eine Gräte von beachtlicher Länge, die sich zwischen den langen, braunen Zähnen verhakt hatte, heraus.

Plötzlich sah sie durchdringend in Gorms graue Augen.

»Du willst, dass ich weissage?«

Gorm sah sie fest an und nickte.

Gnupas griff sich den hölzernen Becher und hielt ihn fordernd Siguror vors Gesicht. Erstaunt sah der Mann mit den zwei Zöpfen im Bart zuerst in den Becher und dann in das strenge Gesicht der Alten.

Gnupas starrte zuerst den Mann, dann den heißen Met im Krug und zuletzt wieder ihren Becher in der Hand an.

»Na!«, forderte sie schneidend.

---

136 Zauberweib.

Siguror schnaubte missbilligend. »Bin ich dein Diener?«
Doch er griff zum Krug und ließ den goldgelben, dampfenden Honigwein in ihren Behälter laufen.

Gnupas nahm schlürfend einen genießerischen Zug. »Es ist gefährlich, die Zukunft zu wissen.«

»Es ist wichtig«, entgegnete Gorm bestimmt.

»Blut auf dem Mond«, zischte Gnupas, warf nochmals einen skeptischen Blick auf die rote Scheibe und zog den ledernen Beutel mit den Runensteinen hervor. Niemand sprach, als sie das weiße Rehledertuch ausbreitete, den Lederbeutel in alle Windrichtungen hielt und leise die Götter um Hilfe und Rat anflehte.

»Wenn du so weit bist, *styrimannr*, dann frage die Götter und die Runen werden dir antworten!«

Gorm räusperte sich kurz und sammelte seine Gedanken. Lautlos stellte er seine Frage. ‚Blutmond, was geschieht heute Nacht? Und war Haesten erfolgreich?'

Er nickte Gnupas zu und ohne zu zögern, leerte sie den Beutel über dem Rehleder aus. Die kurzen, uralten Knochen fielen und es klackerte sanft, während sie sich verteilten. Das Feuer flackerte und zeigte die eingeritzten Runenzeichen auf den verblichenen Knochen.

Gorm und Siguror hielten unbewusst ihren Atem an. Gnupas erfasste es mit einem zufriedenen Lächeln.

‚Seid ja wachsam, Krieger', höhnte sie lächelnd, nur ihre kleinen Augen blinzelten listig, dann beugte sie sich tief über ihre sprechenden Knochen und plötzlich sog sie zischend die Luft zwischen ihren abgenutzten Zähnen ein.

»*Eoh*!«[137] Bestürzt setzte Gnupas sich aufrecht hin und sah Gorm eindringlich an. »Das bedeutet Tod!«

Gorm saß schweigend und regungslos neben der Frau. Nichts verriet seine Gedanken.

---

137 Eibe.

»Weiter!«, fuhr er Gnupas mit undurchdringlicher Miene an. »*Lag*[138] ist verbunden mit *Gifu*.[139] Diese Zeichen sprechen zu einem mächtigen Mann, einem Anführer.«

Siguror hielt die Spannung nicht aus.

»Welcher Anführer?«

»Einer aus der alten Heimat. *Nyd*[140] zeigt einen schweren Kampf an. *Eolx*,[141] und *Lagu*[142] stehen auf dem Kopf.« Bedeutsam sah sie mit ihren kleinen, glänzenden Augen ihren Häuptling an. »Der Mann wird von unheilvollen Menschen aus seiner Umgebung beeinflusst. Aber der Mann bist nicht du. Es ist ein einflussreicher Mann, der in einer Reihe mit den *styrimannr* steht.«

Gorm und Siguror tauschten einen Blick.

»Guthrum oder Haesten?«

»Es ist ein Mann auf einem Fluss«, murmelte Gnupas tief über die Runen gebeugt. »Und sein Kampf findet heute statt.«

Erschrocken sah sie in das Gesicht ihres Häuptlings. »Es ist ein schwerer Kampf. Er wird leiden. Seine *skiparii*[143] werden sterben.«

»Blut auf dem Mond«, flüsterte Siguror. Seine Nackenhaare stellten sich auf, während er besorgt zum Blutmond blickte.

Umständlich setzte Gnupas sich aufrecht hin und ihre Stimme wurde lauter. »Seine Familie wird leiden, aber nicht sterben.« Mit einem Finger fuhr sie über die verblichenen, gelblichen Knochen. »Er wird dein Leben verändern.«

»Mein Leben verändern? Wie?«

---

138 das Wasser.
139 dem Hindernis.
140 widrige Umstände und Geduld.
141 Schutz.
142 Wasser, für das Volk der Seefahrer ein entscheidendes Element.
143 Schiffsmänner.

Die alte Runenfrau sah bedenklich in sein Gesicht. »Eine Frau. Mehr zeigen mir die Runen heute nicht!«

»Sein Kampf findet heute statt?«

»Heute«, nickte Gnupas. »Sagen die Runen.«

Besorgt sahen die beiden Nordmänner einander an.

»Haesten ist auf dem Fluss«, murmelte Siguror.

»Ja. Und wir wollen erst in drei Tagen Ludúnir angreifen und die Stadt gemeinsam erobern. Erst wenn wir auch dort eintreffen! Zusammen mit den anderen *styrimannr* des großen Heeres.« Er schüttelte seinen Kopf und sah nachdenklich in die lodernden Flammen. »Er ist noch nicht so weit! Das große Dänenheer hat die Stellungen noch nicht bezogen.« Nachdenklich warf Gorm einen Blick zum Mond und zählte die Zeit. »Es fehlen noch drei Tage.« Tief atmete er die kalte Nachtluft ein. »Er kann noch nicht in Ludúnir sein. Selbst wenn der Wind günstig stand.«

»Sein Kampf ist heute.« Gnupas drehte die Rune zwischen Daumen und Zeigefinger.

»Sagen dir die Runen, wo der Kampf stattfindet?«

Sie beugte sich erneut über das Knochenfeld. »Eine Burg oder eine kleine Festung. Nicht groß. Aber viele Menschen leben dort.«

»Benfleet«, sagte Gorm tonlos. »Wenn Haesten und sein Heer in Benfleet lagern, um den geeigneten Zeitpunkt abzuwarten, findet der Kampf heute Nacht dort statt. Doch wer weiß noch, dass unser Wikingerheer dort lagert?«

»Verrat?«, mutmaßte Siguror.

»Möglich.« Gorm trank gedankenverloren einen Schluck Honigwein. »Sollten die Angelsachsen die *burh* in Benfleet einnehmen wollen?«

»Warum sollten sie das tun?«

Gnupas verzog ihren faltigen Mund zu einem hämischen Lächeln. »Jeder tote Wikinger bedeutet einen kräftigen Feind in ihrem Land weniger.«

Gorms Augenlider flackerten kurz und er zuckte mit den Achseln. »Wie oft mussten wir unsere Pläne schon ändern. Die Angelsachsen sind nicht dumm. Wenn auch nur einer dieser blassen, dünnen Engländer unsere *uthlaupsship*[144] sah und es schaffte, diese Nachricht weiter zu tragen.« Er sprach nicht weiter.

»Wenn Haesten Ludúnir ohne uns angreift, wird eine Nachricht für uns auf dem Weg sein, damit wir früher in Ludúnir eintreffen, um ihn zu unterstützen!«

»Stell mehr Wachen auf!«, befahl Gorm barsch und sprang auf. »Unsere Reiter sind noch nicht zurück und wir sollten vorsichtig sein!« Gorm versuchte, diese spürbar dunkle Nacht zu durchdringen. Doch er sah nur die unzähligen Lagerfeuer der Männer am Ufer der Themse.

»Siguror, ich will die *styrimannr* der Kriegsschiffe sprechen.«

Siguror sprang auf und goss den Rest seines Mets ins Feuer, wo er zischend die Flammen vernichtete.

»Sie werden in wenigen Augenblicken bei dir sein.«

Nachdenklich sah Gorm seinem Freund nach.

Er räusperte sich. »Ich danke dir, Gnupas.« Er nickte ihr kurz zu und ging zur *dreki*.

»Heute Nacht wird es nicht dein Kampf sein«, murmelte Gnupas, doch er hörte sie nicht mehr.

Thyra stand an der Reling, sah ihn kommen und schluckte.

‚Dieser verdammte Wikinger!', fluchte sie stumm, während ihr Herz hüpfte. Bedächtig wich sie einen Schritt zurück in den Nachtschatten. Dort, wo der Lichtschein des Feuers sie nicht erreichte. Neugierig lugte Thyra über die hölzerne Brüstung und versuchte, einen Blick auf den stattlichen Mann zu erhaschen.

Elegant schritt Gorm den schmalen, wippenden Steg über das Wasser zum Schiff hinauf.

---

144 Seeräuberschiffe.

»Haltet die Augen offen in dieser besonderen Nacht«, befahl er den Männern, die die Tiere versorgten. Er sprang an Deck und sah sich um. Thyra setzte sich auf eine Seemannskiste und drückte sich im Mondschatten gegen die Wand. Ganz eng schmiegte sie sich gegen das Holz und versuchte, mit dem nachtschwarzen Hintergrund zu verschmelzen.

»Hér ert þú!«[145] Gorms Augen strahlten, als er die Angeln-Frau im Dunkel entdeckte.

Thyras Herz stolperte, während Gorm freudig auf sie zuschritt.

»Vér eigum at tala.«[146] Er setzte sich neben Thyra auf die kurze Kiste. Erschrocken drückte Thyra sich noch enger gegen die Schiffswand. Sie spürte seinen warmen Körper. Unbekümmert saß er neben ihr. Ihr blieb kaum Luft zum Atmen. ‚Verdammt!'

Gorm sah, wie die Frau zusammenfuhr.

»Þú mátt eigi vera hræddr.«[147]

»Was willst du?«, flüsterte Thyra.

»Hvernig gengr hjá Hallgeirr?«[148]

»Ich finde, du solltest gehen!«

»Skilurþú hvat Aesa segir?«[149]

»Wenn du dich nicht von der Seekiste erhebst, dann werde ich eben stehen!«

»Máttuð þér at skipta orðum?«[150] Freundlich sah Gorm die Angeln-Frau an.

»Wenn wir in Ludúnir sind, bist du mich los!«

---

145 Ah, da bist du ja.
146 Wir müssen reden.
147 Du brauchst keine Angst zu haben.
148 Wie geht es Hallgeirr?
149 Verstehst du, was Aesa dir sagt?
150 Konntet ihr einige Wörter austauschen?

»Nafn mitt er Gormr Gormsson. Hvat heitir þú?«[151]
»König Alfred wird mich von euch Heiden erlösen.«
Erstaunt hob Gorm eine Augenbraue. »Alfred?«
»Ja! König Alfred wird mich von euch Ungläubigen erlösen!« Stolz stand sie vor dem blonden Wikinger und sah ihn von oben herab an.
»Ert þú konungr Alfreð?«[152] Er konnte sein lautes Lachen kaum unterdrücken.
Thyra sah auf den belustigten Nordmann herab.
»Was ist daran so lächerlich?«
Gorm lachte lauthals los.
»Þótti mér at hann sé karlmannligri«,[153] scherzte er. Er stellte sich hin und zeigte ihr mit den Händen, was er meinte.
»Hærri, digrari, mjök sterkr!"[154] Gorm lächelte. Langsam beruhigte er sich und sah ihr amüsiert in die Augen. Auch Thyra lachte nun vorsichtig.
»Vér áttum kynnask til.[155] Þótti ek at kynnask vandliga.«[156] Er baute sich vor Thyra auf, tippte sich an seinen Oberkörper und sagte im Brustton der Überzeugung.
»Gormr er nafn mitt. Hvat heiri þú?«[157]
Thyra fühlte sich nicht wohl, hockte auf der Seekiste und sah am Nordmann, der jetzt direkt vor ihr stand, hoch. Sie ahnte, was er wollte. Doch seine Nähe, der Duft seiner Haut und die nicht vorhandene Fluchtmöglichkeit ließen keinen klaren Gedanken zu. Sie sog zitternd die kalte Abendluft ein und sah bittend zum

---

151 Ich heiße Gorm Gormsen. Wie ist dein Name?
152 Du willst König Alfred sein?
153 Ich dachte immer, er wäre männlicher!
154 Größer, dicker, sehr kräftig!
155 Wir sollten einander vorstellen.
156 Ich meine, richtig vorstellen.
157 Mein Name ist Gorm. Wie ist deiner?

Himmel hinauf. Doch nur die orangerote Mondsichel starrte zurück.

»Also gut!«, fing sie an. »Mein Name ist Thyra.« Sie legte ihre Hand auf ihren Brustkorb und stellte sich hin.

»Mein Na ...«, fing er an.

»Nein!«, unterbrach sie ihn forsch. »Thyra.« Erneut zeigte sie auf sich.

Er grinste. »Thyre.«

»Thyra«, forderte sie jetzt vehementer. »Wenn ich mich schon mit dir unterhalten muss, dann erwarte ich auch, dass du meinen Namen richtig aussprichst.«

Er legte den Kopf schief und ihr Herz fing unter seinem Blick zu flattern an.

»Musst du mich so ansehen?«, faselte sie unkontrolliert.

»Thyrrra«, versuchte er.

»Thyra«, wiederholte sie leise, aber bestimmt.

»Thyra«, schaffte er es endlich und strahlte sie glücklich an.

So heftig, dass sie ihn freudestrahlend mit einem Lächeln belohnte.

»Thyra«, schmunzelte Gorm. »Þat er nafn þitt. Hygg ek at þat sé fagrt nafn. Þat er mátuligt.«[158]

Er tippte sich wieder auf seine Brust und forderte von ihr die volle Aufmerksamkeit.

»Gorm.«

»Gorm?«, fragte sie schüchtern.

»Ìur – Gorm«,[159] grinste er sie spitzbübisch an. »Þú lærir þik skjótt.«[160]

---

158 Das ist dein Name. Ich finde, das ist ein sehr schöner Name. Er passt zu dir.
159 Ja – Gorm.
160 Du lernst schnell.

Thyra legte ihren Kopf schief, während ihre Augen vergnügt funkelten.

»Gorm.« Sie lächelte.

Er sah sie nachdenklich von der Seite an.

‚Wer bist du? Du bist kein einfaches Mädchen vom Lande, so viel ist gewiss. Deine Verwandtschaft ist in der Nähe des Königs der Angelsachsen, bei Alfred, zu suchen.'

»Alfred?«, fragte er und deutete auf Thyra.

Bei dem Namen Alfred hob Thyra den Kopf. Diesen Namen hörte sie aus der Sprache heraus.

»Alfred ist mein Onkel! Er ist der Bruder meines Vaters, König Ethelred, und ich bin Alfreds Nichte«, überschüttete sie Gorm in ihrer Sprache. »Ich werde ihn in Ludúnir treffen und dann seid ihr mich los! Dann bin ich nicht mehr eure Geisel.« Herausfordernd sah sie ihn an. »Und dann muss ich auch nicht mehr diese grässliche Sprache hören!« Provokativ baute sie sich mit verschränkten Armen vor dem großen Wikinger auf.

Er grinste. »Kona litil, þú ert sæmiliga hraust.«[161] Tief sah er in ihre Augen und Thyra schlug diese hastig nieder.

»Gnupas erzählte mir, dass dieses Amulett einer Königstochter gehört.« Er zog langsam eine Kette aus dem Lederbeutel, der an seinem Gürtel hing. Thyra sah es und sog zischend die Luft ein.

»Þekkir þú þat?«,[162] erfreut lächelte er.

Erschrocken sah Thyra Gorm an.

Sie hatte sich verraten!

»Þetta er auðsætt! En er þat skraut þitt eða stalzk þú þat?[163]

---

161 Kleine Frau, du bist ganz schön mutig.
162 Du kennst es?
163 Das ist offenkundig! Doch ist es dein Schmuck oder hast du es gestohlen?

Gorm hielt Thyra ihre Kette genau vors Gesicht, wo das Medaillon vor ihren Augen hin und her pendelte. Die Dunkelheit verschluckte das ungleiche Paar. Nur das rote Mondlicht brach sich blitzend auf dem schimmernden Silber. Thyra griff nach ihrer Kette. Doch Gorm war schneller. Geschwind zog er die Kette in die Höhe.

»Þú þekkir þat. En átt þú þat?«[164]

»Gib es mir!« Thyra zwang sich, kein zweites Mal danach zu greifen, obwohl ihre Finger verräterisch zuckten.

»Vér munum vita, þegar vér erum í Lundúnaborg.«[165] Er ließ die Kette geschmeidig in seinen Beutel zurückgleiten. Sehnsuchtsvoll verfolgte Thyra die Kettenglieder.

»Efl-ing-r Gorm!«, rief ein Wikinger vom Ufer. »Efl-ing-r Gorm! Seid ihr an Bord? Die Reiter sind zurück!«

»Ek á at fara«,[166] sagte er kurz angebunden zu Thyra. »Ek mun koma aptr brátt.«[167] Seine Stimme klang ernst, obschon seine Augen sanft funkelten.

Thyra antwortete nicht. Atmete die kalte Nachtluft ein und sah ihm nach. Er ging und die Finsternis der Nacht verschluckte den Mann.

»Es wird allerhöchste Zeit, dass wir Ludúnir erreichen«, murmelte sie. »Er ist einfach zu stattlich.« Sie sah ihm nach, doch sie hörte nur noch seine dumpfen Schritte auf den Schiffsplanken. »Er ist ein Heide und ich eine Christin. So etwas kann nicht gut gehen«, ahnte sie und ging zum verletzten Hallgeirr.

»Was ist?«, fragte Gorm, während er über den schwankenden Steg das Land erreichte. »Haben die Reiter Angelsachsen entdeckt?«

»Ja, *styrimannr*. Zwei Wanderer.«

---

164 Du kennst es. Aber gehört es auch dir?
165 Wir werden es wissen, wenn wir in London sind.
166 Ich muss gehen.
167 Ich komme bald zurück.

»Wo sind sie?«

»Dort!« Josurr zeigte seinem Häuptling mit ausgestrecktem Arm die Richtung, in der die Reiter ihre Pferde absattelten. Gorm nickte und schritt zügig zu den Kundschaftern.

Ein Pferd schnaubte, während er die kleine Gruppe begrüßte. »Wart ihr erfolgreich?«

»Ja«, brummte Aalakr und nahm den Sattel ab. »Zwei Wanderer lagen am Feuer.«

»Das war einfach«, bestätigte Kali.

»Sie spürten nichts.« Ulkell grinste und führte sein Pferd zur Weide.

»Sie wanderten ohne Wissen zu Hel. Unsere Todesgöttin wird sie würdig empfangen«, meinte er noch, bevor die Dunkelheit ihn fraß. Nur die leicht rötliche Silhouette, die der Blutmond um seinen Körper zeichnete, verfolgte ihn.

»Konntet ihr Dörfer ausfindig machen?«, wollte Gorm von Aalakr wissen.

»Keinen Ort. Kein einsames Haus. Hier scheint alles friedlich zu sein.«

»Reiter oder Wanderer in Flussnähe?«

»Wir sahen niemanden.«

Gorm nickte mit ernster Miene und blickte zur Mondsichel, die so viel Unheil versprach. »Ich wünsche dir alles Gute, mein Freund Haesten«, raunte er und ging.

Aalakr sah Kali fragend an. »Was meint er damit?«

Kali zuckte mit der Schulter, legte seinen Kopf in den Nacken und sah zum Nachthimmel.

»Wir sollten heute Nacht wachsam sein.«

»Ich bin immer wachsam! Doch irgendwann braucht der Körper auch seinen Schlaf!«

Kali führte sein Pferd zur Weide. »Dann pass nur auf, dass du nicht vor Hels Toren erwachst!« Er grinste sarkastisch und folgte Ulkell.

Aalakr schnaubte und zog sein kleines zottiges Pferd hinter sich her.

Die *styrimannr* der anderen Kriegsschiffe saßen um das Lagerfeuer und unterhielten sich flüsternd. Gorm hörte seinen Namen und lächelte unbeobachtet, bevor er in den flackernden Lichtschein trat.

»Seid gegrüßt.« Er setzte sich auf den freien Platz in der Runde, nahm ein Trinkhorn, griff zum Metkrug und schenkte sich von der goldgelben Flüssigkeit ein.

Keiner wagte es, das Wort an den Häuptling zu richten. Gorm spürte die gespannte Ungeduld. Die zuckenden Flammen warfen Licht und Schatten auf nervöse Gesichter. Er trank einen Schluck und sah einen nach dem anderen über den Hornrand beobachtend an.

»Gnupas besuchte mich heute Nacht«, fing er zu erzählen an. Erstauntes Murmeln begleitete die Lichter.

»Sie befragte die Runen.«

»Was antworteten euch die Runen?«, fragte Cuaran, der Schiffsführer der *faxi byrjar* ungeduldig.

Gorm ging nicht auf die Frage ein, sah Cuaran bedeutungsvoll ins Gesicht, als er knurrte: »Blut liegt auf dem Mond. Das bedeutet Unheil! Großes Unheil!«

Die *styrimannr* murrten unruhig.

»Was erzählte dir Gnupas?«, erkundigte sich Elfraor, der auf der *ulfr elfar* das Kommando führte.

Gorm trank erneut einen Schluck des süßen Gebräus.

»Es wird heute Nacht einen schweren Kampf geben.«

»Einen Kampf?«

»Daher die Zusammenkunft«, begriff der *styrimannr* der *ormr inn langi*.

Gorm nickte Bror zu.

»Daher die Zusammenkunft. Dieser Kampf verändert unseren Schlachtplan.«

»Hat Gnupas dir verraten, wer von uns heute diesen Kampf mit dem Blutmond im Nacken antreten muss?«

Gorm sah den Hünen Yngvarr, den Führer der *gammr*, an.

»Nein, Yngvarr, doch unsere Krieger werden in diesem Kampf zu Berserkern und zu *drengiren*.«[168]

Bror erhob seine Stimme: »Der Blutmond zeigt, dass dieser Kampf ihren gesamten Mut und listigste Kriegskunst fordern wird.«

»Hast du eine Vermutung, wen die Götter heute herausfordern?«, wollte Briningr wissen.

»Haesten.«

»Haesten«, flüsterte der Führer der *gullbringa*. »Wollte Haesten nicht mit seinem Heer, zusammen mit uns, in drei Tagen in Ludúnir einfallen?« Aufgeregt beugte sich Briningr vornüber, so dass seine Bartspitzen fast anfingen zu brennen.

»Briningr!«, rief Nereior, packte den *styrimannr* an der Schulter und riss ihn zurück.

»Deine Mannespracht verbrennt gleich im Feuer.«

»Meine Mannespracht!«, feixte er, »sitzt aber nicht in meinem Gesicht.«

»Da wäre ich mir aber nicht so sicher«, grölte Israuor, der *styrimannr* der *hárknifr*. »Dein Bart ist doch dein wertvollster Besitz.«

Briningr ließ sich von Israuor nicht aus der Fassung bringen.

»Mein wertvollster Besitz«, grinste er den Schiffsführer der *hárknifr* an, »sitzt an einer ganz anderen Stelle.« Genüsslich nahm er einen großen Schluck vom warmen Honigwein.

»So wie du deinen Bart pflegst, mag ich es kaum glauben.«

Briningr drehte die Zöpfe in seinem Bart.

»Alles will gepflegt sein. Bei dem einen mehr, bei dem anderen weniger.«

---

168 Ehrenwerte Männer, die Ruhm und Ehre erstreiten.

Jeder Nordmann am Feuer sah Briningr neugierig an und er genoss die Aufmerksamkeit.

»Fragt meine Frau«, lachte er, »sie wird es euch bestätigen!«

Bror prustete los und versprühte einen feuchtwarmen Nieselregen über die Flammen.

»Was?«, hustete Bror, weil der Rest des Mets in seiner Kehle den falschen Weg eingeschlagen hatte. »Deine Frau!«

Alle lachten.

»Na, wen denn sonst?«, brüskierte sich Briningr.

»Na, all die anderen Weiber«, scherzte Cuaran. »Deine Frau wird uns nicht die Wahrheit erzählen, die liebt dich doch!«

Briningr grinste. »Und wie sie mich liebt.« Er grunzte im Brustton der Überzeugung.

Die *styrimannr* lachten so laut, dass die *Ascomanni* an den weiter entfernten Feuern sich fragend ansahen.

»Bei der heutigen Zusammenkunft scheint es nicht um ernste Dinge zu gehen«, meinte Ketill und kaute verdrießlich auf seinem Trockenfisch herum.

»Mmh«, murrte Eirikr und drehte sich fester in seine Felldecke ein. Er war müde und wollte schlafen, solange er noch keine Wache hatte. Was gingen ihn die Gespräche der Schiffsführer an? Ketill saß noch lange am Feuer und beobachtete die acht *styrimannr* genau.

Gorm lachte und trank nachdenklich den Met.

»Wir werden nicht wie geplant in drei Tagen mit Haesten zusammen den Überfall durchführen.«

Ein Raunen ging durch die Menge.

»Wir können Haesten doch nicht im Stich lassen!«, regte Nereior sich auf. »Wir sind ihm verpflichtet.«

Gorm hob seine Hand.

»Die Runen sprechen eine andere Sprache. Der Blutmond bringt immer Unglück. Und Gnupas hat sich noch nie geirrt. Dieser Mond bringt Haesten heute Nacht Unglück. Haesten kann selbst bei günstigsten Winden noch nicht in Ludúnir sein. Der Kampf ist auf und am Fluss. So sagte es Gnupas.«

Gorm starrte ins Feuer.

»Ich glaube, der Blutmondkampf findet heute Nacht in Benfleet statt.«

Eine Frau trat zu ihnen ans Feuer und reichte den Männern gebackenes Brot. Hungrig griffen sie zu.

»Und was rät uns unser *edl-ing-r*?«, fragte Yngvarr gerade heraus und sah Gorm sorgenvoll an. »Wenn Gnupas sich nun irrt?«

»Ihre Runen irrten sich noch nie! Haesten zählt auf uns. Er braucht uns!«

Israuor starrte die Frau, die jetzt hinter ihm stand, grimmig an. »Du solltest gehen«, befahl er der Wikingerin grob. »Du hast im Kreis der *styrimannr* nichts zu suchen!«

Schnippisch sah sie ihn an.

»Weißt du, was du da sagst?«, forderte sie ihn kaltschnäuzig heraus.

»Weib«, drohte er bärbeißig.

»Es kommt der Tag, da werdet ihr darauf warten, dass eine Frau eurem Kreis beitritt«, schnurrte sie bissig und ging mit schwingenden Hüften davon.

»Das fehlt uns noch.« Elfraor schüttelte sein kahles Haupt. »Eine Frau im Kreis der *styrimannr* und der *edl-ing-r*.«

Das Feuer brannte herunter und Bror warf einige Holzscheite in die Flammen. Gorm sah, wie die Frau in der Finsternis verschwand.

»Es wird schwer. Doch wir werden es schaffen«, stimmte Gorm die Männer ein.

Die sieben anderen sahen ihn erwartungsvoll an. Er war der Häuptling, sie die *styrimannr* der Kriegsschiffe. Doch sie waren auch seine Königsdrengire, Männer, die geschworen hatten, ihrem *edl-ing-r* treu bis zum Tod zu dienen.

»Wir nutzen die Strömung der Themse und den Wind. Die Ruderer gehen hart in die Riemen. Mit etwas Glück werden wir in zwei Tagen, in der Nacht, an Ludúnir vorbei schleichen und zur Haestens *burh* nach Benfleet fahren.«

Gorm sah hinauf zum Mond, der noch immer nicht seine blutige Farbe gewechselt hatte.

»Die Pferde werden von Bord gehen ...«

»Was!«, schnitt Yngvarr ihm das Wort ab. »Wir brauchen die Pferde!«

Gorm hob die Hand und zwang Yngvarr zu schweigen. Yngvarr öffnete noch einmal seinen Mund, doch als er das Zeichen des Häuptlings sah, klappte er ärgerlich die Lippen wieder zusammen.

»Die Pferde werden von Bord gehen. Wir senden Reiter über das Land nach Benfleet.«

»Warum?« Yngvarr war über seine öffentliche Abstrafung verärgert.

Gorm beherrschte sich. Er kannte den hitzköpfigen Yngvarr.

»Je weniger Männer reiten, desto mehr bleiben an Bord, um die Ruder zu bedienen. Uns fehlen sonst die Kräfte der Männer und unser Plan verfehlt sein Ziel.«

Bror nickte: »Wir werden jede kräftige Hand auf unseren Kriegsschiffen brauchen, wenn wir in zwei Tagen an Ludúnir vorbei wollen.«

Gorm sah jeden in der Runde nachdrücklich an.

»Jeder Reiter nimmt zwei Handpferde. Sie werden schneller als unsere Schiffe auf dem Fluss sein. Unsere Pferde werden über das Land fliegen«, beschwor er seinen Plan. »Doch sie werden jedem Ort, jedem Gehöft und somit jedem Kampf aus dem Wege gehen.« Gorm beobachtete, wie Yngvarr mit starrem Blick seinen Metaustrank. Doch dieses Mal ignorierte Gorm den aufbrausenden *Ascomanni*.

»Wir werden Haesten zur Hilfe eilen und ihm in seinem Kampf beistehen.«

Nereior nickte zustimmend. »Die Pferde verringern das Gewicht auf den Schiffen zusätzlich.«

Gorm lächelte. Nereior war nicht umsonst der Schiffsführer der *vargr hafs*, dem Wolf des Meeres.

‚Er ist gerissen, schlau und gefährlich! Es ist gut, ihn nicht zum Feind zu haben', erkannte Gorm und fuhr fort. »Wir werden Rán, unsere Meeresgöttin, um Hilfe anflehen, damit sie unsere Segel bläht und den Fluss zur Eile antreibt!«

»Wir brauchen Gnupas Unterstützung«, brummte Elfraor leidenschaftslos. »Wir werden Rán ein Opfer bringen müssen!«

Gorm atmete tief ein.

»Rán holte sich bereits Gestr!« Seine Stimme schnitt eisig über die glühenden Flammen.

Elfraor sah überrascht in das unbewegte Gesicht seines Häuptlings. »Wird sie damit zufrieden sein?«

Gorm presste bedrohlich seine Kiefer zusammen, so dass seine Wangenmuskeln selbst im flackernden Feuerschein zu erkennen waren.

»Gestr war ein guter Mann, ein hervorragender Krieger und ein wahrer Seemann.« Scharf wies er Elfraors Einwände beiseite.

Elfraor schluckte ob dieser Zurechtweisung, doch dann nickte er und nahm einen Schluck des alkoholischen Gebräus.

»Rán wird zufrieden sein!«

»Das wird sie. Rán hat mit Gestr einen guten Mann in ihr Reich geholt«, stimmte ihm Bror zu.

»Morgen, noch vor Sonnenaufgang, brechen wir auf.« Gorm erhob sich und sah einen nach dem anderen an. »Ist einer meiner *styrimannr* anderer Meinung?«

»Nein«, antwortete die kräftige Stimme von Briningr und seine Bartzöpfe wippten stürmisch. »Wir folgen dir.«

»Wir folgen dir.« Die Königsdrengire prosteten ihrem Häuptling zu.

Gorm nickte: »In Benfleet werden wir Haesten treffen und alles Weitere mit ihm besprechen.«

»So soll es sein«, murmelte Elfraor.

Die anderen schwiegen, nur der Wind rauschte in den Zweigen der Büsche, die das Ufer der Themse säumten.

»Wenn die Runen Haestens Kampf meinen, wird er unsere Hilfe benötigen. Wenn nicht, auch!«

»So soll es sein«, bestätigten die Männer.

»So soll es sein«, hob Gorm sein Horn und besiegelte so den Plan.

* * *

Thyra lag mit dem Rücken auf den harten Holzplanken, hatte sich ein Fell unter ihren Kopf geschoben und starrte hinauf in den Nachthimmel. Sie erkannte einige Sternbilder, doch sie wusste nichts über ihre Legenden. Eine Wolke schob sich vor den rubinroten Mond und verdunkelte die Nacht.

Thyra drehte sich zum Verletzten um. Er stöhnte im Schlaf.

»Was haben dir diese Barbaren bloß angetan? Wie kann ein Volk seine eigenen Männer quälen und ermorden!«

Hallgeirr stöhnte und schlug vor Schmerzen mit dem Kopf hin und her. Müde stand Thyra auf und kniete sich an sein Kopfende. Mit ihren Fingern suchte sie vorsichtig seinen Schädel und hielt ihn mit beiden Händen fest.

»Den sollst du dir nicht auch noch aufschlagen.«

Doch er war sehr kräftig und riss seinen Kopf immer wieder aus ihren Händen.

»Hmmh, nun gut. Dann eben anders.«

Langsam robbte sie näher an den verletzten Feind und schob seinen Kopf zwischen ihre Knie. Fest klemmte sie Hallgeirrs Kopf zwischen ihre Schenkel und grinste.

»So ist es besser, mein Freund.«

Thyra griff zur Schale mit dem Kräutergebräu, das die Kräuterfrau zubereitet hatte und träufelte ihm vorsichtig den noch warmen Sud in den Mund. Er wehrte sich und ihr Rock rutschte mit jeder Bewegung weiter über seine Augen. »Wenn das Ethelgiva sehen würde. Ein Mann mit dem Kopf zwischen meinen Schenkeln. Sie würde sich im Grab umdrehen«, amüsierte sie sich. Thyra zog den Rocksaum höher und gab dem Mondlicht ihre nackten Beine preis. »Und von Solvor würde ich eine deftige Ohrfeige bekommen«, schwatzte sie lächelnd. »Nur Beorhtric hätte sich gefreut.«

Hallgeirr wehrte sich gegen die Behandlung. Wollte die Person, die ihn zwang, diesen bitteren Sud zu schlucken, mit den Händen greifen. Doch seine Hände waren fest an seinen Körper gefesselt.

»Groah«, brüllte er und Thyra lächelte.

»Na bitte! Endlich ist wieder Leben in diesem Mann.«

»Wenn ich Hallgeirr erzähle, wo er jetzt liegt, wird er es immer wieder wollen«, sagte Aesa schmunzelnd und trat aus der Dunkelheit zu dem ungleichen Paar.

»Oh!« Erschrocken rutschte Thyra zurück und Hallgeirrs Kopf polterte hart auf die Planken.

»Oh«, wiederholte Thyra und sah auf sein schmerzverzerrtes Gesicht.

»Ich habe nur ...«, stotterte sie und sah ins Gesicht der Wikingerfrau. »Ich wollte nur ...«

Aesa grinste Thyra an. »Ich weiß, was du gemacht hast. Und du hast es gut gemacht.«

Die Kräuterfrau kniete neben Hallgeirr und betrachtete besorgt sein Gesicht. Sanft legte sie eine Hand auf seine Stirn.

»Er hat immer noch Fieber. Hat er getrunken?«

»Ich verstehe noch nicht jedes Wort.«

Aesa lächelte und zeigte auf die Schale mit dem Kräutersud und Thyra nickte der Kräuterfrau strahlend zu.

»Ich habe ihn gezwungen. Doch einen Teil hat er wieder ausgespuckt.«

Aesa wickelte die Felldecke fester um den Kranken und konnte die Sorge auf ihrem Gesicht nicht verbergen.

»Ich passe gut auf ihn auf.«

»Er hat eine Frau und Kinder. Seine Familie lebt in der Heimat, weit im Norden. Wo auch meine Heimat ist. Ich darf nicht länger bei Hallgeirr bleiben. Die Zeit ist begrenzt. Wie bei jedem anderen Verletzten auch.«

Thyra sah erstaunt, dass der Wikingerfrau Tränen übers Gesicht liefen.

»Ich verstehe nicht alle Worte, doch ich passe gut auf deinen Mann auf.«

Die Kräuterfrau nickte und ging.

Müde legte Thyra sich unter die Decke und schlief, eng an Hallgeirr geschmiegt, ein.

Sie erwachte von lautem Gepolter, öffnete verstört die Augen und rieb sich zerschlagen mit den Händen über das Gesicht.

»Was soll denn das?« Thyra gähnte müde und setzte sich. Der Wikinger lag ruhig schlafend neben ihr. Der Morgen graute und bedächtig schälte Thyra sich unter dem warmen Fell hervor und stand auf.

»Woher kam der Lärm?« Suchend blickte sie sich um und erschrak fürchterlich, als eine Kuh mit ihrer feuchten, langen, rauen Zunge an ihrem Handgelenk entlang glitt.

»Iiih!« Thyra sprang überstürzt zur Seite, griff sich angeekelt an den Arm und wischte die schleimige Kuhspucke von der Haut.

»Dieses verrückte Rindvieh!«, brüllte Orlyg, ein junger Nordmann, lachend. »Immer reißt dieses Vieh sich los.« Er stampfte zur Kuh und grinste Thyra entschuldigend an. Packte die Kuh am Seil und zog sie zur Reling.

Erstaunt über den Tumult an Bord warf Thyra einen schnellen Blick auf Hallgeirr, der das erste Mal, seit er kielgeholt wurde, zwinkernd seine Augen aufschlug.

»Na!«, kniete sie sich neben den verwirrten Mann. »Wieder bei den Lebenden?«

Hallgeirr räusperte sich verstört.

»Wo bin ich?« Seine Stimme hörte sich rau und brüchig an.

»Diese dumme Kuh!«, schalt Thyra mit einem Augenzwinkern. »Fast hätte sie uns mit ihren Klauen getreten.« Während sie sprach, stopfte sie die Decke wieder um den völlig irritierten Wikinger.

»Kann mir mal jemand sagen, wo ich bin?«, versuchte Hallgeirr es ein weiteres Mal und zerrte an seinen Fesseln.

»Oh!«, erkannte Thyra und legte eine Hand auf seine zusammengebundenen Hände. »Das war leider notwendig. Du warst wahnsinnig vor Schmerzen und dabei ziemlich stark.«

Hallgeirr starrte die Frau blöde an.

‚Was will die Angeln-Frau von mir? Wo ist Aesa?', dachte er verstört und sah sich um. »Was ist hier los? Warum liege ich hier?«

»Wenn die Kräuterfrau kommt, wird sie dir deine Fesseln lösen.« Thyra suchte die Schale mit dem Kräutersud. Aber sie war leer. Thyra seufzte. »Du wirst warten müssen, bis du deine Medizin bekommst.«

Sie beugte sich weit über ihn und drückte das Fell auch auf seiner anderen Seite unter den Körper.

»So kann es weiter gehen!« Hallgeirr starrte anzüglich auf Thyras Brüste.

»Du glotzt mir auf meinen Busen!« Verärgert richtete Thyra sich auf. »Deine Verletzungen heilen schnell!«

Hallgeirr fühlte sich ertappt und betrachtete eilig den Mast.

Thyra stand auf und beobachtete die unsteten Menschen an Bord. Hallgeirr konnte ihr Gesicht nicht sehen, doch Thyra grinste kopfschüttelnd. »Nordmänner, Angelsachsen, Bauern, Könige. Alle gleich!«

Die Sonne kletterte über den Rand der Erde und die ersten Strahlen des Tages streichelten rotgolden den Himmel. Die Zeit verrann, doch Aesa kam nicht.

»Wo ist die Kräuterfrau?« Unruhig ging Thyra zur Reling und blickte über Bord. »Was haben die denn vor? So früh am Morgen und schon jeder so beschäftigt.«

Alle Pferde wurden über die Reling gehoben, die Rinder, Schweine, Schafe, Ziegen und das Federvieh an Land gebracht und gefüttert, die Trinkwasservorräte aufgefüllt. Weit beugte Thyra sich über die Balustrade.

»Warum löschen sie die Feuer? Wir brechen auf. So früh am Morgen! Was haben sie vor?«

Interessiert schlenderte Thyra zum Steg, denn ein unaufschiebbarer Blasendrang kündigte sich an. Ohne zu zögern, trat Thyra auf das schmale Brett, das die *dreki* mit dem Ufer verband.

»Weib. Wo willst du hin?«, brüllte ein Wikinger.

»Du glaubst doch nicht, dass ich meine Röcke hebe, meinen nackten Hintern auf die Reling setzte und dann meine Notdurft verrichte!«, fauchte sie den Mann an und trat eilig aufs dünne Brett.

»Du bleibst hier!«

Doch Thyra ignorierte sein Gebrüll, drehte sich noch nicht einmal um und rannte über den wippenden Holzsteg an Land. Eilig sah sie sich am Ufer um.

»Das wimmelt ja nur so von Nordmännern!« Sie trampelte mit den Füßen auf der Stelle. »Wo, verdammt noch mal, ist hier ein Busch oder Felsen?«

Sie runzelte nervös die Stirn, denn ihre Blase hatte das dringende Bedürfnis, sofort etwas gegen ihren gefüllten Zustand zu unternehmen. Thyra war ja schon gewillt, diese Tatsache zu ändern, nur den Zeitpunkt und den Ort wollte sie selbst bestimmen, was zu einem hitzigen Disput mit der Blase führte.

Mit fest zusammengebissenen Zähnen schritt sie energisch am Bug der *dreki* vorbei und achtete nicht im Geringsten auf die erstaunten Blicke der Männer.

‚Was macht dieses Weib denn schon wieder?‘ Gorm kaute stirnrunzelnd auf dem trockenen Stockfisch herum. Er stand im Mittelpunkt des emsigen Geschehens und gab fortlaufend Anweisungen, um den reibungslosen Aufbruch voranzutreiben.

»Siguror!«, rief er über die vielen Köpfe hinweg. »Siguror!« Der Königsdrengir drehte so schnell den Kopf, dass seine roten Bartzöpfe um die sonnengebräunten Wangen flogen, und suchte den Häuptling. Gorm deutete auf sich und auf die fliehende Gefangene und rief: »Ich fange sie ein!«

Sigurors Augen folgten seinen hektischen Bewegungen und er sah noch einen Weiberrock vor dem Bug der *dreki* verschwinden, bevor die Büsche am Uferrand das flinke Weib verschluckten. Der Rotbezopfte nickte Gorm zu. »Lauf schnell, liebeskranker Freund. Sonst rennt sie dir davon.« Er spöttelte, lachte glucksend und übernahm augenblicklich das Kommando.

»Wo willst du hin? Wickele die Felle fester zusammen!«, brüllte er Pall an. »So fallen sie dir ins Wasser!«

Siguror überwachte das Verladen der *dreki* genau. »Ulf, hilf Torkel beim Ankertau! Einar!«, brüllte er. »Das Segeltuch ist nicht fest genug verschnürt. Verdammt! Es ist deine Aufgabe, darüber zu wachen!« Sein Gesicht wurde von einer flammenden Zornesröte überzogen. »Willst du der Nächste sein, der Rán geopfert wird?«, drohte er. »Deine Aufgabe ist die Überwachung der Segel. Doch du kannst auch die Muscheln außenbords von der *dreki* kratzen! Die Arbeit unter Wasser wird deinem Hirn auf die Sprünge helfen.« Er fluchte und warf noch einen Blick auf Gorm, dessen blonder Schopf schon am Bug der *dreki* angekommen war.

»Dich hat es aber erwischt!«, lachte er verschmitzt, doch seine Ohren wurden von einem Geräusch hinter sich abgelenkt. »Was hat das Pferd hier zu suchen? Stelle es zu den anderen!«

Der ertappte Wikinger sah ihn eingeschüchtert an. »Wohin?«

»Dorthin!« Siguror zeigte mit ausgestrecktem Arm zur Herde einige Schritte entfernt. »Sofort!«

Noch einmal sah er in Gorms Richtung und lachte laut, als er sah, wie der Freund in einen Laufschritt verfiel. »Die willst du wohl unbedingt haben.«

Er blickte zum Horizont und schätzte die Zeit. Leise murmelte er: »Der Tag verrinnt und Haesten wartet. Beeilt euch!«

Dann wanderten seine Gedanken wieder zum Freund. »Du solltest aufpassen. Dieses Angeln-Weib ist gefährlich.«

Gorm sah, wie Thyra davonrannte.

Schonungslos bahnte er sich einen Weg durch die arbeitenden Männer und setzte ihr nach. Vestar, der Koch, sah, wie Gorm auf ihn zu spurtete, und sprang entsetzt zur Seite. Der Wassereimer fiel um und lag der Länge nach im Uferschlamm. Kopfschüttelnd sah er seinem *styrimannr* nach: »Was ist denn in den gefahren?«

Thyra rannte mit klappernden Zähnen am Flussufer entlang. Gehetzt suchte sie ein Fleckchen unbeobachteter Erde. »Dort hinter dem Busch«, keuchte sie mit maßlosem Blasendruck. Doch dann sah sie, wie ein Schwein vor einem schnaufenden Nordmann flüchtete. Der fluchende Wikinger folgte dem Schwein Stock schwingend. Beide verschwanden quiekend hinter dem nächsten Gebüsch.

Thyra rannte weiter. »Hchch! Ein Baum.« Erleichtert steuerte sie auf die Eiche zu. Doch auch dort war einer der unzähligen Männer am Arbeiten.

»Oh, nein!« Sie biss sich auf die Lippe, ihre Not wurde immer drängender! »Da.« Erleichtert atmete Thyra auf und ohne auf den Weg zu achten, rannte sie mit gerafften Röcken zum Felsen.

Gorm setzte gerade zum schnellen Endspurt an, als er beobachtete, wie sie noch im Laufen ihre Röcke hob und hinter einem hohen, aufrecht stehenden Fels verschwand. Leise verlangsamte er den Lauf.

»Schöne Beine«, murmelte er und ging amüsiert auf den Felsen zu.

»Ek ván-a pú vi-l-ja ei enn fir-r hlaup-a?«[169] Er lehnte sich lässig an die andere Seite des grauen Felsens.

»Verschwinde!«, fauchte Thyra, die sich erleichterte und der Blase ihren Tribut zollte. »Wenn du es wagst, auch nur einen Blick auf mich zu werfen oder deinen Fuß nur ansatzweise in meine Richtung bewegst, kratze ich dir die Augen aus!«

»Passe auf die Brennnesseln und Disteln auf, sie werden sonst deine zarte, helle Haut am Hintern stechen«, foppte Gorm Thyra.

»Oh nein.« Thyra presste ihre Augenlider fest zusammen. »Ausgerechnet der! Warum nicht ein anderer? Irgendeiner! Nur nicht der!«

»Lass dir ruhig Zeit. Es drängt dich niemand«, meinte Gorm spöttisch und lehnte sich mit seinem breiten Rücken gegen den hohen Megalithen, während er über das silbrig glitzernde Wasser der Themse blickte und die Sonne sein Gesicht wärmte. Drei Haubentauchermännchen gurrten und buhlten um das einzige Weibchen, das sich tänzelnd vor ihren Verehrern auf dem Wasser drehte.

Thyra stellte sich hin und ließ ihren Rock über ihre Beine rutschen.

»Oh nein!«, flüsterte sie schamrot, schloss ihre Augen und lehnte sich gegen den Felsen, um sich vor der bevorstehenden, peinlichen Begegnung mit dem Nordmann auf der anderen Seite des Steines zu wappnen.

---

169 Ich hoffe, du willst nicht noch weiter laufen?

»Es ist, wie es ist.« Sie strich mit den Händen über den Rock, stellte sich gerade hin und schritt um den Felsen.

»Ach«, freute sich Gorm. »Da ist sie ja!«

»Ich bringe dich um!« Thyra zog ihre Mundwinkel höflich in die Höhe und schaffte es, ein freundliches Gesicht aufzusetzen. Kühl und sarkastisch begrüßte sie den Häuptling. »Wie nett, dass du mir gefolgt bist.«

»Im Allgemeinen finde ich Angeln-Frauen ziemlich langweilig. Doch du bildest eine Ausnahme.« Gorm feixte vergnügt und mit einer anmutigen, leicht sarkastischen Armbewegung gab er Thyra den Weg frei. Mit einem Kopfnicken deutete er in die Richtung, die Thyra zu gehen hatte. Stolz rauschte sie an Gorm vorbei.

»Wüstling!«, zischte Thyra noch, dann brauchte sie nicht mehr in seine belustigten Augen zu sehen. Doch sie spürte genau, wie sich sein Blick in ihren Rücken bohrte.

Gorm folgte ihr und musterte sie eingehend. »Du hast einen prallen Hintern und grandiose Beine«, zog er sie auf, wohl wissend, dass sie kaum ein Wort verstand.

»Pah.« Thyra schnaubte verächtlich und beschleunigte ihre Schritte. »In meinem Leben ist mir noch nie ein so ungehobelter, ungebildeter, einfältiger …« Sie überlegte kurz: »Lasterhafter, schrecklicher Mensch begegnet. Keine Manieren. Kein Anstand. Ich danke Gott dafür, dass die Zeit mit euch Heiden begrenzt ist und ich bald wieder unter gebildeten Menschen leben kann, die …« Sie sah sich kurz um und sah in Gorms schalkhaft glitzernde Augen.

»Ooooh!« Schnell sah sie wieder nach vorn. ›Das war ein Fehler. Wie konnte ich nur in diese schrecklichen Augen sehen?‹

»… die, die …« Sie versuchte, ihren Satz zu beenden. »… die wissen, was sich gehört, wenn eine Frau sich erleichtern muss.« ›Ist das peinlich!‹ Fest schloss sie ihre Augen und stolperte prompt über eine Baumwurzel. Entsetzt riss Thyra die Augen auf und ruderte mit den Armen.

Gorm packte geschickt die schwankende, mit den Armen rudernde *Ambátt* am Gewand.

»Weib! Achte auf deine Schritte und darauf, wohin dich deine Füße tragen!«

Grinsend stellte er Thyra aufrecht hin und ließ das Kleid los.

»Pah!«, schnaubte sie und schüttelte sich wie eine nasse Katze. Sie hatte einige Worte verstanden.

»Bald. Bald habe ich mit dir nichts mehr zu schaffen«, flötete sie honigsüß und versuchte, den prächtigen Wikinger hinter sich zu ignorieren.

Langsam näherte sich das ungleiche Paar dem Schiff. Thyra übersah gekonnt die neugierigen Blicke. Doch sie spürte förmlich die spöttischen Funken in den Augen. Verärgert schnaufend stolzierte sie direkt zum Steg und eilte über das wippende Holzbrett an Bord.

Gorm blieb vor dem Holzsteg stehen und sah ihr geistesabwesend nach.

»Seit wann läufst du angelsächsischen Weiberröcken nach?«, wollte Siguror stichelnd wissen und trat zu Gorm.

Gorm sah ihn gelassen an. »Seit Gnupas sagte, sie könne eine Königstochter sein. Sie bringt uns einen hohen Tribut ein, wenn wir sie dem englischen König Alfred verkaufen.«

»Aha.« Siguror glaubte kein Wort. Er zwirbelte seine roten Bartzöpfe und grinste ihn wissend an.

»Was?«, fauchte Gorm unwirsch.

»Nichts«, schmunzelte Siguror. »Ein beträchtlicher Tribut für eine Adelstochter ist schon verlockend.«

»Genau.« Barsch knurrte Gorm seinen Freund an und ließ ihn schließlich vor dem Steg stehen.

»Die Arbeit ruft«, rief er ihm noch über die Schulter hinweg zu und verschwand.

Siguror warf einen Blick zur *dreki* hinauf. Er sah noch den langen Haarschopf der Geisel und wie dieser an Bord verschwand.

»Königstochter«, sagte er nur und schüttelte den Kopf. »Du verdrehst unserem Häuptling ganz schön den Kopf. Offenbar verliert er den Verstand.« Er bemerkte nicht den erstaunten Blick von Ketill, der die Taue an Bord trug.

* * *

»Dieser Bastard! Dieser ungehobelte Grobian! Wie kann er es nur wagen?« Laut fluchend stampfte sie über das Deck und übersah die verblüfften Gesichter. Als sie Hallgeirr erreichte, wetterte sie immer noch.

Hallgeirr sah sie kommen und zog erstaunt eine Augenbraue in die Höhe. »Was hat denn dieses Weib heute Morgen?«

Thyra beugte sich wie immer über Hallgeirr und stopfte ihm stürmisch die Felldecke unter seinen malträtierten Körper.

»Weib, sei vorsichtig«, grunzte er abwehrend. Nervös beobachtete er ihre ungestüme Handhabung.

»Dieser Bastard! Dieser Sittenstrolch! Wie kann er es wagen, mir hinterher zu laufen.« Ungeniert hob Thyra Hallgeirrs Hintern hoch und drückte einen Zipfel der Felldecke darunter.

‚Ich bin diesem rabiaten Weib ausgeliefert.' Schockiert starrte Hallgeirr in Thyras zorniges Gesicht. »Hilfe«, rief er leise, fast flüsternd und seine Gedanken wanderten zu Hafr – und seinem abgebrochenen Schwanz!

»Ich werde, ich werde …« Thyra stockte im Redefluss, setzte sich aufrecht hin und hielt mit ihrer Arbeit inne. »Ja, was werde ich denn?«, fragte sie sich und sah den verletzten Nordmann an. »Na? Was soll ich machen?«

»Befreie mich einer aus den Fängen dieses verrückten Weibes«, flehte Hallgeirr und hektische rote Hautflecken eroberten sein sonst blasses Gesicht. »Wo ist Aesa?«

»Verstehe dich nicht.« Frustriert setzte Thyra sich neben Hallgeirr und legte ihre Arme um die Knie. »Wenn wir doch nur endlich in Ludúnir wären.«

»Setzt euch auf eure Plätze«, bellte Gorms raue Männerstimme über das Deck.

Thyra stöhnte und schloss ihre Augen. »Der ist auch überall!«

»Ongull! Bist du bereit?«

Ongull nickte. »Wir können ablegen.«

Thyra öffnete die Augen, als sie hörte, wie die Ruderer sich in die Riemen legten.

»Wir fahren!« Glücklich sprang sie auf und jubilierte. »Ludúnir, ich komme!«

Doch dann wurde ihre gesamte Aufmerksamkeit auf eine entfernte Hügelkuppe gelenkt. »Reiter?«

Überrascht erkannte Thyra, dass es Wikinger waren, die auf den Pferden saßen. »Ein Seefahrervolk, das auf Pferden über feindliches Land zieht?«

Thyra kniff die Augen zusammen. Die aufgehende Sonne blendete. Sie konnte die Anzahl der Reiter nicht zählen. »Zwei, drei? Hmmh. Fünf?« Sie seufzte. »Sie sind zu weit weg.«

Bald verschwanden alle Reiter hinter den sanft geschwungenen Hügeln.

Ungestüm drehte Thyra ihren Kopf und suchte Gorm auf dem Kommandoplatz.

»Dort steht er, neben dem Gezopften. Was haben sie nur vor?«

Abermals warf sie einen Blick auf den Hügel. Es zeigte sich indes nur das frische Grün der Gräser.

»Hmmh.« Frustriert setzte Thyra sich neben Hallgeirr und betrachtete gelangweilt die Ruderer bei ihrer schweißtreibenden Tätigkeit.

Hallgeirr versuchte vorsichtig, von der Angeln-Frau wegzurutschen, was ihm misslang, denn die Schmerzen befahlen ihm unvermittelt, auf dem Fleck neben der merkwürdigen Frau liegen zu bleiben.

Thyra verstand nicht, was er mit traurigem Hundeblick murmelte. »Hoffentlich ist Aesa bald wieder da.«

Sie beäugte Hallgeirr, seufzte und zuckte resignierend mit der Schulter.

»Ich weiß nicht, was du sagst. Und ich weiß nicht, was du willst.« Sie piekte ihn mit dem Finger auf die Brust.

»Ah. Lass das!«, schimpfte Hallgeirr.

»Dann wirst du auf die Kräuterfrau warten müssen.«

Sie starrte auf die schwitzenden Männer, wie sie auf ihren Seekisten saßen, die Ruder ins Wasser tauchten und die Riemen kraftvoll durchs Wasser zogen.

Pausenlos! Ohne Unterbrechung!

Plötzlich stockte Thyra. »Ein Wikinger sitzt hinter dem anderen auf seiner Seekiste? Da fehlen doch einige!« Leise zählte sie die leeren Sitzplätze. »Acht Ruderer fehlen und alle Pferde. Die Reiter und Pferde auf den Hügeln sind alle von der *dreki*.«

Zufrieden sah sie Hallgeirr an, der stur ihrem Blick auswich.

Das war das einzig Aufregende an diesem und den darauffolgenden Tagen.

Jede Windböe, die über das unbewohnte Land fegte und den Fluss erreichte, wurde von den Segeln eingefangen. Zudem nutzten die geschickten Seefahrer die Strömung des Flusses. Sie ruderten bis spät in die Nacht, nur mit kurzen Unterbrechungen für schnelle Mahlzeiten und Bedürfnisse an Land.

Nur Thyra langweilte sich – bis zur Abenddämmerung.

Es war nur ein kurzer Ruf. Kaum, dass er nach einem Befehl klang. Sofort zogen alle die Ruder ein und die Segel wurden gerefft. Niemand sprach ein Wort, nur Thyra fragte: »Was ist? Werden wir angegriffen?« Schon als die Worte ihre Kehle verließen, stutzte sie. »Wir?« Sie rollte fassungslos mit den Augen. »Ich sage schon – wir!«

»Weib, sei ruhig«, flüsterte Hallgeirr und ergriff ihren Arm. Verdutzt sah sie dem Mann ins Gesicht.

»Bitte. Sage jetzt keinen Ton mehr.«

Thyra schlug ihre Lider nieder und gehorchte.

Sanft trieb das Schiff auf dem Fluss. Ongull stand neben Kalman, der mit dem Ruder steuerte. Sie sah, wie ein Hüne flüsternd mit Ongull sprach. Der Mann hatte sich weit über die Reling gebeugt, stieß eine lange Stange immer wieder ins Wasser, um dem Steuermann in kurzen Abständen die Tiefe der Themse zuzuraunen.

Dann roch sie es. Es war unverkennbar und ihre Augen strahlten.

»Die Schornsteine von Ludúnir«, flüsterte Thyra aufgeregt. »Ich kann sie riechen! Wir sind da! Ich bin bald frei!«

Hallgeirr griff ihren Arm und drückte fest zu.

»Pssst.«

* * *

Es war eine rabenschwarze Nacht. Der Wind flüsterte und wisperte in den Blättern der Bäume, während sich lautlos dunkle Wolken geheimnisvoll vor die Sterne schoben.

»Morgen ist Neumond.« Gorm freute sich, doch sein Lächeln erreichte die Augen nicht. Angespannt starrte er in die tiefschwarze Nacht. »Heute tanzt nur die schmale Mondsichel mit den Göttern.« Er drehte sich zu den anderen Schiffen um. Die Kriegsflotte folgte geräuschlos. Die Drachenschiffe sahen in der Finsternis wie grauschwarze erbarmungslose Geistwesen aus, die lautlos auf den Wellen ritten.

»*Mýl-in-n*,[170] hilf uns.«

---

170 Name des Mondes.

Grimmig suchte Gorms undurchdringlicher Blick das schwarze Ufer nach feindlichen Bewegungen ab, bevor er sprach:
»Krieger. Seid tapfer wie Tyr.
Seid kühn und klug.
Seid mutig wie unser Kriegsgott,
seid starke Kämpfer und scheut keine Gefahr!«
Er schwieg und lauschte. Das flüsternde Plätschern des Flusses klang lieblich in seinen Ohren. Er grinste grimmig.
»Ich rufe dich, Thor!
Binde deinen Kraftgürtel um die Hüfte.
Nimm deinen Hammer Mjöllnir.[171]
Stülpe deine Eisenhandschuhe über.
Greife den Schaft von Mjöllnir.
Und stehe uns zur Seite!«
Gorm rief im flüsternden Tonfall die heidnischen Götter an.
»Bedeckt die leuchtenden Augen am Himmelsgewölbe mit euren Gewändern! Macht uns heute Nacht für die Augen unserer Feinde unsichtbar.«
Siguror hörte Gorms Stimme und wiederholte lautlos die bittenden Worte.
Konzentriert blickte Gorm Siguror eindringlich an. »Diese Nacht meint es gut mit uns.« Er warf einen Blick über das Heck der *dreki* und versuchte, die Schiffsflotte auszumachen.
Siguror folgte Gorms Blick. »Sie folgen uns. Aber selbst ich kann sie nicht sehen. Ich weiß, dass sie uns folgen!«
»Jeder zweite Ruderer an die Riemen«, befahl Gorm im Flüsterton. »Kein Laut. Von niemandem!«
Siguror nickte und ging unhörbar zu den Ruderern.
»Du und du.« Er stupste den Ersten, Dritten und Fünften an. »Jeder Zweite packt den Riemen und lässt ihn geräuschlos ins Wasser gleiten. Und«, warnte er. »Kein Laut! Der Fluss wird

---

171 Thors Hammer.

heute Nacht von eurem Ruder gestreichelt wie die Haut einer Frau.«

»Das kann ich«, antwortete der junge Geiri spontan.

»Lass es dir lieber von einem erfahrenen Liebhaber zeigen.« Kali erntete von Geiri einen vernichtenden Blick.

»Die Flussfrau wird unsere Streicheleinheiten lieben wie keine andere«, liebäugelte Broddr mit einem breiten Grinsen.

Die Riemen stießen ins Wasser. Sanft und geschmeidig glitten die Hölzer durch die Wasseroberfläche, abwärts in die dunklen Tiefen der Themse. Kräftig packten die Wikinger das Holz und zogen die *dreki* gegen den Widerstand des Wassers immer schneller mit der Strömung über den Fluss.

Thyra horchte angespannt. Im Dämmerlicht dieser geisterhaften Nacht sah sie die Bewegungen der Wikinger auf ihren Plätzen. Sie wusste, was sie taten, doch konnte sie kaum das Plätschern des Wassers hören, so leise bewegten die Männer die Riemen.

Langsam gewann das Kriegsschiff an Fahrt. Der Drache glitt auf der Themse an Ludúnir vorbei.

»Nein.« Thyra sah bestürzt über die Reling die dunklen, schemenhaften Häuser der Stadt. »Wir fahren vorbei!«

»Keinen Ton«, zischte er in ihr Ohr und sie wusste sofort, wer es war! Sie konnte ihn riechen, seinen Körper und seine Wärme spüren, so dicht stand er hinter ihr.

Thyra atmete heftig. »Gorm.«

»Keinen Ton«, knurrte er erneut mit seinen warmen Lippen an ihrem Ohr.

Sie schluckte. Fühlte den Hauch seines Atems auf ihrer Haut. Den warmen Luftzug, der eine schaurige, erregende Fährte über die Haut ihres Gesichtes, zum Nacken und Augenblicke später den Weg zum Hals nahm. Ihre Knie fingen zu zittern an.

»Warum?«, flüsterte sie mit erstickter Stimme.

»Keinen Ton.« Er berührte ihr Haar.

Sie spürte, wie sein Arm sich um ihre Schulter legte und seine warme Hand sich langsam und vorsichtig auf ihre Lippen legte.

»Mmpf!«, widersetzte sie sich.

Tief beugte Gorm sich zu Thyra hinab. Er roch ihr Haar und ihre Haut. Fühlte ihre Wärme.

Fast berührten seine Lippen ihre Wangen, so nah war er. Ihr Atem ging schneller. Sie konnte ihn nicht kontrollieren.

»Lass mich los!«, zischte sie und dachte: ‚Wenn du mich noch länger hältst, kann ich meine Beine nicht mehr spüren.'

Weit riss Thyra ihre Augen auf, denn sie fühlte seine weichen, warmen Lippen an ihrem Hals. Wie er langsam knabbernd zum Ohrläppchen wanderte.

»Lass – mich – los!« Sie wehrte sich energisch und bei jeder Lippenbewegung fühlte sie seine warmen Finger auf ihren Mund.

»Keinen Ton«, wiederholte Gorm, packte sie noch fester und sog den Duft ihrer Haut ein.

»Ich ...«

»Ssschht.«

Er war kaum zu hören, sie spürte mehr die geheimnisvolle Vibration seiner tiefen Stimme. Energisch griff Thyra seinen Arm. Wollte seine Umklammerung lösen. Sie fühlte seine Muskeln unter ihrer Hand und erkannte die ausweglose Lage. Doch was sie viel mehr erschütterte, war der unbekannte, erregende Schauder, der ihren Körper eroberte.

Thyra starrte in die Dunkelheit und versuchte, den Horizont der gigantischen Stadt zu erkennen.

»Wo sind die anderen Schiffe der Nordmänner?«, fragte sie zischend durch seine warmen Finger. Sie musste sich ablenken! Um jeden Preis! Dieser Mann, der ihren Körper so festhielt. Dass es sich so verdammt gut anfühlte, verwirrte sie. Thyra versuchte, dieses Gefühl zu ignorieren und den Gedanken einen anderen Pfad zu geben.

Die Planken der *dreki* knarrten unter den Füßen. Jeder Ruderschlag schien plötzlich unendlich laut in dieser fast mondlosen Nacht.

»Wo sind die anderen Wikinger?« Thyra wurde ärgerlich, denn bei jedem Wort berührten ihre Lippen seine warme Hand. Gorm beugte sich über ihre Schulter und sah sie fragend von oben herab an.

»Wikinger? Die *dubh*?[172] Deine Landsleute?«, quetschte Thyra hervor.

»Schschsch. Stand-a hljó-d-r«,[173] hauchte er in ihr Ohr. Doch Thyra zappelte widerspenstig.

»Deine Leute? Deine *dubh*?«

»Dubh?«, flüsterte er warm und dachte an etwas gänzlich anderes.

»Ja! Das Wikingerheer! Deine *Ascomanni* auf den vielen Kriegsschiffen? Sind sie nicht in Ludúnir?«

Thyra erkannte vor der rabenschwarzen Silhouette der Stadt nicht ein Kriegsschiff der Nordmänner. Kein Heer von wippenden Masten auf der Themse, keine brennenden Häuser, keine verzweifelten Schreie von Gefolterten oder Gejagten.

»Ich habe mich geirrt!« Ein Hoffnungsfunke ließ sie lautlos jubeln. »Keine Toten. Keine Verletzten und Gefolterten. Die Stadt lebt! Doch wo sind sie jetzt? Oder sind meine Überlegungen, dass tausende heidnische Barbaren unser Land überrennen, nur Hirngespinste?«

Sie flüsterte so leise, dass Gorm nur ihre Lippenbewegungen im Handinneren spürte. Sie kitzelten seine raue Haut mit jeder Berührung.

»Vielleicht ist diese kleine Wikingerflotte ja nur eine diebische Bande, die Dörfer überfällt und sich im Schlupfwinkel verkriecht!« Sie mochte es selbst nicht so recht glauben, doch der

---

172 dänische Wikinger.
173 Stehe still.

Gedanke gefiel ihr. »Warum sonst schleichen sie bei Nacht an Ludúnir vorbei?«

Das Schiff ruckte leicht und Gorm umfasste Thyra fester, zog sie noch enger an seinen Körper.

Thyra wehrte sich und trat auf seine Zehen, doch er ignorierte ihre Befreiungsversuche.

»Hljó-d-r!«[174] Wachsam sah er über ihren Kopf hinweg zur Stadt, dann zu Siguror. Schemenhaft hob der Bezopfte sich vom Heck der *dreki* ab und gab Gorm mit einem Wink zu verstehen, dass alles in Ordnung war. Entspannt legte Gorm sein Kinn auf den Scheitel der Frau.

‚Warum?', grübelte er. ‚Was ist an dieser Frau? Was macht sie so anders? So einzigartig? So begehrenswert?'

Diese Frau übte einen ungewöhnlichen Reiz auf ihn aus. Wie sie sich bewegte? Wie sie ihn ansah? Wie sie roch?

Er schluckte und bewegte sanft seine Hand, die er um ihren Leib geschlungen hatte. Er fühlte den Stoff des Kleides, das sie trug, doch er fühlte auch ihren Körper, so fest und warm. Und sie fühlte sich gut an!

So standen sie da. Eine lange Zeit.

Die Stadtbewohner zeigten sich nicht in dieser rabenschwarzen Nacht. Kaum, dass sie ein Licht sahen, nur der Gestank verriet den unsichtbaren Reisenden, dass Ludúnir direkt vor ihnen lag. Ruhig plätscherte der Fluss gegen den Schiffsrumpf. Die *dreki* ächzte sanft, aber von den Männern kam kein Laut!

Thyra spürte den starken Mann an ihrem Rücken. Konnte seinen ruhigen Herzschlag fühlen. Unbewusst lehnte sie sich gegen seine breite Brust und Gorm lächelte.

Ein Hund kläffte am Ufer die Geisterschiffe an. Die kreischende Stimme einer Frau und das herbe Lachen ihres Gönners drangen herüber.

---

174 Still.

Langsam schmiegte Gorm seinen Arm ganz eng um ihre schmale Taille.

»Ich will doch nicht, dass meine hoffnungsvolle Tributzahlung über Bord springt und sofort in die Stadt schwimmt. Oder dass du laut schreiend unser gesamtes Unternehmen in Gefahr bringst.« Er liebkoste ihr Ohr und berührte mit seinen Lippen die Haut ihrer Wange.

Thyra wehrte sich.

»Was fällt dir ein? Lass mich sofort los! Das glaube ich einfach nicht«, grummelte sie ihn zwischen seinen Fingern an.

»Hljó-d-r!«

‚Ich höre einfach nicht hin. Ich fühle den Mann hinter mir nicht. Ich ignoriere ihn völlig!'

Stocksteif stand sie vor ihm, biss die Zähne fest zusammen und starrte in die magische Nacht. Doch ihre Haut glühte!

‚Nichts! Ich sehe Ludúnir nicht, ich sehe die Sterne nicht, doch ich fühle alles. Verdammt! Ich kann ihn sogar riechen!'

Thyra richtete alle Sinne auf diesen einen Mann.

Sie konnte nicht anders.

Die Stadt zog vorbei. Enttäuscht erkannte Thyra, wie der geschickte Plan der Nordmänner sich erfüllte.

Gorm löste seine Hand von ihrem Mund.

»Wenn du schreist, werde ich dich knebeln lassen.«

Thyra ahnte, was seine Worte beinhalteten und presste ihre Lippen fest zu einem weißen Strich zusammen.

Dann zischte sie ihn an: »Was ist mit eurer Tributzahlung? Eurer ...« Sie überlegte. »Wie heißt das Wort für Gold bei euch?« Ihre Augen blitzten. »Gol-l!«, lächelte sie ihn boshaft an und zeigte auf sich. »Gol-l dubh?«

Gorm drehte die Frau um, fasste sie an den Schultern und sah ihr tief in die Augen. Langsam beugte er sich an ihr Ohr und flüsterte, so dass nur sie seine Worte hörte.

»Du bist wunderschön.«

Wohl wissend, dass sie sein Geheimnis gut bewahrte. Er war ihr so nah. Ihre Haare kitzelten sein Gesicht.

Sie hielt die Luft an.

»Und das Gold.« Er lächelte sie an. »Vielleicht will ich es nicht! Vielleicht behalte ich dich – als meine *Ambátt*?«

Thyra drückte ihren Rücken durch, um den großen Dänen in seine grauen Augen zu sehen und um seiner erregenden Nähe zu entfliehen.

»Du bist ein Barbar! Bitte, lass mich los. Bitte!« Doch sie ahnte, dass sie ohne seinen Halt ins Schwanken geraten würde.

Dann ging er. Einfach so!

Thyra verlor ihr Gleichgewicht und fiel auf die Knie.

Der Spuk war vorbei und Gorm verließ seine Geisel.

Thyra zitterte und fühlte sich seltsam verlassen. Kälte drang auf ihre Haut, dort, wo er sie vorher gewärmt hatte.

»Nur das nicht!« Sie schloss ihre Augen und umklammerte mit den Armen ihren Oberkörper. »Kein Wikinger! Verliere dein Herz und deinen Verstand nicht an einen blutrünstigen Wikinger!«

Gorm stand auf dem Heck und starrte auf den Schiffskonvoi. Er sah nur den Bug der *ormr inn langi* mit dem großen züngelnden Schlangenkopf auf dem muskulösen, geschuppten Reptilienkörper und den eisigen, starren Vipernaugen. Diese Schlange, die nur Bror gehorchte.

Manchmal hörte Gorm einen leisen Ruf oder das Knirschen von Holz.

»Wir warten noch«, zischte er Siguror zu, als er versuchte, die Dunkelheit mit seinen Augen und Ohren zu durchdringen. »Es sind noch nicht alle Schiffe an Ludúnir vorbei. Ich gebe dir ein Zeichen, wenn wir volle Fahrt aufnehmen.«

Siguror nickte und ging auf leisen Sohlen zum Bug der *dreki*.

Gorm richtete den Blick auf den Fluss und seine geheimnisvolle Fracht.

‚Ich kann sie immer noch spüren.' Seine Gedanken schweiften ab und für einen kurzen Moment schloss er die Augen, um sich das Gefühl noch einmal in Erinnerung zu rufen. ‚Was für eine Frau!'

Er öffnete die Augen und sah zur Mondsichel. »Morgen werden wir sehen, was die Runen uns berichteten. Morgen treffen wir in Benfleet auf Haesten.«

Der gurrende Ruf eines Blässhuhnes wurde von Schiff zu Schiff getragen und Gorm grinste.

»Ein prächtiger Plan, vor allem, wenn er gelingt!« Er hob den Arm und gab Siguror das Zeichen zur schnellen Fahrt.

Acht schwarze Schatten glitten über den Fluss ihrem Ziel Benfleet entgegen.

* * *

»Rauchsäulen«, murmelte Siguror. »Überall Rauchsäulen.«

Der Morgen war noch nicht angebrochen, doch sein Blick richtete sich starr und ernst auf die zerstörte *burh*.

»Sieh!« Gorm hob seinen Arm, während sie sich dem Hafen von Benfleet näherten. »Sie zerstörten Haestens Kriegsschiffe. Sie liegen wie verbrannte, zerhackte Kadaver im Wasser!«

Wütend biss Gorm die Zähne zusammen, sodass seine Wangenmuskeln sich hervorhoben.

»Es liegen Leichen im Wasser.« Siguror blickte über die Reling und zeigte tonlos auf die schwimmenden Körper. »Viele Leichen.«

Gorm sah nicht hin. Er hatte diese Art von Gemetzel schon zu oft erlebt.

»Auch Frauen und Kinder?«
»Auch die.«

Gorm suchte das Ufer nach einem Ankerplatz ab.

»Dort«, befahl er, »links am Wrack vorbei«, zeigte er an. »Dort werden wir ankern. Ketill, Afaldr, Eirikr, Ulkell, Styrmir und Tanni«, rief er, »ihr nehmt jeweils fünf Männer und geht mit mir an Land! Siguror, du bleibst an Bord. Wende die *dreki*, damit wir im Notfall schnell fliehen können.« Dann drehte er sich den sechs Nordmännern zu.

»Ketill!« Er richtete seinen Blick auf den dunkelhaarigen Wikinger. »Afaldr, ihr werdet mit euren Männern zuerst an Land gehen und die *burh* umrunden und die Rückseite des Forts auskundschaften. Eirikr, Ulkell. Ihr werdet jeweils die rechte und die linke Flanke sichern. Und Styrmir und Tanni, ihr kommt mit mir von der Flussseite.«

Ruhig stand Gorm vor seinen Männern.

»Verið kát ok gleðjisk, Þórr fagni oss. Óðinn kalli oss eign sín",[175] rief er seinen *Ascomanni* zu.

Kurz warf er einen Blick über die Schulter. Die Kriegsschiffe im Gefolge taten es ihm gleich. Gorm sah, dass die *ormr inn langi*, die *gullbringa*, die *vargr hafs* und die *faxi byrjar* mit ihren Kampfvorbereitungen fertig waren.

»Möge Odin mit euch sein und Thor die Hand für euer Schwert schwingen«, brüllte er über das Deck und den spiegelglatten Fluss seinen Wikingern zu.

Ein vielstimmiges Kriegsgebrüll überrannte den Fluss und erreichte die verbrannte Ruine mit den unzähligen Opfern.

Keiner der *Ascomanni* zögerte. Kampferprobt sprangen die ersten Männer, die in den letzten Tagen fast ununterbrochen gerudert hatten, ungestüm ins Wasser. Doch ohne ihre Stimme zum Gebrüll zu erheben. Jetzt waren sie schattenhafte Gestalten auf dem Weg zum Kampf. Sie waren Krieger, Berserker, die jeden Feind das Grauen lehrten.

---

175 Seid glücklich und guter Dinge, Thor empfange uns, Odin nenne uns sein Eigen.

Ketill und Afaldr sprangen an Land und liefen um die *burh* herum. Gorm gab das nächste Zeichen und Eirikr und Ulkell sprangen mit ihrem Gefolge über Bord. Fast lautlos schlichen sie sich an Land und bezogen Stellung. Gorm sah zu den anderen Seeräuberschiffen. Sie folgten seinem Beispiel.

»Styrmir und Tanni!«, rief er und nickte ihnen zu. Sofort folgten sie ihren Kameraden. Zuletzt sprang Gorm über Bord und spurtete an Land.

Thyra rannte zur Reling. Der Gestank von Asche, Rauch und Blut hing in der Luft. Die *burh* war auf der linken Seite abgebrannt. Es drangen vereinzelte dünne, graue Rauchschwaden aus dem verbrannten Holz. Langsam wanderte ihr Blick weiter, bis seltsam verrenkte Körper ihre Augen magisch anzogen. Zischend sog Thyra die frühe Morgenluft ein. Dort an der rechten Befestigungsmauer hingen Menschen, viele Menschen. Der grausame Angreifer hatte Menschen an die raue hölzerne Wand gehängt.

Thyra schluckte und sah genauer hin. Die Leichen hingen mit ausgebreiteten Armen, den Kopf nach unten, an der Wand der *burh*. Die Angreifer hatten sie an den Fußgelenken gefesselt und mit einem langen Seil vom höchsten Punkt der Balustrade ans Holz gebunden und herunterbaumeln lassen.

»Es sind Kinder und Frauen darunter.« Sie hielt sich die Hand vor den Mund. »Kleine Kinder!« Ihr wurde speiübel und obwohl sie noch nichts gegessen hatte, drückte ihr Magen seinen spärlichen Inhalt nach oben und drängte hinaus.

»Oh!«, stöhnte sie, bevor sie sich weit über die Reling beugte und die bescheidenen Essensreste erbrach. Doch noch bevor der kümmerliche Inhalt die Wasseroberfläche platschend erreichte, riss sie ihre Augen weit auf.

Unter ihr schwamm eine aufgedunsene Männerleiche! Der aufgeblähte Körper scheuerte, von der Strömung getrieben, gegen die mit Muscheln besetzte Bordwand. Dumpf prallte der

Leichnam an die Planken und jeder Muschelschnitt ließ seine stinkende, gelbgraue Körperflüssigkeit wabernd in das klare Wasser entweichen. Die Augenhöhlen der aufgedunsenen, blassen Wasserleiche waren ohne Inhalt, von den Möwen aufgepickt und verspeist. Die weißgelbe Haut schälte sich von seinem Körper; und als Thyra die große klaffende Wunde an seiner Kehle erblickte, erbrach sie sich erneut.

Würgend stellte sie sich aufrecht hin, wischte sich hemmungslos mit dem Ärmel den nassen Mund ab und starrte zur *burh*.

»Was mögen die dort alles sehen?« Ihre Gedanken schweiften zurück zu den geöffneten Leichen von Solvor, Beorhtric und Ethelgiva.

Angestrengt starrte Thyra zur *burh* und trampelte nervös auf der Stelle herum. Nichts war zu erkennen. Sie lauschte angestrengt. Doch heute früh zeigte sich das Wetter von der schönsten Seite. Azurblauer Himmel, keine Wolken, strahlender Sonnenschein und milder Luftzug. Nicht einen Laut trug der Wind zu den Schiffen.

Thyra wurde immer fahriger und fragte sich: ‚Warum bin ich so nervös? Es sind meine Feinde!'

Ungeduldig ging sie zu Hallgeirr, der mit angespanntem und blassem Gesicht leicht erhöht auf einer Kiste saß und genau wie alle anderen zum Land starrte.

Sie wusste, er konnte sie nicht verstehen, dennoch sprach sie ihn an.

»Kannst du etwas sehen? Was machen die dort?«

Hallgeirr guckte Thyra verdutzt an und wunderte sich über ihren besorgten Gesichtsausdruck.

»Odin wird mit ihnen sein«, meinte er lapidar und starrte übers Wasser.

Thyra schnaubte unüberhörbar.

Hallgeirr sah sie erneut fragend an. »Wenn ich es nicht besser wüsste, würde ich sagen, du machst dir Sorgen wie eine

Wikingerfrau.« Argwöhnisch betrachtete er ihr Gesicht. »Doch du bist eine Angeln-Frau! Weißt du etwas, was wir wissen sollten? Verbirgt sich hinter dieser Burgruine eine Falle für uns?«

Eine graubraune Rauchsäule drängte sich aus der *burh* gen Himmel und seine Gedanken wurden abgelenkt.

Thyra ballte ihre Hände zu Fäusten und knetete ihren Rock, zappelte auf der Stelle herum. Sie konnte nichts sehen. Sie war zu klein! Hektisch sah sie sich um und sah ihn! Den Drachen! Ohne sich um die anderen Männer an Bord zu kümmern, lief sie eilig zum Bug der *dreki* und kletterte geschickt an der Drachenfigur entlang. Hoch oben stand sie auf den Flügeln der Galionsfigur und umarmte den Feuer speienden Drachen.

Grimmig freute sich Thyra. JETZT konnte sie sehen!

Siguror sah zu Thyra hinauf und erschauerte. Eilig suchte seine linke Hand den Lederbeutel mit seinem schützenden Amulett. Erleichtert seufzte er auf, als er den alten Wolfsknochen zwischen seinen Fingern fühlte.

»Sie sieht aus wie eine der Nornen, eine der Schicksalsgöttinnen.«

»Was sagst du da?«, wollte Gizur, der gerade den Ausguck mit Bergfin getauscht hatte, von Siguror wissen.

»Da! Sieh doch!« Siguror zeigte mit blassem Gesicht zum Drachen.

»Oh!«

»Genau.«

»Wie eine Schicksalsgöttin! Nur welche? Urd,[176] Werdandi[177] oder Skuld.«[178]

Thyra achtete nicht auf die Wikinger. Von hier oben hatte sie ein hervorragendes Blickfeld. Ein leichter Wind wehte, spielte mit ihrem Haar und zog an der Kleidung.

---

176 Schicksal.
177 Werden.
178 Schuld.

Sie sah weit über das Land und den Fluss. Ringsum lagen die Kriegsschiffe der *Ascomanni* am Ufer. Sie erkannte Aesa auf der *gammr* und winkte ihr zu. Doch die Heilerin sah Thyra nicht. Aesas Aufmerksamkeit war vom Geschehen an Land gefesselt.

»Thyra!«, knurrte Siguror laut hinauf.

»Ja?« Sie horchte ungeduldig. Er sollte sie jetzt nicht stören.

»Thyra!« Noch lauter und drängender glitt seine herbe Stimme wütend zu ihr.

»Was ist?«, konterte sie gereizt.

»Komme sofort vom Drachen herunter«, befahl Siguror mit eisiger Stimme.

»Was soll ich?«

»Sofort!« Er gab Thyra mit der Hand ein eindeutiges Zeichen, dass sie in weniger als einem Wimpernschlag neben ihm zu stehen hatte.

»Warum?«, murrte sie, kletterte aber dennoch herunter, während Siguror energischer das Handzeichen wiederholte.

»Ich werde euch Wikinger nie verstehen.« Thyra stellte sich schwungvoll neben den Rotbezopften.

»Kein Laut«, grollte Siguror, der jetzt ebenfalls am Bug stand. Dort durften eigentlich nur er und der Schiffsführer stehen. »Mache das nie wieder!«, zischte er Thyra wütend an, die erschrocken zurückfuhr. Siguror packte Thyra am Arm. »Es ist ein Frevel, unseren Drachen zu entweihen. Du wusstest es nicht und ich werde es nicht ahnden. Doch ein zweites Mal wird es nicht geben.«

»Entschuldige.« Thyra schlug betroffen die Augenlider nieder. Kein Wort hatte sie verstanden, doch die Betonung dieser Aussage ließ keine Fragen offen.

Siguror blickte auf Thyra herab.

»Denke daran, dass du auf geheiligten Planken stehst. Ich dulde es! Aber nur jetzt«, klärte er sie auf, doch sie hörte ihn gar nicht.

Ungeduldig wanderte Thyra auf der kurzen Plattform auf und ab, bis Siguror sie abermals kräftig am Arm packte und sie zwang, still zu stehen.

»Ihm wird nichts geschehen«, versuchte er, Thyra zu beruhigen. »Was machen die denn so lange in der Burg? Ich kann nichts hören! Dabei sind doch so viele Nordmänner dort. Ich ...«
Ihr Blick hing wie gebannt auf dem zur Hälfte zerstörten Tor. »Dort!« Thyra zeigte ungeduldig auf den Nordmann, der im Tor stand und Zeichen gab.

»Was zeigt er?« Thyra zupfte Siguror zittrig am Ärmel. »Ist etwas geschehen?«

Siguror wurde langsam ungeduldig.

»Weib, beherrsche dich. Sonst werde ich ...!«, fauchte er und wurde hemmungslos unterbrochen.

»Ist die *burh* leer? Verdammt! Nun erkläre mir doch, was dort geschieht?«

Genervt von der zappeligen, ungeduldigen Frau packte Siguror Thyra mit beiden Händen um ihre Taille und sie wurde zu ihrer Bestürzung von der erhöhten Plattform am Bug heruntergetragen und mit Nachdruck neben Hallgeirr platziert.

»Sorge dafür, dass dieses Weib mich nicht weiter stört.« Er ging, doch abrupt blieb er stehen, sah sich um und drohte: »Und sorge ebenso dafür, dass sie bei dir bleibt, sonst ...!« Er drehte seine Fäuste gegeneinander, um Hallgeirr und besonders Thyra zu erklären, dass er ihr den Hals umdrehen würde.

Hallgeirr nickte wenig erstaunt, konnte sich gerade noch ein Grinsen verkneifen, weil Siguror sein Lachen gewiss nicht gut gefunden hätte.

Siguror ging, sofort sprang Thyra auf und wollte zur Reling rennen.

»Halt!«, bellte Hallgeirrs Stimme und packte Thyra am Handgelenk. Thyra sah Hallgeirr erstaunt an. »Du bleibst bei mir. Siguror hat es so bestimmt.«

Thyra sah ihn fragend an. Doch als er ihr mit Handzeichen den Befehl zu verstehen gab, nickte Thyra demütig und hockte sich zu Hallgeirr auf die Kiste. Vor Aufregung wippten ihre Beine unentwegt und sie fing mit Hallgeirr das Plappern an.

»Du würdest es mir doch erzählen, wenn du weißt, was dort vor sich geht? Was haben die anderen nur mit den Frauen und Kindern an der Balustrade gemacht?« Sie zeigte auf die Menschen, die an der Burgwand baumelten. »Sie sind alle tot! Und hast du die Leichen im Wasser gesehen? Sie haben dem Mann die Kehle durchtrennt. Ich konnte die weißen Wirbelsäulenknochen sehen. Und, und ...«

Hallgeirr betrachtete die nervöse Angeln-Frau genau und er fragte sich, was sie so unruhig werden ließ, denn schließlich war sie eine Sklavin. Hatten die Toten sie so erschreckt?

Thyra plapperte ohne Unterlass, so dass Hallgeirr Siguror einen wütenden Blick zuwarf, der ihn achselzuckend angrinste.

»Eines Tages«, rief Hallgeirr Siguror zu, »eines Tages wird deine Tat gerächt werden! Warte nur. Dann stehe ich grinsend und lasse dich leiden.«

Sigurors Grinsen wurde immer breiter. »Das mag sein, guter Freund. Doch momentan bist du der Leidtragende. Bring sie doch einfach zum Schweigen.«

»Wie denn?« Hilflos sah Hallgeirr auf Thyra und zuckte mit der Schulter.

»Das weiß ich auch nicht«, amüsierte sich Siguror. »Halte ihr doch einfach den Mund zu.«

Skeptisch sah Hallgeirr auf die weichen, sich ständig bewegenden Lippen der Frau.

»Die beißt bestimmt!«, überlegte er grimmig. Dann schnellten blitzartig seine Hände hoch. Eine legte er an ihren Hinterkopf, die andere auf ihren Mund.

»Still, Frau«, brummte er und sah sie bittend an.

»Hmpf«, zappelte Thyra und griff zur Hand, die Hallgeirr auf ihren Mund presste. »Hmpf.«

»Wenn du deinen Mund hältst, nehme ich meine Hände weg«, beschloss er mit gutmütiger Stimme.

Thyra rollte mit den Augen.

»Hmmhmm.«

»Bist du still?«, fragte er, noch nicht ganz überzeugt.

»Hmmhmm«, nickte Thyra.

»Also gut.« Langsam schälte er seine Finger einzeln von ihrem Gesicht.

»Was ...!«

Sofort drückte er wieder zu.

»Still!«

»Hmm, hmm«, nickte Thyra und funkelte ihn aus bitterbösen Augen an.

Als Hallgeirr seine Hände langsam wieder entfernte, schnaubte sie ihn wütend an, sagte aber kein Wort mehr.

»Dieses Spiel hast du gewonnen«, lachte Siguror.

»Ja, doch ich glaube, diese Frau hat ein sehr gutes Gedächtnis.«

Ein zweiter Nordmann war am zerstörten Tor der Burg zu sehen. Er hob die Arme und gab damit bekannt, dass die ruinierte *burh* unbesetzt war.

»Keine Angelsachsen, aber auch keine Nordmänner!«

Thyra sah Hallgeirr erstaunt an.

»Kein Kampf?«

Hallgeirr stand auf und humpelte zu Siguror. »Das gefällt mir gar nicht!«

»Mir auch nicht«, murmelte Siguror besorgt und drehte seine Bartzöpfe.

Thyra hielt nichts auf ihrem Sitzplatz, sie schlich zu den Wikingern und lauschte.

»Wir werden abwarten müssen.«

»Gorm wird ein Zeichen geben.«

»Es lebten so viele *Ascomanni* in Benfleet. Und wo sind die restlichen Kriegsschiffe? Hier liegen nur wenige von Haestens Flotte auf dem Grund des Flusses.« Hallgeirr deutete über das Wasser auf die versunkenen Schiffswracks im kleinen Hafen von Benfleet.

Siguror antwortete nicht. Thyra sah, wie er mit den Augen angespannt die Umgebung der *burh* und das Ufer der Themse abtastete.

‚Erwartet er einen Hinterhalt?' Unerwartet flog ihr dieser Gedanke zu. Erschrocken blickte Thyra auf die vom Morgentau feuchten Wiesen und jubilierte still. »Ein Überfall der Angelsachsen! Dann bin ich frei!« Ein spitzbübisches Grinsen zog über ihr Gesicht.

»Still, Weib!«, fuhr Siguror sie zornig an und hastig schloss Thyra den Mund.

‚Bald. Bald bin ich wieder frei. Keine feindliche Sprache mehr. Endlich wieder genießbares Essen! Und vernünftige Kleidung!' Thyra sah an sich herab und betastete den rauen Stoff.

»Endlich!«, seufzte sie.

Siguror sah sie strafend an und fragte sich, warum diese Frau so ungehorsam war, denn schließlich war sie eine Gefangene.

»Es wird Zeit, dass wir dieses Weib loswerden. Sonst wird sie uns noch eine Menge Ärger machen!«

Hallgeirr blickte sich um und sah, wie Thyra mit wiegenden Hüften zum Sitzplatz zurückschlenderte.

»Die!« Er sah Siguror aufmüpfig an. »Die macht uns doch jetzt schon jede Menge Ärger!«

»Wie meinst du das?« Eindringlich versuchte Siguror herauszufinden, was Hallgeirr meinte.

»Ach, nur so«, wich er aus.

»Nur so?« Gefährlich leise beugte Siguror sich zu Hallgeirr herunter.

»Wie das so ist«, wich Hallgeirr aus. »So zwischen Mann und Frau.«

Ein Ruf von der Burg erforderte plötzlich ihre gesamte Aufmerksamkeit.

»Sie sind fort!« Ein Mann stand am Ufer und verkündete ihnen die Neuigkeiten.

»Die Engländer sind fort. Sie haben nur die Toten liegen lassen!«

»Und Haesten?«

»Wir haben ihn noch nicht gefunden.«

»Und seine Nordmänner?«

»Verletzte und Tote! Alle anderen sind fort!«

Thyra erkannte am Ufer den Wikinger, den sie Ulkell nannten.

»Haestens Wikinger sind fort«, murmelte Siguror. »Das ist kein gutes Zeichen. Die Runen haben Gnupas die Wahrheit erzählt. Doch wo ist Haesten?« Tief in seinen Gedanken versunken, bemerkte er Hallgeirrs neugieriges Gesicht nicht. Erst als Hallgeirr fragte: »Gnupas hat die Runen befragt?«

»Ja.«

Erstaunt sah Siguror auf und ärgerte sich über seinen Fehler.

»Erzählten die Runen auch, wo unsere Kameraden sich jetzt aufhalten?«

»Nein.«

Siguror entfernte sich und ließ Hallgeirr stehen. Die Sonne wärmte unaufhörlich die Erde und sog den Morgentau von Gräsern und Blättern. Dampfend stieg dichter grauweißer Nebel auf. Angespannt wanderte Sigurors Blick über die Themse zu den anderen Schiffen, die wie an einer Perlenschnur vor Anker lagen. Auch dort war die Nachricht über den Verlust der Landsleute angekommen. Die spannungsgeladene Stille machte einer einsetzenden Unruhe an Deck Platz.

Plötzlich quoll eine ungestüme Schar von Wikingern aus dem zerstörten Tor und wenig später stand Gorm wieder auf dem Deck der *dreki*.

Siguror stand neben seinem Häuptling und wartete angespannt auf dessen Order. Er kannte Gorm und wusste, er durfte ihn jetzt nicht zu einem Befehl drängen.

Gorm wirkte eiskalt und berechnend.

»Sind unsere Reiter angekommen?«

»Nein.«

»Ich will die anderen Schiffsführer sprechen!« Er drehte sich zu Siguror um. »Sofort!«

Thyra beobachtete den Wikingerführer aus der Entfernung. Er stand am Heck der *dreki*. Groß, imposant – gefährlich! Seine Befehle – kurz und präzise.

»Gizur«, winkte Gorm den kleinen Wikinger zu sich. »Zusammen mit Bergfin und Knut in den Ausguck.« Dann glitt sein Blick zu Torkel. »Du bewachst das Ankertau.«

Torkel verschwand aus dem Umfeld des Häuptlings. Zu genau kannte er seinen Häuptling. Wenn er in dieser Verfassung war, war es besser, aus seinem Sichtfeld zu verschwinden. Und zwar schleunigst!

»Arnthor und Einar.« Gorm nickte den beiden Männern zu. »Ihr überwacht die Segel. Vestar bereitete eine große Mahlzeit an Land zu. Broddr, du hilfst ihm.« Broddr nickte widerstandslos.

Jeder Nordmann folgte den Anweisungen des großen Häuptlings ohne ein Anzeichen von Ungehorsam.

Nur Thyra lächelte angriffslustig. Sie konnte ihre widerstreitenden Gefühle nicht einordnen. Der Hass und die Leidenschaft für diesen Mann führten einen erbarmungslosen Krieg gegeneinander. Thyra fühlte eine unbegreifliche Zuneigung genau zu diesem einen Mann, diesem Wikinger und wilden Barbaren eines fremden Volkes. Einem Herrscher, der heidnische Götter anbetete – und ihr Volk tötete.

»Wage es ja nicht, mir einen Befehl zu geben!« Aggressiv senkte sie ihre Augenlider. »Die Angelsachsen sind ein mutiges Volk. So einfach lassen sie sich nicht vertreiben.«

Schnell ging sie einen Schritt zur Seite, als Knut an ihr vorbeirannte.

»Ich werde dir nie gehorchen! An mir wirst du dir deine Zähne ausbeißen!«, zischte sie leise.

Der Tumult auf dem Schiff verstärkte sich beträchtlich. Doch jeder bewältigte umsichtig seine Aufgaben. Wildschweine, Hasen und Rehe wurden gejagt und geschlachtet, Getreidesäcke und Metfässer von Bord getragen.

Thyra sah Aesa und Gnupas an einem Feuer sitzen. Die Frauen hatten eine Vielzahl von großen und kleinen Holzschalen um sich gestellt und verteilten offenbar verschiedene Kräuter in jedes Gefäß.

»Dass Aesa eine Heilerin ist, das wusste ich. Aber die Alte?«, wunderte Thyra sich.

Andere Wikingerfrauen bereiteten in massiven Eisentöpfen über dem Feuer deftige Eintöpfe und Suppen zu. Sie mahlten das Korn und nach einer Weile zogen nach frischem Brot und Holz duftende Rauchwaden über das Lager. Thyra erkannte den braunhaarigen Wikinger, der aufbrausend einem Kameraden in den Hintern trat, als dieser unabsichtlich ein Wasserfass umstieß.

»Noch einmal so einen Fehler und du wirst neben Gestr im Flussbett liegen!«, fuhr Ketill den Wasserträger unbeherrscht an. »Und ich werde dafür sorgen, dass du bei Gorm in Ungnade fällst.«

Aalakr sah Ketill scheu an und beeilte sich, aus dem direkten Umfeld dieses Despoten zu entfliehen.

Dann sah Thyra sie!

Es waren stattliche Männer. Stolz, mit prächtigen Bärten, langen Haaren und kostbaren Gewändern.

Erstaunt sog Thyra zischend die Luft ein.

Dort schritten sieben Anführer!

Der Erste, der an Bord der *dreki* ging, trug einen braunen Bibermantel, darunter erkannte Thyra ein weißes Lederwams und eine Leinenhose mit Wadenwickeln, die von aufwändigen Fibeln gehalten wurden. Er blieb für einen Augenblick stehen und ließ seinen Blick über das Deck und die Mannschaft gleiten.

»Cuaran, sei gegrüßt!« Gorm hob die Arme, schlug ihm freundschaftlich seine Hände auf die Schultern und sah zur Reling.

»Ich danke auch dir, Elfraor, dass du meinem Aufruf gefolgt bist.«

Thyra sah einen Wikinger in einem Zobelmantel an Deck gehen. Mit leicht zusammengekniffenen Augen beobachtete Elfraor seinen Häuptling. Sein konisch geformter Helm aus Eisen glänzte in der Sonne und Thyra erkannte deutlich das eingeritzte Abbild eines Wolfes.

Gorm nickte dem Nächsten zu. »Nereior, *styrimannr* der *vargr hafs*. Seid willkommen!«

Nach Nereior folgte Briningr. Er trug einen elegant geschnittenen Umhang, der über und über mit einer üppigen Goldstickerei verziert war.

»Der *styrimannr* der *gullbringa*. Du lässt meine Augen glänzen«, lachte Gorm ihn an.

»Das will ich doch hoffen.« Freundschaftlich schlugen sie einander auf die Schulter.

»Und wen bringst du mit?«

»Bror folgt mir auf dem Fuße.«

»He!«, tönte der kräftige Bariton vom Steg und Bror sprang an Deck.

Thyra schlug sich erschrocken die Hand auf den Mund. Doch als sie Bror eingehend betrachtete, erkannte sie, dass die lebensechten Schlangen, die sich vom Handgelenk des Nordmanns den Unterarm hinauf schlängelten, tiefschwarze Hautbilder waren.

Jetzt folgte Yngvarr. Auf seinem konischen Helm erschien deutlich die Skulptur eines Greifvogels. Yngvarr hatte sich einen tiefblauen Umhang, an dem die getrockneten Krallen von Adler, Bussard, Falke und Habicht hingen, über die Schulter geworfen. Nur der letzte Schiffsführer trug offenbar keine Insignien. Thyra erkannte nichts. So sehr sie auch suchte. Ihr fiel nur sein glänzendes Schwert auf, das die Schwerter der anderen Schiffsführer an Größe weit übertraf. Die Spitze der Waffe, die in einer ledernen Scheide steckte, lugte unter dem Fuchsfellmantel hervor. Am goldglänzenden Knauf schmückten farbenfrohe und sehr kostbare Edelsteine das Schwert.

»Israuor«, begrüßte ihn Gorm. »*Styrimannr* der *hárknifr*, ich danke auch dir, dass du meinem Ruf gefolgt bist.«

»Hallo Gorm. Weißt du schon etwas Näheres? Hast du eine Nachricht von Haesten erhalten?«

Gorm schüttelte den Kopf. »Noch nicht.« Nachdenklich sah er über den Fluss zum Land. »Die Reiter hätten vor Langem zurückkehren müssen.«

»Sie sind sehr vorsichtig«, provozierte Bror, der hinter ihnen stand. »So wie du es ihnen offenbar aufgetragen hast.«

Verärgert blickte Gorm Bror an, sagte aber: »Wir wollen uns setzen.«

Keiner von der Schiffsmannschaft wagte sich in die Nähe der Anführer. Selbst Siguror stand einige Schritte abseits. Thyra erkannte, wie ergeben die sieben *styrimannr* Gorm als ihren *edling-r* achteten.

»Du bist der Herrscher! Der Anführer!«

Aus der schwarzen Burgruine schlängelte der grauschwarze Rauch. Der Wind trug die Gerüche der Feuerstellen herüber. Und Thyras Magen erzählte knurrend von seiner langen Untätigkeit, während ihr der Speichel im Mund zusammenlief.

Die Sonne schien vom azurblauen Himmel und sie beobachtete die einflussreichen Männer. Diese legendären Acht bildeten einen Achtung gebietenden Kreis von Verschworenen auf dem Heck der *dreki*.

Thyra warf einen Blick auf Hallgeirr und musterte eingehend seine immer weiter fortschreitende Beweglichkeit. Er war mit dem Rupfen und Ausnehmen der Graugänse beschäftigt und vernachlässigte die Bewachung der *Ambátt*. Thyra erkannte es mit einem Blick. Sie wollte unbedingt wissen, was die mächtigen *styrimannr* an Bord besprachen.

»Es ist immer wichtig zu wissen, was vor sich geht.« Sie grinste listig und summte: »So geht man manchmal unliebsamen Überraschungen aus dem Weg.«

Langsam entfernte Thyra sich von Hallgeirr, der von einer schwebenden weißbraunen Federwolke und den stinkenden Ausdünstungen der Eingeweide umweht wurde.

Niemand nahm Notiz von der Angeln-Frau, die anscheinend gelangweilt an der Reling zum Heck entlang schlenderte. Müßig beugte sie sich über die Holzbalustrade, sah hinunter zum Wasser und beobachtete offenbar hoch konzentriert den großen Fischschwarm, der mit einer irrwitzigen Geschwindigkeit nach Mücken schnappte, die auf der Wasseroberfläche tanzten.

Es war ihr klar, dass sie die Landessprache der Nordmänner nicht verstand, doch vielleicht, so ihre Hoffnung, konnte sie das ein oder andere Wort in Verbindung mit dem Plan bringen, den diese einflussreichen Männer schmiedeten.

»Ich habe mit dem Zauberweib gesprochen«, fing Gorm an und ein erstauntes Murmeln flackerte auf. Gorm hob den Arm und sofort trat Schweigen ein. »Wie ihr wisst, hat Gnupas die Runen befragt und diese erzählten von diesem Kampf.« Er zeigte hinauf zur *burh*. »Gnupas sagte weiter, dass Haesten lebt, aber auch, dass ein heftiges Gemetzel viele Tote fordert.«

Gorm machte eine Pause und sah seinen Königsdrengiren, einem nach dem anderen, in die Augen.

»Die Runen sprachen die Wahrheit über den Kampf auf dieser Burg.«

Bror griff zu seinen Schlangen am Unterarm und nickte seinem Häuptling zu. »Doch wo ist Haesten? Haben die Runen Gnupas nichts über seinen Verbleib erzählt?«

Gorm sah Bror an. »Da Haesten es bei der Schwere des Kampfes offenbar unmöglich war, uns eine Nachricht zukommen zulassen, hat Gnupas heute für mich erneut die Runen befragt.« Gorm erntete erstaunte Blicke.

»Die Runen haben dir erzählt, wo Haesten sich aufhält?«

»Ja.«

»Sag«, forderte Cuaran, »was sah Gnupas durch die Runen?«

»Haestens Familie wird in eine große, naheliegende Stadt gebracht.«

»Ludúnir«, raunte Elfraor. »Und er?«

»Haesten soll hier sein!«

»Hier!«

»Dann müssten wir ihn doch schon gefunden haben?«

»Wo soll er denn sein? Die Burg wurde mehrfach durchsucht!«

Die Aufregung unter den Königsdrengiren wurde groß.

»Wo sind seine Männer und seine *styrimannr*?«

»Wo ist seine Flotte? Seine Kriegsschiffe?«

»Ich habe die Schiffswracks, die hier auf Grund liegen, gezählt. Es sind sechs Wracks. Dann sah ich, dass die Angreifer, und es können nur die Engländer gewesen sein, noch dreiundzwanzig Schiffe zerlegt haben. Es liegen nur noch die Trümmer dieser hervorragenden Schiffe im Fluss. Unser Heer bestand aber im Frühling aus achtzig Schiffen! Wo sind die anderen dreiundvierzig Kriegsschiffe?«

Alle sahen Nereior an. Er hatte sich erhoben und stand aufrecht und fordernd im Kreis der *styrimannr*.

»Du hast die Schiffswracks gezählt?«, staunte Cuaran und erntete nur einen schrägen Blick von Nereior.

»Wir fuhren an Ludúnir vorbei. Doch es war Nacht! Der Hafen war nicht einsehbar. Wenn die Engländer es geschafft haben, diese *burh* niederzubrennen und neunundzwanzig unserer besten Kriegsschiffe zu vernichten, können wir davon ausgehen, dass unsere Schiffe in Feindeshand sind. Wahrscheinlich liegen sie im Ludúnirer Hafen oder einem anderen Hafen nahe der Stadt.«

»Reiter!«

Der Ruf ließ die Augen aller zum Ufer fliegen.

»Sie kommen! Unsere Reiter kommen!«

Thyra folgte der Blickrichtung der *Ascomanni*. Niemand nahm Notiz von ihr. Worüber sie äußerst erleichtert war, denn sie erinnerte sich sehr wohl an die Drohung von Siguror, als sie den Hals des Drachen umschlang, um besser sehen zu können.

»Sie sind wieder da.« Staunend hob sie ihren Arm. »Ein reitendes Seefahrervolk!«

Gorm sprang auf und gab Siguror unauffällig ein Zeichen. Der nickte und ging zum Schiffssteg. Die Reiter hielten in einiger Entfernung und Thyra sah, wie der Rotbezopfte zu einem der Reiter an Land ging und ihn an Bord brachte.

Gorm ging beiden entgegen. Schweigend empfing er Siguror mit Agmundr, der die Reitertruppe anführte.

»Seid gegrüßt, großer Häuptling«, begann Agmundr seinen Bericht.

Gorm nickte ihm zu und wartete auf seine Aussage.

»Hmphgrh«, räusperte Agmundr sich, als ob er seine Stimmbänder seit Tagen nicht benutzt hätte.

»Nun?«, forderte Gorm und wartete.

»Hmphgrh.« Seine Augen wanderten furchtsam zu den einflussreichen Schiffsführern, denn er war es nicht gewohnt, vor allen *styrimannr* zu sprechen.

»Wir ritten nur abseits der Dörfer und Häuser.« Unwohl blickte er zu Gorm hoch.

»Und?«

»Keiner sah uns.«

»Weiter!« Gorm verlor langsam die Geduld.

»Aber wir sahen in den vergangenen Tagen ein Heer von feindlichen Soldaten, die mit vielen Gefangenen in die Stadt wanderten.«

Gorm richtete sich angespannt auf. »Wie viele Engländer waren es?«

»Ich – ich weiß nicht«, stotterte Agmundr.

Ungehalten beugte sich Gorm zu ihm herunter. »Überlege!«, drohte er leise mit einem gefährlichen Unterton in der Stimme.

»Hmpfgrh.«

»Schneller!«

»Also, mehr als Blätter an einer Eiche sind.« Stolz richtete Agmundr sich auf, weil ihm so etwas Kluges eingefallen war.

Gorm saugte langsam die Luft in seine Lungen. »Wie viele?«, harschte er Agmundr an.

Eingeschüchtert stolperte Agmundr einige Schritte zurück. »Mehr als, als ... ich weiß nicht.«

»Wie viele Blätter sind an einer jungen, kleinen Eiche?« Gorm musste seine Wut auf diesen einfältigen Mann zügeln.

Agmundrs Augen strahlten. Endlich hatte er verstanden. »Die Eiche ist alt und so hoch wie der Mast der *dreki*.«

»Viele Menschen also«, murmelte Gorm. »Was hast du sonst noch gesehen?«

»Das war alles, großer Häuptling.« Agmundr fühlte sich augenscheinlich nicht wohl.

»Dann geh!« Gorm drehte sich zu seinen *styrimannr* um. »Alles deutet darauf hin, dass die Engländer ihre Gefangenen nach Ludúnir bringen.«

»Dann wissen wir ja, wohin unsere Reise geht.« Briningr grinste und seine Bartzöpfe wippten vergnügt.

Auch Gorm konnte sich ein Grinsen nicht verkneifen. »Ich frage mich, ob sie uns erwarten?«

»Gnupas Runen sprachen bisher immer die Wahrheit. Wir werden Haesten in der *burh* suchen, denn er wartet auf uns«, freute sich Bror und seine schwarzen Schlangen züngelten und wandten sich auf seiner behaarten Haut, als er die Fäuste drohend gen Himmel hob. »Diese bleichen, dürren Engländer werden sich vor Angst in den Erdlöchern verkriechen, wenn sie uns sehen!« Bror stand auf, stieß seine Arme in die Höhe und schrie: »Grooahh! Endlich! Endlich ist die Zeit des Wartens vorbei!«

»Wenn Haesten noch lebt«, warf Nereior nachdenklich ein und seine braunen Augen glichen exakt denen eines Wolfes. »Wenn nicht, was dann?«

Doch keiner achtete auf den Einwand von Nereior.

Thyra stand nicht weit entfernt von den bedeutenden, edel gekleideten Wikingern. Es fiel immer wieder das Wort *Haesten*, doch sie hatte keine Erklärung. Thyra ärgerte sich kolossal über ihre Unkenntnis. Nichts hatte sie herausbekommen! Wenn ihre Landsleute sie befreiten, konnte sie ihrem Volk keine Hilfe sein. Ihnen nichts über die Pläne der Feinde berichten. Frustriert schlenderte sie über das Deck und stieß mit Aesa zusammen.

»Aehhsah«, rief sie erfreut und strahlte die Wikingerfrau an.

»Aesa«, forderte die Heilerin Thyra unmissverständlich auf, ihren Namen korrekt auszusprechen.

Thyra räusperte sich und versuchte es ein zweites Mal. »Aeessa.«

Dieses Mal lächelte die Wikingerin entzückt und ging dennoch an Thyra vorbei.

»Aesa, ich werde nicht von dir weichen, bis ich diese grässliche, vermaledeite Sprache gelernt habe.« Grummelnd folgte sie der Kräuterfrau.

Aesa zuckte mit den Achseln und ging weiter, doch so leicht ließ sich Thyra nicht abschütteln.

»Ich folge dir jetzt auf Schritt und Tritt, bis ich verstehe. Denn eines ist mir inzwischen klar geworden: Ihr seid zu viele gut ausgebildete Krieger und Seeleute. Und ihr seid zu gut ausgerüstet, als dass ich euch ignorieren darf.«

Aesa blieb stehen und sah Thyra mit leicht zusammengekniffenen Augen an.

»Ich weiß, du verstehst mich nicht.« Thyra grinste Aesa schelmisch an und stolperte tollpatschig über ein Seil.

»Aaah! Verdammt.« Thyra ruderte heftig mit den Armen, doch sie fing sich schnell wieder. »Aber das wird sich ab heute ändern!« Polternd kam sie neben Aesa zum Stehen und lächelte sie an.

»Ich werde Gorm erwürgen, wenn er diese Angeln-Frau nicht bald verkauft«, knurrte Aesa, ohne Thyra direkt anzusehen.

»Seel-ja?«, wiederholte Thyra ein Wort und erreichte zum ersten Mal, das Aesa sie genau betrachtete.

»Sel-ja, en sed-r.«[179]

»Sel-ja, en sed-r«, benutzte Thyra die fremde Sprache, ohne zu wissen, was diese Worte bedeuteten.

Aesas Augen funkelten vergnügt und sie sah sich hastig um.

»Bend-i.« Sie zeigte auf das Seil vor Thyras Füßen.

»Bend-i«, grinste Thyra und nahm das Seil in die Hand.

Eilig lief Aesa zu den geschlachteten, kopflosen Blässhühnern. »Haen-s.«

»Haan-s.«

Aesa schüttelte ihren Kopf, zeigte erneut auf das Federvieh. »Haen-s.«

Dieses Mal sprach Thyra es richtig aus. Aesa lächelte die Angeln-Frau an.

»Das ist ja eine Überraschung. Du willst also unsere Sprache lernen?«

Thyra neigte ihren Kopf fragend zur Seite, so dass Aesa sie kapitulierend anlächelte.

»Ambátt.« Aesa deutete auf Thyra.

---

179 Verkaufen, aber bald.

»Aaambaht«, versuchte Thyra das neue Wort und lächelte, weil die Zunge ihr nicht gehorchen wollte.

»Das wird schon«, meinte Aesa und nahm Thyra mit.

‚Das hat ja gut funktioniert', freute sich Thyra und hoffte, dass die Wikingerin ihr die listigen Gedanken nicht vom Gesicht ablesen konnte. ‚Denn wenn ich erst eure Sprache beherrsche, dann kann ich euch auch besser bekriegen. Ich bin zwar kein Mann, aber ein kluger König wie Alfred wird dann auch eine Frau zu schätzen wissen!'

Aesa griff Thyras Hand und rannte im Laufschritt zu Gorm.

»Oh, nein!« Thyra stöhnte mit immer blasser werdender Gesichtsfarbe, als sie Aesas Absicht erkannte. »Nicht zu dem.«

»Gorm.« Aesa trat respektvoll vor den Häuptling.

»Diese Frau hat die Absicht, unsere Sprache zu erlernen.«

»Was?« Amüsiert blickte Gorm Thyra tief in die Augen. »Hat dieses Weib jetzt ihre Meinung geändert?«

»Offensichtlich.« Empört erhöhte Aesa ihre Stimme um einige Oktaven.

»Ach ja.« Gorm musterte Thyra eingehend, fast als betrachtete er diese Sklavin zum ersten Mal. Thyras Herz flatterte und eilig senkte sie ihre Augenlider.

»Diese Frau will jetzt unsere Sprache lernen«, erklärte Aesa dem scheinbar begriffsstutzigen Häuptling erneut. »Hat sich dein Befehl geändert oder soll es ihr weiterhin erlaubt werden, unsere Worte zu benutzen?«

Gorm beherrschte seine Gesichtszüge hervorragend. Nichts deutete auf seine vergnügten Gedankengänge, als er zu Thyra trat und mit festem Handgriff ihr Kinn packte. Langsam hob er ihren Kopf in die Höhe und zwang sie, ihn anzusehen.

»Du willst also doch unsere Sprache lernen?«, fragte er sie leise und beugte sich tief zu ihr hinab.

Thyras Knie zitterten. Schon wieder! Und sie verfluchte ihren Körper für diese niederschmetternde Reaktion. Ihre Augenlider flackerten, doch sie schaffte ein verführerisches Lächeln und sah Gorm auffordernd ins Gesicht.

»Ich ...«, stotterte sie leise und verfluchte sich. »Ich will eure Sprache sprechen.« Davon war sie zu diesem Zeitpunkt wirklich überzeugt!

»Aha«, brummelte Gorm und amüsierte sich köstlich. Nur kurz warf Thyra einen Blick in seine grauen Augen und war verloren. Knurrend biss sie ihre Zähne aufeinander.

‚Diese verdammten Augen! Wieso schaue ich nur immer hinein?'

Aesa sah von Thyra zu Gorm und fragte sich ernsthaft, was zwischen diesen beiden vor sich ging.

»Sie darf!«

Wie ein Peitschenhieb wurden Aesas Gedanken unterbrochen. Erschrocken trat sie einen Schritt zurück und betrachtete Gorm missmutig. Verdutzt nickte Aesa dennoch, mit großen Augen und verschwand eilig mit der Sklavin an der Hand aus Gorms beunruhigendem Wirkungskreis.

Doch Aesas Gedanken kreisten um Gorm und Thyra.

Was war zwischen den beiden? Fragend sah sie Thyra an, die eilig dem Blick auswich. Aesa lächelte. ‚Das ist es also! Sie mag ihn!', erkannte die Heilerin und lächelte immer noch, als sie Hallgeirr erreichte.

Thyra durfte nicht von Bord. Ein drohender Blick von Siguror genügte, um ihr dieses Anliegen zu verbieten. Sehnsüchtig und hungrig schaute sie zum Ufer. Dort hockten die Nordmänner mit dem Mittagessen in den hölzernen Schalen und aßen genüsslich die Mahlzeit.

Thyra sah sich gelangweilt auf dem Deck um. Niemand nahm Notiz von ihr. Sie hatte Hunger, Durst und ihre Blase verlangte ihr Recht.

‚Sie sind alle beschäftigt.'

Vorsichtig schlenderte Thyra zum Holzsteg, der die einzige trockene Verbindung zum Land herstellte. Noch ein kurzer einschätzender Blick und ohne zu zögern, rannte Thyra über das schmale, wippende Holzbrett, unter sich das spiegelnde Wasser der Themse, auf festen Boden.

»Hat mich jemand gesehen?«

Unsicher vergewisserte sie sich. Doch keiner achtete auf die Sklavin.

»Langsam«, befahl Thyra sich, denn ihre Füße wollten rennen. »Ganz langsam.«

Sie schlenderte über den Platz, als ob es das Natürlichste der Welt wäre, dass eine Gefangene sich frei im Feindeslager bewegte. Sie ging an Wikingern vorbei, die mit Appetit den herzhaften Eintopf aßen. Lächelnd, mit knurrendem Magen, nickte sie ihnen zu und ging weiter. Ihr Ziel war die andere Seite der Burg. Dort hoffte sie ungestört zu sein, denn die Blase wurde fordernder.

Ein hoffnungsvolles Lächeln zog über ihr Gesicht. »Dann fliehe ich!« Sie umrundete ein Feuer. »Das ist ja einfacher, als ich dachte. Keiner achtet auf mich!« Blindlings griff sie sich ins wirre Haar und kratzte sich ausgiebig.

»Läuse?«, fragte sich Thyra entsetzt und blickte zuerst auf ihre verdreckten Fingernägel und dann nachdenklich zurück ins Wikingerlager. »Es wäre kein Wunder.«

Vorsichtig hob sie ihren Rock und stieg über schwarzverkohlte, immer noch glühende und an einigen Stellen qualmende Holzstämme der zerstörten Burg.

»Hmmh. Keiner beachtet mich. Ich kann fliehen!«

Thyra schürzte überlegend die Lippen, das Herz klopfte kräftig gegen ihre Brust. Sie zwang sich, gemächlich an den Palisaden der Burg entlang zu gehen.

»Vom Schiff sah die Burg nicht so hoch aus.«

Staunend trat sie an die Burgwand heran und berührte zaghaft die grob geschlagene Holzwand. Es roch scharf nach verbranntem Holz – und nach etwas – anderem? Verwesendem?

Etwas, dass ihr die Gedärme zusammenzog und den Mageninhalt nach oben in ihren Schlund drückte! Eilig schluckte Thyra und ging weiter, wobei sie sich immer wieder zwingen musste, nicht zu rennen. Doch plötzlich blieb sie erschrocken stehen.

»An diese Toten habe ich nicht gedacht.« Sie sog entsetzt die Luft ein und ging zögernd an den baumelnden Leichen vorüber. Stumm hingen sie an den Seilen. Die Angelsachsen hatten die Frauen, Kinder und Männer an dicken Tauen von den Palisadenwänden der Burg herabgelassen, an ihren Handgelenken oder an den Beinen gebunden und von den höchsten Spitzen der Burgruine herabgehängt.

Schwarze Fleischfliegen schwirrten laut brummend um die stinkenden Leichname herum und als Thyra vorsichtig vorbei schlich, erhoben sich hunderte, laut und widerlich summend, von ihrer Brutstätte. Einigen schon verwesenden Körpern fehlte der Kopf oder die Arme. Andere baumelten an eingeschnürten Handgelenken, ohne Beine oder Füße, im Frühlingswind. Die Haut schürfte am Holz entlang.

Der Wind blies stärker.

Doch was sich zuerst als himmlischer Segen für die Nase erwies, erschien bald als ein nie zu vergessendes Bild der Grausamkeit. Die Leichen polterten gegen die Palisaden und die Verwesenden platzten auf! Die verfaulten Gedärme, Innereien und Körperflüssigkeiten platschten auf die Erde oder schleimten an der Holzwand der blutgetränkten Erde entgegen.

Ihr wurde speiübel! Die Bilder der Toten und der Leichengestank waren unerträglich! Doch sie musste an den gefolterten Leichen vorbei, wenn sie einen ungestörten Platz für ihre Notdurft finden und fliehen wollte.

Unbewusst beschleunigte Thyra ihre Schritte und sog erleichtert die klare Luft, die der Wind ihr ins Gesicht blies, ein, als sie den letzten Toten passierte.

Sie war fast am Ziel! Dort stand eine Gruppe von Haselnussbüschen, die für ihren Zweck die perfekte Lösung darstellten. Sie setzte gerade zum Ziellauf an, als sie von der Totenwand ein gequältes Stöhnen hörte.

Sofort stoppte Thyra ihren Lauf. Sie wagte es nicht zu atmen oder sich umzudrehen! Eiskalt lief es ihr den Rücken hinab, während sie wie festgenagelt auf der Stelle stand und horchte.

»Es war bestimmt nur der Wind. Bestimmt! Bestimmt war es nur der Wind, der die Seile zum Schwingen brachte und dann reibt es gegen das Holz«, versuchte sie, sich zu beruhigen. Sie wollte gerade weitergehen.

»Oh, nein!«, jammerte Thyra und kniff ihre Augen fest zusammen.

Erneut dieser schreckliche, lang gezogene, klagende Laut. Ihre Beine zitterten vor Grauen!

»Wenn die Seelen der Toten diesen Pfad als Geistwesen entlangwandern, dann verlasse ich das Schiff nie wieder«, schwor sie und drehte sich langsam um. Ihr Atem ging vor Grauen flach und schnell.

»Wenn es Geister sind?«

Sie blickte hinauf zur Totenwand und betrachtete die hängenden Leichen eingehender. »Wenn sich auch nur einer von euch bewegt oder mit mir spricht, dann, dann …! Mmmh.«

Mit fest zusammengepressten Lippen sah sie die verstümmelten Toten an.

Der Wind rieb die Leichen an der Holzwand. Die Sonne strahlte vom Himmel, wärmte die Haut und harmloser, trällernder Vogelgesang umgarnte die Ohren.

»Keine Geister! Keine toten Seelen.«

Erleichtert grinste Thyra etwas verzerrt. Ihre Blase drohte mit Flüssigkeitsverlust und blitzartig verschwand sie hinter den Haselnussbüschen.

Doch der Rückweg drohte!

Vorsichtig drückte Thyra sich durchs Gewirr von Zweigen und dichtem Laubwerk. Blickte sich lauernd um.

»Niemand hat mich gesehen.« Nachdenklich runzelte sie die Stirn. »Welchen Weg soll ich einschlagen? Sie werden sofort ahnen, dass ich nach Ludúnir gehe!« Verärgert strich Thyra den Rock der Tunika glatt. »Wohin sonst? In eine andere Richtung am Fluss entlang? Ins Landesinnere? Was erwartet mich dort? Noch mehr Barbaren oder mein eigenes Volk?«

Ohne es zu merken, liefen ihre Füße zur Burg.

»Und dann werden die Wikinger mich in kürzester Zeit einholen.« Grimmig warf sie einen Blick auf die baumelnden Leichen und ging wachsam an den ersten Toten vorbei.

»Vor allem Gorm. Dieser Wüstling! Dieser herzlose Bluthund!« Stampfend umrundete sie ein trübes Wasserloch.

»Diese Barbaren brauchen sich noch nicht einmal zu bemühen, dass ich ihnen erhalten bleibe. Ich weiß ja noch nicht einmal, wo die nächste Burg ist, wo ich eine Unterkunft …«

Plötzlich hielt Thyra mit ihrer Schimpfkanonade inne.

»Was ist das für ein merkwürdiger Ton?« Thyra krächzte alarmiert und ließ ihre Augen misstrauisch an der Totenwand entlangwandern. Ihre Nackenhaare stellten sich vor Angst und Grauen auf.

»Ich will euch eigentlich gar nicht ansehen. Ich will nicht in eure toten Augen sehen. Ich will …« Ihr Magen verkrampfte sich. Wieder dieser schreckliche Laut. »Lebt da noch einer von euch?« Zaghaft suchte sie die Wand ab und ging näher heran.

Vor ihr hing kopfüber eine Frau. Thyra fasste beherzt ihren Haarschopf, riss den Kopf hoch und sah sie an. »Bist du es?«

Sie schüttelte den schweren Kopf der Toten und wagte kaum, ihre Lippen zu öffnen, um dem schwarzglänzenden, brummenden Fliegenschwarm kein Einschlupfloch in ihren Mund zu ermöglichen. Mit der anderen Hand wedelte Thyra die widerlichen Fleischfliegen von Haar und Gesicht.

»Weg! Verschwindet! Ihr ekligen Viecher!« Thyra zögerte besorgt. »Lebst du wirklich nicht mehr?«

Skrupellos, mit fest zusammengepressten Lippen legte sie ihr Ohr an den vertrockneten, aufgerissenen Mund der Frau. Doch kein Laut drang über die aufgequollenen Lippen der Toten.

»Du warst es nicht!«

Thyra spähte zum nächsten Leichnam. Der hing an den Handgelenken herab. Sie schüttelte heftig am einzigen Bein. Doch nur eine kräftige Welle ging über den widerstandslosen, fast knochenlosen Körper. Unheilvoll gurgelte das Blut in seinem Hals. Thyra schüttelte noch einmal.

»Nur, um sicher zu sein«, murmelte sie, während ein Angstschauder über ihre Haut wanderte. Doch der Tote gab keinen weiteren Laut von sich.

»Du bist es auch nicht.«

»Ich kann doch nicht alle Toten durchschütteln! Außerdem will ich es auch nicht. Sollen die Barbaren doch ihre Toten von den Seilen schneiden!«

Dann sah sie das Kind und biss sich auf die Lippen.

»Bei dir will ich es noch wagen«, flüsterte sie mit Tränen in den Augen. Der kleine Junge hing an den Handgelenken. Doch auch er war schon lange tot.

Energisch drehte Thyra sich um.

»Gut, du warst der Letzte! Ich bilde mir nur etwas ein und werde nie wieder diesen Weg gehen!«, beschloss sie mit lauter fester Stimme. Doch dann war da wieder dieses Stöhnen.

Lang und qualvoll.

Sie ließ erschüttert ihre Schulter fallen und blickte erneut die Totenwand hoch.

»Wer bist du?«, flüsterte sie verzweifelt.

»Beiz-l-a«,[180] hörte sie die leise Stimme. »Beiz-l-a.«

---

180 Bitte.

Weit riss Thyra ihre Augen auf und prüfte jetzt doch mit zusammengebissenen Zähnen jedes Gesicht.

»Wer bist du?« Ihre Stimme zitterte, während sie mit wackeligen Beinen die Totenwand abschritt. »Ich habe dich doch gehört? Rede mit mir!«

Einen nach dem anderen fixierte sie.

»Beiz-l-a.«

Dann sah sie ihn! Kopfüber hing er an der Bretterwand. Sie traute ihren Augen nicht! Sein Körper war blutüberströmt, kaum dass die Haut unter dem vertrockneten Rot zu erkennen war. Blitzschnell stand sie bei ihm, hob den Kopf vorsichtig mit beiden Händen in die Höhe.

»Bist du es? Hast du mit mir gesprochen? Lebst du?«

Er versuchte seine gequollenen Augen zu öffnen, doch sie flatterten nur.

»Du lebst!«

»Beiz-l-a.«

»Ich helfe dir!« Ihre Stimme flatterte vor Aufregung. »Warte! Halte durch!«

Vorsichtig legte sie seinen Kopf wieder gegen die Bretterwand und rannte ins Wikingerlager.

»Hilfe!«, schrie sie schon aus der Entfernung. Doch sie erntete nur fragende und erstaunte Blicke von den Männern, die schmausend um die Feuer saßen oder standen und genüsslich die erste warme Mahlzeit seit Tagen aßen.

»Was macht die *Ambátt* dort?«, fragte Ongull, der Steuermann, kauend in die Runde und biss herzhaft mit noch vollem Mund in ein Gänsebein.

»Hilfe!«, schrie Thyra und rannte auf die Gruppe von Wikingern zu. Die Seeleute sahen die Gefangene verdattert an.

»Darf die denn an Land?«

»Weiß nicht. Muss wohl!«, kam kauend eine Antwort.

Keuchend erreichte Thyra die Männerrunde.

»Helft mir!« Sie zerrte am Arm eines Nordmanns, der sie verächtlich wie eine aufdringliche Fliege abschüttelte.

»Was will denn das Weib? Weiß die sich nicht zu benehmen?« Ongull schüttelte fassungslos den Kopf und griff zum Becher.

»Bitte, helft mir!«, flehte Thyra und rannte von einem zum anderen. Zog und zerrte, doch die Wikinger sahen Thyra nur abfällig an und beschlossen, diese Verrückte nicht zu beachten.

»Diese Angelsachsen sind schon ein merkwürdiges Volk«, lästerte Ulkell und erntete vielstimmiges Gelächter.

»Wir sollten dieses Weib einfangen und einsperren«, meinte Eirikr und nahm einen kräftigen Schluck Molke aus dem Trinkhorn. »Vielleicht ist ihr Benehmen ja ansteckend!« Die Männerrunde lachte laut.

»Wir sollten sie zu den anderen Weibern stecken.« Kali gluckste. »Verrückte Weiber sind so angenehm und anschmiegsam in der Nacht.«

Herzhaftes Lachen dröhnte durch die Gemeinschaft.

Zornig stemmte Thyra ihre Hände in die Hüfte und baute sich vor diesen einfältigen Männern auf.

»Ihr wollt mir nicht helfen! Ich werde euch beibringen, mir zu folgen!« Ihre Augen glitzerten gefährlich.

Ohne Vorwarnung trat sie durch den Ring der sturen Männer zur Feuerstelle. Sie war zu schnell, als dass auch nur einer der Nordmänner reagieren konnte. Noch einmal blickte sie kurz mit gefährlich glitzernden Augen in die Runde. Dann trat sie wieselflink gegen den großen eisernen Topf, in dem eben noch der kräftige Eintopf duftend geköchelt hatte. Das Lachen der Männer erstarb.

Der schwere Topf schaukelte unschuldig über die Flammen, schnell gab Thyra ihm noch einen letzten kräftigen Stoß und augenblicklich floss der gesamte Inhalt zischend ins Feuer und erstickte es blubbernd.

»Die ist wahnsinnig!«, erkannte Ongull.

Blitzschnell sprangen die Männer auseinander, fielen rücklings auf die Erde, um ihre einzelnen Körperteile vor dem heißen, köstlichen Inhalt zu schützen und fluchten über das verrückte Weib dieser Angelsachsen.

»Wollt ihr mir jetzt folgen?«, reizte Thyra die Männer zuckersüß und stieß provozierend einen noch schwankenden Nordmann, der den dampfenden Eintopf in seiner Essensschale ausbalancierte und so vor dem Verfall retten wollte, in die Seite. Bergfin sah, wie seine Fleischstücke und das saftige Gemüse aus seiner Schale schwappten und einen farbenfrohen Kontrast auf dem hellgrünen Gras bildeten. Nur die Fleischbrühe versickerte im dunklen, jetzt nassen Acker.

»Groah!«, knurrte er, rappelte sich mühsam auf und wollte sich auf dieses unnütze Weib stürzen.

Doch die *Ambátt* hatte auf dem Absatz kehrtgemacht und rannte, so schnell ihre Beine es vermochten, mit einem Gefolge von zornigen Wikingern an ihren Fersen zu dem Verletzten an der *burh*.

Gorm sah sich erstaunt um. Der laute Tumult der brüllenden Horde war über den gesamten Platz zu hören.

»Was ist dort los?«

Er sah Thyra mit fliegendem Rock eilig vor einer Gruppe zorniger Nordmänner flüchten.

»Was hat die denn schon wieder angestellt? Und was macht sie an Land?«

Er hörte das zornige Brüllen seiner Männer und setzte sich in Bewegung.

»Deine Sklavin hält dich ja ganz schön auf Trab«, unkte Siguror.

»Ach!«, winkte Gorm schon im Laufschritt ab.

»Die ist aber ganz schön schnell.« Siguror hielt eine Hand schützend vor dem Licht der Sonne über seine Augen und betrachtete das flüchtende Weib mit dem brüllenden Geschwader dahinter amüsiert.

Langsam legte Siguror seine Essensschale aus der Hand.

»Ich glaube, du brauchst jetzt meine Unterstützung.«

Thyra traute sich nicht, sich während des Laufes umzudrehen. Allein das tierische Gebrüll der überreizten Wikinger, die ihr dicht auf den Fersen waren, trieb sie zu einem noch schnelleren Lauf an. Plötzlich war sie von ihrem Tun überhaupt nicht mehr überzeugt. Doch es war zu spät!

Die nach Beute gierende Meute war ihr dicht auf den Fersen und wenn sie den Verletzten nicht rechtzeitig erreichte, würde er sterben – und sie wahrscheinlich auch.

Während des Laufens hob sie ihren Rock hoch über ihre Beine und sah zur Todeswand.

»Nur noch fünfzig Schritte!« Sie rannte, was ihre Beine und ihre Lunge hergaben. Die Beine flogen über die Erde. Sie verlor die Schuhe und rannte barfuß weiter. Sprang über Baumstämme und trat in trübe, schlammige Wasserpfützen.

Sie hörte das übel gelaunte Brüllen der Wikinger hinter sich und plötzlich kam die Erinnerung der ersten Verfolgung hoch. Sie schluckte, dachte an Hafr – und Angst schnürte ihr die Kehle zu. Sie erhöhte ihre Geschwindigkeit und der Abstand zur Männerhorde vergrößerte sich.

Gorm sah es und ein breites Grinsen zog über sein Gesicht. »Wenn die so weiter rennt, dann braucht sie meine Hilfe nicht mehr. Dann werden wir die Reiter einsetzen müssen, um sie wieder einzufangen.«

Geschmeidig sprang Gorm über verbrannte Holzstämme und einen kleinen Graben. Er sah, dass die *Ambátt* direkt auf die Leichen an der Burgwand zuraste und wunderte sich stirnrunzelnd.

»Werde einer aus diesem Weib schlau!«

Thyra erreichte keuchend den Verletzten am Seil und hoffte inständig, dass er noch lebte. »Bitte, lebe! Atme!«

Trotz ihrer Eile legte Thyra sanft ihre Hände um den Kopf des Schwerverletzten, hob ihn vorsichtig an und flüsterte zärtlich: »Bitte, bitte lebe!«

Dann spürte sie einen harten Hieb auf ihre Schulter. Der Prankenhieb ließ Thyra in die Knie gehen, dann wurde sie mit dem Rücken brutal gegen die Wand geschleudert.

»Wir werden dich lehren, wie sich ein Weib zu benehmen hat!« Thyra konnte nicht mehr atmen. Eine kräftige Hand hatte sich um ihren Hals geschlungen und drückte erbarmungslos zu.

»Bitte«, würgte sie gequetscht hervor und drehte ihre Augen in Richtung des Verletzten. »Bitte.«

»Die gehört verprügelt«, hetzte Bergfin und dachte an seinen Eintopf.

»Ich werde dir zeigen, was sich gehört!«

Dicht drängte sich der, der seine Hand um Thyras Kehle gedrückt hatte, an ihren Körper. Thyra strampelte mit den Beinen, wollte zutreten. Vor ihren Augen fingen bunte Punkte an zu flimmern. Doch der wütende Mann hatte seinen kräftigen Körper fest gegen ihren Leib gedrückt.

»He, lass mich auch mal«, rief Konall und grinste anzüglich. »Das kann ich auch!«

»Bestimmt nicht«, lästerte Ulkell.

»Beiz-l-a«, flüsterte es auf einmal. Einer der Wikinger drehte erstaunt den Kopf und betrachtete den blutüberströmten Körper an der Burgwand genauer.

»Beiz-l-a.«

Ohne zu zögern, packte Geiri den schmierigen Haarschopf und hob den Schädel in die Höhe. Laut brummend erhoben sich die Fliegenmassen und schwirrten um die Köpfe. Genau betrachtete Geiri das entstellte Gesicht.

»Was ist mit dir?«, fragte der junge Geiri irritiert. »Lebst du noch?« Er hielt sein Ohr an den Mund des Schädels, um die Atmung zu überprüfen.

»Beiz-l-a«, hauchte der Gefolterte.

Entsetzt ließ Geiri den Schädel los, der polternd gegen die Holzwand stieß, und sagte erschüttert: »Der da – der lebt noch!«

»Ich werde dieses Weib noch heute in ihre Schranken weisen!« Eirikr verweigerte Thyra gerade die Luft zum Atmen.

»Warte mal.« Geiri schüttelte Eirikr am Arm. »Der da.« Und er zeigte auf die blutüberströmte Gestalt. »Ich glaube, der da lebt noch.«

»Was?«, schnauzte Eirikr und drehte ungläubig den Kopf herum.

»Ich glaube«, wiederholte Geiri geduldig. »Ich glaube, der lebt noch.« Er packte den Schopf des Hängenden und hob ihn hoch.

Der Hängende spuckte wie zur Bestätigung etwas Blut vor die Füße seiner Landsleute.

»Der lebt noch?«, rief Eirikr überrascht und ließ von Thyra ab, packte den blutverschmierten Haarschopf und zog den Kopf hoch.

»Eben hat er noch gesprochen«, meinte Geiri unsicher. »Doch jetzt blubbern nur noch Blasen aus seinem Mund.«

Thyra rutschte langsam mit dem Rücken an die Burgwand gepresst herab und fing am ganzen Körper an zu zittern. Sie griff sich an den Hals und drehte vorsichtig den Kopf.

»Noch mal mache ich so etwas nicht«, keuchte sie und versuchte, wieder Luft in die Lungen zu bekommen.

Erschüttert schloss sie ihre Augen und die bunten Punkte vor ihren Lidern verschwanden allmählich. Doch als sie ihre Augen wieder öffnete und zu den Männern sehen wollte, starrte sie direkt in das Gesicht von – Gorm.

»Du bist ganz schön schnell.« Er packte Thyra am Arm und zog sie auf die Beine.

Thyra schwankte und griff gedankenlos seine Hand.

»Da wollen wir doch mal schauen, wem du mit deiner mutigen Aktion das Leben gerettet hast.« Er bahnte sich mit ihr im Arm einen Weg zum Hängenden. Geiri trat respektvoll zur Seite.

»Wer ist es?«, fragte er Eirikr, doch der schüttelte nur den Kopf. »Bei dem ist alles zugeschwollen. Ich weiß nicht, wer das ist.«

Gorm beugte sich leicht hinunter, um das Gesicht des Verletzten zu betrachten, und zog zischend die Luft ein.

»Sofort abschneiden!«, bellte er. »Holt Aesa und Gnupas!« Sein Befehl schnitt kalt durch die warme Frühlingsluft. Er stieß Thyra in Geiris Arme, der sie grinsend auffing und packte den Körper von Haesten.

»Da hast du aber lange ausgehalten, mein Freund«, murmelte Gorm in sein Ohr.

Haestens Körper wurde abgeschnitten und Eirikr griff Haestens Beine. Haesten stöhnte vor Schmerzen, doch dann wurde er von einer sanften Ohnmacht erlöst.

»Tragt ihn auf die *dreki*.«

Gorm drückte Haestens Oberkörper Ongull in die Arme und wandte sich der mutigen Angeln-Frau mit den schnellen, schlanken Beinen zu. Er sah Thyra nur merkwürdig an, sagte aber nichts.

»Hilf den anderen«, beauftragte er Geiri und nahm ihm die Frau ab.

»Ich hätte die Frau auch …«, meinte Geiri noch, doch Gorm sah den Jungspund nur eisig an und schnitt ihm mit einer Handbewegung den Satz ab.

»Dann eben nicht«, murmelte Geiri noch, verschwand aber eilig aus Gorms Umkreis.

Thyra und Gorm folgten nebeneinander dem Tross. Gorm betrachtete Thyra nachdenklich, wobei Thyra sich bemühte, die Aufmerksamkeit, die er ihr widmete, zu vernachlässigen. Sie versuchte, ihn zu ignorieren, was ihr oberflächlich auch gelang.

Dann erblickte Gorm Siguror, wie er staunend am Wikingerpulk vorbeiging. Noch bevor er auf Gorm traf, rief Siguror ihm aus der Entfernung entgegen: »Dem haben die Angelsachsen ja ganz schön zugesetzt.«

»Wenn er Glück hat, überlebt er.«

Siguror erreichte Gorm und Thyra und blieb vor dem Paar stehen.

Warf einen prüfenden Blick auf Thyra, bevor er fragte: »Wer ist das?« Sein Kopf deutete in die Richtung des Verletzten.

»Haesten!«

Zischend sog Siguror die Luft ein.

»Haesten! Die Engländer haben sein Äußeres deutlich verändert.«

Gorm nickte und sein Blick folgte der Gruppe.

»Er wurde schändlich zugerichtet. Ich hoffe, Gnupas und Aesa können die Götter besänftigen und seinen Körper wiederherstellen.«

»Die *engl-a-r*[181] haben ihn zurückgelassen! Einen großen Häuptling der *Ascomanni*!« Siguror pfiff staunend und sah in Haestens Richtung. »Gnupas hatte wieder einmal recht mit ihren Runen!«

»Diese Angelsachsen waren sich entweder sehr sicher, dass er stirbt oder sie sind dumm. Sie lassen einen großen Heerführer zurück! Warum?«

»Vielleicht waren sie davon überzeugt, dass er bei Hel ist, bevor wir ihn finden!«

»Oder sie haben etwas in der Hand, das wir unbedingt wollen oder vielleicht sogar brauchen«, vermutete Gorm.

»Pah!«, spuckte Siguror in den Sand. »Was sollten wir schon von den *engl-a-r* brauchen?«

»Ich weiß nicht.«

»Wusste sie es?«

Gorm sah Thyra an, die seinen Blick offen zurückwarf.

»Was?«

Siguror blickte von der Burg zum Wikingerpulk, der sich langsam mit dem Verletzten der *dreki* näherte.

---

181 Engländer.

»Dass der Verletzte Haesten ist?«

Gorm betrachtete Thyra eingehender, die nervös von einem Fuß auf den andern tänzelte.

»Das kann ich mir kaum vorstellen.«

»Was wollte sie bei der Burg? Durfte sie überhaupt das Schiff verlassen?«

»Dieses Weib gibt einem immer wieder Rätsel auf. Wir sollten sie fragen.«

»Fragen?« Siguror sah seinen Freund fassungslos an und zweifelte an dessen Verstand. »Kann sie unsere Sprache?«

»Aesa bringt sie ihr bei.«

»Die hat ja auch viel Zeit«, spöttelte Siguror.

»Was willst du damit sagen?« Gorm fauchte seinen Freund an.

»Dass sie noch nicht viel in unserer Sprache reden kann, weil Aesa viel zu beschäftigt ist.« Siguror verdrehte leicht die Augen.

»Da mag etwas Wahres dran sein.«

Siguror betrachtete Gorm kopfschüttelnd: »Manchmal frage ich mich, wo du …«

»Was?«

»Ach, nichts«, winkte Siguror ab und wunderte sich über den sonst so ruhigen und bedächtigen Mann. »Bringt sie dich durcheinander?«

»Wer?« Gorm sah Thyra an. Siguror schüttelte seinen Kopf und gab es auf. Zugleich betrachteten beide Männer Thyra, die zu tippeln aufhörte.

‚Was haben diese Nordmänner vor?‘, schoss ihr der Gedanke durch den Kopf. ‚Wenn diese zwei mich so ansehen, ist das nicht gut! Überhaupt nicht gut!‘

Sie fühlte sich absolut nicht wohl. Doch dann ging sie in die Offensive, hob ihren Kopf und blickte erst Siguror und dann intensiver und herausfordernder den Häuptling der Nordmänner an, was ihr sehr viel schwerer fiel!

Ihre Augenlider flatterten kurz, als sie in seine grauen Augen blickte, doch dann hatte sie sich unter Kontrolle.

‚Na dann', ermutigte sie sich, machte sich aber keine Illusionen über die Verständigung.

»Ihr versteht ja doch kein Wort von dem, was ich sage! Ich kann mit euch reden, wie ich will und was mir gerade einfällt. Selbst wenn ich sage, ihr seht aus wie zwei Ferkel mit krummen Beinen, zwei winzigen Schwänzen und mit einem Hundefell bekleidet, werdet ihr euch nicht aufregen. Oder doch?« Leichte Skepsis schwang in ihrer Stimme mit. Testend sah sie von einem zum anderen. War sie zu weit gegangen?

Gorm und Siguror sahen einander an.

»Was ist denn in das Weib gefahren?«

»Also, es ist entschieden. Ich kann euch beleidigen, beschimpfen und herausfordern. Solange meine Stimme nichts verrät und ich euch währenddessen immer höflich anlächle, könnt ihr nur raten, was ich euch zu berichten habe.«

Thyra wartete. Die Männer sahen einander erstaunt an.

»Der blutige Haesten an der Wand und die Verfolgung waren zu viel für ihr Gemüt!«, stellte Siguror fest und hob stirnrunzelnd seine Augenbrauen.

»Da magst du recht haben.« Gorm prüfte mit einem abschätzenden Seitenblick die geschwätzige Sklavin. »Oder sie ist so listig, dass sie unser Wissen über die Angelsachsen auskundschaftet.«

»Möglich.« Auch Siguror betrachtete sie eingehend. »Wenn sie, wie das Amulett es andeutete, wirklich aus einem Adelsgeschlecht stammt, kann sie durchaus mit gewissen Fähigkeiten ausgestattet sein.«

»Gewisse Fähigkeiten?«

»Nicht die, an die du jetzt denkst.« Siguror grinste und seine Gedanken schossen zum kastrierten Hafr. »Andere Fähigkeiten! Wie das Deuten der Schriftzeichen auf einem Felsen oder das

Lesen der Runen auf den Knochen. Vielleicht hat sie in einem Raum mit den Landesherren sitzen dürfen, so wie einige Frauen es machen, wenn sie herausfinden wollen, was ihre angetrauten Gatten im Schilde führen. Mit einer Stickarbeit oder einem Webrahmen in der Hand.«
»Sie könnte in der Kriegsführung bewandert sein. Wissen, was unser Feind in Zukunft plant. Wie viele Waffenträger dem König zur Verfügung stehen. Wo sie sich aufhalten, welche Angriffe an welchem Ort geplant sind!«
»Sieh sie dir an!«, forderte Siguror. »Sie sieht nie und nimmer einfältig aus. Selbst, wenn sie sich Mühe geben würde! Dieser Frau gelingt so etwas nicht. Ich glaube, dass die es faustdick hinter den Ohren hat. Vielleicht kann sie wie König Alfred etwas von unserer Sprache und stellt sich nur dumm?«
»Hmmm.« Gorm musterte Thyra eingehend. »Zuzutrauen wäre es ihr.«
»Was redet ihr da?«, wollte Thyra leicht nervös wissen. Sie fühlte sich überhaupt nicht mehr wohl. »Ich glaube, ich werde euch jetzt verlassen.« Ihr eilig gefasster Beschluss stand fest. Sie hatte das ungute Gefühl, die Nordmänner durchleuchteten ihren Charakter.

Ihr Herz klopfte vor Aufregung, weil sie es wagen wollte, diese Männer ohne deren Geheiß zu verlassen. Sie schluckte, straffte ihre Schulter und ging. Einfach so!

»Was macht die denn da?« Siguror war mehr als erstaunt. »Die geht!«

»Halt, Weib!« Forsch packte Gorm Thyras Arm. »Du wirst bei mir bleiben!«

Sofort blieb sie stehen. Ihr Herz klopfte bis zum Hals. ‚Es hätte ja gut gehen können', erwog Thyra und sagte leise: »War nur ein Versuch.« Sie lächelte und tat unschuldig.

Gorms Wangenmuskeln traten verärgert hervor.
»Sie wird unsere Sprache lernen. Sofort!«

Siguror sah ihn an und pulte mit dem Zeigefinger zwischen seinen Zähnen einen Fleischrest hervor. »Dann wirst du irgendjemanden zusätzlich beauftragen müssen.«

»Wen sollen wir mit dieser heiklen Aufgabe betreuen?« Gorm seufzte und betrachtete Siguror eingehender.

»Oh nein!«, wehrte dieser ab. »Suche dir jemand anderes. Ich bin für diese Aufgabe nicht geeignet. Eher bringe ich dieses störrische Weib um, als dass es unsere Sprache lernt.«

Gorm grinste schelmisch: »Dieses Weib ist schon sehr speziell!«

Siguror nickte immer noch erschrocken.

»Außerdem werden wir auch ihre Sprache lernen müssen.«

»Wir sollen die Sprache der Feinde lernen? Warum muss das denn sein?« Verärgert über diese absurde Idee stieß er mit seiner Fußspitze in die Erde und wirbelte trockenen Staub in die Luft. Erzürnt sah er Gorm an. »Es wird schon jemand sein müssen, der bei den wichtigen Verhandlungen immer dabei ist!«

»Stimmt.« Ungehalten sah Gorm zu Thyra herüber. »Sie wird es mir beibringen. Ich werde die Sprache der Angelsachsen lernen.«

»Du?«

Gorm sah seinen Freund herausfordernd an. »Ja, ich!«

Siguror grinste nur.

»Was?«

»Sie wird dir bestimmt viel Freude bereiten.«

»Wenn du nicht mein Freund wärst ...«

»Dann würden es dir andere sagen«, lachte Siguror und schlug ihn freundschaftlich neckend auf die Schulter.

Langsam glättete sich Gorms Zornesfalte auf der Stirn, während er lachend den Umhang über die Schulter warf. Er packte Siguror freundschaftlich am Arm.

»Du hast Recht.« Er warf einen prüfenden Blick auf die erstaunte Frau in ihrer Mitte. »Sie wird mir viel Freude bereiten«,

ahnte Gorm, bevor sie lachend zur *dreki* gingen. »Ach ja. Und du wirst das Lernen der Sprache mit mir teilen.«
»Waaas?«, rief Siguror und blieb erschüttert stehen. Gorm ging einfach weiter und sagte schelmisch lächelnd zu Thyra: »Und du wirst sehr, sehr artig sein.«

* * *

Der Tumult auf der *dreki* verschärfte sich, als Gnupas und Aesa sich boxend und schimpfend einen Weg zum schwer verletzten Haesten bahnten.

»Macht den Weg frei!«, schimpfte Gnupas. Ein resoluter Schlag in die Nieren des Mannes, der vor ihr stand, brachte den gewünschten Erfolg.

Aesa folgte der älteren Frau. Sie trug den Weidenkorb mit Kräutern, Leinen zum Verbinden der Wunden, Tonschalen zum Herstellen der heilenden Sude und Pulver von getrockneten Pilzen, Wurzeln und Baumrinden.

Fest umklammerte Aesa den großen Korb, denn auf dem Grund des Weidenkorbes lag ein geheimnisvoller Zauber. In diesem sorgfältig gehüteten, bräunlich-roten Staub lag Magie und Heilung. Aesas Gedanken schweiften ab zum Inhalt des kleinen Lederbeutels. Kurz zeigte sich ein Zerrbild der ungeborenen Tiere, welche sie zermahlen hatte. Die mumifizierten Embryonen eines Schafes, eines Fuchses und – besonders wertvoll – der Embryo eines Pferdes.

Unsanft wurde sie angerempelt und aus den Gedanken gerissen.

»Geht! Lasst uns durch.« Aesa verscheuchte die Herumstehenden. »Verschwindet! Wir brauchen Platz.«

Widerwillig drehten die Nordmänner sich um und erweiterten den Ring um den Verletzten um einige Schritt.

»Verschwindet!«

Doch dann hob Gnupas langsam ihren Kopf und blickte jedem Einzelnen furchteinflößend in die Augen. Einer nach dem anderen senkte seine Augenlider, drehte sich um und ging.

»Fál-a!«[182]

Wie ein Nebel züngelte dieses Wort über die *dreki*. »Verschwindet, bevor die *fál-a* uns mit ihrem bösen Blick straft.«

Gnupas verkniff sich ein stummes Lächeln, nur ihre kleinen, von Falten umzingelten Augen funkelten.

»Einfältige Männer!«, grunzte sie und beugte sich über den verletzten Führer der *Ascomanni*.

Gorm betrat mit Siguror und Thyra im Schlepptau sein Kriegsschiff.

Kopfschüttelnd sah Gorm dem flüchtenden Seefahrervolk nach.

»Sie nehmen es mit Seeungeheuern auf, kein Feind ist ihnen zu groß, zu furchterregend oder zu stark! Sie trotzen jedem noch so heftigen Unwetter auf dem Meer, doch ein altes Weib lehrt sie mit einem einzigen Blick aus ihren Augen das Fürchten«, unkte er.

»Du solltest dich auch fürchten«, hörte er Gnupas' knarrende Stimme. Sie sah Siguror nicht an, sondern betrachtete eingehend eine mit weißen krabbelnden Maden gefüllte Wunde, welche sie mit ihren knochigen Fingern weit auseinanderspreizte.

»Ach ja?« Gorm näherte sich in aller Ruhe und betrachtete über Gnupas' Schulter ziemlich angewidert die vor Maden nur so wimmelnde Wunde.

»Ja.« Gnupas sah Gorm nicht an. »Wer sonst kann mit Göttern reden und mit ihnen verhandeln?« Herausfordernd drückte sie die Wunde zu und blickte ins ernste Gesicht des Häuptlings.

»Du solltest mit deiner Wortwahl vorsichtiger sein, altes Weib! Denn wer sonst kann ein Schiff über das weite Meer von Küste zu Küste segeln? Wer sonst kann den Feind besiegen? Wer sonst

---

182 Hexe.

kann unserem Volk Reichtum bringen und Land erobern?«, drohte Gorm lächelnd, aber mit ernst blickenden Augen.

Die Alte sah ihn herausfordernd an und sagte leicht versöhnlich: »Wir sind ein gutes Gespann, wir zwei.«

Gorm nickte und fragte: »Wird er leben?«

Gnupas pulte eine Handvoll Maden aus der Wunde und kratzte mit dem Fingernagel die gelben, länglichen Eier der Schmeißfliegen vom entzündeten Fleischrand.

»Wenn Hel, unsere alles verschlingende Todesgöttin, und Eir, unsere Göttin der Heilkunde, ihm gewogen sind.«

»Wir werden sehen.« Gorm ließ die Frauen mit Haesten allein.

»Siguror.«

»Ja.«

Gorm zeigte auf die Heilerinnen. »Gib ihnen alles, was sie brauchen, um Haestens Leben zu retten.«

Siguror nickte und ließ seinen Blick zu den Frauen wandern, die auf dem Boden neben dem Anführer ihr Werk begannen.

»Und du ...« Gorm ging auf Thyra zu und tippte ihr heftig auf die Brust.

»Aua.«

»Du kommst mit mir mit.« Er packte ihre Hand und zog sie mit sich fort. Thyra hatte Mühe, seinem schnellen Schritt zu folgen.

»Ich will nicht!« Sie weigerte sich und warf ihren Körper gegen seine ziehende Hand. Doch ihr Einwand war zwecklos. Sie stolperte und landete unsanft der Länge nach auf dem harten Deck.

»Aua! Lass mich los. Außerdem hasse ich es, wenn mir jeder meinen Weg vorschreiben will!« Thyra schürzte wütend ihre Lippen. »Ich kann alleine gehen!«

Doch Gorm griff ihr stattdessen kopfschüttelnd unter die Arme und stellte Thyra wieder auf die widerspenstigen, zappelnden Füße.

An der Reling angekommen, legte er seine Hände auf ihre Schulter und drängte sie rigoros vor sich her. Schritt für Schritt über den schmalen Steg an Land.

»Ich weiß nicht, was das soll. Ich will jetzt doch lieber an Bord bleiben. Denn ich bin davon überzeugt, dass ich dem alten Weib und Aesa helfen kann.«

Gorm sah den wippenden Haarschopf der Frau vor sich, als sie über das schmale Holzbrett schritten und rollte mit den Augen.

»Diese Frau bereitet mir große Schwierigkeiten«, brummte er und drückte sie vorwärts.

Als Thyra festen Boden unter ihren Füßen spürte, drehte sie sich um.

»Wirklich. Ich kann Aesa helfen. Ich muss ...«

»Schweig!«

Schnell schloss sie den Mund. Seine Stimme war Befehl genug.

Gorm war verdutzt. Das hatte er nicht erwartet. »Sie gehorcht! Erstaunlich!«

Wieder packte er Thyra an der kalten Hand und ging mit ihr durch das Lager, zielstrebig auf eine Gruppe am Lagerfeuer zu.

»Ich grüße euch.«

»Gorm«, grüßte Ongull mit einem skeptischen, aber auch achtungsvollen Blick auf Thyra.

Gorm drückte kurz Thyras Hand und sah sie auffordernd an. Er zeigte auf Ongulls Brust. »Das ist Ongull, unser Steuermann.«

Erwartungsvoll sah Gorm in Thyras Gesicht, doch sie sah ihn nur erstaunt und unwissend an.

»Ongull.« Energischer drückte er ihre Hand und tippte wiederholt auf die Brust des Steuermannes.

»He! Was soll das?«

Gorm sah Ongull um Hilfe flehend eindringlich an.

»Sie soll unsere Sprache lernen. Wir werden alle ihre Sprache lernen.«

»Waaaas?« Entsetzt verschluckte sich Ulkell an dem Met. »Was? Wir sollen die Sprache der Feinde lernen? Die Götter werden uns strafen.« Streng taxierte Gorm Ulkell.

»Die Götter werden uns töten, wenn wir des Feindes Sprache und sein launenhaftes Wesen nicht besser kennenlernen. Die Feinde werden voller Wonne ihre Schwerter in unser Blut tauchen und unsere Köpfe zur Abschreckung auf Pfähle rammen!«

Ulkell schluckte und unterdrückte die Widerworte, die auf seiner Zunge tanzten.

Gorm sah erneut auf Thyra, packte Ongulls Schulter und sagte: »Ongull.«

Zaghaft versuchte Thyra den Namen. »Ohnguul.«

»Ongull«, berichtigte dieser leicht pikiert seinen merkwürdig ausgesprochenen Namen.

»Ongull«, versuchte Thyra es erneut.

»Ongull.« Der Steuermann grinste sie herausfordernd an.

»Ongull.« Leise stolperte der Name über Thyras Lippen.

»Sie kann es! Habt ihr gehört? Sie kann meinen Namen aussprechen.« Vor Freude schlug er Ulkell überschwänglich auf die Schulter, der sich erneut verschluckte. »Du solltest nicht so hastig trinken, mein Freund«, neckte Ongull ihn.

»Pah.«

»Meinen Namen kennst du ja bereits. Gorm.« Er klopfte sich mit seiner flachen Hand auf die Brust.

‚Du, du – Mann!' Ihr fiel so schnell kein anderes Schimpfwort ein. Leicht schloss Thyra für einen winzigen Augenblick die Augen. ‚Glaubst du, deinen Namen würde ich je vergessen?' Doch stattdessen lächelte sie ihn herausfordernd an und sagte leicht dümmlich: »Korn?«

»Mein Name ist Gorm«, schlug Gorm sich erneut auf seine Brust und sah Thyra etwas irritiert an. ‚Du hast ihn vergessen.' Enttäuscht blickte er in ihre Augen.

»Gorm.« Thyra tat, als ob sie dieses Wissen ganz neu erwarb. »Deinen Namen kenne ich schon seit einer Ewigkeit.«

»Ek heit-a Geiri.« Eifrig trat der Jungspund einen Schritt vor.

»Ek haita ...«

»Nei.« Geiri schüttelte aufgeregt seinen Kopf, so dass seine blonden Haare flogen.

»Ek heit-a Geiri.«

»Ek ...«, fing Thyra erneut an, doch Gorm unterbrach ihren Versuch und schlug Geiri vor die Brust.

»Geiri«, donnerte er.

Thyra sah ihn dankbar an, so dass es Gorm ausgesprochen warm wurde. ‚Verdammt, hat diese Frau schöne Augen.'

»Geiri.« Thyra nickte dem jungen Mann freundlich zu.

»Sie kann meinen Namen«, rief er begeistert und hüpfte vor Freude.

Thyra lächelte.

»Den kenne ich auch«, neckte ihn Tannis stoisch und trat zur Gruppe. »Doch ich habe dich noch nie tanzen sehen, wenn ich dich gerufen habe.«

Verärgert sah Geiri Tanni an. Doch der achtete nicht auf den Jüngling.

»Tanni.« Er legte seine große Hand auf seine Brust.

»Afaldr«, begrüßte sie der rothaarige Wikinger.

Gorm sah von einem zum anderen. »Ab heute wird diese *Ambátt* unsere Sprache gelehrt. Ab heute werden wir die Sprache der Angelsachsen lernen. Ich will, dass es jeder weiß.«

Gorm drehte sich um und zog Thyra mit sich.

»Halt«, rief sie und riss sich los. Empört sah sie Gorm an und gesellte sich wieder zu den Nordmännern ans Feuer. Sie holte Luft und sagte mit lauter, fester Stimme: »Mein Name ist Thyra.

Thyra Danebod.« Erwartungsvoll blickte sie jeden an. Die Männer grinsten.

»Sie hat recht. Da-ne-bod«, versuchte seine Zunge, dieses ungewohnte Terrain einer fremden Sprache zu betreten.

Thyra sah ihn spitzbübisch an. Ihre Augen glitzerten vor Freude.

»Thyrrra«, brummten die Männer im Chor.

Thyra lächelte gewinnbringend und verbeugte sich leicht vor den *Ascomanni*. Als sie sich aufrichtete, musterte sie den Häuptling aus dem Augenwinkel.

»Wir werden sehen, wie sich dein Plan entwickelt.« Sie lächelte ihn an.

»Geiri. Du wirst die *Ambátt* ab heute durch das Lager führen und ihr unsere Sprache beibringen.«

»Ich?« Entsetzt sah Geiri die schöne Frau neben Gorm an.

»Ich, ich soll mit der da – allein im Lager ...« Er schluckte.

»Und wenn sie nicht das macht, was ich ihr sage?«, stotterte er. Seine Augen leuchteten, als ihm die Ausrede einfiel: »Wenn sie mir wegläuft?«

Streng sah Gorm auf den sechzehnjährigen Jungen. »Bist du ein Nordmann?«

»Na..., natürlich bin ich ein Nordmann!«

»Dann wirst du auf die *Ambátt* gut aufpassen.«

»Ja, Häuptling.« Geiri war nicht wohl bei dieser Aufgabe.

Gorm ging und Thyra wollte ihm folgen.

»Du bleibst hier.« Geiri hielt die Sklavin zurück.

Thyras Augen wanderten zu der Hand, die ihren Arm umfasste, dann hob sie ganz langsam ihren Blick zum Gesicht des Eigentümers. Streng sah sie den jungen Nordmann an.

»Du, du bleibst bei mir«, befahl Geiri und versuchte, seiner Stimme einen festen Klang zu geben. Thyra sah ihn an und erkannte die neugierigen Blicke der umstehenden Wikinger.

»Er hat dir also aufgetragen, meine Hofmeisterin zu spielen.« Sie sah Geiri direkt in seine blauen Augen. Seine Augenlider flatterten, doch er hielt ihrem Blick stand.

»Und deine netten Kameraden …« Sie sah die grinsende Belegschaft würdevoll an. »Warten sie darauf, ob du Manns genug bist, es mit mir aufzunehmen?«

Das brennende Holz knisterte und die Harztropfen verglühten zischend in den Flammen. Eine angespannte Stille beherrschte die Runde.

Thyra sah Geiri achtungsgebietend an.

Der räusperte sich und sagte mit fast männlicher Stimme: »Weib, du kommst mit mir.«

Er nahm sie bei der Hand und zog sie von den anderen fort. Thyra folgte ihm brav, was ein erstauntes Murmeln der anderen hervorrief.

Thyra lächelte und leise schlich sich spöttisch das Wort ‚Männer' über ihre Stimmbänder.

Geiri zog Thyra eilig fort. Thyra spürte, wie aufgeregt und unsicher er war.

»Ich werde dir keine allzu großen Schwierigkeiten bereiten«, keuchte Thyra, die sich beeilte, um den schnellen Schritten zu folgen. »Doch bitte, renne nicht so.«

Geiri drehte sich nicht einmal um. Er wollte nur fort aus dem Blickfeld seiner erfahrenen Gefährten.

Eilig lief er durch das Lager, vorbei an den vielen Zelten und Kochfeuern. Sie folgte ihm und sah an den Giebeln der Zelte gekreuzte Bretter mit seltsamen, holzgeschnitzten Figuren darauf. Jedes Zelt wurde an den Giebeln von zwei geschnitzten Windbrettern geschmückt.

»Geiri! Geiri, warte«, rief sie und packte ihn am Ärmel. »Was hat das zu bedeuten?« Sie zeigte auf die sorgfältig geschnitzten Figuren der gekreuzten Windbretter an den Zeltgiebeln.

»Auf einigen dieser Bretter sind Drachen abgebildet. Auf dem Nachbarzelt Schlangen und hier...« Sie zog ihn etwas weiter. »Ein Greif! Und dort – Wölfe!«

Geiri begriff ihre Frage, obwohl er die Worte nicht verstand. »Das ist ein mächtiger Abwehrzauber gegen die Dämonengeister der Feinde. Besonders, wenn wir im Feindesland übernachten. Dann schützen unsere Leute von der *dreki* ihr Zelt mit dem Drachenkopf. Die Männer von der *gammr* schnitzen einen Greif in ihre Windbretter. Sieh! Dort ist ein Zelt von der *gammr*.«

Ungezügelt deutete Geiri begeistert mit ausgestrecktem Arm zum Nachbarzelt. »Und dort umschlingen sich die Köpfe zweier Windpferde auf den Windbrettern.« Er grinste. »Darauf sind die Leute der *faxi byrjar* besonders stolz. Denn gemäß unserer *landmána*[183] übernimmt der Abwehrzauber den Schutz ihres Schiffes, wenn sie an Land übernachten, und er hütet den Zauber.«

Geiri umfasste den geschnitzten Drachen am Giebel eines Zeltes. »Diese Windbretter bewahren einen mächtigen Zauber. Denn wir wollen die Geister des Landes nicht gegen uns aufbringen. Die Geister könnten uns sonst nachts in unseren Zelten heimsuchen.« Er führte seine Hand zur Kehle und deutete einen tiefen Schnitt am Hals an.

»Oh.« Thyra beherrschte ihre lächelnden Gesichtszüge und sah den Jungen ernsthaft an.

Geiri ging zum nächsten Zelt, an dem zwei geschnitzte Windbretter mit Wolfsköpfen die Giebel zierten. »Hier wohnen Ruderer von der *ulfr elfar*. Und hier schlafen die Krieger der *ormr inn langi*.«

»Lange Schlange.«

»Laaange Slange«, versuchte er, ihre Worte zu wiederholen.

---

183 Landesgesetze.

»Hallo Geiri! Was machst du hier mit der Angeln-Frau? Weißt du überhaupt, wie du mit der umgehen musst?«, foppte ihn Aalakr.

»Komm schnell.« Er packte Thyras Hand. »Mit dem will ich jetzt nicht reden.« Der junge Wikinger rannte mit ihr durchs Zeltdorf und zerrte sie durch die Büsche zum Flussufer. Sie entfernten sich immer weiter von dem Lager. Schließlich riss Thyra sich los und blieb heftig atmend stehen.

»So, bis hierher. Das reicht!«, beschloss sie und sah in das erstaunte und peinlich berührte Gesicht des Jugendlichen. Zeit verging, ohne dass sie miteinander sprachen. Schließlich durchbrach Geiri die Stille: »Beiz-la«, flehte er.

»Beiz-la? Das Wort habe ich schon mal gehört. Ja, bei dem Verletzten.«

»Beiz-la«, bat er mit einem flehenden Hundeblick.

»Nein, nichts beiz-la«, knurrte Thyra und setzte sich ins Gras vor den Büschen.

Geiri seufzte. »Das wird sehr, sehr schwierig werden«, murmelte er und setzte sich zu der störrischen Frau. »Wie soll ich es nur anfangen? Du bist eine Angeln-Frau. Was soll ich einer Frau beibringen? Hätte sich Gorm denn nicht eine Frau aussuchen können, die mit dir durch die Gegend streift und dir unsere Sprache beibringt?« Er ahnte nicht, dass der Häuptling auch Aesa angewiesen hatte. »Soll ich dir etwa wie einem Kind unsere Sprache beibringen? Ich bin ein Mann und kein Kindesbetreuer«, bemitleidete er sich selbst.

Thyra betrachtete den jungen Mann und hörte am Klang seiner Stimme, welche Sorgen ihn plagten.

»Wenn du weiterhin so laut jammerst, wirst du das Gelächter sämtlicher Nordmänner auf dich ziehen. Ich vermute, du hast noch nicht viel mit Frauen, außer vielleicht mit deiner Mutter, zu tun gehabt.« Thyra legte ihren Kopf schief und sah ihn auffordernd an. »Das bereitet dir einiges Kopfzerbrechen. Mmmh?«

Wütend saß Geiri neben ihr im Gras und zupfte es büschelweise heraus. »Ich bin ein Mann!«, brüllte er zornig und hob seine Faust mit dem Gras in die Luft. »Ein Mann und kein Weiberhüter!«

Thyra lächelte und drückte bestimmend seinen Arm herunter. »Wir werden schon miteinander auskommen müssen.« Sie lächelte und zupfte das Gras aus seiner Hand.

»Wie heißt das in eurer Sprache?«

Geiri sah sie mit großen Augen fragend an.

»Wie nennt ihr das Gras? Wie ist das Wort für Gras?« Sie hielt ihm die grünen Stängel genau unter die Nase.

»Lass das!«

»Wie heißt das?«, forderte Thyra mit strenger Miene und hob erneut das Grasbüschel vor sein Gesicht. »In meiner Sprache heißt es Gras! Und in deiner?«

»Lass das!« Geiri drückte ihre Hand zur Seite und wurde ziemlich ungehalten.

»Gras!« Das Büschel zitterte in ihrer Hand und berührte fast seine Nase. »Gras!« Ihre Wut sprang ihn förmlich an.

Er schluckte und überlegte. Sollte er es auf ein Kräftemessen mit diesem Weib ankommen lassen, wo sie genau das forderte, was der Häuptling ihm eben befohlen hatte? Langsam nahm er das Gras aus ihrer Hand und sagte.

»Gra-s.«

»Gra-s. Das heißt es also in eurer Sprache.«

Die Kälte der Erde drang durch ihren Rock und sie erhob sich.

»Wir sollten uns nicht allzu lange zu zweit hier hinter den Büschen aufhalten.« Thyra schlug die Zweige auseinander und zwinkerte. »So etwas wird in jeder Kultur gleich gedeutet.«

* * *

Die Zeit verging und zu ihrem Erstaunen wurde die Reise nicht fortgesetzt.

Es begannen aufwendige Renovierungsarbeiten an der Burg. Die Nordmänner fällten Laubbäume aus den angrenzenden Wäldern, borkten die Rinde ab und sägten aus den Stämmen der Urwaldriesen handbreite Bretter, während sie für die Stabilisierung des Burgringes die hohen, gerade gewachsenen Fichten und Tannen verwendeten.

Am Ufer bauten die *Ascomanni* fünf Schiffe. Kleiner als ihre Kriegsschiffe, mit denen sie über die Meere segelten, doch an der Meeresküste und für das Befahren der Flüsse waren diese Boote meisterhaft.

Sie jagten Rotwild, Hasen, Füchse, Zobel und Biber. Während andere in die Wälder und über die Wiesen gingen, um Wurzeln und Pflanzen auszugraben. Sie sammelten Beeren aus dem Vorjahr und pflückten junge Pflanzentriebe, wobei ausgesuchte Blätter, Wurzeln und Rinden die Mahlzeiten würzten. Andere sammelten Pflanzenteile, die zum Heilen der Kranken und Verletzten verwendet wurden.

Thyra wanderte jetzt unbehelligt durch das gigantische Heerlager. Sie stellte sich ans Ufer der Themse und beobachtete im warmen Sonnenlicht die Männer auf dem Wasser. Mit einer Hand schützte sie ihre Augen vor dem grellen, spiegelnden Licht.

»Was machen die Männer da?« Sie runzelte die Stirn.

Auf den leicht kräuselnden Wellen der Themse tanzten mehrere kleinere Flöße. Auf jedem standen vier bis fünf Dänen und starrten angestrengt ins klare Wasser. Sie stakten mit langen Stangen hinab zu den Schiffswracks und versuchten, die Flöße in der Strömung des Flusses in der Position zu halten.

»Ohh!« Thyra schlug erstaunt die Hand vor den Mund, als sie erkannte, dass alle Männer auf den Flößen nackt waren. Hastig drehte sie sich um, um dann doch, nach läppischen

Augenblicken, neugierig das Treiben der unbekleideten Nordmänner zu beobachten.

»Was machen nackte Männer auf Flößen?«

Dann sprangen die Männer in das frühlingskalte Wasser. Nur ein Wikinger blieb auf jedem Floß zurück. Er sorgte dafür, dass es nicht mit der Strömung flussabwärts trieb. Die Männer schwammen lachend und prustend im eisigen Fluss. Ihre langen Haare bildeten, um ihre Köpfe schwimmend, farbige Kaskaden.

»Was machen die da nur? Waschen können sie sich doch auch am Ufer.«

Dann tauchte einer nach dem anderen hinab auf den Grund des Flusses. Ein letztes Mal füllten die Männer ihre Lungen mit Luft und kurz darauf sah Thyra deren weiße Hinterteile in der Sonne aufblitzten.

Sie grinste: »So viele nackte weiße Männerhintern sah ich nie zuvor!«

»Hvat sagðir þú?«[184]

Erschrocken zuckte Thyra zusammen, drehte sich um, und noch bevor sie in die Augen des Mannes sah, wusste sie – es war Gorm.

Ihr Herz schlug noch schneller, als sie ihn ansah, und sie biss sich ertappt auf ihre Unterlippe.

»Ich, ich …!«, stotterte sie und sah in sein spöttisch lächelndes Gesicht, was sie sofort provozierte. »Ich beobachte deine Männer und frage mich, was das bedeutet?« Sie starrte ihn herausfordernd an. »Was machen deine Männer dort?«

Gorm folgte ihrer Handbewegung und blickte über die silbern glänzenden Wellen des Flusses.

»Hmhm«, brummte er nachdenklich. »Vona ek með Óðni, at einhverr komi fram við þessu.«[185]

---

184 Was sagtest du?
185 Ich hoffe bei Odin, dass wer auch immer Erfolg damit haben wird.

Thyra sah ihn verständnislos an. »Was machen deine Männer dort auf den Flößen?«

Gorm schmunzelte und widmete seine volle Aufmerksamkeit der Frau neben sich. Er sah Thyra eindringlich an.

Hastig schloss sie für den Bruchteil eines Wimpernschlags ihre Augen. ‚Wenn er doch nur ein Angelsachse wäre. Du bist ein verdammter Heide …' Sie stockte, ihre Gedanken verloren sich in seinen grauen Augen. Plötzlich änderte sich alles! Sie sah und verlor.

‚Schon wieder!', war alles, was sie dachte. Denn plötzlich verschwand alles um Thyra und Gorm herum.

Sie hörten keine Stimmen und fühlten nicht den Wind.

Sie spürten keine Sonnenwärme und sahen nicht den Fluss.

Plötzlich war ihre Welt winzig und raumlos.

Eine Welt, in der es nur zwei Menschen gab.

Für diesen kurzen, heimlichen Moment waren sie allein. Ihre eng beieinanderstehenden, körperlosen Schatten tanzten auf der Wasseroberfläche und berührten einander.

Flüchtig – kaum wahrnehmbar.

Der warme Wind spielte mit dem Haar und streichelte die Haut, bis der erste Taucher laut prustend die Wasseroberfläche durchbrach.

Der Zauber des Augenblickes zerplatzte.

Doch die Magie blieb!

Gorm räusperte sich, drehte sich zu den Tauchern um. Auch Thyra schluckte. Zurück blieb ein seltsam verwirrtes Gefühl, das gleichmäßig wie die Wellen am Ufer über die Böschung schwappte.

»Ek fann nökkut!«[186] Ein lauter Freudenschrei gellte übers Wasser.

---

186 Ich habe etwas!

Gorm lächelte, als der Taucher den Gegenstand auf ein Floß legte und sofort wieder in die dunkle Tiefe der Themse verschwand. Kurz darauf tauchten nacheinander die nassen Köpfe der Schwimmer auf. Jeder mit einem Gegenstand aus einem der Schiffswracks in der Hand.

»Frábært!«[187] Er erntete ein freundliches Winken.

Thyra erkannte die Fundstücke. Es waren Schwerter, Kochtöpfe, Holzschalen, Kisten, Tücher. »Deine Männer tauchen zu den Wracks und bergen euer Hab und Gut.«

»Hm.« Gorm ärgerte sich, weil er nicht wusste, was diese Frau in ihrer Sprache faselte. Abrupt drehte er sich zu ihr um, packte Thyra mit beiden Händen an den Schultern und schüttelte sie merklich, so dass ihr Kopf vor und zurück schleuderte.

»Hvat er þat? Ert þú eigi búin at læra þik orðin! Talaðu með mik í tungu Minni!«,[188] stieß er heftig fordernd hervor.

»Was …! Was – soll – das?« Thyra keuchte stockend im Takt der Schwingungen.

»Kona, ef þú ætlar at tala með mik, þá átt þú at tala tungu mína!«[189]

Plötzlich ließ er sie los und schritt ungestüm fort.

Leicht verwirrt von der Schüttelattacke blieb Thyra am Ufer stehen und starrte ihm nach. »Was war das denn?«

»Jája, þar ert þú.«[190] Geiri kam freudestrahlend auf Thyra zu. »Leitaði ek at þik alls staðar.«[191]

Thyra sah Geiri kurz mit verwunderten Augen an, um dann schnell einen Blick auf Gorms breiten Rücken zu werfen. Geiri

---

187 Sehr gut.
188 Was ist? Hast du noch kein Wort gelernt? Rede in meiner Sprache mit mir!
189 Weib, wenn du mit mir reden willst, dann in meiner Sprache!
190 Ach, hier bist du.
191 Ich habe dich schon überall gesucht.

legte den Kopf schief und betrachtete Thyra merkwürdig.
»Þú myndi gleyma hann, hann er eigi mátuligr fyrir þik. Þú ert ambátt ok hann er höfðingi várr.«[192] Ernst betrachtete Geiri die Angeln-Frau.

»Was sagst du?«

Geiri packte Thyra am Arm und deutete mit der Hand in die Richtung, in die Gorm verschwunden war. »Þetta er höfðingi várr, ok þegar hann hittir konu, er hann mun kvæna, þá er hún forráðafrú ok einnig höfðingi várr.«[193] Er warf einen abschätzenden Blick auf ihren Körper.

»Held ek, at þú ert fyrir gömul! Ef Gormr vill konu, þá á hún at fæða mörg börn.«[194] Er nickte zur Bestätigung.

Thyra legte ihren Kopf schief und sah seinem Wortschwall stoisch entgegen.

»Wenn du mir etwas sagen willst, dann habe ich gerade überhaupt nichts verstanden.«

Geiri sah Thyra verdutzt an.

»Held ek, at vér byrjum með kennslunni nú.«[195]

Thyra seufzte herzhaft und blieb stumm. Abwartend stand sie vor Geiri, starrte in den Himmel und trat ungeduldig von einem Fuß auf den anderen. Der Jungspund packte ihren Arm und drehte Thyras Gesicht zum Fluss. Und als ob sie schwerhörig sei, legte er fast seine Lippen auf ihr Ohr und sprach ganz langsam jeden einzelnen Buchstaben betonend. »Þetta er á. Menn

---

192 Den solltest du dir aus dem Kopf schlagen. Der ist nichts für dich. Du bist eine Sklavin und er ist unser Häuptling.

193 Das ist unser Häuptling und wenn er eine Frau findet, die er heiraten will, dann ist die Frau sein erstes Weib und ebenso Oberhaupt unseres Clans. Doch du bist eine Engländerin, eine Sklavin und ...

194 Ich glaube, du bist schon zu alt! Wenn Gorm eine Frau will, dann soll sie Gorm auch viele Kinder schenken.

195 Ich denke, wir fangen jetzt sofort mit dem Unterricht an.

várir standa á flota ok bjarga gœði vár. Vér þurfum vápnin, pottana ok skrautin fyrir bardagamenn sem dóu. Vér leggjum gæði þessi í gröfinni. Dauðir várir þurfa þau fyrir lífi eptir dauðum. Þeir munu eigi vera í Valhöll án vápns, skrauts ok möguliga eru þeir svangir, af því at þeir eigi hafa pott eða mat.«[196]

Er sah Thyra an und dachte: ‚Nichts verstanden.'

»Held ek, at þú hugsar seint«,[197] grübelte Geiri laut. Er schürzte seine Lippen, legte seine Stirn gedankenvoll in Falten und überlegte. Doch bevor er zu einem Entschluss kam, sammelte Thyra einen Stein vom Boden auf und zeigte Geiri den kleinen, graubraunen Felsen. »Stein.« Sie drückte den Stein hartnäckig gegen seine Brust.

»Stein«, sagte sie mit Nachdruck.

»Þetta er steinn.«[198] Erstaunt betrachtete Geiri das Weib.

Thyra seufzte und vermutete im Selbstgespräch: »Das sind viel zu viele Worte für einen Stein.«

Wieder drückte sie ihre Hand gegen seine Brust. Dieses Mal fester, fordernder und wiederholte: »Stein.«

»Steinn.«

Thyra grinste und dachte: ‚Das ist es! Das wird das Wort für Stein sein.' »Steinn.«

Geiri verstand und grinste.

---

196 Das ist ein Fluss. Unsere Männer stehen auf dem Floß und bergen unsere Güter. Wir brauchen die Waffen, Töpfe und den Schmuck für unsere Toten vom Schlachtfeld. Wir legen diese Güter ins Grab. Unsere Toten brauchen es für das Leben nach dem Tod. Wie sollen sie denn sonst im Totenreich Valhall leben! Ohne Waffen, ohne Schmuck und vielleicht hungrig, weil sie keinen Topf oder keine Nahrung haben!

197 Ich glaube, du denkst sehr langsam.

198 Das ist ein Stein.

»Dass Gras und Stein meine ersten Wörter sein würden, hätte ich nie geahnt.« Thyra gluckste vor Freude und warf ihn im hohen Bogen in den Fluss, wo er laut platschend versank. Zurück blieben viele Wasserringe, die sich wellenförmig dem Ufer näherten. »So wird es sein! So wie der Stein die Wasserringe hervorbringt, wird dieses Wort die Sprache der Nordmänner hervorrufen.«

Thyra ging jetzt mit Geiri jeden Tag durch das Lager; und Geiri zeigte ihr jeden Gegenstand, der ihm wichtig erschien und forderte von ihr die richtige Aussprache.

Er zeigte ihr ganz banale Dinge wie den Suppentopf, den Löffel oder den Holzschemel und brachte Thyra schon ihre ersten kurzen Sätze bei wie »Þá er fiskr í fiskagildru«.[199] Oder er zeigte ihr ein Kleidungsstück und erklärte, aus welchem Leder es hergestellt wurde. Dann wiederum deutete er auf ein Hemd und sagte: »Skyr-t-a«,[200] und »hjal-m-r.«[201] Zeigte nachts in den Himmel und nannte ihr den Namen »Bil-rost« für die Himmelsstraße und erklärte die Sternenbilder.

Thyra lernte schnell, nur die Verbindungen der Wörter zu verständlichen Sätzen fand sie sehr kompliziert.

Und dann, eines Tages, brannten sie, die Feuer! Viele Feuer!

Schon den ganzen Tag spürte Thyra eine seltsame Spannung im Lager. Geiri hatte für sie keine Zeit und so blieb Thyra am Rande des geschäftigen Treibens und beobachtete die hektische Betriebsamkeit der Nordmänner, von denen sie mittlerweile schon viele mit ihrem Namen ansprechen konnte.

»Broddr«, rief sie dem Ruderer der *dreki* zu, der einen immensen Haufen mit Zweigen aufschichtete.

---

199 In der Fischreuse ist ein kleiner Fisch.
200 Hemd mit langen Ärmeln.
201 Helm.

»Hvat þú gera?«[202]
Broddr grinste sie an: »Þú skal segja, hvat þú gerir þá«,[203] forderte er.
Thyra sah ihn verdutzt an und ahmte seine Worte nach.
»Þú skalt segja ...«
»Nei, nei.« Broddr schüttelte seine wilde Lockenmähne.
»Nei, nei?«
Broddr hörte mit dem Aufeinanderschichten der Zweige auf und sah Thyra eindringlich an. »Ach, Frau. Nicht jetzt und nicht heute.« Er griff Thyra mit beiden Händen an die Schultern. »Thyra, ich habe jetzt keine Zeit, ich erkläre es dir ein anderes Mal. Nur nicht heute.«
»Nei, nei.« Thyra neigte leicht fragend ihren Kopf.
Broddr stöhnte leise »Nei, nei.« Dann ließ er Thyra stehen und beendete seine Arbeit.
»Was haben die Nordmänner denn heute alle? Jeder läuft herum, als ob es kein Morgen gäbe. Alle sind schwer beschäftigt.« Sie ließ ihren Blick über das Lager gleiten.
»Überall werden große Holzstöße aufgebaut.« Langsam schlenderte sie an den Buschhaufen vorüber. Grübelnd sah Thyra hinauf zur Sonne. »Ist heute ein besonderer heidnischer Tag?«
Sie lächelte, doch als ihre Gedanken weiter schweiften, gefror das Lächeln zu einer starren Grimasse. Thyra sah zur Sonne, die golden vom Himmel strahlte. »Wie weit ist das Jahr schon fortgeschritten? Ist jetzt schon die Tagundnachtgleiche?« Sie prüfte den Sonnenstand. Dann begutachtete sie den Löwenzahn vor ihren Füßen und beugte sich hinunter. »Du stehst noch nicht in Blüte.« Mit den Fingern tastete sie nach dem benachbarten Gänseblümchen, dessen weißer Blütenkopf sich gerade öffnete.

---

202 Was du machen?
203 Du sollst sagen, was machen du da.

»Du bist noch nicht aufgeblüht.« Schnell riss Thyra den Blütenkopf ab und steckte ihn in den Mund. »Du schmeckst schön nussig.« Bedächtig richtete sie sich auf und betrachtete nachdenklich die unzähligen hohen Reisighaufen.

»Und was machen Wikinger an heidnischen Festtagen?« Sie schluckte, denn allein der Gedanke daran ließ ihre Stimme verstummen. Aber ihre Gedanken wanderten auch ohne laute Sprache weiter. ‚Bringen die Heiden ihren Göttern nicht Opfer? Menschenopfer!'

»Bestimmt nicht!« Sie redete lauter als beabsichtigt. Eine Frau, die in Thyras Nähe den appetitlichen Eintopf in dem Kessel über dem Feuer umrührte, sah die Sklavin kopfschüttelnd an.

»Es sind gewiss nur Tiere, die geopfert werden.« Thyra sah sich die eifrigen Arbeiten im Lager noch genauer an. »Bestimmt«, versuchte sie, sich zu beruhigen.

‚Und wenn nicht? Wen würden sie ihren Göttern opfern? Einen aus ihrer Mitte? Oder jemand – anderen?'

Eine dunkle Ahnung zog sich wie ein fester Lederriemen um ihre Kehle und ihre Haut prickelte.

»Sind das etwa Scheiterhaufen?« Zögernd schlenderte Thyra weiter. »Aber wo sind die anderen Sklaven? Sind sie in den Kriegsschiffen?«

‚Oder sie durften nicht an Land, wie du', sann sie weiter. Unbewusst führten ihre Schritte sie immer weiter zum Lagerrand, vorbei an den Kochfeuern und Reisighaufen.

»Aber wenn sie mich verbrennen, können sie keinen Tribut für mich einfordern.« ‚Aber sie huldigen ihren Göttern besonders, wenn sie eine Königstochter opfern!', bohrte eine zweite Stimme.

Ein langer dünner Wikinger kreuzte ihren Weg.

»Was feiert ihr?«

Sein Gesicht war genauso lang und schlank wie sein Körper und aus schmalen Augen glotzte er die Fremde erstaunt an.

Thyra deutete auf die Buschhaufen, tanzte im Kreis und fuchtelte mit ihren Armen in der Luft herum.

»Die ist verrückt!« Der Lange schüttelte mit absonderlich tiefer Stimme seinen Kopf.

»Feier?«, wollte Thyra wissen.

Der Dünne stutzte.

Thyra zeigte erneut auf die Haufen und deutete zum Himmel.

»Feier?« Der Dünne runzelte zweifelnd die Stirn. Er verstand sie nicht und ließ sie ohne Antwort stehen.

Diese unbestimmte Ahnung erdrückte ihren Gemütszustand. »Doch es sind zu viele Haufen!«, versuchte sie sich zu beruhigen. »Sie werden doch nicht so viele Menschen aus ihrer Mitte opfern?«

Unbewusst beobachtete sie die einzelnen Gesichter. ‚War die Frau ängstlich oder besorgt? Traurig vielleicht, weil sie ihren Mann oder ihre Schwester dem Feuer zum Fraß vorwerfen würde?'

Thyras Fantasie gaukelte ihr entsetzliche Bilder vor. Sie beobachtete die beschäftigten Nordmänner und spähte über die offenen Felder, die immer wieder von dichtem Buschwerk durchbrochen wurden. »Wäre es nicht äußerst dumm zu warten, bis ich den Flammen vorgeworfen werde?«

Sie sah sich angespannt um.

»Äußerst dumm!« Thyra holte tief Luft. Ihr Entschluss stand fest!

Noch ein kurzer Blick zurück und sie schlenderte los. Es sah fast wie ein Spaziergang aus. Sie bückte sich mal nach der einen, dann nach der anderen Pflanze. Agmundr, der Reiter, sah, wie sich die Angeln-Frau immer wieder bückte, um Pflanzen zu sammeln. Er stand bei der Pferdeherde und klopfte einem Pferd nachdenklich den Hals.

»Unser Häuptling vertraut dieser *Ambátt* aber sehr«, wunderte er sich, achtete aber nicht länger auf die Sklavin.

Thyra entfernte sich immer weiter aus dem Lager. Nach vielen, vielen Atemzügen erreichte sie die ersten Büsche und versteckte sich hinter dem satten Grün. Ihr Herz pumpte und mit langem aufgereckten Hals spähte sie durch die Zweige.

»Hat mich jemand gesehen?« Ihre Augen tränten, so sehr strengte sie sich an. Zweifelnd biss sie sich auf die Lippen, merkte nicht das warme Blut. Nervös hob und senkte sich ihr Brustkorb. Bummelnd wanderte sie weiter. Immer wieder Blätter und Pflanzen sammelnd, entfernte sie sich.

Nach einer Weile blieb sie stehen, drückte ihr Kreuz durch und tat, als ob ihr Rücken schmerzte. Währenddessen beobachtete sie die mittlerweile sehr kleinen Menschen aus der Entfernung.

»Sollte es gelingen?« Ein Hoffnungsfunke zauberte ein Lächeln auf ihr Gesicht.

Zielstrebig erreichte sie die Dornenhecke und verschwand dahinter. Mit klopfendem Herzen setzte Thyra sich auf die nasse Erde und versuchte, ein Zittern zu unterdrücken.

»Es hat keiner gemerkt. Sie sind zu beschäftigt.«

Eine freudige Erregung flog über ihren Körper. Thyra leckte mit der Zunge über ihre Lippen und schmeckte zum ersten Mal das Blut. Eilig wischte sie es mit dem Handrücken fort und betrachtete widerwillig die rote Farbe auf der Haut. Der Wind fuhr kühlend darüber und trocknete das abstrakte Bild.

»Bald werde ich frei sein. Bald sehe ich sie wieder. Meine Familie, meine Vertrauten.« Hoffnungsvoll sah sie in die Ferne.

»Bald.«

Doch sie irrte sich!

Einer ließ die Frau nicht aus seinen Augen. Der Wikinger starrte voller Hass dem schmalen Rücken auf dem Feld nach und beobachtete, wie die *Ambátt* sich immer wieder zu den Pflanzen beugte.

»Was hast du denn vor?«

Er schlenderte am beschäftigten Treiben seiner Landsleute vorbei durch das Lager. Er hörte seine Leute nicht, er sah sein Volk nicht. Er hatte nur Augen für Thyra, sein Opfer!

Er tastete nach seinem Messer. Er grinste, als er die vertraute Kühle an seinen Fingern spürte, doch das Lächeln erreichte seine Augen nicht.

»Ich finde dich!« Fast waren es nur seine Gedanken, die seine Lippen bewegten, doch Bergdis sah erstaunt von ihrer Arbeit auf, als der Jäger, ohne sie zu beachten, an ihr vorüber schritt. Sie folgte seiner Blickrichtung und grinste.

»Ich wünsche dir viel Erfolg auf deiner Jagd.« Ein bösartiges Grinsen legte ihre Zähne frei, als sie Hafrs Blick folgte und die Angeln-Frau auf dem Feld entdeckte.

Thyra ahnte nichts.

»Ich muss mich beeilen. Wenn die Feuer heute Nacht brennen sollen, werden sie mich bald suchen. Sie werden Vorbereitungen treffen wollen, damit ihre Götter die Opfer wohlgesonnen aufnehmen. Sie werden die Menschenopfer vorher einkleiden wollen, vielleicht sogar waschen und ölen.«

Zitternd sog sie die Frühlingsluft durch die Nase ein, so dass die Nasenflügel vor Aufregung bebten. Eilig stand sie auf und warf noch einen Blick durch die Dornenhecke zum Lager und auf die rußgeschwärzte Burg. Etwas abseits standen die Pferde auf der Weide und grasten.

»Sie haben sie noch nicht gesattelt. Also haben sie noch nichts bemerkt! Oder sie fangen jetzt erst an, mich zu suchen! Oder sie suchen überhaupt nicht.« Thyra lächelte versonnen. Dieser Geistesblitz gefiel ihr. Doch dann dachte sie an Gorm und der vorher so angenehme Gedanke bekam einen bitteren Beigeschmack.

»Es gibt auch noch andere Männer. Männer aus meinem Volk, die ich lieben könnte.«

Langsam setzte sie einen Fuß vor den anderen und musste sich zwingen, nicht zu rennen! Nervös blickte sie sich immer wieder um, doch als sie das nächste Buschwerk erreichte, rannte sie so schnell wie nur einmal zuvor in ihrem Leben. Allein die Erinnerung an den Wikinger Hafr, der Solvor, Beorhtric und Ethelgiva getötet hatte. Wie er sie verfolgt und keuchend hinter ihr geschnauft hatte, verlieh ihr eine ungeheure Geschwindigkeit. Ihr Rock flog um die Beine, die vorher so ausgiebig gepflückten Pflanzenteile fielen aus ihrer Hand und verteilten sich fächerförmig über die Wiese.

Thyra rannte und rannte, bis sich ihr Körper krümmte und stechende Schmerzen vom scharfen Atmen sie dazu zwangen, eine unfreiwillige Pause einzulegen. Leicht vornüber gebeugt hob sie ihren Kopf und spähte zurück.

»Nichts. Keine Verfolger, keine Wikinger auf Pferden. Kein Hafr.« Langsam richtete sie sich auf und sah zurück zum Heereslager.

»Frei! Endlich frei!« Stolz und unbeugsam sah sie über die grüne Flusslandschaft.

»Ich werde nicht euren Göttern huldigen und mich für euren Unglauben verbrennen lassen. Denn ich bin Thyra – Thyra Danebod.«

Sie folgte dem Flusslauf. Hunger und Durst quälten, doch stoisch ging Thyra am dicht bewachsenen Ufer gegen die Strömung der Themse entlang. Sie hörte das leise Plätschern des Wassers, den Ruf des Kranichs und das Schnattern der Enten. Ein Eichelhäher, der Wächter des Waldes, krächzte warnend, während sie sein Revier durchwanderte. Sie sah Pfotenabdrücke von Fuchs, Steinmarder und einer Horde Mäuse. Doch keine Fußspuren von Menschen!

Ein prüfender Blick zur Sonne.

»Früher Nachmittag. Sie werden gerade gegessen haben. Und vielleicht werden sie jetzt bemerken, dass ich nicht mehr unter ihnen bin.« Sofort beschleunigte Thyra intuitiv ihre Schritte und obwohl der kalte Frühlingswind sanft über die Flussebene wehte, bildete sich auf ihrer Stirn ein feiner Schweißfilm.

* * *

Sie hörte ihn nicht.
Sie sah ihn nicht.
Dort stand er, ein einzelner Reiter auf der Anhöhe eines Hügels, und beobachtete die wandernde Frau am Themseufer. Sein langer kostbarer Umhang fiel von der Schulter über die Kruppe des Pferdes. Nur der Umriss seines Hauptes und das lange Haar zeichneten sich gegen das Licht ab. Das Pferd bewegte sich unruhig und in den letzten Strahlen der Sonne blitzten die Edelsteine auf dem makellosen Schwertknauf.
Ruhig stand er dort, fast bewegungslos. Doch seine Augen funkelten böse und seine fest zusammengepressten Kieferknochen ließen seine Wangenmuskeln spielen. Das Pferd mit der zotteligen Mähne spürte seine Wut und tänzelte unruhig auf dem Kammhügel.
Der Nordmann war mehr als zornig gewesen, bevor er sich auf den Rücken des Pferdes geschwungen hatte, um die entlaufene Sklavin einzufangen. Niemand hatte ihre Flucht bemerkt, was seine Wut noch mehr angestachelt hatte. Nach längerer Suche um das Heereslager herum fand er endlich einen Fußabdruck. Ihren Fußabdruck! Ein Fußstapfen auf einem einsamen Maulwurfshügel hatte sie verraten.
Und dann sah er sie.
Es war nur eine winzige Bewegung. Hinter dem dichten Buschwerk erkannte er die Frau, während sie einen Weg suchte. Nur kurz fiel das Sonnenlicht auf ihr glänzendes Haar und verschwand sofort wieder. Eine Amsel flatterte aufgeschreckt davon.

Das genügte.

Die glühende Sonne verbrannte den Horizont hinter seinem Rücken und der eigene Schatten fiel auf das männliche Gesicht mit den kalten, grauen Augen.

Grimmig fletschte er seine Zähne.

»Jetzt gibt es für dich kein Entkommen mehr. Jetzt bist du mein!«

Das flammende Lichtermeer versank hinter seiner schwarzen Silhouette und zeichnete den Körper des Kriegers in einem feurigen, rotglühenden Licht.

Sie sah sein schwarzes Schattenbild, das auf dem Kamm des Hügels entlang ritt, nicht. Doch dieser Schatten folgte ihr im Gleichklang ihrer Schritte.

Kaltblütig, lautlos und beharrlich beobachtete der mächtige *Ascomanni* diese flüchtende Sklavin.

* * *

Plötzlich blieb Thyra stehen. »Was ist das?« Ihr Atem wurde flach. Ganz langsam ging sie in die Knie. Irgendetwas war genau vor ihr. »Ein Tier?« Sie schluckte. Alle Sinne richtete sie auf dieses große Wesen!

Es knackte im Unterholz.

Laut.

Bedrohlich.

Angsteinflößend.

Genau hörte sie die schweren Schritte, die ihr entgegengingen!

»Kein Tier!« Thyra wunderte sich selbst über ihre nüchterne Betrachtung der Gefahr. Besonnen drückte sie sich tiefer in das dornige Dickicht unter dem grünschimmernden Blätterdach.

»Ek hitti þik! Ek hitti þik.«[204]

---

204 Ich finde dich! Ich finde dich.

Plötzlich hörte sie diese Männerstimme!
»Oh nein!«
Thyra riss entsetzt ihre Augen weit auf. Sofort schlug ihr Puls heftig pochend bis zum Hals! Sie fiel auf die Knie und so leise es das vertrocknete Laub zuließ, kroch sie bis an die Wurzel des Dornenbusches und schmiegte sich eng an seine harten Zweige. Sie schluckte und griff mit zitternden Händen die braunen Blätter vom Vorjahr und bedeckte ihren Körper notdürftig. Sie wusste nicht, warum sich bei dem Klang dieser Stimme ihre Nackenhaare aufstellten! Warum ihr das Atmen immer schwerer fiel.

‚Es wiederholt sich. Die Geschichte beginnt erneut.'

Die Angst fraß sie fast auf.

Dann sah sie ihn! Den Wikinger! Den Nordmann, der ihr Leben verändert hatte.

Keuchend vor Entsetzen sog Thyra schneidend die Luft ein.

Ihre Nerven flatterten und sie zitterte am ganzen Körper. Fest biss sie die Zähne aufeinander, damit das klappernde Geräusch ihren Aufenthaltsort nicht verriet. Befahl ihrem Verstand mit Nachdruck Besonnenheit und ihrem Körper Beherrschung.

Denn tatsächlich wollte sie rennen! So schnell sie konnte. Weg – weit weg von diesem Ort! Dort, wo der Nordmann sie jetzt suchte.

Der Jäger kam näher.

Er war allein.

Deutlich erkannte sie den großen, kräftigen Körper. Sein Gesicht wurde von den Blättern des Dornenbusches verdeckt.

»Gorm, bist du das?«, flüsterte sie mit erstickter Stimme und wollte nicht wahrhaben, was ihr das Unterbewusstsein schon lange erzählte.

An seinem Gürtel baumelte ein toter Hase. Seine langen Ohrspitzen schleiften über der Erde.

Deutlich hörte sie, wie der Nordmann schnüffelte.

‚Wie ein wildes Tier.' Unwillkürlich zuckte Thyra zusammen. Ihre Augen weiteten sich entsetzt, als sie, zum Greifen nahe, seine Beine sah. Sie schluckte und ihre trockene Zunge klebte am Gaumen.

»Ek hitti þik! Ek hitti þik!«[205]

Vom Klang dieser Stimme wurde ihr speiübel. ‚Warum nur?' Noch immer weigerte sich ihr Verstand, die Wahrheit zu erkennen.

Das vertrocknete Laub raschelte unter seinen Füßen. Er achtete nicht auf seine Tritte, die Zweige brachen krachend unter seinem Gewicht.

Ihre Gesichtsfarbe verschwand und es fühlte sich an, als ob sich um ihren Hals ein enges Band fest zusammenziehen und die Luft abschnüren würde. Starr vor Angst lag sie unter dem Strauch und wartete. Wartete darauf, dass er an ihr vorüberging. Sie hoffentlich nicht sah! Dass er an ihr vorüberging! Dass er sie nicht riechen konnte!

»Ek kan viðra þik! Þú þarfst eigi felask, Ek hitti þik!«,[206] versprach er lächelnd, fast liebevoll.

Sie biss sich auf die Unterlippe, um keinen Laut aus ihrer Kehle herauszulassen, und schmeckte Blut. Fest krallten sich die Finger um den Stoff der Tunika. Sie bemerkte es nicht! Sie konnte seinen stinkenden Körper riechen, so nah war er ihr. Ihr Blut rauschte, das Herz pochte und klang in ihren Ohren so laut.

‚Nicht!', schrie sie lautlos. ‚Lauf vorbei!'

»Vissi ek, at ek hitti þik.«[207] Er brach die stacheligen Zweige auseinander und starrte sein Opfer an. Ohne Rücksicht auf die Dornen sprang er durchs Gebüsch und warf sich auf Thyra.

---

205 Ich finde dich! Ich finde dich!
206 Ich kann dich wittern! Du brauchst dich vor mir nicht zu verstecken!
207 Ich wusste, dass ich dich finde.

»Hchch!«, keuchte sie und sofort wusste sie, wer auf ihr lag. Der Gestank seiner Haut, die Stimme an ihrem Ohr, sein Gewicht auf ihrem Körper. Unvergesslich!

Wieder drückte seine Hand ihr Gesicht in den Dreck.

»Jetzt wirst du es büßen. Deine schändliche Tat! Ich werde dich lehren, wie du mit einem Wikinger umzugehen hast. Ich werde dir zeigen, was Demut und Gehorsam bedeuten.« Seine Lippen waren dicht an ihrem Ohr und dann spürte sie, wie seine warme, feuchte Zunge in ihre Ohrmuschel glitt und sie ausleckte.

»Grrr«, schüttelte sie sich, doch er drang noch tiefer ein.

Thyra verstand kein Wort, aber das war auch nicht nötig. Der grausame Klang seiner Stimme verriet ihr, was er wollte.

»Das, was du willst, kannst du aber nicht mehr!«, reizte sie den Mann gnadenlos.

Laubfetzen krochen ihr in den Mund. Sie spuckte die nach Erde schmeckenden Blätter aus und konnte trotz aller Widrigkeiten ein Grinsen nicht unterdrücken.

»Du bist kastriert!« Sie versuchte, die schwere Gestalt auf ihrem Rücken abzuschütteln.

Auch Hafr verstand ihre Worte nicht und wusste dennoch, was sie sagte.

»Grooaah!«, brüllte er und schlug zu. Heftig und unbarmherzig entlud sich seine Wut. Erbarmungslos schlug seine Faust auf ihren Kopf, die Schulter, die Rippen, die Nieren.

Sie strampelte und schrie! Doch er drückte den Schädel der verhassten Frau nur noch tiefer in den matschigen Morast. Dorniger Dreck drang in ihre Augen und quetschte sich in ihre Nasenlöcher. Angewidert spuckte sie den Moder aus und schnaubte heftig durch die verstopften Nasenlöcher. Thyra hörte noch, wie die Zweige des Busches krachten und plötzlich blieben die Schläge aus.

Ihr Schädel dröhnte und das Blut rauschte in den Ohren.

‚Ich kann nichts hören!' Panik überrollte ihre Gedanken. Plötzlich verschwand der schwere Körper und sie konnte wieder atmen. Fest presste sie ihre Augen zusammen und versuchte, den Schmerz abzuschütteln.

Keuchend stützte sie sich schmerzhaft mit den Armen in die Höhe und versuchte, sich aufzurichten. »Wo ist er?«

Suchend sah sie sich um und sah durch einen von Dreck verschleierten Blick ein Ungeheuer direkt vor ihren Augen. Vor Entsetzen schloss sie die Augen sofort wieder.

»Ein Dämon! Jetzt – bin – ich – tot! Lauf weg. Jetzt!« Bebend zog sie ihre Beine an, kauerte sich in die Hocke und spannte ihren gefolterten Körper für den Lauf, riss ihre Augenlider auf – und atmete erleichtert aus.

»Puh!«

Vor ihr stand eines der zotteligen Pferde und glotzte sie an. Jetzt, wo die Tränen den Schmutz aus den Augen schwemmten, erkannte sie die großen braunen Augen eines Pferdes, welches sie sanft mit der warmen Luft aus seinen Nüstern anblies.

Thyra wollte sich gerade aufrichten, als zwei schwere, keuchende Männerkörper auf sie fielen und wieder schmeckte sie den modrigen Schlamm.

»Hmpf! Verschwindet! Runter von mir!« Gnadenlos boxte sie den Mann, der ihrer rechten Faust am nächsten war, brutal in die Seite. Er stöhnte. Die Männer rangen miteinander und wieder wurde sie tief in die Erde gedrückt.

»Pfui!« Thyra spuckte die Erde aus und trat mit den Füßen erbarmungslos um sich. Mal traf sie den einen, mal den anderen und robbte sich aus der Gefahrenzone.

Sie war gerade dabei, sich aus der Zwangslage zu entfernen, als einer der Männer sie am Fußgelenk packte.

»Stattu kyrt! Nú hleypir þú eigi í burtu.«[208]

208　Hier geblieben! Jetzt läufst du mir nicht davon.

Verärgert drehte Thyra sich um und sah in das Gesicht von – Gorm.

Sofort hämmerte ihr Herz. Doch warum sollte sie ihm gehorchen? Ihm, einem Wikinger, der sie ins Feuer werfen wollte! Sie trat mit dem anderen Fuß nach seiner Hand und versuchte, auf ihrem Hintern rutschend, sich weiter von ihm zu entfernen. Dabei blickte sie aufgeregt ins Gebüsch.

»Wo ist der andere?«, rief sie in Panik und trat nach Gorms umklammernder Hand.

»Verdammt! Lass meinen Fuß los!« Sie erhaschte einen Blick auf Hafr. Wie tot lag er im Schlamm.

»Þú ert þrjózkr uxi!«[209]

»Du tust mir weh!« Sie hackte mit der Ferse auf sein Handgelenk.

»Ek mun berja þik.«[210]

Thyra fand einen langen Knüppel und schlug gnadenlos zu.

»Verschwinde! Lass mich los!« Sie prügelte auf Gorm ein. Er duckte sich und versuchte, seinen Kopf vor den einprasselnden Schlägen zu schützen.

»Ek mun berja þik«,[211] knurrte er unter den Stockschlägen.

»Hmpf! Berja þik hart.«[212] Er packte Thyra an der Wade.

Energisch stemmte sie sich gegen Gorm. »Wo ist der andere?« Sie durchsuchte mit den Augen nervös das Gebüsch, entdeckte aber nur einen toten Hasen. »Wo ist er?« Die Kraft ihrer Schläge nahm zu.

»Grmpf.« Gorm ächzte, als der Knüppel brach.

Entsetzt betrachtete Thyra den Stummel in ihrer Hand und warf ihn verzweifelt auf den Mann.

---

209 Du widerspenstiges Rindvieh!
210 Ich werde dich lehren, nicht einfach zu verschwinden.
211 Ich werde dich verprügeln.
212 Hmpf. Heftig versohlen.

Dieser zog Thyra immer dichter zu sich heran. Packte das Knie, dann den Oberschenkel. Sie drehte sich um und wollte weg krabbeln, krallte ihre Hände in den Morast, der ihr jedoch keinen Halt bot. Wütend grinsend packte Gorm ihr ans Hinterteil und krallte sich dort am Rock fest.

»Lass das!« Sie griff einen Finger und knickte ihn weit nach hinten.

»Ah!« Gorm ließ Thyra los.

Nur kurz war die Zeitlücke, die er ihr zur Flucht ließ. Hastig rappelte sie sich auf, doch bevor sie wegrennen konnte, lag er mit seinem gesamten Gewicht auf ihr drauf und quetschte sie wie eine Flunder zusammen. Jeder Widerstand war zwecklos. Sein schwerer Körper drückte sie ganz flach in den Morast.

»Pfui!« Thyra spukte den Modder aus und fühlte, wie etwas kleines Kribbeliges in ihr Ohr wollte. Gorm presste ihre Hände fest in die nasse Erde.

»Grrr!«, knurrte Thyra bösartig und setzte ihre gesamte Kraft daran, diesen Mann abzuschütteln.

»Liggðu kyrt. Þú ferð ósigr fyrir mik.«[213] Gorm beschwerte ihren Kopf mit seinem eigenen.

»Mmpf.« Thyra stöhnte, schloss ihre Augen, gab auf und schnaufte: »Vorbei! Es ist vorbei! Aber nur für den Augenblick.« Sie spürte den Druck und die Wärme seines Körpers. Fühlte, wie sein Brustkorb sich bei jedem Atemzug hob und senkte. Fühlte, wie sein warmer Atem über die Haut ihres Halses glitt. Sie roch die Erde und den Duft seiner heißen Haut.

»Hrærðu eigi«,[214] drohte er leise.

Thyra verkrampfte ihren Körper und drückte ihn ein wenig hoch. »Hmpf.«

---

213 Bleib liegen. Du hast verloren.
214 Bewege dich nicht.

»Hrærðu eigi«, raunte er in ihr Ohr und ein feiner Schauer glitt über ihren Körper.

»Ich will nicht! Ich will nicht, dass du mich überall berührst! Ich will es nicht fühlen! Verschwinde!« Sie atmete schwer. Und plötzlich spürte sie etwas, was sie aus der Fassung brachte! »Das glaube ich nicht!« Sie wehrte sich heftig, versuchte ihn abzuschütteln. »Verschwinde von meinem Körper. Geh runter!« Sie buckelte Gorm ab und wälzte sich auf die Seite, als er von ihr herunter glitt. »Du! Du!«

»Hvat skyldi ek gera?[215] Limrinn vinnr sjálfur. Hann gerir eigi vilja mín.«[216]

»Ooooochh!« Thyra rappelte sich auf, strich mit heftigen Bewegungen die groben Erdbrocken von der Tunika und machte eine eindeutig abknickende Handbewegung in Gorms Richtung, welche ihn sofort in Hafrs Richtung blicken ließ.

Aus dem Gebüsch drangen schmerzhafte Stöhnlaute. Hafrs Verstand erreichte wieder sein Bewusstsein. Gorm stand auf und Thyra wich vorsichtig einige Schritte zurück. Doch er beachtete sie nicht, schob die Zweige beiseite, packte Hafr am Kragen und zog ihn unbarmherzig aus dem Gestrüpp heraus.

»Sie gehört mir! Merk es dir! Ein für alle Mal. Sie ist mein Eigentum, egal was sie dir angetan hat.«

Hasserfüllt starrte Hafr zu Gorm hinauf. »Du kannst deinen Schwanz ja auch noch benutzen. Verdammt!«

»Kann ich! Doch das deiner nicht mehr kann, ist nicht mein Problem.«

»Sie!« Er zeigte auf Thyra. »Sie hat es mir angetan!«

»Sie!« Gorm zeigte ebenfalls auf die Frau. »Sie ist meins! Und du hast es zu respektieren!«

---

215 Was soll ich machen?
216 Der Penis arbeitet unabhängig. Er steht nicht unter meinem Willen.

»Grmpf.« Hafr packte mit beiden Händen seinen Schädel und erhob sich mit dröhnenden Kopfschmerzen.

Gorm sammelte seinen gejagten Hasen ein, packte Thyra am Arm, zog sie zum Pferd, befestigte den Kadaver am Sattel und schwang sich auf den Rücken.

Thyra stand neben ihm und war froh, laufen zu dürfen. Doch Gorm entschied anders. Kurzerhand packte er ihren Oberarm, zog sie ohne größere Kraftanstrengung aufs Pferd und setzte sie vor sich in den Sattel.

Eilig rutschte Thyra weiter nach vorn. Sie wollte Abstand. Nach all dem, was sie eben bei ihm gefühlt hatte.

»Und fass mich ja nicht an!«, fauchte sie, als sie sich zu ihm herumdrehte.

Gorm lachte nur. Die Bewegungen des Pferdes würden sie schon wieder in die richtige Stellung bringen.

Missmutig trottete Hafr hinter ihnen her. Er sprach kein Wort, sondern brütete dumpf vor sich hin. Gorm war sein Schweigen nur recht.

Doch er war der Einzige, der diesen Ritt genoss.

***

Ganz langsam kroch die Dunkelheit über die Ebene. Das Mondlicht erhellte schon die Nacht, so viel Zeit war bereits vergangen, und erleichterte der kleinen Gruppe den Rückweg.

Schon aus der Ferne leuchteten die vielen lodernden Feuer, und der Duft von gebratenem Fleisch wehte ihnen entgegen. Sofort kehrten Thyras Ängste zurück, als sie die Feuer sah.

»Ich lasse mich nicht verbrennen«, erklärte sie Gorm mit fester Stimme.

Steif saß sie vor ihm im Sattel. Doch es war äußerst anstrengend, diese Position bei den wiegenden Bewegungen des Pferdes aufrechtzuerhalten.

»Líkar þér reiðin?«,[217] amüsierte er sich.

»Ich werde euren Göttern nicht huldigen.« Argwohn züngelte durch ihre Gedankenwelt.

»Hún líkar mér vel. Sérliga síðan þú hallast í móti mér.«[218]

»Ich werde wieder weglaufen. Nein – ich werde schwimmen!« Trotzig drehte sie sich um. »Denn ich glaube nicht, dass auch nur ein Nordmann das Wasser zum Baden oder zum Waschen nutzt.«

Kurz blitzten Bilder von tauchenden Wikingern vor ihrem geistigen Auge auf und straften ihre Worte Lügen.

»Arsinn þinn kennisk heitt ok sívalt.«[219]

»Dann kannst du mich nicht wieder mit deinem Pferd verfolgen.«

»… ok bakinn þinn, ef þú hallast í móti brjósti mín …«[220] Rau streichelte sein Atem ihre Haut.

Gorm führte mit der rechten Hand die Zügel des Pferdes und legte die andere Hand sanft auf ihren Oberschenkel.

»Du bist ein Unhold, ein Lüstling«, fauchte Thyra mit einer Stimme wie ein Engel und lächelte ihn süffisant an. Doch ihre Augen loderten wie Feuer. »Und wenn du mir zu nahe kommst, mache ich mit dir das Gleiche wie mit dem Trottel, der hinter uns herwandert.« Wütend packte sie seine linke Hand und warf sie von ihrem Bein.

Gorm grinste. »Bíddu bara«,[221] versprach er und ritt am ersten Lagerfeuer vorüber.

Mit lautem *Hallo* wurden sie begrüßt.

---

217 Gefällt dir der Ritt?
218 Mir gefällt er sehr gut. Vor allem, seitdem du dich gegen mich lehnst.
219 Deine Hinterbacken fühlen sich richtig schön warm und rund an.
220 … und dein Rücken, wenn du dich gegen meine Brust lehnst …
221 Warte nur.

»Das hat aber lange gedauert!«

»Was habt ihr denn gemacht? Konntest du ihre Fährte nicht finden oder wart ihr noch zu zweit im Wald?«

»Hafr, hattest du kein Jagdglück?«

Gorm lachte.

Hafr knurrte böse.

Thyra verzog keine Miene.

Agmundr kam und nahm Gorm das Pferd ab. Schwungvoll ließ Gorm sich vom Pferd gleiten und zog Thyra herab.

»Þú ert hjá mér«,[222] befahl er mit harter Stimme und duldete keinen Widerspruch.

Thyra drehte ihren Kopf zur Seite, so dass sie ihn nicht anblicken musste, daraufhin fasste er mit einer Hand unter ihr Kinn und blickte ihr genau in die Augen.

»Du bleibst bei mir«, raunte er ihr eindringlich zu.

Thyra verstand seine Anweisung sehr wohl. Barsch packte er ihre Hand und zog sie hinter sich her.

Verärgert verzog sie ihren Mund und stolperte hinter Gorm her. Doch das ignorierte dieser völlig. Sollte die Frau sich seinen Schritten anpassen, alles andere war eines Häuptlings unwürdig.

Seine Hand war kraftvoll. Fest hielt er Thyra gepackt und schritt mit ihr durch das Lager. In der Frühlingsluft schwebte der Duft von gebratenem Fleisch, Met und geräuchertem Fisch. Goldglühende Lichterfunken stiegen aus dem heißen, hoch lodernden Feuer hinauf in die schwarze Nacht. An jedem Feuer saßen seine *húskarl*.

Sie tranken Bier oder Met und aßen mit Wollust. Thyra hörte sie lachen und mit lauten Stimmen von ihren Abenteuern prahlen. An anderen Feuern sangen sie Lieder und am nächsten wurde einem Erzähler andächtig zugehört.

---

222 Du bleibst bei mir!

Doch an keines dieser Feuer setzte sich Gorm mit seiner *Ambátt*. Sie kamen an einem der riesigen Buschhaufen vorbei und Thyra stolperte, als sie an dem hölzernen Gestell ein geschlachtetes Schaf hängen sah, welches dort kopfüber zum Ausbluten hing.

»Hvat er þat?«[223] Gorm hatte sich umgedreht, als Thyra nochmals stolperte und er seinen Schritt verlangsamen musste. Doch sie sah ihn nur blass aus weit aufgerissenen, verängstigten Augen an. Gorm warf einen kurzen Blick auf das tote Tier, dann wieder auf Thyra, missverstand ihren Ausdruck und ging kopfschüttelnd weiter.

»Kvend-i!«[224] Endlich blieben sie stehen!

»Gorm. Da bist du ja! Wir haben dich schon vermisst«, begrüßte Nereior, der *styrimannr* der *ulfr elfar*, ihn und nahm einen kräftigen Schluck Met. »Du hast sie offenbar gefunden. Wo ist sie hingelaufen?«

»Am Fluss entlang«, antwortete Gorm und nahm ein mit Met gefülltes Trinkhorn entgegen. Er setzte das Horn an und leerte es in einem Zug. »Haah. Das war genau das, was ich jetzt gebraucht habe.« Er ließ es wieder füllen und gab Thyra das Trinkhorn.

Zögernd legte sie ihre kalten Finger um das gemaserte Rinderhorn. Sie hatte Hunger, ihre Knie zitterten von der Anstrengung des Tages und sie hatte einen unbändigen Durst. Langsam führte sie das Trinkhorn an ihre Lippen. Sofort stieg ihr der Honiggeruch des Mets in die Nase. Dann leerte sie wie Gorm das Horn mit einem Zug.

»So etwas Leckeres habe ich lange nicht getrunken.«

»Ho, ho! Sie weiß, was sich gehört«, brüllte Bror ihr prostend zu. »Sie trinkt wie ein echter Nordmann!«

---
223 Was ist?
224 Weiber!

Gorm musterte die Frau an seiner Seite nachdenklich.

»Auf die Nordmänner!«

»Auf die Nordmänner!«, riefen die *styrimannr* aus seinem Gefolge. Gorm grinste und hob sein wieder gefülltes Horn.

»Auf die Nordmänner und auf ein gutes Gelingen!«

Thyra sah staunend in die Runde. An diesem Feuer saßen nur die Mächtigen in ihren prächtigen Gewändern. Sie saßen auf kunstvoll geschnitzten Stühlen mit hohen, filigran geschnitzten Rückenlehen. Sie sah genauer hin und erkannte, dass die Armlehnen Tierkörpern nachgeformt waren. Ein Stuhl besaß die Armlehnen, die aussahen wie ein Wolf, andere ähnelten denen eines Greifvogels oder einer Schlange.

Nur noch ein Stuhl war frei und Thyra erkannte Armlehnen aus furchterregenden geschuppten Drachenkörpern. Bedächtig setzte Gorm sich in seinen Häuptlingsstuhl und stellte die Füße zufrieden an das wärmende Feuer. Unruhig blickte Thyra von einem Königsdrengir zum anderen.

»Kein Stuhl mehr frei.« Ein Funke Hoffnung keimte auf.

»Kann ich gehen?« Zweifelnd schürzte sie die Lippen und ganz langsam drehte sie sich um, wollte gerade einen Fuß vor den anderen setzen, als Gorm sie packte: »Halt! Wo willst du hin?«

Thyra kräuselte zur Antwort nur ihre Stirn.

»Du setzt dich neben mich auf den Boden«, befahl Gorm und deutete auf die Erde neben seinem Platz.

»Dorthin?«, fragte Thyra entsetzt. »Auf die nasse–kalte–Erde!«

»Setzen!«

Zähneknirschend kniete sie sich nieder.

»So habe ich in meinem Leben noch nie gehockt!«, knurrte Thyra. »Noch nie kniete ich vor Barbaren!«

Gorms zorniger Blick ließ Thyra widerwillig gehorchen.

»Warte nur«, flüsterte sie herausfordernd. »Jetzt hast du die beherrschende Stellung. Aber das wird sich ändern!«

Ein erneuter, eindringlicher Blick des Häuptlings ließ Thyras Stimme erstarren und offenbar demütig kniete Thyra sich neben den Drachenstuhl des großen *edl-ing-r*.

Die Gespräche der *styrimannr* im Kreis der Mächtigen waren verstummt und verfolgten aufmerksam den Disput. Thyra bemerkte erst jetzt, dass alle Blicke auf sie gerichtet waren. ‚Seht mich nur an. Doch eines Tages werde ich euch so betrachten!'

»Frau, bringe mir Met«, forderte Cuaran und hob sein Horn fordernd in die Höhe. »Viel Met.«

Schüchtern trat eine junge Wikingerin aus dem Schatten der Nacht und füllte das Trinkhorn. Argwöhnisch musterte Thyra den Wikinger Cuaran im Bibermantel. Sie sah zur geschnitzten Armlehne und erkannte die wilde, vom Wind verwehte Mähne eines stolzen Pferdes.

Bror lachte und stieß Briningr an. »Cuaran wird uns alles wegsaufen. Weib, bringe mir auch noch etwas von dem Gebräu, bevor die Nacht um ist und der Met zur Neige geht.«

Gorm saß mit seinen sieben Schiffsführern im Kreis um das herrlich große Feuer. Die Wikingerfrau füllte den Männern die Trinkhörner und reichte ihnen die Speisen. Als Thyra erkannte, welche Leckerbissen sie im Korb trug, knurrte ihr Magen hoffnungsvoll.

Doch die Wikingerin ignorierte Thyra. Zuerst hielt Thyra es für ein Versehen, dass der Korb mit dem gebratenen Fleisch, dem geräucherten Fisch, dem leckeren Brot und dem Obst ihr nicht gereicht wurde.

Die Männer leerten die Hörner und füllten ihre Mägen, während Thyra der Magen knurrte. Immer ungeduldiger beobachtete sie die Wikingerin und erkannte, dass auch die Frau immer wieder einen scheuen Blick auf sie warf. Als der Blick der Frau etwas länger auf Thyra ruhte, deutete diese mit einem kurzen Handzeichen ihren Hunger an. Die Frau nickte kaum wahrnehmbar und schaute sofort wieder zur Seite.

‚Sie hat Angst vor den Mächtigen ihres Stammes.'

Die Stimmung in der Runde wurde ausgelassener. Die Späße derber und die Reaktionen der Männer unbeholfen. Vorsichtig schlenderte die Wikingerin zu Gorm, füllte sein Trinkhorn, bot ihm Fleisch und Brot. Er griff zur Hähnchenkeule und schickte sie fort. Die Frau schlenderte an Thyra vorbei und ließ heimlich hinter Thyras Rücken einen kleinen Laib Brot fallen.

Thyra spürte die verschwindend geringe Erschütterung und sah in die betrunkenen Gesichter der *styrimannr*. Hatte es einer gesehen?

Wie zufällig tastete Thyra hinter ihren Rücken. Betastete das Brot und schob es angespannt unter ihren Rock. Sofort fühlte sie sich besser und mit einem Lächeln dankte sie der Frau. Doch die Wikingerin beachtete die *Ambátt* nicht und füllte schon das nächste Trinkhorn, während Thyra sich winzige Brotbrocken abbrach und in den Mund schob. Achtlos öffnete sie das Band um ihr langes Haar. Der dicke Zopf löste sich und ihr Haarschopf fiel weich über ihre Schulter. Thyra griff mit einer Hand hinein und schüttelte ihr Haar, kratzte wohlig die Kopfhaut, solange bis sich das Haar über ihr Gesicht legte und den Mund verdeckte. Hingebungsvoll kaute sie das leckere Brot.

Gorm bemerkte Thyras Betriebsamkeit und beobachtete sie unauffällig. Er sah, wie sie mit ihrem Haar spielte und sich etwas in den Mund schob.

‚Raffiniertes Weib. Voller List und Tücke!' Doch er ließ sie gewähren. ‚Wer sich so viel Mühe gibt, soll auch belohnt werden.'

Ein breites Lächeln zog über sein Gesicht.

Der Mond wanderte leuchtend durch die funkelnden Sterne am Nachthimmel. Die Feuer brannten herunter und eine ruhige, müde und dennoch gespannte Atmosphäre umhüllte die Menschen vor den Ruinen der *burh*.

Unsagbar müde von der Wanderung, dem Ringkampf und dem Ritt lehnte sich Thyra erschöpft gegen den Drachenstuhl und schlief sofort ein. Erst gegen Morgengrauen gingen die *styrimannr* auf ihre Schiffe zu ihren *húskarl* zurück.

* * *

Die *húskarl*, die einfachen freien Männer, hatten sich Haushalten der Mächtigen verpflichtet, um den *styrimannr* bei allen Unternehmungen beizustehen.

Einige von ihnen waren Söhne aus reichen Familien. Sie waren *drengire*, mutige, oftmals junge Männer aus dem Dorf und den umliegenden Ländereien. Sie hatten keinen Besitz, weder Land noch Gut noch Sklaven. Sie dienten den *styrimannr* der Kriegsschiffe und mussten ihren Mut und ihre Kampfeskunst erst auf dem Feld und auf den Meeren beweisen.

Für die mittellosen *drengire* war es eine große Ehre, sich auf dem Schlachtfeld Ruhm und Reichtum mit dem blutigen Schwert zu erkämpfen.

Nur dann, wenn ihre listige Klugheit und Kampfeskunst gerühmt wurde, stiegen einige wenige zu Königsdrengiren auf. Diese entschlossenen, oft besonnenen, doch auch kaltblütigen Königsdrengire dienten den Häuptlingen, die unter anderem auch als *styrimannr* eines Wikingerschiffes ihre Führungseigenschaften bewiesen.

Gorm war ein Häuptling, ein Anführer, der die Schlachten der Dänen zum Sieg oder zur Niederlage führte und Siguror, sein Freund – sein Königsdrengir.

Müde lag Siguror in eine Wolfsfelldecke gehüllt vor den verglühenden Holzscheiten des Feuers. In seinen Armen eine wohl gerundete Sklavin, die sich leise murmelnd eng an ihn kuschelte. Er grinste und küsste die Sklavin aufs Haar. Bereitwillig hatte sie sich unter seine Decke gelegt und er hatte das Abenteuer der Nacht genossen.

Der Schrei eines Kauzes weckte ihn und mit müden Augen zwinkerte Siguror der Morgendämmerung entgegen. Er blickte genau auf die schwarzen Silhouetten der massigen und dennoch filigran geschnitzten Stühle der *styrimannr* und erkannte, dass Gorm noch immer allein vor dem Feuer saß.

»Allein?« Erstaunt hob Siguror seinen Kopf und sah genauer hin. »Nicht allein«, erkannte er grinsend und schmiegte sein Gesicht an den warmen Hals der Sklavin und sog schnüffelnd ihren weiblichen Duft ein.

»Angeln-Frau, du bist fällig«, murmelte er noch, bevor die Müdigkeit ihn einlullte. Kurz darauf schlief Siguror tief und fest bis in den späten Vormittag.

Gorm saß auf seinem Häuptlingsstuhl mit den prunkvollen Drachenschnitzereien und starrte auf die heruntergebrannte, rotglühend wabernde Glut. Thyra bewegte sich im Schlaf und ihr Haar streichelte seine Hand. Langsam neigte Gorm seinen Kopf zu der Frau herunter.

Leicht zusammengekauert lehnte Thyra an seinem Drachenstuhl. Seine Augen wanderten über ihren Körper und blieben an ihrem Gesicht hängen. Genau musterte er ihre gleichmäßigen Gesichtszüge, die gerade Nase, den leicht geöffneten Mund und das kleine selbstbewusste Kinn, welches sie ihm immer trotzig entgegenstreckte. Unbewusst spielten seine Finger mit ihrem langen Haar. Thyra seufzte und drückte sich näher an seinen Stuhl. Im Schlaf murmelte sie leise Unverständliches. Doch als Gorm sich zu ihr herabbeugte, um ihre undeutlichen Worte besser zu verstehen, schloss Thyra ihre Lippen und schlang fröstelnd die Arme um den Körper.

Er blickte in den Himmel und erkannte, dass die Morgendämmerung nicht mehr lange auf sich warten ließ. Der nachtschwarze Himmel verlor seine geheimnisvollen Schatten und das Funkeln der Sterne verblasste. Langsam erhob er sich und warf Holzscheite in die Glut. Sofort fraßen die gierigen Flammen das trockene Holz und verbreiteten knisternd eine wohlige Wärme und vertrieben den morgendlich kühlen Tau.

Leise ging Gorm zu Thyra. Still stand er vor ihr. Thyras Finger zuckten im Schlaf und ihre Augenlider flatterten unruhig. Der Lichtschein warf flackernde Schatten auf ihr Gesicht. Vorsichtig beugte er sich zu ihr hinab, strich ihr das Haar hinters Ohr und betrachtete ihr Gesicht. Ihre langen Wimpern warfen im Lichtschein geheimnisvolle Schatten auf die blassen Wangen. Ihre tiefen und gleichmäßigen Atemzüge verrieten ihm den festen Schlaf. Vorsichtig schob er seinen Arm hinter Thyras Rücken und unter die Beine und hob sie langsam in die Höhe. Wie leicht sie war! Und wie warm! Eigentlich wollte Gorm sie näher an das Feuer legen, doch Thyra schmiegte sich vertrauensvoll an seine Brust.

Gorm schluckte. Damit hatte er nicht gerechnet! Unbeweglich stand er vor dem Feuer, mit der Frau auf seinen Armen und genoss ihre Wärme, ihren Duft und ihr Vertrauen. Auch wenn es nur im Schlaf war.

Lange stand er mit Thyra auf dem Arm vor den Flammen. Erst als die vertrauten morgendlichen Geräusche der erwachenden Menschen und Tiere ihm anzeigten, dass der neue Tag seinen Anfang nahm, legte er Thyra neben die orangerote Glut auf die Erde. Nachdenklich betrachtete er seine Sklavin, während er seinen Zobelumhang von der Schulter nahm und sie damit einhüllte.

»Angeln-Frau, was machst du mit mir?«

Dann ging er.

* * *

Aesa schritt in ihrer Festkleidung durch das Heerlager. Über dem Unterkleid aus feinem Leinen trug sie eine blaue Schürze aus Wollstoff. Zusätzlich hatte die Heilerin sich einen schmalen

Ledergürtel um die Taille geschlungen, an dem ein kurzes verziertes Sax und Lederbeutel mit den unterschiedlichsten Kräutern und Essenzen hingen.

Unter der Schürze, die mit aufwändig gewebter Borte, sogar mit Gold- und Silberfäden, verziert war, schaute das Unterkleid hervor. Ein leichter Wollumhang, der vor dem Tragen gewalkt worden war, um vor Regen und Wind zu schützen, fiel über ihre Schultern. Bei jedem Schritt schlug das bodenlange, nach unten weiter geschnittene, Gewand gegen ihre Waden. Sie blickte sich aufmerksam um. Da sie nicht finden konnte, was sie suchte, wurden ihre Schritte immer schneller.

Die faustgroßen ovalen Schalenfibeln blinkten im Sonnenlicht und zogen dadurch die Blicke von Männern und Frauen auf sich. Sie befestigte sie wie alle Wikingerfrauen rechts und links oberhalb ihrer Brüste am Trägerrock. Im Gegensatz zu einfachen Gewandschließen aus Zinn oder Bronze zeigten Aesas Schalenfibeln aus kostbarem Silber ihre hohe Stellung. Die filigranen Muster wiesen sie als *laek-n-a*, die Heilerin der Dänen, aus. Zwischen beiden Fibeln spannte sich eine Kette, bestückt mit bunten Glasperlen, Anhängern und sogar Gold-Berlocken.

Ihren Hals schmückte ein Torque, ein fingerdicker gerillter Reif aus Silber. Heute an diesem besonderen Tag trug Aesa ihr langes rotbraunes Haar ohne Band. Offen fiel es ihr über den Rücken und die Haarspitzen berührten bei jedem Schritt ihre runden festen Pobacken.

»Habt ihr Thyra, die *Ambátt*, gesehen?«, rief sie jedem fragend zu. »Wisst ihr, wo die Angeln-Frau ist?«

Doch die *laek-n-a* erntete nur erstauntes Kopfschütteln.

»Diese Sklavin bereitet einem nur Ärger und Unannehmlichkeiten. Immer ist sie verschwunden.« Mit eiligen Schritten durchquerte Aesa das Lager. »Wenn ich dich nicht bald finde, gibt es mächtigen Ärger. Wie soll ich Gorm erklären, dass du schon wieder verschwunden bist?« Zornig presste sie ihre Kiefer aufeinander. »Ich werde dich anketten oder dir besser noch einen Schlaftrunk verabreichen, der dich die nächsten Tage zur Ruhe bringt und deine Beine lähmt.«

Dann nahm sie eine flüchtige Bewegung am Lagerfeuer des Häuptlings und seiner *styrimannr* wahr.

»Ich glaube es nicht!«, hauchte Aesa fassungslos. »Am Feuer der Mächtigen schläft diese Angeln-Frau!« Eilig rannte sie zu der schlafenden Gestalt. Nur das zerzauste Haar der Geisel schaute unter dem Zobelumhang hervor.

»Ein Zobelumhang?« Aesa stutzte und blieb verwundert stehen. Kurz hob sie ihre Augen und blickte zu den Wolken, dann wieder auf Thyra, die sich wohlig räkelte.

»Das ist doch Gorms Umhang!« Sie zog den Umhang langsam von Thyra herunter und streichelte den kostbaren Zobel. »Seit wann lässt er ihn zurück?« Lächelnd schürzte Aesa ihre Lippen. »Gorm, hast du etwa …?«

Thyra drehte sich auf den Rücken, streckte sich genüsslich und öffnete blinzelnd die Augen.

»Oh, guten Morgen, Aesa«, murmelte sie schlaftrunken und schlug jetzt ohne den wärmenden Umhang fröstelnd die Arme um ihre Schultern. Sie blinzelte gegen das helle Morgenlicht.

Aesa sah so anders aus!

»Guten Morgen, Thyra. Die Nacht ist vorbei. Aufstehen.« Aesa packte sie am Oberarm und zwang Thyra zum schnellen Erwachen.

»Ja doch, ja.« Thyra murrte verärgert und rappelte sich ungelenk auf. Sie verstand die Sprache der *duph* immer besser.

Zornig schüttelte Aesa den Kopf. »Ich suche dich schon den ganzen Morgen und finde dich am Feuer der Mächtigen.« Auch sie besaß einen hohen Rang innerhalb ihres Volkes, doch an dieses Feuer war sie, die *laek-n-a*, noch nie gerufen worden.

Thyra ignorierte die Schimpfkanonade und blickte erstaunt auf die herrliche Kleidung der Kräuterfrau. »Heute scheint ein besonderer Tag zu sein. Du trägst ein wundervolles Gewand.«

»Du trugst heute Nacht auch ein wundervolles Gewand.« Mit ausgestrecktem Arm hielt sie Thyra den Zobelumhang entgegen.

»Oh!«, staunte Thyra. »Wo hast du den her?«

Aesa legte den Kopf schief.

»Das ist Gorms Umhang! Gorm, Umhang«, betonte Aesa die ihrer Meinung nach wichtigsten Wörter.

»Gorm?« Thyra griff ins Fell.

»Gorm.« Aesa nickte bestätigend und ein süffisantes Lächeln glitt über ihre Lippen.

Als Thyra in das Gesicht der Kräuterfrau blickte, konnte sie fast Gedanken lesen.

»Nein, nein. Mit Gorm habe ich nichts zu tun.« Entrüstet wich sie einige Schritte zurück. »Gar nichts!«

»Wir werden ja sehen«, meinte Aesa nur, griff erneut Thyras Hand und zog sie mit sich. »Wir müssen uns beeilen.« Sie lief mit Thyra im Schlepptau ihrem Ziel entgegen und plapperte: »Du musst mir bei der Arbeit helfen. Haestens *styrimannr*, die im Kampf um Benfleet starben, werden morgen bestattet. Das ist ein großes Fest zu Ehren dieser tapferen Männer.« Sie blickte sich verstohlen zu Thyra um, die mit ihren Augen rollte und Aesa damit zu verstehen gab, dass sie nichts verstand und diese Flut von Worten ihre Sprachkenntnisse überforderte.

»Wenn du unsere Sprache lernen willst, höre genau zu!«, forderte Aesa verärgert. »Zu Ehren dieser tapferen Krieger wird es ein großes Fest geben. Hallo Bergdis«, grüßte sie die Frau, die kurz von ihrer Näharbeit aufblickte und Aesa zunickte.

»Bergdis näht mit den anderen Frauen die Gewänder für die vielen Toten, damit sie nicht nackt vor Hel, unsere Todesgöttin, treten müssen."

»Hel?« Neugierig trottete Thyra hinter Aesa her.

»Ja, Hel. Das Totenreich, wo die Ermordeten und Ertrunkenen hingehen. Doch die im Kampf getöteten Krieger gehen zu Odin nach Walhalla. Und wir Frauen ...« Sie sah Thyra lächelnd an. »Wir gehen zu Freyja. Sie hütet unseren Ort nach dem Leben.«

Thyra sah sich um. Überall hockten Männer und Frauen und arbeiteten an ihren Näharbeiten. Einige standen am Webrahmen, andere nähten die vielen Tuniken und wiederum andere waren damit beschäftigt, die kostbaren Gewänder mit Fell, Borten, Perlen und Silberfäden zu verzieren.

Aesa zerrte Thyra zu einer Menschenansammlung und drängte sich rücksichtslos durch den Pulk hindurch. Doch als Thyra die Frauen sah, blieb sie erstaunt stehen und wurde sofort noch fester am Arm gepackt und ruckartig mitgezogen.

»Noch mehr Sklavinnen!« Leichenblass starrte Thyra die Frauen an. »Und ich gehöre dazu.«

»Nun komm schon«, forderte die *laek-n-a* und blieb vor den Frauen stehen.

Thyra nahm ihren ganzen Mut zusammen. »Woher kommen diese Frauen? Es sind keine aus eurem Volk!«

»Das sind Sklavinnen. *Men-jas*[225] von Haestens Gefolge«, lächelte Aesa und ergriff die Hand einer *men-ja*.

»Men-ja?« Thyra sah Aesa fragend an. Sie verstand schon wieder kaum etwas, doch Aesa nahm keine Rücksicht und redete unverdrossen weiter.

»Heute bekommen diese sechs Sklavinnen die Ehre, ihren toten Oberhäuptern zu folgen. Ihre Herren waren Haestens *styrimannr* von den gesunkenen Kriegsschiffen.« Sie deutete zum Fluss. »Die Schiffe liegen auf dem Grund der Themse. Wir haben alle Sklavinnen ehrenvoll befragt: ‚Wer von euch möchte mit ihm sterben?'«

Stolz sah Aesa von den Sklavinnen zu Thyra.

»Jede von den Auserwählten hat geantwortet: ‚Ich möchte.'«

Aesa lächelte. »Das ist eine große Ehre und eine ungewöhnliche

---

225 Sklaven.

Auszeichnung. Jede dieser Frauen sagte freiwillig diese Worte und jede von ihnen ist somit fest an ihr Wort gebunden.«

Thyra hatte nicht alles verstanden. Denn dass diese Frauen sich freiwillig opferten, um ihren Herren in den Tod zu folgen, mochte sie nicht glauben.

»Du bist eine Sklavin und dazu auserkoren, diesen Sklavinnen zu dienen.«

»Dienen?« Dieses Wort verstand Thyra sofort und Unmut wallte in ihr auf. »Ich soll dienen! Diesen Frauen! Ich bin die Tochter des ...«

»Du dienst!« Aesa schnitt, unterstrichen mit einer herrischen Handbewegung, Thyra das Wort ab. »Sofort und hingebungsvoll!«

Thyra klappte den Mund zu und schwieg.

Ungerührt fuhr Aesa fort: »Du wäschst diesen Sklavinnen die Hände und die Füße, so oft sie es verlangen. Mit deinen Händen.« Aesa packte Thyras Hände und verdeutlichte ihr die Aufgabe. »Sie bekommen zu trinken und zu essen, was sie wünschen und so oft sie es wünschen.«

Thyra sah Aesa zornig an, doch die *laek-n-a* ließ sich nicht beirren.

»Jede Sklavin erhält mindestens eine Frau, die sie bedient. In guten Zeiten hätte jede von ihnen zwei Frauen und nie und nimmer eine Sklavin erhalten. Doch diese gefährlichen Zeiten zwingen uns zu außergewöhnlichen Handlungen.«

Dann trat Aesa ganz dicht an Thyra heran. Sie standen so eng beieinander, dass Thyra den Blütenduft der Seife roch, die Aesa verwendete.

»Und auch wenn du in Gorms Gunst stehst«, drohte sie und streichelte unbewusst mit der Hand über das Zobelfell, »du wirst nicht weglaufen. Du wirst dienen. Du wirst gehorsam sein und jedem Befehl Folge leisten!«

Thyra blickte Aesa stur ins Gesicht. Obwohl ein großer Teil des Wortgefechtes ein Mysterium für sie blieb, wusste sie dennoch, was von ihr verlangt wurde.

»Dienen«, grummelte sie trotzig, »ich bin eine Königstochter! Die Tochter von Ethelred und ...«

Eisig unterbrach Aesa die beginnende Wortlawine dieser aufmüpfigen Sklavin.

»Du wirst einer Sklavin dienen! Denn sie tritt bald vor Hel. Vor die liebenswürdige und grausame Hüterin der Unterwelt Hel.«

Sie stockte und blickte mit gnadenlosem Gesichtsausdruck hoch in die grauweißen bauchigen Wolken, die vor dem azurblauen Himmel schwebten.

»Der letzte Tag im Leben dieser Frauen soll ein ganz besonderer sein. Sie sollen eine Haut wie Seide haben, ihr Magen keinen Hunger und ihre Zunge keinen Durst verspüren.« Aesa machte eine kleine Pause. »Und auch ihr Leib soll gesegnet werden. So will es unser Glauben.«

»Leib gesegnet?«

Aesa nickte. »Diese Frauen und auserwählte Männer werden ihre körperlichen Pflichten mit Hingabe erfüllen.« Aesa wirkte sehr ernst und Thyra mochte kaum glauben, was sie von diesen Worten verstand.

»Diese Sklavinnen legen sich an ihrem letzten Tag ihres Lebens unter einen Mann und paaren sich?«

Aesa nickte. »Es wird allen eine große Ehre sein!«

»Und ich werde verschwinden, sobald ich kann. Aber das nächste Mal bin ich besser vorbereitet«, versprach sich Thyra im Flüsterton.

»Kein – nächstes – Mal!«, sagte Aesa in stockenden angelsächsischen Worten und sah Thyra eindringlich an. »Kein Mal.«

Erschrocken starrte Thyra zur Kräuterfrau. »Du lernst meine Sprache?«

»So wie du Sprache lernen.«

Thyra schluckte, darauf war sie nicht vorbereitet.

»Was kannst du denn schon alles in meiner Sprache?«, wollte sie, wachsam geworden, wissen.

»Oh«, lächelte Aesa. »Ich können sagen, was du sollst machen.«
»Oh.«
»Und du sollen jetzt waschen Sklaven Hände und Füße.«
»Seit wann kennst du diese Wörter?« Thyra sah Aesa schief an. Aesa lächelte jetzt noch intensiver.
»Ich kennen seit Jahren etwas von Sprache. Ich sein Sklavin von Feind für ein Jahr.«
»Und das erzählst du mir erst jetzt!« Thyra dachte an all das, was sie in Aesas Nähe erzählt hatte. Fassungslos folgte sie der Frauenschar. »Aber ich wasche niemanden«, fügte sie widerspenstig hinzu.

* * *

Die Sklavinnen trugen einfache Leinenkleider. Knöchellang hing der schlicht gewebte, graue Stoff gerade an den jungen Frauenkörpern hinab. Das lange Haar hatten die Sklavinnen zu einem Zopf auf dem Rücken zusammengebunden. An ihren Füßen trugen sie das einfachste Schuhwerk aus Schweineleder. Keine der jungen Sklavinnen trug Schmuck, so wie Aesa ihre bunte kostbare Glasperlenkette oder die bauchigen Schalenfibeln an den Trägern ihres Schürzenkleids.

Langsam folgte Thyra den Frauen und erreichte bald ein aus Weidenzweigen und Lehm gebautes Flechtwerk. Sie staunte, als sie es betrat. Zwei große Flechtmatten zu beiden Seiten der Hütte, die das weite Dach bildeten, stießen über den Köpfen zusammen. Die Hütte war so hoch, dass die Frauen in der Mitte des Gebäudes aufrecht stehen konnten. Die offenen Giebelseiten des zeltartigen Hauses wurden mit zusammengenähten Tierfellen abgehängt. So schützten sie diesen Raum vor den Widrigkeiten des Wetters und vor unerwünschten Blicken.

Thyra legte ihren Kopf in den Nacken und blickte zum Dachfirst hoch. Hunderte Lichtflecken auf dem Boden hatten sie irritiert.

»Ein Rauchfang!«, stieß sie überrascht aus. Langsam gewöhnten sich ihre Augen an das Dämmerlicht und sie staunte noch mehr.

An den Wänden der Hütte lagen dicke, weiche und sehr kostbare Felle auf dem Boden, und die jungen Sklavinnen ließen sich ohne Scheu einfach darauf nieder.

»Hier ist deine Arbeit.« Aesa gab Thyra eine hölzerne Waschschale und zeigte ihr eine Sklavin.

»Wasser, warm, waschen.«

Thyras Augen blitzten zornig. »Ek mun þvá konurnar með vatni!«[226]

»Du lernst unsere Sprache sehr schnell!«

»Allt eins skjótt ok þú!«[227]

Die Frauen standen einander mit grollenden Augen gegenüber und feindeten sich an.

»Ich verrichte keine dienenden Arbeiten!«, fauchte Thyra zwischen zusammengebissenen Zähnen hervor und betonte dabei jedes Wort.

Aesa verstand sie genau. »Du wirst. Sonst wirst du mit diesen Sklavinnen brennen«, versprach Aesa mit zornigem, herausforderndem Blick.

»Bre-n-n-a!« Thyra verschluckte sich fast an dem Wort.

»Brennen!«, nickte Aesa bestätigend. »Und niemand wird es bedauern. Niemand. Verstehst du, was ich dir sage?«

Thyra nickte erschrocken.

»Auch der Häuptling wird dir nicht helfen können.«

Thyra nickte.

---

226 Ich soll Frauen mit Wasser waschen!
227 So schnell wie du!

»Jeder muss den Göttern gehorchen. Jeder! Auch du.« Aesas Brustkorb bebte heftig. »So ist es Brauch.«

Thyra stand schweigend, mit vor der Brust gekreuzten Armen, vor der Kräuterfrau und starrte auf den festgetretenen Lehmboden zu ihren ungeduldig wippenden Füßen und überlegte.

»Vel.«[228] Sie hob den Kopf und sah fest in Aesas Augen. »Ich werde diese …« Dabei spuckte sie fast die Worte heraus. »… diese Sklavin waschen und ich werde ihr dienen. Doch treibe dein Spiel nicht zu weit. Ich werde mir nicht alles bieten lassen. Ich rette nur mein Leben«, sagte sie die letzten Worte fast lautlos.

Aesa verstand. »Du bist eines Königs Tochter würdig.«

Thyra dankte der *laek-n-a* mit einem flüchtigen Kopfnicken und Aesa erwiderte diese Zustimmung mit feinem Lächeln.

Plötzlich wurde die Türöffnung, die aus einem Rehfell gefertigt war, aufgeschlagen, und Thyra und Aesa sahen erschrocken zum Eingang.

Lichtschein fiel in den dämmrigen Raum und Gnupas trat lärmend ein, gefolgt von vier weiteren Frauen.

»Ah! Da seid ihr ja«, begrüßte sie Aesa und nickte Thyra kurz zu. »Dann werden wir beginnen. Diese fünf Frauen werden dich unterstützen.« Gnupas grinste Aesa an und Thyra sah schwarze Zahnlücken in ihrem Gebiss.

Die *laek-n-a* verbeugte sich leicht vor der *ry-n-d-r gryl-a*.[229] Thyra sah es im Augenwinkel und tat es ihr gleich. Gnupas sah diese Ehrbezeugung und war zufrieden.

»Lernt die *Ambátt* unsere Sprache gut?«, fixierte Gnupas Thyra. Doch ihre Frage war an die *laek-n-a* gerichtet.

»Die *Ambátt* hat eine sehr schnelle Auffassungsgabe. Sie lernt unsere Sprache viel schneller, als ich je gedacht hätte.«

---

228   Also gut.
229   Runenkundiges Zauberweib, Hohe Frau.

»Sie lernt also«, murmelte Gnupas und beobachtete Thyra aus den Augenwinkeln. »Du da!«, keifte Gnupas eine Frau an. »Du wärmst das Wasser an. Und du holst das Fett. Und Bergdis, du bringst den Sklavinnen den Honigwein.«

Thyra erkannte aus dem Wortschwall der Hohen Frau den Namen Bergdis und suchte die weißblonde Frau im Dämmerlicht des Hauses. Doch als Thyra Bergdis' Augen sah, erschrak sie heftig.

‚Warum sieht sie mich so verachtend an?' Dann wurde Thyras Aufmerksamkeit abgelenkt.

»Aesa, du zeigst der angelsächsischen Sklavin, was ihre Aufgabe ist. Und du ...«

Plötzlich stand die Alte vor Thyra. »Pú.« Sie stieß mit dem knochigen Zeigefinger in Thyras Schulter und nuschelte: »Pú hlý-d-a.«[230]

Erschrocken blickte Thyra auf Aesa. »Was hat sie gesagt?«

»Komm!« Aesa packte Thyra und gab ihr eine Holzschale, nahm selbst auch eine und füllte beide mit warmem Wasser. Andächtig stellte Aesa das Gefäß vor einer Sklavin ab, die sich wohlig auf den Fellen räkelte.

Thyra betrachtete die jungen, schönen Sklavinnen, die sich alle ihrer besonderen Position bewusst waren.

»Sie werden bald sterben«, wunderte sich Thyra und blickte Aesa an.

»Ja.«

»Sie weinen nicht. Sie schreien nicht.«

»Sie sehen bald ihre gesamte tote Familie und ihre toten Freunde. All die Toten, die Hel und Freyja an ihren Orten im Totenreich aufnahmen.«

»Aber ihr Leben ist verwirkt! Sie dienen einen Tag und sterben!«

---

230 Du gehorchst.

»Ja. Und du dienst und darfst leben. Sei froh über diese Gnade, die dir gewährt wurde. Denn in deinem Glauben ist diese Ehre für eure Sklaven offenbar nicht erlaubt.«

»Für uns Christen wäre es keine Gnade, sondern eine Todsünde.«

»Todsünde? Dann solltest du erst recht dankbar sein.«

»Ja.« Thyra grinste das erste Mal an diesem Morgen. »Es ist das einzige Mal, dass ich diene, und ich danke dir.«

»Das solltest du auch.« Um Aesas Augen deuteten sich die ersten Lachfältchen an.

»Pú«, gluckste Thyra und ihre Augen blitzten.

»Du«, lachte Aesa laut.

Die Sklavinnen sahen die beiden Frauen erstaunt an, die sich plötzlich vor Lachen bogen. Tränen schossen Thyra und Aesa in die Augen und sie hielten sich ihre Bäuche. Sie lachten so sehr, dass sie die Sklavinnen und Dienerinnen mit ihrem Gelächter ansteckten und es außerhalb des Gebäudes ein erstauntes Kopfschütteln hervorrief. Auch die Männer konnten ein Schmunzeln nicht unterdrücken, sie hielten mit der Arbeit inne und grinsten: »Kvend-i.«[231]

Aesa scheute sich nicht, den Sklavinnen die Hände und die Füße in der Schale zu waschen. »Es ist eine Ehre für jede Frau einer Sklavin, die dem Tod geweiht ist, den letzten Tag so schön und angenehm wie möglich zu machen.«

»Eine Ehre! So, so.«

Thyra schäumte den kleinen Fuß mit Blütenseife ein und folgte dem Beispiel der *laek-n-a*. »Warum wollen diese Sklavinnen sterben?« Thyra goss der Frau angewärmtes Wasser über die Füße. »Ihr *styrimannr* ist doch schon lange tot.«

Aesa blickte nachdenklich auf.

---

[231] Weiber.

»Sollen unsere Häuptlinge im Totenreich ohne Sklaven sein? Die Sklavinnen werden dort in edle Tücher gekleidet, leiden nie Hunger oder Durst und sie werden geachtet.«

Aesa setzte sich aufrecht zu Füßen der Sklavin hin. Von ihren Händen tropfte das Wasser auf den Lehmboden und versickerte.

»Jeder Krieger und jede Kriegerin bekommt die eigenen Waffen und Schmuck, Töpfe und Schalen und Handwerksgerät mit auf den Weg ins Totenreich. Außerdem sollen sie dort weder hungern noch dürsten. Darum stellen wir ihnen Schalen mit Fleisch, Brot und Obst und Gefäße mit Met und Molke mit ins Grab. Ist es bei euch nicht so?«

Thyra hatte Mühe, den vielen Worten zu folgen, verstand aber den wesentlichen Sinn.

»Wir legen unsere Toten ohne Gegenstände in die Erde.«

»Die Armen. Wie lebt denn euer Volk im Totenreich?«

»Ich bin Christin!«, empörte Thyra sich und sagte bestimmt: »Wir haben kein Totenreich. Wir haben die Hölle für die Sünder und den Himmel für die Gesegneten.«

Aesa schüttelte ihr Haupt und wusch die Hände der Sklavin. »Kein Totenreich! Die armen Angelsachsen! Dann sehen die Christen ihre Familie und die Freunde nach dem Tod nie wieder! Wie schrecklich!«

»Wir sehen sie nicht!« Plötzlich wurde sie sehr traurig und flüsterte: »Nie wieder!«

Thyra stand neben Aesa und beobachtete die Arbeit der Kräuterfrau in ihrem edlen Gewand. Ohne zu zögern, öffnete Aesa die Bänder an der Tunika der Sklavin und entkleidete die Sklavin vollständig. Nackt stand die Frau vor der Heilerin und Aesa berührte und wusch mit Hingabe die Haut der Sklavin.

»Du musst die Haut der Todgeweihten überall einreiben«, erklärte sie Thyra, die gerade einer anderen nackten Sklavin die Haut trockenrieb.

»Denn sie soll ...«

»Ja, ich weiß. Eure Göttinnen Hel und Freyja!«

Aesa blickte kurz von ihrer Arbeit auf. »Ja, unsere Göttinnen. Unsere Sklavinnen beweisen den allergrößten Mut. Daher haben sie ein Anrecht auf die beste Pflege.«

Thyra sah in das Gesicht der Frau, deren Bauch sie gerade mit dem Blütenfett einrieb.

‚Es stimmt. Du hast Mut. Aber warum wirfst du so dein Leben fort?', urteilte sie und beendete ihre Arbeit.

Sie kleideten die Sklavinnen wieder an und führten sie hinaus. Gnupas führte die Gruppe an. Zu zweit schritten die Sklavinnen aus der Unterkunft ins Freie, gefolgt von Aesa und den anderen Helferinnen. Zuletzt trat Thyra hinaus und staunte.

»Sämtliche Wikinger stehen Spalier für die Frauen, die sich Hel und Freyja opfern!«

Eine unglaubliche Anzahl von Wikingern drängte sich auf dem Platz. Alle Männer und Frauen trugen festliche Gewänder und öffneten der Hohen Frau, der *ry-n-d-r gryl-a*, eine schmale Gasse, durch die Gnupas schritt. Die Sklavinnen und Dienerinnen folgten ihr gemessenen Schrittes.

Thyra folgte den Frauen zögernd durch die Menschenmenge. Ihr Herz raste, als sie bemerkte, wie sich hinter ihr die Gasse der *Ascomanni* schloss.

Sie musste sich zwingen, bedächtig hinter den Sklavinnen her zu schreiten und sich nicht zwischen sie zu stellen. Sie ahnte nicht, welchen Eindruck sie hinterließ. Wie eine Herrscherin hob sie ihren Kopf, stolz, aufrecht, mit würdevollem Blick. Ein erstauntes Murmeln ging durch die Menge, doch sie ignorierte die Stimmen der Wikinger.

»Ist sie nicht eine *Ambátt*?«

»Will Gorm sie nicht beim angelsächsischen König gegen Gold eintauschen?«

»Sie benimmt sich aber nicht wie eine Gefangene! Sieh sie dir an. Sie geht wie eine Herrscherin!«

Vor Gnupas öffnete sich eine große Fläche. In der Mitte des Kreises saßen die neun mächtigen *styrimannr* um ein ansehnliches Feuer. Würdevoll, in ihren wertvollen Gewändern, saßen sie auf den edlen Stühlen, auf denen die heldenmütigen Symbole ihrer Schiffe dargestellt waren.

»Neun«, zählte Thyra erstaunt und besah sich den neunten Mann genauer.

»Es ist der, der verletzt an der Burgwand hing.« Sie freute sich und staunte: »Er ist ein Führer!«

Sie sah ihn mit weit aufgerissenen Augen an und erkannte erschrocken, dass er ihren Blick mit einem dankbaren Lächeln erwiderte. Kaum merklich nickte er ihr liebenswürdig zu, um seine Aufmerksamkeit dann wieder den Sklavinnen zu widmen.

»Er hat es überlebt.« Thyra lächelte glücklich. »Aesas Heilkünste sind wirklich hervorragend.«

Als Thyra, die letzte in der Reihe der Frauen, den Kreis betrat, schloss sich die Gasse vollständig. In ihren Adern raste das Blut vor Erregung. Abwartend blieb Thyra stehen und betrachtete das Schauspiel.

Die Sklavinnen schritten auf die offene Fläche und umrundeten mit elegant wiegenden Hüften den Kreis der Schiffsführer. Hintereinander gingen sie um die Mächtigen herum und blieben schließlich jeweils zwischen den Häuptlingsstühlen stehen.

Gnupas trat in die Mitte des Kreises. Ihr langes, helles Gewand berührte fast die Flammen.

»Sie bringt den Tod«, hörte Thyra eine männliche Stimme hinter ihrem Rücken und ein Schauder glitt über ihren Körper.

»Du sollst die Frauen also töten«, würgte Thyra leise hervor.

Dann sah sie, wie Gnupas ihre faltigen Arme in die Höhe hob und mit knarrender Stimme sprach sie zu den *styrimannr* und den *Ascomannis*:

»Pai-r furu trikila	Sie zogen mannhaft
fiari at kuli.	in die Ferne um Gold.
Auk austarla	Und im Osten
arni kafu.	fütterten sie den Adler.
Tuu ve-s-t-r	Sie starben im Westen
A engl-a-r.	in England.
Han traui osustu	Sie zogen in die Schlacht
I austruihi	an der Ostroute,
Apan fulks krimr	bevor der Kriegsgrimmige
Fala orpi.«	fallen musste.[232]

Ermattet ließ das alte Zauberweib ihre Arme fallen und der heroische Jubel ließ Thyra zusammenfahren. Erstaunt sah sie in die triumphierenden Gesichter der Wikinger.

Was hatte Gnupas ihnen nur erzählt? Doch plötzlich schwiegen die unzähligen Stimmen; und Thyra blickte erneut in den Kreis der Mächtigen – und dann sah sie ihn – Gorm.

Groß und stark stand er vor dem Feuer und drehte sich langsam mit erhobenen Armen im Kreis. Jeden schien er anzublicken! Jeder Einzelne fühlte sich auserwählt und strahlte zurück. Als er in ihre Richtung sah, blickte er direkt in ihre Augen. Thyra schluckte.

Alle sahen es! Er, der große Häuptling der *Ascomanni*, hatte nur sie, die *Ambátt* angesehen. Thyra, die Gefangene des großen Häuptlings Gorm.

Jedenfalls dachte Thyra es.

‚Du liebst ihn!', meinte eine andere Stimme emotionslos. ‚Wie konntest du nur? Er ist ein Heide. Doch es ist zu spät! Es ist geschehen!'

Gorm sprach mit kräftiger Stimme zu seinem Volk:

---

[232] Zitat aus: Jesch, Judith »Frauen der Wikingerzeit«, Wiener Frauenverlag, S.95

»Brupr uaru par	Die Brüder waren
bistra mana	die besten der Männer
a lanti	zu Lande
auk i lipi uti.	und im Aufgebot draußen.
Hiltu sina	Sie behandelten ihre
Huslarla uil.	Männer gut.
Sín fial i urustu	Sie starben in der Schlacht
lis furugi	die Führer des Aufgebots
lanmana bestr.«	die Besten der Landsmänner.

Langsam schwollen die Stimmen der Wikinger an, bis ein überragender Beifall losbrach, der jeden mitriss. Gorm stand im Mittelpunkt des Geschehens. Es war, als ob er jeden Einzelnen beschwor.

Er erhob seine Stimme und der vielstimmige Männerchor erstarb.

»Ich will, dass diese Worte in einen mannsgroßen Felsstein gemeißelt werden, um den Lebenden und der Nachwelt zu erzählen, dass hier die Besten der Landsmänner kämpften. Ein massiver Runenstein soll von diesem ehrenvollen Kampf berichten.«

Abermals presste Thyra ihre Hände an die Ohren, als das Begeisterungsgebrüll losbrach.

»Und nun wollen wir unsere toten Männer ehren, indem wir singen und tanzen, essen und trinken und unseren Leibern Gutes tun!«, rief Gorm.

Die Männer grölten. Ein unvergleichlicher Tumult brach los, doch Thyra hatte nur Augen für Gorm und sein Blick suchte nach ihr.

Sie sahen einander tief in die Augen. Die Augenblicke dehnten sich in die Unendlichkeit. Thyra schien es, als ob sie zu zweit in dieser Menschenmenge untertauchten. Dann stimmten die Sklavinnen ein Lied an und der magische Moment zerbrach.

Gorm schritt zu seinem Drachenstuhl und Gnupas stellte sich zwischen die Stühle von Gorm und Haesten.

Plötzlich spürte Thyra, wie jemand fest ihre Hand ergriff und sie mit sich fortzog. Sie stolperte hinter Aesa her und fluchte: »Kannst du mir nicht einmal sagen, was du willst? Dann würde ich dir auch folgen, ohne dass du immer meine Hand packst.«

»Hier bleibst du stehen! Du machst genau das, was wir tun und rührst dich nicht von der Stelle. Sei dir dieser Ehre bewusst, denn du bist keine aus unserem Volk. Aber du bist von hoher Geburt. Daher bist auch du auserwählt.«

»Auserwählt?«, schrie Thyra panisch.

»Nicht für den Tod, beruhige dich.«

»Ich soll mich beruhigen«, murmelte Thyra und rollte mit den Augen.

Dann ließ Aesa Thyra zwischen Bror und Briningr, zwei *styrimannr*, stehen und ging zu ihrem Platz zwischen Bror und Gorm. Thyra folgte der *laek-n-a* mit den Augen, doch ihre Füße blieben wie mit der Erde verwurzelt stehen, obwohl nicht nur ihre Beine fliehen wollten.

Die Sklavinnen sangen. Gnupas mit ihrer Altweiberstimme und Aesa stimmten mit ein. Thyra bewegte sich nicht. Still stand sie in der Runde. Nur ihre Augen wanderten von Stuhl zu Stuhl.

Briningr saß zu ihrer Linken, gefolgt von Cuaran und Elfraor. Dann sah sie Nereior, dem das Kriegsschiff *vargr hafs* gehörte, neben ihm saß Israuor, gefolgt von Haesten, Gorm und Bror. Zitternd atmete Thyra tief die kühle Luft ein.

»Wenn ich das hier alles überlebe, dann …« Doch ihr fiel nichts ein. »Überlebe es erst einmal, dann sehen wir weiter«, murmelte sie verdrossen und hörte den Gesang der Sklavinnen.

Aus dem Hintergrund erklangen rhythmische Trommelschläge, die seltsamerweise eine beruhigende Wirkung auf Thyra ausübten.

Der Klang der Trommeln wurde lauter, dann wieder leiser und ruhiger, steigerte sich wenig später zu einem heftigen Trommelwirbel, der jeden in seinen Bann zog. Plötzlich fingen die Männer zu singen an.

Alle Männer!

Dieser vielstimmige Chor der Krieger übertraf alles, was Thyra bisher gehört hatte.

Die tiefen Männerstimmen, die stürmischen Trommelschläge gepaart mit den hohen Singstimmen der Sklavinnen.

Plötzlich erschienen junge Krieger, die den *styrimannr* und den Sklavinnen mit Met gefüllte Trinkhörner reichten. Auch Thyra wurde ein langes Horn in die Hand gedrückt. Etwas irritiert roch sie am Met und blickte über den schmalen, mit filigranem Silber beschlagenen Rand des Hornes, um Gorm und Gnupas nicht aus den Augen zu verlieren.

Plötzlich – Stille.

Die Trommeln ruhten und die Stimmen der Wikinger erstarrten. Gorm stand auf, hob sein Horn und rief: »Trinkt aus, in einem Zug, und zeigt, dass ihr es gut meint mit den Toten und denen, welche sie auf ihrem Weg begleiten!«

Thyra lauschte angestrengt diesen Worten.

»Was? Tote und Weg?«

Dann schwoll ein eindrucksvolles Spektakel aus hunderten von Männerkehlen an. Seine *Ascomanni* grölten und schrien und Thyra sah, dass Gorm sein fein geschwungenes Rinderhorn an die Lippen setzte und den Met in einem Zug in seine Kehle fließen ließ. Mit aufgerissenen Augen beobachtete Thyra den Ablauf der Zeremonie. Vorsichtig spähte sie in die Runde und sah, dass jeder Mann und jede Frau Gorms Beispiel folgte. Thyra zögerte noch, aber dann fing sie den strengen Blick von Aesa auf, die zuerst auf ihr Trinkhorn starrte und dann den drakonischen Blick auf Thyra richtete.

Thyra grinste diabolisch, hob das Horn zum Gruß und trank den warmen Honigwein in einem Zug.

Gorm sah es und sagte schmunzelnd: »Wie es sich gehört«, und ließ sein Horn von einem jungen Krieger füllen.

Die Menschenmenge verteilte sich an den Feuern. Überall roch es nach gebratenem, herrlich duftendem Fleisch, herzhaften Suppen, in denen Gemüse und Fleischbrocken schwammen und nach frischgebackenem, noch warmem Brot.

Thyras Magen knurrte, doch sie traute sich nicht von der Stelle. Die sechs Sklavinnen tranken den Met und bekamen Fleisch gereicht, griffen ungeniert zu und bissen herzhaft hinein.

Die Trommeln schlugen erneut den durchdringenden Rhythmus und Thyra blickte irritiert in die Runde. Diese dumpfen, volltönenden Laute gingen durch jede Faser des Körpers. Die Trommelschläge waren fordernd, so animalisch, dass es Thyra schwerfiel, unbeweglich stehen zu bleiben.

Stoisch befahl sie ihren Füßen Ruhe und blieb zwischen den Stühlen von Bror und Briningr stehen. Erlaubte sich nur kurze Seitenblicke und war erstaunt, die Sklavinnen auf den Schößen der *styrimannr* wieder zu finden. Ungeniert wanderten die zarten Hände der Frauen an den Körpern der Männer entlang und tasteten diese ab. Thyra riss ihre Augen auf und sah zu Gorm.

»Auf ihm sitzt keine!«, stieß sie erleichtert hervor und war zugleich entsetzt über ihre Äußerung. »Es sollte mir egal sein«, kritisierte sie sich. Doch sie konnte ihren Blick nicht abwenden.

Gorm trank Met und aß mit kräftigem Appetit. Sie sah, dass er eine angeregte Unterhaltung mit dem genesenen Wikingerführer zu seiner Rechten führte und ihr Blick wanderte zu Haesten. Dieser erwiderte ihn kurz und widmete sich wie gehabt Gorm.

»Wir werden hier warten.« Gorm riss sich etwas von dem Brot ab und steckte sich einen kleinen Brocken in den Mund.
»Die anderen Schiffe treffen bald ein. Außerdem sind die Angelsachsen mit ihrer Verteidigung an der Meeresküste vollauf beschäftigt. Wir sind hier vorerst sicher. Alfred ahnt nicht, dass wir uns hier sammeln. Er glaubt, dass sein Angriff auf die Burg erfolgreich war.« Leicht erschöpft lehnte sich Haesten zurück.
»Das ist gut«, murmelte Gorm. Er konnte sich nicht auf das Gespräch mit Haesten konzentrieren. Etwas störte seine Aufmerksamkeit. Er fühlte es nur, spürte es genau.
»Ja, es ist gut.« Haesten nahm einen Schluck, dabei sah er Gorm über den Hornrand fragend an.
»Freund, wo bist du mit deinen Gedanken?« Dann sah er, wohin Gorms Blick wanderte und folgte ihm.
»Eine Frau«, lächelte er. »Die Angeln-Frau! Das wird nicht einfach werden«, murmelte er ironisch, biss ins Fleisch und grummelte mit vollem Mund: »Sie ist von königlichem Blut und eine Christin. Auch wenn sie jetzt deine *Ambátt* ist.«
Gorm drehte abrupt seinen Kopf und blickte genau in ihre Augen. Thyra schnappte erschrocken nach Luft.
‚Du bist mein‘, versprach Gorm ihr lautlos. ‚Bald.‘
Thyra erwiderte herausfordernd Gorms Blick. ‚Bestimmt nicht!‘
»Bald«, raunte Gorm und wandte sich dem Gespräch mit Haesten zu.
»Sie ist schön.« Haesten deutete auf die Frau im Ring der Mächtigen.
»Und schwierig«, klärte Gorm ihn auf, so dass beide Männer laut zu lachen anfingen.
»Es ist so weit«, flüsterte Aesa Thyra ins Ohr, die erschrocken zusammenzuckte. »Deine Aufgabe wird es sein, dieser Sklavin«, Aesas Blick ging zu der Frau auf Brors Schoß, »zu dienen und

sie zu beaufsichtigen. Dies ist eine besondere Ehre für dich. Denn du bist Gorms *Ambátt*. Das solltest du immer bedenken!«

Thyra nickte.

»Du folgst ihr und erfüllst ihr jeden Wunsch.«

Erneut nickte Thyra.

»Reinigst ihr zu jeder Zeit die Hände und die Füße.« In Aesas Blick lag eine Drohung.

»Ja.«

»Du wirst sie den ganzen Tag begleiten. Und du wirst nicht verschwinden!«

Thyra sah Aesa aus großen unschuldigen Augen an und dachte sarkastisch: ‚Natürlich werde ich es versuchen', sagte aber ergeben: »Natürlich.«

»Du wirst sonst brennen«, versprach Aesa drohend. »Morgen, zum Begräbnistag werden viele Feuer brennen. Es wird nicht schwierig sein, eines für dich zu entfachen.«

Thyra schluckte und starrte auf die Fußspitzen.

»Natürlich. Ich habe die vielen Holzstöße gesehen.«

»Welche vielen Holzstöße?«

»Die hier im Lager!«

»Diese kleinen Feuer!« Aesa lachte laut auf. »Du irrst! Diese Feuer sind für die heutige Nacht. Für unsere Begräbnisfeier machen wir ein richtiges Feuer.« Sie lächelte Thyra schalkhaft an. »Ein richtig großes Feuer.«

»Ein kolossales Feuer. Aha. An den vielen Lagerfeuern werden keine Menschen geopfert?«

»Nein.« Aesa schüttelte verwundert den Kopf und richtete ihre Augen auf die Sklavin, die auf dem Schoß von Bror gurrte, und sagte gelassen zu Thyra: »Sie heißt Valgerd. Gib gut auf sie acht!«

»Das werde ich«, versprach Thyra.

Aesa warf Thyra einen intensiven Blick zu. »Sei vorsichtig und folge meinen Anweisungen«, sagte sie noch und verschwand in der Menge.

»Sei vorsichtig? Wie meinst du das?«

Doch die Kräuterfrau hörte Thyra nicht mehr.

Unbewusst warf Thyra einen hastigen Blick auf Gorm und folgte Valgerd, die Bror an der Hand mit sich zog.

Sie folgte dem Paar durch die Menschenmenge. Es waren so viele *Ascomanni*, dass sie sich einen Weg bahnen musste.

»Wo kommen die nur alle her?«

Thyra sah Brors kräftigen Rücken. Sein Umhang fiel weich und fließend von der Schulter und sie erkannte eine große Schlange mit aufgerissenem Maul und zwei spitzen, gebogenen Zähnen jeden Verfolger angiften. Auf dem verschlungenen Schlangenkörper, der sich bei jedem Schritt von Bror windend bewegte, schlängelten sich mystische eingewebte Zeichen.

Thyra hörte die Sklavin Valgerd glucksen.

»Was haben die vor?« Thyra boxte sich durch die Menge. Sie durfte die Schlange nicht verlieren!

»He Mädel.« Ein Wikinger griff ihren Arm. »Wohin so geschwind?«

Thyra fauchte und schüttelte die Hand ab. »Fass mich nicht an!«

»Schon gut«, murmelte der beeindruckt und ließ von ihr ab.

Gehetzt suchte Thyra die Schlange.

»Oh! So weit entfernt!« Eilig rannte sie hinter dem Paar her. Sie schubste, stieß und drängelte, doch sie sah nur noch, wie das Paar in eine kleine Unterkunft verschwand und die Felltür hinter sich zuschlug.

Völlig außer Atem erreichte Thyra die kleine Hütte, schlug die Tür zurück und trat in den dunklen Raum.

Keuchend blieb sie stehen und horchte. Doch ihr eigener Herzschlag und ihr lautes, schnaufendes Atmen ließen sie ahnungslos im Dämmerlicht stehen.

Dann hörte sie die Trommeln. Wild und leidenschaftlich feuerten sie die Wikinger zum Tanz an, während sich Thyras

Augen langsam an die Dunkelheit gewöhnten. Sie erstarrte augenblicklich.

Dort lag das Paar! Auf den Fellen – nackt – und vereint! Wild und leidenschaftlich!

Thyras Erstarrung währte nur kurz. Abrupt drehte sie sich um und verschwand. Heftig schlug das Leder der Tür gegen den Pfosten und Thyra keuchte entsetzt.

»Das – werde – ich – nicht! Ich werde nicht in der Hütte bleiben!«, stieß sie stockend hervor. »Aesa, das kannst du nicht von mir verlangen!«

Sie hörte die Trommeln. Hörte die stöhnenden Geräusche aus dem Hütteninneren und das Lachen der Feiernden. Die Nordmänner tranken und aßen. Sie lachten und sangen.

»Was für ein barbarisches Volk!« Verächtlich schüttelte Thyra den Kopf.

Sie wusste nicht, wie viel Zeit vergangen war, doch plötzlich wurde das Leder vor der Tür aufgestoßen und Bror trat heraus. Groß und stolz präsentierte er sich den Leuten und warf seinen prächtigen Umhang über die Schulter. Thyra starrte auf den Mann, doch ihre Augen blieben gefesselt auf der Schlangentätowierung auf seinen Armen hängen. Sie schienen sich zu bewegen, zu züngeln. Sie schluckte.

Valgerd trat aus der Hütte ins strahlende Sonnenlicht. Ihr schmaler Körper verschwand fast hinter dem von Bror. Sie lächelte überlegen, als Bror mit lauter Stimme verkündete: »Sage deinem Herrn, wenn du ihm in Hels Reich gegenüberstehst, ich habe dies aus Liebe zu ihm getan.«

Valgerd lächelte und strich ihre schlichte Tunika mit den Händen glatt.

»Ich werde es meinem Herrn ausrichten.«

Thyra öffnete ungläubig den Mund, sah hinauf zu Bror, der selbstsicher seinen Blick über die Menge schweifen ließ.

»Reicht mir ein Horn«, rief er den Männern zu. »Es war ...« Doch er konnte seinen Satz nicht beenden, denn lautes Gejohle unterbrach den *styrimannr* der *ormr inn langi*. Thyra klappte eilig ihren Mund zu, als sie beobachtete, wie Bror das Trinkhorn an die Lippen setzte.

Die Sklavin Valgerd verschwand mit schnellen Schritten. Thyra sah es noch aus dem Augenwinkel und folgte ihr rasch. Sie holte Valgerd keuchend ein und packte sie derbe am Arm. »Was soll denn das? Warte gefälligst!«

Hochnäsig sah Valgerd auf Thyra herab. »Folge mir oder lass es bleiben. Doch dies ist mein Tag und du hast mir zu dienen oder es wird dir schlecht ergehen.«

Blass vor Zorn knirschte Thyra mit den Zähnen. »Heute werde ich dir gehorchen, dummes Weib. Doch morgen wirst du tot sein und ich werde leben!«

Sie erreichten einen langen Tisch, der fast unter der Last der auserlesenen Speisen zusammenbrach.

»Reiche mir ein Horn und dann ...«, Valgerd überlegte, zeigte auf die Gerichte und forderte: »... ein Stück vom Schwein, eines vom Lamm und etwas von dem Brot.«

Thyra sah der Sklavin gereizt ins herrische Gesicht.

»Treib dein Spiel nicht zu weit«, drohte Thyra leise und reichte Valgerd das Horn. »Teste meine Grenzen nicht über die Maße hinaus!«

Valgerd sah ihre Dienerin fragend an. »Sprich in meiner Sprache mit mir, wenn du mir etwas zu mitzuteilen hast. Sonst lass es bleiben.« Valgerd nahm den Teller mit der dampfenden Mahlzeit entgegen und ging.

Thyra folgte ihr übel gelaunt. »Du Biest, übertreibe es nicht!«

»Wen haben wir denn da?«

Eiskalt lief Thyra ein eisiger Schauder über den Rücken.

»Hafr«, zischte sie entsetzt und starrte in das lächelnde Gesicht mit den bösartigen Augen.

»So allein? Willst du noch mehr von meinen Künsten?«

»Künsten?«, sagte Thyra angriffslustig und starrte kurz auf sein Geschlecht, bevor sie wieder in sein hämisches Gesicht sah.

»Ich kriege dich«, versprach Hafr flüsternd mit heimtückisch funkelnden Augen. Er beugte sich zu ihr herunter und raunte fast sanft wie ein Liebhaber in ihr Ohr: »Ich finde dich, um dir einen unvergleichlichen Augenblick mit mir zu schenken.« Ihr Haar berührte sein Gesicht bei seinem lüsternen Versprechen.

»Du wirst dich wundern. Es wird dir nicht bekommen.« Sie war erstaunt, dass Hafr sie so gut verstand.

»Du sprichst unsere Sprache schon sehr gut. Das erleichtert vieles.«

»Das stimmt.«

»Wo bleibst du?«, schnaubte Valgerd, die nach ihrer Dienerin suchte.

»Ahh«, gierte Hafr. »Du dienst heute also unserem Volk und der Sklavin Valgerd.« Er packte Valgerd am Arm. »Ich werde deinem Herrn heute dienen«, rief er, sodass die Menschen um die kleine Gruppe herum sich erstaunt umdrehten.

»Du? Wie willst du meinem Herren dienen? Ein Kastrat!«, höhnte Valgerd und ehe sie sich versah, schlug er ihr ins Gesicht.

»Ah! Du Bluthund!«, beleidigte sie den Mann.

»Komm!« Er zerrte Valgerd hinter sich her. »Und du wirst mir heute auch dienen!«, lachte er laut in Thyras Gesicht. »So wie es unser Glauben verlangt.«

Höhnisch schrie er seine Worte in die Menge.

Thyra presste die Kiefer aufeinander. »Ich bin keine Sklavin!«, knurrte sie, doch sie folgte dem ungleichen Paar.

»He, Hafr!«, rief Eirikr ihm zu. »Heute gleich zwei?«

»Du weißt doch, ein Mann braucht sein Vergnügen.«

»Joho«, johlte Afaldr, der neben Eirikr stand. »Und dann gleich ein Pärchen?«

Doch Hafr grinste nur vielversprechend und starrte auf seine Hose. »Er braucht sein Recht!«

‚Ja', dachte Thyra zynisch. ‚Doch mich bekommst du nicht!', und laut rief sie:

»Aber mein Herr ist nicht tot.«

Sie schluckte heftig, bevor sie weitersprach: »Denn mein Herr ist Gorm, euer Häuptling! Außerdem ist König Alfred, der Herrscher der Angelsachsen, mein Onkel!«

Nervös blickte Thyra sich um. Hatten alle ihre Worte verstanden? »Mein Herr ist nicht tot und dieser Wikinger wird ihm nicht auf diese hemmungslose Weise huldigen.«

Die Nordmänner, die um das Trio herumstanden, verstummten und sahen diese Frau überrascht an.

»Sie gehört Gorm?«, fragte Geiri Eirikr.

»Du hast sie gehört. Das wird Hafr nicht gefallen«, erwiderte Eirikr. Er betrachtete Hafrs rotes Gesicht und strich sich nachdenklich übers Kinn.

»Offensichtlich«, meinte Afaldr und nahm einen Schluck. »Es sieht so aus, als ob Hafr sich mächtig beherrschen müsste, um dem Weib nicht sofort die Gurgel umzudrehen.«

Hafr blieb stehen und selbst Valgerd sah Thyra entsetzt an. Herausfordernd blickte Thyra in Hafrs zorniges und hochrotes Gesicht. »Willst du deinen Häuptling bestehlen?«

Hafrs Gesicht wurde noch eine Nuance dunkler. Seine Zähne mahlten aufeinander und Thyra erkannte das Muskelspiel seiner Oberarme unter dem Hemd.

‚Wenn das nur gut geht', schoss es ihr durch den Kopf.

Die Menge stand abwartend um die Kontrahenten. Niemand wagte es, sich vermittelnd zwischen die beiden zu stellen.

Hafr schnaufte zornig, packte dann noch brutaler Thyras Arm und zog sie zu sich heran.

»Ich bin ein *drengir* unseres *styrimannr* und Häuptlings der *dreki*«, stieß er zwischen gefletschten Zähnen hervor. »Ich diene

Gorm, unserem Häuptling, und bestehle ihn nicht. Wenn du ihm gehörst …«, spuckte er stockend hervor. »Wenn du Gorm gehörst und es stimmt, was du sagst, dann soll es so sein.« Er musste sich gewaltig beherrschen, um Thyra nicht an den Hals zu springen. »Doch wenn nicht …!«

Er beendete sein Versprechen nicht.

Thyra sagte kein Wort, sondern starrte Hafr furchtlos an.

Unverzüglich drehte Hafr sich mit Valgerd im Schlepptau um und verschwand. Thyra folgte ihnen nachdenklich in einigem Abstand.

‚Und nun?‘, fragte sie sich, als sie hörte, wie Eirikr, Afaldr und Geiri ihre Köpfe zusammensteckten und die Neuigkeit sofort verbreiteten. ‚Was nun? Da hast du dir ja was Schönes eingebrockt! Hätte dir nichts anderes einfallen können?‘ Thyra schnaufte zornig und sah sich um.

»Sie werden diese Neuigkeit schnell weiter tragen.«

Thyra warf einen abschätzigen Blick auf die drei angetrunkenen Wikinger und folgte dem Paar zögernd und widerwillig.

Hafr stampfte durch die Menge und steuerte zielgerichtet auf eine Hütte zu. Vor dem Eingang blieb er stehen und sah sich nach Thyra um.

»Du kommst mit!«

Thyra machte große Augen und blieb ruckartig stehen.

Er öffnete die Tür und bedeutete ihr grinsend, hineinzugehen.

Doch Thyra blieb wie angewurzelt stehen.

»Hinein mit dir, Weib!«

Thyra lächelte Hafr nachsichtig an. Doch ihr Lächeln erreichte die Augen nicht.

»Wenn du Gorm, meinen Herrn, beleidigen willst, folge ich dir natürlich«, erwiderte sie laut mit fester Stimme und hoffte, dass der Täuschungsschlag gelang.

Sie sah, wie Hafrs Gesicht vor Zorn weiß wurde. Heißblütig drehte er sich um und verschwand mit Valgerd im Inneren.

Thyra schluckte, biss sich auf die Lippen und verharrte vor der Hütte.

»Arme Valgerd. Wie will er mit ihr ihrem toten Herrn dienen? Er kann seinen abgebrochenen Penis nicht anheben! Sein Schwanz wird nie wieder steif.«

Thyra stand wartend mit dem Rücken zur Hütte und betrachtete das ausgelassene Treiben der Wikinger. Sah, wie sie feierten und lachten, wie sie tanzten und sangen, und versuchte Valgerds gequälte Schreie aus dem Hütteninneren zu verdrängen.

»Bitte verzeihe mir«, murmelte Thyra unglücklich.

Das Pärchen blieb nicht lange in der Hütte, doch für Thyra und für Valgerd war es eine unendlich lange Zeit. Plötzlich schlug die lederne Tür zurück und fiel mit einem lauten Knall gegen das Hüttenholz. Hafr trat mit Valgerd heraus.

»Grooaah!«, brüllte er den Schlachtruf der Krieger und hob seine zu Fäusten geballten Hände in die Höhe. »Sage deinem Herrn, ich habe dies aus Liebe zu ihm getan.«

Thyra blickte auf Valgerd, die mit tränennassen Wangen nickte.

»Ich werde es meinem Herren ausrichten«, antwortete sie mit tonloser Stimme.

Hafr ging ohne ein weiteres Wort.

Thyra sah ihm nach, wie er in der Menge verschwand. Sie ging zu Valgerd, nahm sie mit.

»Komm mit mir.«

Das Wasser im Fluss war kalt. Doch ohne zu zögern, zog Valgerd ihre Tunika aus und lief nackt ins reinigende Wasser. Der feine weiße Sand wirbelte im schwachen Strom um ihre Beine. Valgerd streckte die Arme in das klare Flusswasser und tauchte bis zum Grund der Themse. Prustend erschien sie an der Oberfläche und starrte Thyra hasserfüllt an. Jede Scham und jede Erniedrigung hatte die stolze Sklavin mit dem Flusswasser davon gespült und schritt nun mit nackten, wippenden Brüsten wutentbrannt auf Thyra zu.

»Dir habe ich diese Vergewaltigung zu verdanken! Du warst der Grund, warum ich die Schläge und die Schändung über mich ergehen lassen musste! Ich werde dich anklagen!«, stieß Valgerd bitter hervor und stieg aus dem Fluss.

Sprachlos stand Thyra mit der Tunika in der Hand vor der nackten Frau am Ufer.

»Anklagen?«

»Bei Hel, unserer Todesgöttin.« Verachtend sah die Sklavin auf Thyra herab. »Sie wird dich strafen, wenn du vor ihren Toren stehst. Dafür werde ich sorgen.«

‚Nur gut, dass ich Christin bin', dachte Thyra vergnügt, unterdrückte aber geistesgegenwärtig ein Lächeln.

Der Klang der Trommeln forderte zum Tanz auf und Valgerd forderte mit kalter Stimme: »Kleide mich an!« Sie hob ihre Arme, damit Thyra ihr die Tunika überstreifen konnte.

Verächtlich schritt Valgerd davon und blickte sich für weitere Instruktionen noch nicht einmal um. Überrascht sah Thyra Valgerd nach und rannte hinterher.

»Ich erwarte, dass du mich bedienst, wie es einer Königin gebührt.« Abrupt blieb Valgerd stehen.

»Ups«, rutschte es Thyra über die Lippen, weil sie fast gegen den Rücken der Sklavin stieß.

»Das wirst du doch können?« Zynisch sah die Sklavin auf Thyra herab. »Das heißt, wenn du wirklich eine Königstochter bist.« Sie ging weiter. »Doch ich denke, du bist eine Schwindlerin, die sich sehr gut auf das Lügen versteht.«

Thyra folgte ihr und grinste. »Du dummes Weib. Du hast keine Ahnung«, murmelte sie und folgte der Frau, die morgen tot sein würde.

Valgerd verschwand in der Menge und Thyra musste sich beeilen, um ihren Auftrag zu erfüllen.

»Wenn Aesa mir nicht Schlimmeres angedroht hätte, würde ich dir bestimmt nicht folgen.« Thyra suchte im Gedränge verzweifelt die rotbraune Tunika mit der darin steckenden Trägerin. Sie erblickte Valgerd lachend und mit den Beinen wippend am Metfass, wo sie schon mit einem leeren Trinkhorn in der Hand auf ihre Bedienung wartete.

»Du bist langsam. Viel zu langsam. Ich werde mich bei Gnupas über deine Arbeit beschweren. Sie soll mir eine andere Dienerin zuweisen.«

Thyra füllte das Horn und hörte den dumpfen Schlag der Trommeln. Langsam drehte sie sich zum Klang und verschüttete den honigbraunen Met.

»Du Trampel!« Valgerd schlug Thyra ins Gesicht und stieß sie von sich. »Verschwinde!«

Bedächtig hob Thyra ihre Hand zur brennenden Wange. »Das hat vor dir noch niemand gewagt.« Thyras beißende Stimme war kaum hörbar, doch massiv drohend.

»Dann wird es höchste Zeit.« Valgerd lächelte gehässig, trank den Met und scheuerte ihre Brüste am Körper des nächsten Mannes.

Die Trommeln lockten und riefen.

Thyra fühlte, wie der Klang in ihren Körper drang. Wie der satte Ton in ihrem Blut vibrierte und lockte. Unbewusst drehte sie sich zu den lockenden Klängen. Sie beachtete Valgerd nicht mehr, sondern tauchte ein in den Ruf der Trommeln. Sie beobachtete die ketzerischen Wikinger und unvermutet fingen satte Männerstimmen zu singen an.

Ein kurzer Blick auf Valgerd.

»Die ist beschäftigt.« Thyra sah, wie Valgerd mit drei Nordmännern flirtete. »Du dienst deinem Herrn recht hingebungsvoll«, zischte Thyra sarkastisch und suchte den Ursprung der Musik. Sie bahnte sich einen Weg durch die Menschenmenge und blieb fasziniert vor den singenden Wikingern stehen.

»Na, Mädel.« Ein angetrunkener Nordmann, der wie Thyra mitten im Pulk stand, schubste sie schief grinsend an. »Können die Männer aus deinem Volk auch so gut singen?«

Sie ignorierte den Mann.

Die Sonne ging rotgolden vor dem hügeligen Horizont unter und bildete am Wolkenhimmel ein strahlendes Kunstwerk. Thyra stand vor den Trommeln und lauschte dem Gesang. Ihre Füße wippten im Takt und sie vergaß die Zeit. Keine grässlichen Grübeleien über Valgerd. Sie dachte nicht an Aesas Drohung und erst recht nicht an ihre Notlüge gegenüber Hafr, dass Gorm ihr Gebieter und Herrscher sei.

Schlagartig spürte Thyra eine großflächige Wärme an ihrem Rücken und sie erstarrte sofort.

»Wenn du mich auch nur anrührst, werde ich dir auch noch deine Eier zerquetschen! Hafr! Verschwinde!«, fauchte sie.

Dann spürte sie einen warmen Atemhauch auf der Haut ihres Halses. Sämtliche Nackenhaare stellten sich auf.

»Verschwinde!«

»Wie kannst du deinem Herrn Befehle geben«, hörte sie Gorms Stimme. Sofort vibrierte ihr gesamter Körper.

»Du?«, hauchte Thyra atemlos.

»Ja, ich! Dein Herr«, raunte er in ihr Ohr. »So wurde es mir jedenfalls zugetragen.« Quälend langsam legte er einen Arm um ihre Taille und zog Thyra an seinen Körper.

Thyra wagte kaum zu atmen, als sie seine Lippen an ihrem Hals fühlte.

»Ich ... Ich – muss – zur – Sklavin«, stotterte sie.

»Später.«

»Sie steht morgen vor den Toren Hels.« Thyra ergriff seinen Arm, der sich so wahnsinnig gut auf ihrer Haut anfühlte.

»Morgen.« Er knabberte an ihrem Ohrläppchen und ein Wonneschauer rann über ihren Rücken.

»Sie wartet.«

»Ich auch.«

»Wenn ich meine Aufgabe nicht erfülle, werde ich morgen brennen.«

Gorm strich mit der anderen Hand über ihr Haar und über ihr Gesicht. Tief atmete er den Duft ihrer Haut und ihres Haares ein.

»Deine Aufgabe ist es, deinem Herrn zu dienen.«

‚Es geht nicht! Es darf nicht sein', befahl sie sich, doch ihr Körper reagierte gänzlich anders.

»Ist es das?«, fragte sie stattdessen ironisch.

»Hmmh«, brummte er.

Langsam löste sie sich aus seiner Umklammerung, drehte sich um und stand genau vor ihm.

‚Das war keine gute Idee', schluckte sie, denn jetzt war ihr Gesicht seinem Gesicht nahe. Viel zu nahe!

»Valgerd wird meine …«

»Später.« Gorm grinste und während seine Augen strahlten, drückte er die schöne Angeln-Frau noch dichter an sich.

Plötzlich riss Thyra ihre Augen weit auf. Deutlich fühlte sie etwas Festes, Massives, das gegen ihren Schoß drückte.

»Nicht später. Uns verbindet kein Ehegelöbnis und, und …« Sie stotterte und presste ihre Hände gegen seinen muskulösen Brustkorb.

»Ich muss meine Aufgabe erfüllen.«

»Das musst du.«

Fassungslos sah sie Gorm an. »Nicht das, wonach dir der Sinn steht«, raunte sie ruhig und betrachtete ungeniert die Beule in der Hose. Genüsslich umfasste Gorm ihren Nacken und zog sie sanft zu sich.

»Ich bin dein Herr, so wie du es sagtest.«

Thyra schluckte. Ihr Blut in den Adern pulsierte!

»Du weißt, du musst deinem Herrn gehorchen!«

»Das meinte ich nicht, ich …« Thyra drückte leicht mit ihrem Kopf gegen seine Hand.

»Du weißt es.« Gorm presste seine Hand fester gegen ihren Nacken.

»Ich diene keinen Herren auf Fellen in einer Hütte! So gehorche ich keinem!«

»Wie, nicht so?« Er knabberte an ihrem Ohr. Gorm hatte ihren Worten kaum zugehört.

»Nicht so«, flüsterte sie mit leiser Stimme, doch ihre Knie zitterten.

Langsam drangen ihre Worte an sein Ohr und spitzbübisch sah er Thyra in ihre leuchtenden Augen.

»Bist du bereit für eine direkte Frage?«

Sie biss sich auf ihre Lippen und beugte sich ihm leicht entgegen.

»Ob ich bereit bin?«, fragte Thyra verstört mit zitternden Lippen.

»Bist du?« Sanft beugte Gorm sich zu Thyra hinab, berührte mit seinen Lippen fast ihr Haar und küsste die Stirn.

Ihr Herz holperte und ihre Beine wollten nicht mehr stehen. ‚Es ist so weit', erfasste es Thyra. ‚Will ich?' Sie fand keine Antwort, sondern sagte stattdessen mit belegter Stimme: »Was willst du wissen?«

»Hast du schon etwas gegessen?«, raunte er ihr verführerisch ins Ohr.

»Ob ich was …?« Irritiert rückte sie von Gorm ab und sah in seine Augen. »Ob ich – schon was – gegessen habe? Du Lump!«, funkelte sie.

»Mmmh.« Er nickte und seine Augen funkelten vor Vergnügen.

»Das ist die eindeutige Frage?«

»Mmmh.« Er betrachtete aufmerksam ihre Gesichtszüge.

»Nein, nein«, stotterte sie. »Habe ich noch nicht.«

Seine Augen funkelten vor Vergnügen, als er mit lockender Stimme flüsterte: »Dann komm mit mir! Ich werde dir die leckersten Speisen zeigen.«

»Du glaubst doch nicht, dass ich mit einem Berserker das Lager teile, dessen *Ambátt* ich bin?«, gurrte Thyra und flirtete ungeniert mit dem großen Mann.

Gorm betrachtete Thyra intensiv aus seinen grauen Augen. Sie hatte Mühe, diesem Blick standzuhalten.

»Oh! Das kommt schon noch.«

»Ich nehme das Angebot an.«

Gorm sah sie überrascht an. »Jetzt?«

»Sofort«, schnurrte Thyra und lächelte verführerisch.

»Sofort?«

»Mmmh.« Thyra nickte, beugte sich vor und flüsterte in sein Ohr: »Ich habe Hunger.«

Er grinste diabolisch, so dass seine weißen Zähne blitzten.

‚Du Biest!'

Er begriff und sagte: »Ich werde dir das beste Fleisch des Abends bieten.«

»Ich erwarte nichts anderes«, hauchte sie. ‚Was glaubst du eigentlich?', ging ihr durch den Kopf.

»Du wirst das Beste bekommen.«

Thyra lächelte verschlagen und flüsterte: »Wie es sich gehört.«

Gorm warf einen Blick über die Schulter. »Ich bekomme immer, was ich will«, versicherte er der Frau an seiner Hand leise.

»Bald. Bald wirst du ...«

Er beendete seinen Satz nicht, denn unversehens wurde er von einer anderen Frau unterbrochen.

»Hallo Gorm«, girrte Bergdis betrunken und warf sich dem Häuptling an den Hals. »Wollen wir heute Nacht die Götter ehren?«

Gorm packte Bergdis' Arm und zerrte diesen von seinem Hals.

»Heute, schönes Kind, musst du dir einen anderen suchen.«

Bergdis ließ sich nicht beirren, schmiegte sich noch enger an diesen stattlichen Mann und rieb ihren Oberschenkel an Gorms Hüfte, während sie Thyra einen verächtlichen Blick zuwarf.

»An der da willst du heute deinen Körper reiben«, gurrte Bergdis Gorm verlockend an. Gleichzeitig warf sie einen

341

geringschätzigen Blick auf die *Ambátt*. »Versuche es mit mir. Dann wirst du nie wieder ein anderes Weib für dein Lager suchen.« Ungeniert griff sie Gorm in die Hose.

»Bergdis.« Leicht verärgert verwehrte Gorm ihrer schlanken schnellen Hand das Ziel. »Suche dir jemand anderen, mit dem du die Götter ehren willst. Der Abend ist noch lang.«

»Ich will nur dich!« Bergdis knabberte an Gorms Halsbeuge.

»Heute nicht«, erklärte Gorm ärgerlich. »Ich will jetzt das Fleisch kosten.«

»Mit der da?« Verdrießlich ließ Bergdis von Gorm ab und sah abfällig auf Thyra.

Gorm folgte ihrem Blick. »Ja. Mit der da«, wiederholte er Bergdis' Worte. Er sah Thyra mit strahlenden Augen an. »Sie bekommt das beste Fleisch des Abends.«

Bergdis ließ endlich seinen Hals los, schlenderte um Thyra herum und musterte die Angeln-Frau eingehend. »Sie hat kaum Brüste.« Ungeniert packte sie Thyra am Arm und drehte sie um. »Aber einen fetten Hintern.«

Thyra lächelte Bergdis an, kniff ihr ungeniert in die Wange und schüttelte diese gnadenlos, so dass Bergdis' Wange sich heftig rötete.

»Wie Gorm schon sagte, das beste Fleisch des Abends.« Dann ließ Thyra Gorm und Bergdis stehen und ging zum Feuer, an dem das Schwein schon seit dem Morgen über den Flammen geröstet wurde.

»He! Wohin, du schönes Kind?«

Ein Hüne stand vor Thyra und versperrte ihr den Weg. Sie sah zu ihm hinauf und griff, ohne zu zögern sein Trinkhorn, entriss es ihm und leerte es in einem Zug.

»Hoh, du trinkst wie eine Wikingerin«, feixte Njal, der Lotse der *dreki*, und ließ sein Horn erneut füllen. »Hier, nimm noch einen Schluck. Du siehst so aus, als ob du es gebrauchen könntest.« Thyra nahm es dankbar an.

»Sage deinem Herrn, ich habe es aus Liebe zu ihm getan«, hörte Thyra aus der Ferne eine markante Männerstimme und sie sah sich suchend um.

»Schon wieder? Wie oft denn noch?«

Sie erblickte den Wikinger vor einer Hütte, doch es war nicht Valgerd, die ihm folgte, sondern eine der anderen Sklavinnen.

»Was für ein seltsames Ritual«, keuchte Thyra und trank den Met in einem Zug, drückte dem Hünen sein Trinkhorn wieder in die Hand und machte sich auf die Suche nach Valgerd.

Sie fand die Sklavin lachend und Met trinkend auf dem Schoß von Ongull. Offensichtlich hatte sie ihre Dienerin nicht vermisst. Valgerd küsste Ongull innig und ihre Hand glitt ungeniert unter seinen Umhang. Fassungslos blieb Thyra in einiger Entfernung stehen und betrachtete das vulgäre Spiel.

»Was für ein Volk! Sie trinken, essen und feiern und paaren sich wie die Tiere. Und alles zum Gedenken an die Toten und für ihre heidnischen, zügellosen Götter.« Noch einmal warf sie einen Blick auf die betrunkene und lüsterne Valgerd.

»Sie wird mich nicht vermissen«, erkannte sie und lächelte.

»Aber ich!« Gorm war unbemerkt hinter sie getreten.

»Du!« Sie drehte sich um und sah ihn lächelnd an. »Dir entkommt so leicht wohl keine.«

»Nicht, wenn ich etwas versprochen habe.« Er zog sie zum gebratenen Schwein.

Das Fleisch war zart und saftig und schmeckte einfach wunderbar. Sie hörte den rhythmischen Schlag der Trommeln und fing an, sich im Takt der Schläge zu bewegen. Der dumpfe, immer wiederkehrende Ton drang in jede Faser ihres Körpers. Sie aß genussvoll das zarte Schweinefleisch und sah dem bunten Treiben entspannt zu. Ihre Füße wippten unentwegt.

»Lasst uns die Götter ehren«, dröhnte eine Männerstimme.

»Nicht schon wieder.« Thyra rollte mit den Augen. »Was für ein ungläubiges, sittenloses Volk.«

Es kam Bewegung in die Menschenmenge und plötzlich formierten sich etliche Männer und Frauen. Sie berührten sich an den Händen und bildeten einen großen Kreis, der sich langsam zu drehen begann. Die Wikinger und ihre Frauen lachten und neckten einander. Die Trommeln erhöhten ihren Takt und die Tänzer ihre Geschwindigkeit, bis die Melodie abrupt verstummte. Auch die Tänzer standen schwer atmend im Tanzkreis und sahen sich lachend, mit verschwitzten Gesichtern an.

Leise und langsam begannen die Trommeln wieder wohlklingend zu schlagen und der Tanz begann von Neuem. Jetzt fingen allerdings die Frauen zu singen an und die Männer antworteten mit ihren kräftigen Stimmen. Wieder riefen die Wikingerfrauen den Männern singend eine Frage zu, die laut lachend und tanzend beantwortet wurde. Die Stimmen und das vibrierende Timbre der Trommeln tönten durch die Luft, bis sie sich zu einem heiteren Lied vereinten. Thyra sah und hörte ihnen gebannt zu. Der wirbelnde Tanz, die singenden, lachenden Wikinger, die sich immer schneller drehten, bis so mancher Fuß kaum noch die Erde berührte und bei einigen in Ekstase endeten.

Ein stürmischer Trommelwirbel beendete das volltönende, nach uraltem Brauch gesungene und getanzte Lied.

Die Tänzer keuchten lachend, mit verschwitzten Körpern, und forderten die Trommler zu einem neuen Lied auf. Was ihnen auch prompt gewährt wurde. Sofort formierten die Männer und Frauen sich wieder und warteten mit wippenden Füßen auf den Auftakt der nordischen Melodien.

Gorm beobachtete Thyra, wie sie neben ihm stand, ihren Leib im Rhythmus der Trommelschläge bewegte und den Blick nicht vom zeremoniellen Tanz der Wikinger abwenden konnte.

‚Du weißt nicht, was der Tanz bedeutet', lächelte er. ‚Und wenn du es wüsstest, würdest du bestimmt nicht so fasziniert zusehen.'

Gorm lachte lauthals und verschluckte sich an einem Fleischbrocken, was ihm wiederum Unmengen von Tränen in die Augen trieb. Thyra betrachtete Gorms hustende Bemühungen, gleichmäßig zu atmen, mit Belustigung. Der Schalk tanzte in ihren Augen. Als Gorm zögernd regelmäßige Atemzüge von sich gab, beugte er sich zu Thyra.

»Das ist der Tanz der uralten Vereinigung zwischen Mann und Frau. Die Wikinger ehren diesen Augenblick an diesem außergewöhnlichen Kraftort unserer Götter«, raunte Gorm ihr flüsternd ins Ohr und reichte Thyra ein Trinkhorn. Thyra lachte vergnügt, sah ihn aber fragend an.

»Du wirst diesen Ritus vielleicht verabscheuen. Doch diese Nacht verbringt heute niemand allein!«

»Das Fleisch muss köstlich sein«, neckte sie ihn zuprostend, weil Gorm anhaltend hüstelte. Er lachte laut und herzlich über die Frau an seiner Seite und Thyra strahlte zurück.

Die Normannen feierten hemmungslos. Sie tanzten, aßen, lachten, sangen ihre Lieder und tranken Unmengen vom berauschenden Honigwein. Immer öfter verschwand ein Paar etwas abseits des Trubels und genoss die innige Zweisamkeit.

Thyra und Gorm ließen einander nicht aus den Augen und genossen jede leichte, fast unbeabsichtigte Berührung. Mal legte Gorm seinen Arm um ihre Taille, mal strich sie mit ihren Fingern über seine Hand oder legte ihre Hand wie selbstverständlich auf seinen Rücken. Jeder, der das Paar beobachtete, erkannte den verheißungsvollen Auftakt zum Liebesspiel.

Die laue Sommernacht war kurz. Viel zu kurz. Der Morgen brach an und die rotgoldene Scheibe malte ihre ersten glühenden Strahlen an den dunkelblauen Morgenhimmel.

Gorm brachte Thyra zur Hütte der Sklavinnen. Sie standen einander gegenüber und Thyra sah Gorm in die Augen, doch ein Kloß in der Kehle ließ ihre Stimme verstummen.

Gorm stand ganz nahe vor ihr und plötzlich war ihre Unbefangenheit verflogen. Mit zitternden Augenlidern sah sie in Gorms Gesicht und – er küsste sie!

»Hmm!« Thyra wehrte sich kurz, doch dann schlang sie ihre Arme um seinen Hals, schmiegte sich gegen seinen Körper und erwiderte den leidenschaftlichen Kuss.

Überraschend löste Gorm sich von ihren Lippen. Thyra stand fassungslos plötzlich allein auf ihren Beinen – taumelte. Gorm packte Thyra, beugte sich zu ihr, und berührte mit seinen warmen Lippen verführerisch sanft ihren Hals.

»Bald«, flüsterte er mit rauer Stimme. »Bald.«

Dann drehte er sich um und verschwand.

Sehnsuchtsvoll und dennoch erleichtert, dass sie nicht *Nein* sagen musste, sah Thyra ihm nach, öffnete müde die Tür und legte sich auf ein Fell am Ende des Ganges.

»Du bist spät«, murmelte Aesa verschlafen.

»Ihr habt schon seltsame Rituale.«

»Sie gefallen dir?«

Thyra antwortete nicht, sondern drehte sich stattdessen lächelnd in die warmen Felle. Nur der Schlaf wollte sich nicht einstellen.

»Aesa?«, flüsterte Thyra nach einer Weile und gähnte. »Aesa? Schläfst du?«

»Lässt der Gedanke an Gorm dich nicht in den Schlaf finden?«, murmelte Aesa schlaftrunken.

»Warum machen die Sklavinnen das? Warum opfern sie ihr Leben?«

Aesa war plötzlich hellwach und drehte sich auf den Rücken. Sie blinzelte und starrte durch den Rauchfang in den hellen Morgen.

»Die Sklavinnen der Wikinger sind in unserem Volk rechtlos. Ihnen steht kein Jenseitsleben zu. Wenn sie sterben, sucht ihre Seele nach einem Ort, wo er leben kann. Doch Sklaven finden keine Ruhe.«

Die Heilerin schwieg und hörte lange dem erwachenden Vogelgesang außerhalb der Hütte zu.

Plötzlich flüsterte sie: »Kein gewöhnlicher Sklave darf die Halle Odins, Hels Totenreich oder die heiligen Gemäuer Freyjas betreten. Deshalb ist es ein außergewöhnliches Angebot, dem Herrn in den Tod zu folgen und ihm im Jenseits dienen zu dürfen. Nur dann ist das Leben eines Sklaven nach dem Tod ehrenwert.«

Der Morgen graute.

Die Sklavinnen wurden erneut gewaschen, geölt und angekleidet. Doch heute fehlte der strahlende Glanz in ihren Augen, das heitere Lachen und der Gesang. Schweigend ließen die Frauen den Brauch über sich ergehen und folgten der greisen, runenkundigen Zauberfrau ins Freie.

Stumm gingen die Frauen zum Fluss, dort, wo die kolossalen Holzstöße aufgeschichtet standen. Dort, wo sie ihre Ahnen begrüßen und wo sie sterben sollten.

Gnupas blickte prüfend zur Sonne.

»*Mýl-in* erreicht bald den höchsten Stand.« Sie tippte Aesa mit ihrem krummen Zeigefinger auf die Schulter. »Führe die Sklavinnen zu dem Ort, an dem die Todgeweihten ihre Ahnen und ihre Freunde im Reich der Toten begrüßen werden.«

Aesa nickte ernst und die Sklavinnen folgten der *laek-n-a* wortlos.

Thyra blieb stehen und betrachtete den schmalen Rücken der Hohen Frau.

»Angeln-Frau«, forderte die knarrende Stimme der Alten, so dass Thyra erschrocken zusammenfuhr.

»Angeln-Frau! Wer von uns ist alt und kann die Worte, die gesprochen werden, kaum noch hören? Komm zu mir«, tadelte sie.

Thyra runzelte die Stirn und ging zögernd zur runenkundigen Zauberfrau.

»Du hilfst mir!«

Thyra nickte kaum merklich.

»Na, mein Kind, so blass um die Nase?«, spottete die *ry-n-d-r gryl-a*. Doch Thyra antwortete nicht.

»Heute ist ein herausragender Tag und ich muss mich mit einer dummen, einfältigen *Ambátt* zufriedengeben.«

‚Ich kann auch gehen', frohlockte Thyra und starrte auf die grauen Haare der einflussreichen Wikingerin.

»Aber die Zeiten ändern sich. Nun komm schon. Beeile dich!«

Die Zauberfrau ging mit Thyra an den gigantischen Holzstapeln vorbei. Thyra erkannte mit Erstaunen, dass die Nordmänner die gesunkenen Drachenschiffe aus der Themse an Land gezogen, repariert und viele gewaltige Baumstämme um jeden einzelnen Schiffsrumpf gerammt hatten. So schafften es die Männer, dass die stattlichen Drachenschiffe aufrecht an Land stehen konnten.

Thyra sah das Brennholz unter den Schiffsplanken und erahnte das Feuer unter diesen wertvollen Kriegsschiffen.

»Sollen Schiffe nicht die Meere befahren?«

Gnupas stoppte abrupt ihren Lauf und drehte sich zur *Ambátt* um.

»Wie kommst du denn auf solchen Gedanken?«

Thyra schüttelte ertappt den Kopf. »Kriegsschiffe sind sehr wertvoll.«

»Das stimmt.« Über das faltige Gesicht der alten Zauberfrau zog ein wissendes Lächeln und sie betonte: »Unsere Wikingerschiffe sind äußerst wertvoll.« Gnupas öffnete den Mund, um Thyra noch mehr zu erklären, klappte ihn aber wieder zu. »Wir müssen weiter.«

Um jedes Schiff standen, an hohen Pfählen befestigt, große menschenähnliche Holzfiguren. Diese trugen lange, im Wind flatternde Umhänge aus feinem Schilfgras geflochten. Die bemalten Köpfe und dicken Bäuche der Riesen füllten die

Wikinger mit Reisig und trockenem Gras. Lange Holzschwerter zierten die Seiten und in der linken Hand trugen die imposanten Riesen bunt bemalte Wappenschilde.

Thyra fühlte sich nicht wohl unter den hölzernen Gestalten und folgte Gnupas mit eiligen Schritten. Nervös blickte sie hinauf zu den starren Holzgesichtern. Es war unheimlich! Denn die Augen der Hünen schienen den Frauen zu folgen.

Sie stolperte und konzentrierte sich auf die wieselflinke Alte. Gnupas peilte das Flussufer an und blieb vor einem Weidenkorb stehen und kramte umständlich darin herum. Knurrig murmelnd warf Gnupas die Unmengen gefüllter Lederbeutel zur Seite, schmiss eine hölzerne Schale und ein Trinkhorn ungehalten auf den Sand und drückte ihrer Gehilfin nach ausgiebiger Suche grollend ein Gefäß in die Hand.

»Halte es gut fest und verliere es nicht.«

Thyra beobachtete unterdessen, wie eine Gruppe von acht Wikingern von einem Schiff zum nächsten ging. Vor jedem Schiff blieben sie ehrfurchtsvoll stehen und riefen dem Totenschiff etwas zu. Doch die Entfernung war zu groß. Der Wind trieb ihr nur vereinzelte Wortfetzen zu.

Gnupas hielt zwei verschlossene Karaffen in den Händen und forderte die unausgebildete Gehilfin auf, ihr zu folgen. Den Weidenkorb ließ die Runenfrau am Schilfgürtel zurück. Langsam gingen die Frauen zu einem Teppich aus geflochtenem Schilfgras. Thyra stockte erstaunt und blieb vor dem Schilfteppich stehen.

»Was ...?«

Doch Gnupas ging auf keine Frage ein und zog Thyra hinter sich auf die Matte.

»Du dumme Angeln-Frau. Nun folge mir endlich auf den Teppich aus Ried!« Ärgerlich funkelten ihre weisen Augen.

Nervös gehorchte Thyra und blieb achtsam neben der Hohen Frau, zwischen der Themse und den aufgebahrten Schiffen stehen. Aufgeregt und neugierig zugleich blickte Thyra von den Wikingern zu den Kriegsschiffen und zurück zum Fluss, wo sie Gorm erblickte.

»Was macht er?« Sie erntete von Gnupas ein missbilligendes Kopfschütteln. Sie erkannte an Gorms Armbewegung, wie er einem Trupp Wikinger Anweisungen gab und diese sofort gehorchten.

Der Wind frischte auf, ihr Magen knurrte und vom Fluss hörte Thyra den Ruf der Blässhühner, im Duett mit dem Gurren eines Haubentaucherpärchens. Bewegungslos standen die Frauen auf der Schilfmatte, nur die Sonne nahm ihren Lauf und zeigte die Mittagszeit an.

Der Männertrupp trug etwas zu den aufgebahrten Kriegsschiffen. Sie blinzelte gegen das Sonnenlicht und wunderte sich über die Gegenstände, die an Bord gebracht wurden.

Die Männer kletterten an einer schmalen Holzleiter hinauf und trugen auf jedes Schiff eine Bank und bedeckten diese mit gepolsterten Kissen. Die Krieger deckten die Kissen mit Leinentüchern ab und legten an das Ende der Bank ein farbenfrohes Laken aus edelster Seide. Der Wind ließ die mit feinster Stickerei verzierten Seidenlaken flattern. Im Schatten eines der Schiffe entdeckte sie eine Bewegung.

Ein langer Geleitzug näherte sich den Holzstößen. An der Spitze des Zuges schritt eine einfach gekleidete Frau, die mit klarer Stimme ein immer wiederkehrendes Lied sang. Mit monotoner Singstimme rief sie über die stille Begräbnisstätte.[233]

»Nicht lacht der Mann,
   der den Leichnam des Freundes trägt,
   voll Gram zum Totenschiff hinauf.
Unsere Krieger kämpften tapfer bis zum Tod
   und voller Glück tragen die Toten heute
   ihre Schwerter in Odins Halle.«

---

233 Zitat eines Liedes.

Die Prozession kam immer näher.

»Die so strahlend ist, dass sie leuchtet ohne Licht. Heute dürfen die toten styrimannr sitzen auf ihren Thronen, Pórr, Njordr, Forseti, Ullr, Heimdallr und Haenir. Und ebenso ihre Sklavinnen: Asynjur, Gefjun, Valgerd, Gerdr, Sigyn und Fulla.«

Die Prozession teilte sich und stellte sich vor den Leichenschiffen auf. Jeweils sechs Wikinger trugen einen in Seide gehüllten toten Kriegsherrn. Der Wind spielte mit den feingewebten Tüchern und so entstand der Eindruck, als ob sich die Toten unter dem Gewebe bewegten. Thyra riss entsetzt die Augen auf und schluckte alarmiert. »Sechs Leichen«, zählte sie und unterdrückte ihre Angst. »Wer sind die toten Männer?«, fragte sie im Flüsterton.

»Du bist eine *Ambátt* und nicht befugt«, wies Gnupas Thyra zurecht, »doch da du mir heute zur Seite stehst, werde ich es dir erklären.«

Sie deutete mit ihrem krummen Finger zum Geleitzug.

»Diese Toten sind die niedergemetzelten *styrimannr* der Kriegsschiffe. Die überlebenden *drengire* dieser toten *styrimannr* werden ihre nackten und eingesalbten Schiffsführer neben ihr eigenes Schiff auf die Erde legen. Dort werden sie eingekleidet.« Gnupas schniefte und wischte sich den glänzenden Tropfen von der roten Nase am Ärmel des Unterkleids ab.

»Da, siehst du?« Die Zauberfrau zeigte mit einem missgeformten Finger in eine Richtung. »Die Toten werden in kostbare Hosen, Socken, Stiefel, Mäntel und Hemden aus sagenhaftem Stoff mit goldenen Knöpfen gekleidet. Die Mützen webten die Frauen aus Seidenbrokat und diese sind mit edlen Marderfellen umrandet.«

Gnupas schwieg und es entstand eine unangenehme Pause.

»Dann tragen die *drengire* ihre toten *styrimannr* ins Totenschiff und setzen sie auf eine Bank.«

»Setzen?«

»Sollen sie etwa liegend in das Totenreich segeln? Jedem toten *styrimannr* wird der Rücken mit gepolsterten Kissen gestützt und neben jedem Toten wird Met und *nabíd*, vergorene Molke, in Tonkrügen gestellt. Dazu kommen Früchte und wohlriechende Pflanzen in aufwändig bemalten Holzschalen. Auch Brot, Fleisch und Zwiebeln bekommen unsere ehrbaren *styrimannr* mit auf ihre Reise ins Totenreich.«

Thyra beobachtete mit unverhohlener Neugierde die Bestattungsrituale. Plötzlich hörte sie Hunde bellen und Ochsen blöken. Sie suchte die Quelle und dann sah sie, wie Gorm seine Wikinger, die je ein Tier an einem Seil führten, zu sich befahl.

»Ein neuer Geleitzug. Sie führen Tiere mit!«

Gnupas sah die ungebildete Angeln-Frau kopfschüttelnd an. Wusste die denn gar nichts über die Welt der Toten?

Der Geleitzug schritt an jedem aufgebahrten Schiff entlang. Und es waren viele Nordmänner, die Tiere mit sich führten. Sie brachten Hunde, Ochsen, Pferde, Gänse und Hühner.

»Was …?«, wollte Thyra wissen, doch ihre Frage erübrigte sich, denn auf jedes Totenschiff wurde jeweils ein Hund, ein Ochse, ein Pferd, eine Gans und ein Huhn gehoben. Drei Wikinger zogen das schwere Pferd und den muskelbepackten Ochsen mit einer Seilwinde an der hohen Schiffswand hinauf.

Sie hörte lautes Gelächter und ängstliches Gejaule und das Gebrüll der Tiere, während die Menschen ans Flussufer strömten, um der Bestattung beizuwohnen. Die Menschenmenge vor den aufgebahrten Schiffen wurde immer beachtlicher.

Thyra sah, wie die Nordmänner an Deck ihre Schwerter in den Himmel streckten. Die Klingen glänzten im Licht der strahlenden Sonne und blendeten die Augen.

»Mögen sie unseren Freunden und Verwandten auf ihrem Weg nach Walhalla gute Gefährten sein!«, rief jeder Schwertträger, um kurz darauf mit dem schnellen Schnitt ihrer scharfen Schwerter allen Tieren die Kehle zu durchtrennen.

Röchelnd brachen die Tiere zusammen, zappelten mit den Beinen, schlugen mit den Flügeln, gaben einen letzten gurgelnden Laut von sich, bevor das warme rotglänzende Blut die Deckplanken einfärbte und die Luft mit diesem eigenartigen Duft nach Eisen anfüllte.

Thyras Augen weiteten sich. Sie sagte keinen Ton. Ihre Kehle war zugeschnürt. Sie bewegte lautlos ihre blassen Lippen. Gnupas beobachtete die *Ambátt* aus dem Augenwinkel und ihre Mundwinkel hoben sich zu einem verächtlichen Grinsen.

»Einfältiges Kind«, spöttelte sie und erklärte mit kalter, unnachgiebiger Stimme: »Du wirst mir gleich folgen und du wirst keinen Ton von dir geben.« Sie ging los, verharrte in der Bewegung und drehte sich mit strengem Gesichtsausdruck zur *Ambátt* um. »Und keine weiteren Fragen.«

Thyra starrte die Hohe Frau an. »Ich werde gar nicht reden können.«

»Hast du mich verstanden?«

Sie nickte und hörte, wie Gorm, der große *Ascomanni*, mit harter Stimme befahl: »Bringt die Waffen.«

»Jetzt bekommt jeder Tote seine Waffen.« Die Alte blickte kurz über die Schulter.

»Aber ...?«, flüsterte Thyra, ihrer Stimme langsam wieder mächtig, als sie die Unmengen sah, die herangetragen wurden. Sie dachte nicht daran, Gnupas' Anweisung zu folgen. »Es sind so viele Waffen?«

»Es liegt ja auch jeder tote *drengir*, jeder tote *húskarl* und jeder tote *skiparií* mit ihrem toten *styrimannr* auf ihrem Schiff.«

»Alle?«

Gnupas nickte und augenblicklich erklärte sich der übelriechende Verwesungsgestank. Thyra erinnerte sich an die Wasserleiche mit der aufgeschnittenen Kehle. Sie hatte bei

353

ihrer Ankunft an der eroberten *burh* an der Wasseroberfläche getrieben. Der aufgedunsene Leib hatte in der Themse gedümpelt, während die Extremitäten tief im Wasser gehangen hatten. Unaufhörlich hatte der verwesende Körper gegen die rauen Holzplanken der *dreki* geschlagen und die weißliche Haut am Schiffsrumpf abgescheuert.

,Den müssen doch schon die Würmer zerfressen haben?', schoss es ihr unwillkürlich durch den Kopf. Mit jedem Schritt näherten sich die Frauen dem phänomenalen Verwesungsgeruch.

»Aber es vergingen so viele Tage. Wo lagen die Toten in dieser langen Zeit?«

»In einer Mulde vergraben«, erklärte Gnupas, ohne mit der Wimper zu zucken.

»Eingegraben?«

Entsetzt stieß Thyra die Worte laut hervor und wurde sofort mit dem drohenden Blick der Zauberfrau gestraft.

»Du sollst deine Stimme im Zaum halten! Sie wurden vor der Bestattung ausgegraben«, flüsterte sie jetzt.

Voller Ekel stellte sie sich vor, wie die Männer die Leichen aus der Erde gruben und den Sand von den aufgedunsenen, stinkenden Kadavern mit den unzähligen offenen Wunden wischten.

Plötzlich wurde ihre Aufmerksamkeit auf Aesa gelenkt, die mit den Sklavinnen in ihren einfachen Gewändern um jedes Totenschiff schritt. An jedem Schiff ließ die *laek-n-a* eine Sklavin zurück. Schließlich ging sie mit Valgerd zum letzten Totenschiff.

Valgerd stieg auf die Handflächen der dort wartenden Wikinger. Sie stellten die Sklavin vorsichtig auf eine leicht erhöhte Plattform. Die edel gekleideten Wikinger ergriffen das Podest und hoben Valgerd in die Höhe.

Huldvoll und auch ängstlich-nervös sah Valgerd auf die Menge. Doch ihre Stimme war klar und deutlich, als sie rief:[234]

---

[234] Zitat von Ibn Fahadlan Ibn Rashin.

»Schaut! Ich sehe meinen Vater und meine Mutter.«

Die Männer senkten sie hinab und hoben die Sklavin ein weiteres Mal in die Höhe.

»Schaut! Ich sehe all meine verstorbenen Verwandten, wie sie zusammensitzen.«

Beim dritten Mal rief Valgerd:

»Schaut! Ich sehe meinen Herrn, wie er im Paradies sitzt. Und das Paradies ist schön und grün und bei ihm sind Männer und junge Knaben. Er ruft nach mir, bringt mich zu ihm.«

Gnupas lächelte und fasste Thyra am Arm. Erschrocken zuckte Thyra zusammen. Gnupas neigte sich leicht zu ihr hinab und sie roch den stinkenden Atem der Alten.

»Das ist das Höchstmaß an Leben in dieser Welt und es wird jedem *styrimannr* und jedem *edl-ing-r* für sein neues Leben nach dem Tode mitgegeben. Komm, folge mir jetzt!«

Thyra folgte der alten Frau und hörte ein leises Raunen der Menge, als sie diese durchschritten.

»Da ist sie! Die Todesbringerin.«

Ein Schauder lief Thyra über den Rücken und sämtliche Nackenhaare richteten sich auf. Sofort suchte sie die anderen Sklavinnen und erschrak! Vor jedem Kriegsschiff geschah das gleiche Ritual. Die Sklavinnen standen auf den in die Höhe gehobenen Plattformen und riefen die gleichen Worte, die Thyra schon von Valgerd hörte.

»Schaut, ich sehe alle meine verstorbenen Verwandten, wie sie zusammensitzen.«

Allmählich wurde Thyra die grausame Bedeutung dieses Begräbnisrituals voll bewusst.

»Sie sterben! Alle! Sie lassen sich alle bei lebendigem Leibe verbrennen! Für ihren toten *styrimannr*. Für ein Leben nach dem Tode! Diese Heiden!« Doch niemand achtete auf die fremden Worte dieser Ungläubigen.

Gnupas ging zur ersten Sklavin und reichte ihr ein Gefäß.

»Gefjun, trink!«, befahl die Todesbringerin.

Andächtig nahm Gefjun mit blassem Gesicht das mit Silber beschlagene Trinkhorn in die Hand und trank einen vorsichtigen Schluck.

»Es ist *nabíd*.« Gnupas lächelte beruhigend und ihre braunen Zähne glänzten.

»Trinke es aus!« Freundlich hob Gnupas das Horn und drückte es gegen Gefjuns Lippen. »Alles!«

Die Sklavin trank den *nabíd* in einem Zug, reichte Thyra mit leerem Blick das braunweiße Rinderhorn und sah Gnupas eindringlich an.

»Bevor ich sterbe, gebe ich dir meine Armbänder.« Langsam streifte sie ihre silbernen, mit grünen Perlen verzierten Armbänder von den Handgelenken und reichte sie Gnupas. Dann hob sie ein Bein.

»Und meine Fußringe mögest du bitte meiner Familie in der Heimat überbringen und ihnen meine Geschichte erzählen. Dass ich fortan in der Jenseitswelt lebe und dienen darf.«

Gnupas nickte, nahm die Schmuckstücke und drückte sie Thyra in die Hand.

»Und nun, trinke das. Trinke es schnell und in einem Zug!« Die Zauberfrau reichte Gefjun ein pechschwarzes langes Horn. Das schwarze Horn war am Trinkrand mit vielen silbernen, gedrehten Fäden verziert.

Gefjun nickte und tat, wie ihr geheißen. Ohne zu zögern, setzte sie das schwarze Trinkhorn an ihre Lippen und trank das bittere Gift.

»Gehe jetzt auf das Schiff und lege dich neben deinen Herren vor die Bank auf den Boden«, ordnete Gnupas an und beeilte sich, um schnell zur nächsten Sklavin zu gelangen. Thyra folgte der *fál-a* durch die Menschenmenge, die sich vor ihnen respektvoll teilte.

Auch dort dasselbe Ritual. Jede Sklavin streifte sich ihren Schmuck vom Körper, manche sangen oder beteten zu ihren

Göttern, bis sie zuletzt Valgerd erreichten. Bösartig starrte sie Thyra an.

»Ich werde Hel von deinen Taten berichten. Von dem Übel, das du über mich brachtest!«

»Trink!«, forderte Gnupas, doch es war nicht das *nabíd*, sondern das bittere, giftige Gebräu in dem schwarzen Horn.

»Was ist das?« Valgerd schüttelte sich, nachdem sie es getrunken hatte.

»Es wird dir helfen.«

»Helfen?«, schrie Valgerd panisch.

»Das Gift der Pilze wird gleich wirken.« Gnupas verstaute in aller Ruhe ihren Behälter.

»Gift!«

»Gehe auf das Schiff, solange deine Füße dir noch gehorchen und lege dich neben deinen Herren. Oder willst du getragen werden?«

»Zu meinem Herrn gehe ich allein«, schnaubte Valgerd noch, doch Thyra sah, wie ihr Körper schwankte.

Hasserfüllt wandte Valgerd sich ab und kletterte leicht schwankend die schmale Holzleiter hinauf. Unbeholfen schob sie sich über die Reling und stand endlich auf den Planken des Totenschiffes.

»Was ist das für ein Gift?«

»Das geht dich nichts an«, grummelte die *fál-a*. »Doch der Pilz wirkt sehr schnell!« Thyra begriff plötzlich, als sie in das faltige Gesicht der Alten sah, dass eine gefährliche kräuterkundige Heilerin und Hexe vor ihr stand.

»Du bleibst jetzt hier.« Gnupas kletterte erstaunlich behände mit sechs weiteren Nordmännern in das erste Schiff zu Gefjun.

Thyra sah noch, wie Gnupas sich vorher ein kurzes Seil um ihr Handgelenk wickelte und einen Dolch unter ihrer Tunika versteckte.

»Was macht sie da?«

»Das willst du nicht wissen«, erklärte eine männliche Stimme. Thyra fuhr erschrocken zusammen. Gorm war hinter sie getreten.

Vertrauensvoll atmete Thyra tief ein und empfand es als seltsam beruhigend, dass er in ihrer Nähe war. Unbewusst trat sie dichter an ihn heran und fühlte seine Wärme an ihrem Rücken. Er schloss seine Augen und genoss das Vertrauen, das sie ihm entgegenbrachte.

Die Köpfe der Wikinger auf dem Schiff und das graue Haar von Gnupas waren nicht mehr zu sehen.

»Was geschieht jetzt?«, fragte Thyra mit bebender Stimme.

»Diese Männer ehren den Herren dieser Sklavin.«

Thyra stand vertrauensvoll an Gorm gelehnt und mochte seinen Worten nicht glauben, obwohl sie wusste, dass er die Wahrheit sprach.

»Und dann?«

»Dann legen die Männer die Sklavin zum Leichnam ihres Herren. Zwei ergreifen ihre Beine, zwei ihre Hände und die *fál-a*, unsere Todesbotin, legt ein Seil um ihren Hals und zieht die Enden in die entgegengesetzte Richtung.«

»Und dann?« Thyras Stimme war nur noch ein leises Flüstern.

»Die *fál-a* gibt den zwei letzten Männern je ein Seilende und befiehlt ihnen, kräftig zu ziehen.«

Gorm atmete tief die warme Sommerluft ein. Er warf einen kurzen Blick auf Thyra, die mit entsetzten Augen zu ihm aufblickte.

»Willst du noch mehr wissen?«

Sie nickte.

»Dann tritt die Todesbotin mit einem besonderen Dolch mit einer extra breiten Klinge dazu und stößt ihn immer wieder zwischen die Rippen des Mädchens, während die beiden Männer kräftig an dem Seil ziehen und sie würgen, bis sie tot ist.«

Thyra schwindelte, ihre Beine schwankten und Gorm griff ihr von allen anderen unbemerkt unter die Arme, bis sie wieder stand.

»Es ist besser so«, flüsterte er in ihr Ohr. »So müssen die Frauen nicht bei lebendigem Leib verbrennen.«

Thyra fand langsam ihr Gleichgewicht wieder und nickte schwach. Plötzlich ertönte ein markerschütternder Schrei und alle Wikinger begannen, mit den Griffen ihrer Schwerter und mit langen Stäben auf ihre Schilde zu schlagen. Ein ohrenbetäubender Lärm setzte ein. Thyra zuckte zusammen, trat eilig einen Schritt zurück und fühlte Gorms beschützende Nähe. Erleichtert warf sie einen Blick zu dem Mann an ihrer Seite, dem mächtigen Häuptling dieser Wikinger, der nun mit versteinerter Miene neben Thyra trat.

»Sie töten sie. Sie töten jetzt die Sklavinnen«, flüsterte Thyra, damit ihr Verstand diese grausame Tat begriff. Doch ihre Worte gingen in dem Lärm unter. Sie sah, wie Gnupas und die sechs Wikinger vom ersten Schiff kletterten und die *fál-a* zielstrebig zum nächsten Totenschiff ging. Auch dort wurde sie wieder von sechs Wikingern aufs Schiff begleitet. Sobald die Todesbringer mit ihrem Gefolge auf dem Totenschiff waren, schlugen die Nordmänner dröhnend auf ihre Schilde.

Niemand hörte die Schreie der Sklavinnen.

Die Zeit verrann.

Die Sonne wanderte am Firmament und die kühlenden Schatten der Bäume strichen kreisförmig um die Stämme. Sobald eine Sklavin tot war, erstarb auch der Lärm und jeder hörte die silberhellen Stimmen der Singvögel. Thyra vernahm den Ruf der Blässhühner und hörte das Haubentaucherpärchen gurren. Doch sie konnte nur an das entsetzliche, blutige Geschehen auf den Totenschiffen denken.

Plötzlich trat Gorm vor und hob seine Arme. Sofort erstarben die dröhnenden Schläge der Schwerter und Stäbe gegen die Schilde.

Laut und durchdringend erhob Gorm die Stimme und sprach:

»Besitz stirbt, Sippen sterben.
Du selbst stirbst wie sie;
Doch eines weiß ich, das ewig lebt:
Des Toten Tatentum.«

Augenblicklich brüllte ein vielstimmiger Männerchor und sofort hämmerten die Schwerter gegen die Schilde. Erneut hob Gorm seine Hände in die Höhe und seine kräftige Stimme wurde zu jedem Wikinger getragen.

»Wir werden unsere Krieger wiedersehen! In Odins Halle der erschlagenen Krieger, in Walhalla!«

Der Tumult, der augenblicklich losbrach, glich einem rasenden Inferno, das das leise, flüsternde Knistern des Feuers an den Holzstößen übertönte. Fast liebevoll umschmeichelten die Flammen schlängelnd das feuchte Holz.

Erst der beißende Rauch holte Thyra in die Realität zurück. Das ekstatische Stampfen der Wikinger. Der Ruf aus den unzähligen Männerkehlen. Der Rhythmus der Schläge. All das zog die Menschenmassen fesselnd in den Bann.

Alles verbrannte!

Alle sechs Schiffe mit den kalten Körpern der *styrimannr*, den getöteten Sklavinnen, den leblosen Tieren, den im Kampf getöteten Wikingern und alles, was auf dem Schiff war und zu dem Schiffsführer gehörte.

Heiß fraß das Feuer seine Opfer, Gorm zog Thyra weg von der Hitze.

Schwarzbraun stiegen die gewaltigen Rauchwolken in den Himmel und zogen mit dem Wind über das Land der Angelsachsen. Gierig verschlangen die Brände die dargebotene Nahrung; und in den Himmel steigende Feuersäulen züngelten endlos in die Höhe.

---

235 Zitat aus Düwel, Klaus »Runenkunde«, Verlag J.B. Metzler, S. 111

Es dauerte Tage. Zurück blieben weiß verkohlte Holzstämme und unendlich viel Asche.

An den Stellen, wo die Wikinger die aus dem Fluss gezogenen Schiffe verbrannt hatten, schütteten sie am nächsten Morgen ovale Erdhügel auf und errichteten an jedem Hügel einen Pfahl aus Buchenholz. Ins Holz ritzten sie in Runenschrift die Namen aller Toten und den Namen des siegreichen Häuptlings der *Ascomanni* – Gorm Grymme.

Tage später schritt Thyra um die hohen Grabhügel, die an Schiffsbäuche erinnerten, herum und auf jedem Pfahl las sie Gorms Namen.

»Du bist in deinem Volk ein einflussreicher Mann.«

* * *

Der Sommer kam und überzog das Land mit einer verheerenden Dürre. Thyra und Aesa standen am niedrigen Themseufer und beobachteten die Wasservögel. Thyra stellte sich auf ihre Zehenspitzen und beschattete ihre Augen mit der Hand.

»Diese acht Schiffe, die uns in Oxfordshire überfielen, beherbergen eine stattliche Anzahl Nordmänner«, löste sie die Stille auf.

»Wir sind zahlreich.«

Thyra drehte sich zur *laek-n-a*. »So viele Wikinger sah ich nie zuvor.«

Aesa wurde ernst. »Wir werden bald weiterziehen.«

»Wohin?« Eine heimliche Hoffnung schwang in ihrer Stimme.

Aesa sah Thyra traurig in die Augen. »Nach Ludúnir! Dort wirst du dein altes Leben zurückerhalten.«

»Nach Ludúnir!«, strahlte Thyra. Aber ihre Freude schlug augenblicklich in Trauer um. »Dann sehen wir uns nie wieder.«

»Das Schicksal trennt uns. In meinen Gedanken wirst du jederzeit einen Platz finden – als Freundin.«

»Ich werde dich nie vergessen. Vor allem nicht unsere erste Begegnung«, lächelte Thyra spöttisch.

»Ach ja.« Die Erinnerung holte sie ein. »Zur guten Freundschaft gehört immer auch ein prägendes Erlebnis. Stimmt's?«

»Stimmt«, nickte Thyra und erkannte Aesas spitzbübisches Grinsen nicht.

»Dann also los!«, schrie Aesa und gab Thyra einen kräftigen Schubs. »Ins Wasser mit dir!«

»Ohhh!« Thyra rutschte die schlammige Uferböschung hinunter und fiel platschend der Länge nach in das klare Wasser.

»Jetzt ist unsere Freundschaft besiegelt.« Aesa lachte schallend und hielt sich den Bauch, als Thyra prustend durch die Wasseroberfläche stieß. Schwimmend blieb Thyra im Fluss und rief: »Das ist sie! Komm rein. Das Wasser ist wunderbar.«

Ohne zu zögern, sprang Aesa kopfüber in den Fluss. Elegant glitt die *laek-n-a* durch das nasse Element und tauchte gekonnt an der Wasseroberfläche auf. »Komm, wir schwimmen zum anderen Ufer.«

»Du kannst schwimmen?«, staunte Thyra und hörte mit den paddelnden Beinbewegungen auf. Glucksend ging sie unter, genoss das Nass, doch nur wenig später tauchte sie heftig tretend und spuckend auf.

»Alle Wikinger können schwimmen. Wir sind ein Seefahrervolk«, rief Aesa Thyra über die Schulter zu und schwamm in kräftigen Zügen gegen die Strömung der Themse zum gegenüberliegenden Ufer.

Thyra folgte ihr mit geschmeidigen Schwimmzügen. Nur das Kleid, das sich um die Beine wickelte, störte. Gemeinsam erreichten beide Frauen japsend das gegenüberliegende Flussufer. Wasser tropfte aus den Kleidern und triefend kletterten die Frauen die matschige Anhöhe hinauf. Vorsichtig schritten sie durch den Schilfgürtel, umrundeten Weidenbüsche und ließen sich schließlich glücklich ins trockene, braune Gras fallen.

»Mir wird kalt.« Aesa zog ihr nasses Kleid aus.

»Aesa! Hier? Man könnte dich sehen.«

Aesa hob kurz ihren Kopf und blickte durch eine winzige Lücke im Schilfgürtel über die glänzende Wasseroberfläche zum anderen Ufer. »Ach wo. Die Büsche und das Schilf am Ufer verdecken uns.« Und schon war sie nackt, legte ihr Kleid zum Trocknen auf die Wiese und genoss die wohlige Sonnenwärme auf der Haut.

Thyra grinste und beeilte sich und ließ den leichten Stoff auf die Erde sinken. Sie strahlte Aesa an und streckte die Arme zum Himmel hinauf.

»Ahh. So etwas sollten wir öfter tun!«

Genießerisch kniete sie sich aufs Gras, pulte piksende Steine von der Liegefläche, legte sich umständlich hin und schloss die Augen. Überall zwickten die trockenen Grasstoppeln die Haut.

»Ich habe noch nie nackt auf einer Wiese im Gras gelegen«, murmelte Thyra mit geschlossenen Augen. »Ethelgiva, meine ältliche Hofmeisterin, hätte es nie geduldet.«

»Dabei ist es so schön. Die Sonne auf der Haut. Der leichte Wind ...«

»... und diese krabbelnden Viecher«, vervollständigte Thyra und wischte flüchtig drei sechsbeinige schwarzbraune Wesen vom Bauch. »Daran könnte ich mich gewöhnen.«

»Hmmh«, murmelte Aesa noch und war schon eingeschlafen.

Thyra jedoch lag mit geschlossenen Augen und fühlte das piksende Gras, die Käfer, die kitzelnd und krabbelnd das warme Hindernis mit der hellen Haut überquerten und die kühlen Wolkenschatten, wenn diese sich vor die strahlende Sonne schoben.

Gorm stand mit Siguror am Heck der *dreki*. Sie unterzogen ihr Schiff einer eingehenden Prüfung. Wie vor jeder Fahrt.

»Sind alle Wasserfässer an Bord? Hat Ketill alles unter Kontrolle?«, wollte Gorm wissen.

»Ja.« Siguror zählte die Fässer. »Sämtliche Wasserfässer sind an Bord. Ketill lagert jetzt die Bottiche mit dem gepökelten Fleisch ein.«

»Wer kontrolliert die Seile?«

»Ulkell.«

»Auf Ulkell ist Verlass. Ist das Segel in einwandfreiem Zustand?«

»Ongull hat es überprüft. Die kleinen Risse lässt er gerade nähen.«

Siguror deutete auf die eifrigen Männer am Ufer und grinste. »Sieh! Unsere *skiparii* strotzen vor Kraft und Übermut. Es wird Zeit, dass wir weitersegeln.«

Gorm lächelte. »Dann wollen wir den Schiffsmännern der *dreki* den Gefallen tun. Unser Kriegsschiff ist hervorragend gerüstet und für die Fahrt vorbereitet.«

Er ließ den Blick über die Themse und das Lager vor der *burh* in Benfleet schweifen. Dort, wo die vielen Zelte wochenlang das Dorf gebildet hatten, waren nur noch schwarze Erdflecken zu erkennen. Vereinzelt standen noch Hütten am Ufer. Sporadisch glühten Lagerfeuer und spärliche graue Rauchsäulen kringelten sich in der Sommerluft. Gorm betrachtete Bergdis, die mit ihrem weißblonden Haar gut zu erkennen war. Sie stapelte Rehfelle und verschnürte diese zu festen Paketen. Am Ufer hoben sich sechs große Grabhügel aus der Ebene. Über die hohen, ovalen Gräber wuchs schon ein Hauch von zartem Gras und in naher Zukunft würden sämtliche Grabstätten überwuchert sein.

Die zotteligen, geduldigen Pferde standen eng aneinandergedrängt in stabilen Pferchen und warteten schnaubend auf Wasser. Sie sollten spät am Abend auf die Decks der Schiffe gehoben werden.

»Morgen brechen wir auf. Unsere Männer sollen ihre Habseligkeiten in ihren Seekisten verstauen und vor Sonnenuntergang an Bord bringen«, befahl Gorm. »Torkel muss das Ankertau kontrollieren und Vestar Brotlaibe backen. Morgen über Tag ist kein Landgang eingeplant. Wir werden fahren, solange es das Tageslicht erlaubt.«

Er sah Siguror an, dessen Aufmerksamkeit etwas anderes stark fesselte.

»Siguror!«, knurrte Gorm ungehalten. »Hörst du mir auch zu?«

»Ja, ja.«

»Außerdem soll Vestar das Fass mit dem gepökelten Fisch bereithalten.« Gorm schüttelte den Kopf.

»Hey, Rotbart. Was gibt es Dringenderes, als den Worten deines Häuptlings zu lauschen und dann gefälligst darauf zu antworten?« Gorm fluchte und starrte in die gleiche Richtung.

»Was siehst du da?« Er kniff seine Augen zusammen und starrte über das glitzernde Wasser.

Siguror hörte Gorm nicht einen Moment zu. Etwas nahm seine gesamte Aufmerksamkeit in Anspruch. Er starrte mit zusammengekniffenen Augen über den Fluss.

»He«, stieß er ihn an, als er die zwei nackten Frauen im Gras erkannte. »Sieh mal.« Er grinste bis über beide Ohren, so dass selbst sein geflochtener Bart zitternd abstand.

»Was?«, grollte Gorm ungehalten.

»Sieh nur. Dort drüben.«

Endlich folgte Gorm Sigurors Anweisungen.

»Oh«, feixte er. »Wer ist denn das?«

»Erkennst du sie nicht?«

»Wen?«

»Thyra.«

»Thyra!« Gorm sah genauer hin. »Na so was. Unsere *laek-n-a* und die *Ambátt*.«

»Wir sollten etwas unternehmen, damit kein anderer Mann auf den schrecklichen Gedanken kommt, diese beiden Wasserjungfrauen mit einem Besuch zu überraschen«, meinte Siguror verschlagen.

»Wer sollte sie sehen?«

Gorm blickte sich suchend um. Niemand war an Deck. Auf den anderen Drachenbooten wurde emsig gearbeitet. Doch er zwinkerte Siguror mit einem kräftigen Stoß in die ungeschützte Körperseite lachend zu: »Aber du hast recht. Das kann bei den vielen Menschen ganz schnell geschehen.«

»Genau«, lachte Siguror und schälte sich flink aus seinen Gewändern.

Mit lautem Lachen und einem Blick auf Gorm stellte er sich nackt auf die Reling, balancierte darauf entlang und sprang mit einem jubelnden Sprung über Bord ins warme Wasser der Themse. Gorm sah zu den beiden nackten Frauen im Gras.

»Die haben nichts gehört«, murmelte er und balancierte geschickt, wie Siguror vor ihm, nackt auf der Reling entlang.

»Na warte!«, murmelte er und spähte kurz durch die lichten Zweige der Weiden am Ufer. »Upps!« Er ruderte ausgleichend mit den Armen. Ein Fuß rutschte von der Reling und er rettete sich mit einem Kopfsprung ins Wasser. Prustend kam er in der Mitte des Flusses an die Wasseroberfläche.

»Na alter Mann.« Siguror neckte ihn und kraulte davon.

Mit machtvollen Schwimmzügen erreichten die Männer das Ufer und schlichen an Land.

»Aesa! Wach auf!«

»Mmmh.«

»Da kommt jemand!« Alarmiert setzte Thyra sich auf.

Blitzartig schlug Aesa die Augen auf.

»Was?«

»Ich glaube, da kommt jemand.«

Thyra spähte angestrengt durch das Gebüsch und lauschte.

»Diese Männer ...« Aesa rollte mit den Augen. »Komm!«

Eilig griff sie zum Kleid und schlich zum Schilfgürtel. Ihre nackten Füße glitten in den Schlick und schmatzten hingebungsvoll bei jedem Schritt.

»Aesa.« Thyra betrachtete die klebrige Masse. Schmatzend versanken die Füße im graubraunen, bröckeligen Schlamm, der sie warm und geschmeidig empfing.

»Schnell! Greif in den Schlamm und lege dir Erdklumpen bereit.«

»Erdklumpen?«

Skeptisch blickte Thyra auf Aesa, die feixend ihre Hände tief in den Modder steckte und schlüpfrige, schmierige Matschkugeln formte. Thyra wollte viel lieber ihr Kleid anziehen und versuchte, den nassen Stoff auseinander zu falten.

»Lass das! Sie sind gleich da.«

»Eben«, grummelte Thyra und erschrak, als sie das leise Brummen von Männerstimmen hörte. Eilig duckten sich die Frauen noch tiefer ins Schilf.

»Sie sind weg«, argwöhnte Siguror und quetschte sich durch das schneidende Schilf.

Gorm trat neben ihn auf die Wiese, was bei Thyra und Aesa ein gequetschtes Kichern auslöste. Zwei hüllenlose, tropfende, in der Sonne glänzende Gestalten mit schwarzbraunen Schlammfüßen, die sich suchend nach den Objekten der Begierde umsahen.

»Sie können noch nicht weit sein«, schmunzelte Gorm, dessen Jagdfieber ausbrach. Siguror sah sich suchend um.

»Hier lagen die beiden. Das Gras ist heruntergedrückt.«

Gorm betastete das platte Gras. »Die müssen aber viel Zeit haben.«

Er blinzelte lächelnd ins Sonnenlicht.

»Siguror und Gorm«, stellte Aesa kopfschüttelnd fest, obwohl sie nur die nackten weißen Hintern und die braungebrannten Rücken der Wikinger sah.

Erschrocken riss Thyra ihre Augen auf.

»Gorm!« Eilig schlug Thyra die Hand vor den Mund und starrte suchend durch das sanft im Wind wiegende Schilfblatt.

»Wäre dir ein anderer lieber?«, spottete Aesa amüsiert.

»Nein, nein«, fispelte Thyra nervös. Sie stolperte über ihre Zunge, während sie versuchte, einen Blick auf Gorms nackten und muskulösen Körper zu erhaschen.

»Hier, nimm.« Aesa drückte Thyra einige der schlammigen Wurfgeschosse in die Hand.

»Aesa! Wir sind nackt!«

Stirnrunzelnd musterte Aesa den splitternackten Körper ihrer Freundin. »Die auch«, verdeutlichte sie und sammelte die schlüpfrigen Schlammbälle ein.

»Aesa!«, stieß Thyra keuchend hervor. Doch die hockte schon auf dem Boden und starrte durch die Lücken der Schilfstängel zu den zwei offenbar unfähigen Fährtensuchern auf der Wiese.

»Am besten, du zielst auf den Hintern. Denn wenn die sich umdrehen, weil sie uns erkennen ...«

»Aesa, wie hinterhältig.«

»DIE haben doch angefangen!« Aesa verteidigte ihre Idee, während ein spitzbübisches Lächeln über ihr Gesicht zog. Neckisch wog Aesa ihr tropfendes Wurfmaterial in der Hand. »Ganz schön matschig.«

Die Sonne schien und die Männer suchten die Frauen.

Die Frauen gingen in Wurfstellung und zielten.

Die Männer stellten sich aufrecht hin und grinsten.

»Im Gebüsch«, erkannten sie gleichzeitig und drehten sich um.

Doch schnell fror ihnen ihr Lachen auf ihren vorher so hoffnungsvollen Gesichtern ein. Das prasselnde Bombardement mit schlammigem, tropfnassem Schlick auf die nackten Arme und andere ungeschützte Körperteile erschütterte die kampferprobten Wikinger.

»Weiter!«, feuerte Aesa Thyra an und griff zum nächsten Wurfball. Aufplatzend traf sie Sigurors Bauch, dann seinen Oberschenkel, wo die aalglatten Schlammkugeln träge am Körper herunterrutschten und eine graubraune Spur auf der Haut hinterließen. Ein platschender, matschiger Schlickaufprall nach dem anderen.

Thyra zögerte kurz, doch als sie Gorms fassungsloses Mienenspiel erkannte, gab es kein Zögern mehr.

»Grroaahh!« Thyra brüllte den Kampfruf der Nordmänner, was Aesa mit einem verwunderten Gesichtsausdruck quittierte.

»Bleibt, wo ihr seid oder ihr werdet in absehbarer Zeit unsere Götter nicht ehren können«, spottete Aesa lachend und Thyra warf einen Matschball gegen Gorms Lende.

Erstaunt sah Gorm an sich herab.

Thyra kicherte und griff tief in den Schlick für weitere Wurfgeschosse.

»He Siguror!« Kampfbereit zeigte Gorm auf seine eingefangenen Treffer. »Die zielen auf unser bestes Stück.«

Siguror betrachtete Gorms Penis und zog seine Augenbrauen spöttelnd in die Höhe. »Na, bisher haben sie dich aber noch nicht genau getroffen«, lästerte er grinsend und spöttelte: »Vielleicht zu klein.«

»Au!«, grunzte er. »Gorm! Die werden besser! Sie treffen!« Er rieb den körnigen Schlamm vom Penis. Was dann folgte, war eine Kaskade von Treffern in rasender Folge gegen ihre nackten Körper.

»Grroaahh!«, brüllten die Männer und griffen an.

»Aesa, wir müssen fliehen! Ich habe keinen Matsch mehr.«

»Durch die Büsche ins Wasser.« Aesa warf ihre letzten Matschklumpen gegen den imaginären Feind. »Jetzt!«

Die Frauen schnappten ihre Kleider und rannten durch den saugenden Schlamm zum Fluss.

»Grroaahh!«, hörten sie den Schlachtruf der brüllenden Krieger.

»Schneller!«, keuchte Thyra.

Gleichzeitig sprangen die Frauen kopfüber in den Strom. Wasser spuckend kam Thyra laut lachend wieder an die Oberfläche. »Aesa, ich kann nicht«, rief sie lachend und ging wieder unter. Aesa griff in Thyras Haar und zog ihre Freundin gnadenlos an die Wasseroberfläche. Glucksend blinzelte Thyra Aesa an.

»Schnell! Sie werden flinker, die alten Männer!«

Thyra warf einen Blick zurück und sah, wie die nackten, schlammverschmierten Männerkörper krachend durch das Schilfrohr brachen. In hohem Tempo schwammen die Frauen mit kräftigen Zügen zum gegenüberliegenden Ufer.

Gorm und Siguror sahen einander grinsend an, bevor sie mit einem Hechtsprung den flüchtenden Frauen folgten.

Die Strömung zog die Schwimmer flussabwärts.

»Schneller«, japste Thyra, »sie folgen uns.«

Aesa hatte sich ihr Kleid in den Mund gesteckt und biss fest in den Stoff, doch es hinderte sie genauso am schnellen Schwimmen wie Thyra, die ihr Kleid mit einer Hand festkrallte. Noch bevor Thyra festen Grund unter ihren Füßen spürte, war Gorm bei ihr und umschlang ihre Hüfte mit seinen kräftigen Händen.

»Du entkommst mir nicht.«

»Lass mich los!«, fauchte Thyra lachend und drückte mit ihrer freien Hand gegen seinen Brustkorb.

»Verschwinde! Du bist nackt!«

»Du auch«, lachte Gorm, tauchte unter und umkreiste Thyra unter Wasser wie ein Hecht auf Beutefang.

Thyra fuchtelte mit den Beinen im klaren Wasser und drehte sich suchend nach ihm um.

»Aesa. Das war keine gute Idee!«, schrie sie der Kräuterfrau lachend zu.

»Wer ahnte denn, dass die zwei uns auf der Wiese sehen«, gluckste sie und drückte gerade Sigurors Kopf unter Wasser, der gurgelnd verschwand.

Plötzlich erstarrte Thyra in ihrer Bewegung, sie fühlte, wie Gorm näherkam. Eilig drehte sie sich um, was auch keine bessere Position ergab. Prustend tauchte Gorm vor ihrem Gesicht auf, packte sie und zog Thyra zu sich.

»Bewahre Abstand!«
»So wie es sich gehört«, neckte er und blickte auf ihre schwimmenden Brüste.
»Gorm!« Entrüstet folgte sie seinem Blick und bedeckte eilig mit dem nassen Stoff des Kleids ihre nackte Brust. Mit den Zehenspitzen berührte Thyra gerade den festen Ufergrund, während Gorm schon lange auf dem Grund des Flusses stand. Langsam zog er Thyra zu sich heran.
»Thyra«, flüsterte er rau. »Wehre dich nicht so.«
»Was?«
»Thyra«, seine heisere Stimme war nur ein rauer Flüsterton.
»Was«, hauchte sie.
»Thyra.«
Thyra konnte nicht mehr denken, nur noch fühlen. Und das war sehr irritierend. Denn der Körper, den sie berührte, fühlte sich gut an. Langsam legte Thyra ihre Arme um Gorms Hals und spürte seine Wärme durch das kühle Wasser. Fühlte seine warmen Hände um ihre Taille, während ihre Brustspitzen ungeniert seinen Brustkorb berührten. Ein erregender Schauder glitt über ihren Körper, während die Atmung sich beschleunigte und der Mund austrocknete.

Gorm beugte sich quälend sachte zu Thyra hinab. Der Abstand zwischen ihren Lippen wurde immer geringer, bis sie sich zuerst ganz vorsichtig und sanft, doch dann immer leidenschaftlicher berührten. Kein Wasser floss mehr zwischen die Haut ihrer eng zusammengepressten Körper. Mit den Waden umschlang sie Gorms kräftige Beine. Sie wollte nur noch ihn, wollte nur diesen Mann.

»Endlich.« Er keuchte, als er mit seinen Lippen über die feine Haut ihres Halses glitt.

»Gorm«, japste Thyra, doch plötzlich spürte sie etwas anderes, Hartes gegen ihren Unterleib.

»Gorm«, räusperte Thyra sich und versuchte, auf eigenen Beinen zu stehen.

»Da habe ich keinen Einfluss drauf«, grinste er.

»Aha. Dann ist ja gut.« Genüsslich küsste sie Gorm auf seine vom Wasser kalten Lippen.

»Wir sollten die beiden Turteltauben trennen«, meinte Aesa stirnrunzelnd vom Ufer aus zu Siguror. Die *laek-n-a* stand mit den Füßen im Flusssand und wrang das Wasser aus ihren langen Haaren.

»Meinst du?« Sigurors Augen funkelten vor Vergnügen.

»Oder sollten wir gehen?« Nicht wirklich ernst sah Aesa den stolzen Königsdrengir an ihrer Seite an.

»Meinst du?«

»Siguror! Du entwickelst dich zum heimlichen Zuschauer einer äußerst intimen Angelegenheit!«

»Also gut.« Siguror seufzte schmunzelnd und gegen seine Überzeugung mit schalkhaftem Hundeblick. »Wir gehen.« Er machte sich schon auf den Weg.

»Nein!«, entschied Aesa resolut. Sie hatte sich anders entschieden. »Wir stören die beiden.«

»Jetzt?« Ungläubig starrte Siguror auf Aesa, dann auf das Paar. Sein breites Grinsen eroberte sein gesamtes Gesicht. Die weißen Zähne blitzten unter dem Rotbart, während er das sich küssende Paar beobachtete.

»Das würde mir jetzt auch gefallen«, meinte er noch und zwirbelte die linke Hälfte seines bezopften Bartes. Doch Aesa hörte ihn schon nicht mehr.

»Jetzt! Sofort!«, entschied sie und rannte stürmisch ins Wasser. Das Wasser spritzte beim Lauf hoch um ihre schlanken Beine.

»Auseinander, ihr Turteltauben«, quietschte Aesa vor Vergnügen und bespritzte hemmungslos das nackte, eng umschlungene Paar. Siguror folgte der Kräuterfrau mit einem lauten Schlachtruf und wechselte spontan die Einheit. »He, was soll das?«, rief Gorm empört und ging zur Verteidigung über.

Thyra kämpfte lachend gegen den Rotbart und seine anfeuernde Partnerin und schaufelte unerbittlich Wasser in Sigurors lachendes Gesicht. Die lautstarke Wasserschlacht endete unentschieden. Lachend und prustend stapften die Kämpfer an Land, legten sich ins warme Gras und ließen ihre Haut von der Sonne trocknen.

Thyra und Gorm lagen nebeneinander. Nur ihre Finger berührten sich.

»Thyra, wir müssen gehen.«

»Jetzt?« Sie fuhr mit dem Kopf hoch und blinzelte Aesa entsetzt an.

»Wir waren schon viel zu lange fort.«

Aesa legte den Unterarm über die Augen, auch sie zögerte und genoss das Sonnenbad.

Thyra drehte ihren Kopf zur Seite und sah sofort in Gorms graue Augen. Stumm griff Gorm ihre Hand und drückte sie fest. Traurig öffnete Thyra ihren Mund und flüsterte: »Ich muss.«

Gorm nickte kurz und ein lautloses Versprechen leuchtete in seinen Augen auf. Zitternd drückte Thyra Gorms Hand, setzte sich auf und griff zum Kleid.

Der Zauber des Augenblicks dauerte Augenblicke.

Aesa stand auf und blickte sich im Gras um. Der Schalk funkelte in ihren Augen. Fragend sah Thyra Aesa an, die erst auf ihr Kleid deutete und danach auf die nackten Männer im Gras.

»Was?«, fragte Thyra tonlos.

»Keine Kleidung.«

Erkennend riss Thyra ihre Augen auf und ein helles Lachen ließ die tapferen Wikingerkrieger, die müde und offenbar erschöpft mit geschlossenen Augen im Gras lagen, aufhorchen. Gegen die Sonne blinzelnd beschattete Gorm seine Augen und beobachtete Thyra nachdenklich. Eilig zog sie ihr Kleid an.

»Es tut uns leid, dass wir euch jetzt verlassen«, äußerte sie schelmisch und sprang auf. »Doch wir haben immerhin unsere Kleidung dabei, während ihr nackt durchs Lager gehen müsst«, gluckste Thyra vor Vergnügen.

Entsetzt starrte Gorm zu den Frauen.

»Ihr werdet doch sicher unsere Kleidung holen«, meinte Gorm mit unerschütterlich selbstbewusster Miene.

»Sicher nicht«, rief Thyra lachend und rannte in Richtung Lager davon.

»Aesa«, bettelte Siguror mit einem mitleidheischenden Kummerblick.

Doch Aesas Gesichtsausdruck ließ ihn an seiner Methode zweifeln. Ihre Augen funkelten und ein kaum unterdrücktes Lachen eroberte ihre Kehle.

»Aesa!«

Als Aesa ihn so sah, diesen großgewachsenen nackten muskulösen Mann mit dem zitternden bezopften Bart, lachte die *laek-n-a* schallend los.

»Ihr seid nackt über den Fluss geschwommen, ohne an eure Kleidung zu denken.«

Eine gackernde Ente flatterte empört davon und Aesa ergriff zusammen mit Thyra schleunigst und laut lachend die Flucht.

»Das machen die Frauen doch nicht wirklich?«

»Doch.« Grimmig blickte Gorm den beiden Frauen nach. »DIE machen das!«

Er setzte sich auf und betrachtete den Stand der Sonne.

»Wir werden nicht bis zum Einbruch der Dunkelheit warten können.« Er stellte sich hin. »Also los! Gehen wir!«

Siguror, den eigentlich so schnell nichts erschütterte, machte große Augen.

»Das meinst du nicht ernst! Wir könnten durch den Fluss zurück zur *dreki* schwimmen!«

»Gegen die Strömung?« Gorm schüttelte den Kopf. »Dazu bleibt uns nicht genug Zeit.«

Gorm schritt schon energisch voran und Siguror blieb nichts anderes übrig, als dem Häuptling zu folgen.

»Über den Fluss ans andere Ufer, dort laufen wir bis zur Höhe der Schiffe und schwimmen wieder rüber.«

Gorm blieb knurrend stehen. »Damit unsere *drengire* zwei nackte Männer beobachten können. Die am gegenüberliegenden Ufer durch das Gebüsch schleichen, dann versuchen, heimlich zur *dreki* zu schwimmen und dann nackt, mit baumelnden Schwänzen ...«

Gorm blickte auf seinen und auf Sigurors Penis.

»...die *dreki* hinaufklettern und sich ankleiden.«

Gorms Wut wurde immer gewaltiger.

»Du hast recht. Wir gehen.«

»Gut«, zürnte Gorm und zielstrebig gingen die Freunde in Richtung Benfleet.

Schulter an Schulter schritten die beiden splitternackten Männer durch das Lager. Grimmig sahen sie geradeaus. Kein Wikinger wagte es, sie auf ihre fehlende Kleidung anzusprechen.

»Ich bringe sie um«, knurrte Gorm Siguror zwischen zusammengebissenen Zähnen leise zu.

»Ganz langsam«, beruhigte Siguror Gorm und verkniff sich einen leisen Aufschrei, als er auf einen spitzen Stein trat.

»Qualvoll«, fügte Gorm grimmig hinzu.

Die Sonne brannte auf vier männliche, schon leicht gerötete Pobacken.

»Ich werde diese Weiber rösten! So wie die Sonne mein Hinterteil zum Glühen bringt.«

Gorm blieb etwas zurück und blickte schmunzelnd auf Sigurors Hintern.

»Glotz nicht so!«, empörte dieser sich. »Deiner sieht auch nicht besser aus!«

Tanni stand mit Styrmir, Ulkell und Ongull zusammen und erblickte zuerst das nackte Duo.

»Wer ist denn das?«

Staunend deutete er auf den Häuptling mit seinem Königsdrengir, sodass die Köpfe der anderen Wikinger neugierig herumfuhren.

»Gorm«, erkannte Ulkell staunend.

»Und Siguror.« Styrmir vollendete stirnrunzelnd die Zählung.

Kopfschüttelnd betrachteten die Vier die hüllenlosen Nordmänner und grienten, als der Häuptling und sein Freund, ohne sie zu beachten, energisch an ihnen vorüberschritten.

Erst als die Männerrunde auf die festen, runden, nackten und geröteten Hinterbacken der beiden starrte, erlaubten sie sich leise ihre ersten Kommentare.

»Müssen wohl würdige Gegner gehabt haben«, schmunzelte Ongull.

»Hmmh«, unkte Tanni. »Müssen auch schlau gewesen sein, wenn sie den beiden ihre Kleidung rauben konnten.«

»Das hätten wir niemals geschafft.« Ongull fuhr sich nachdenklich mit der Hand über das Kinn.

»Niemals!«, stimmten seine Kameraden ihm im Chor zu und schafften es gerade noch, ein schallendes Lachen zu unterdrücken.

Gorm und Siguror gingen voran, unterhielten sich angeregt und taten, als wäre es nichts Ungewöhnliches, nackt durch das Lager zu gehen. Doch wenn jemand genau in ihre zornigen Augen gesehen hätte, wäre ihm die blitzende Rachsucht nicht verborgen geblieben. Und obwohl Gorm und Siguror von niemandem angesprochen wurden, hörten sie das einsetzende Murmeln, sobald sie vorbei waren.

»Die Zwei werden leiden«, grummelte Gorm.

»Wie nie zuvor«, bestätigte Siguror und sah zweifelnd an seinem baumelnden Anhängsel zwischen seinen Beinen herunter. »Jetzt weiß jeder, dass ich überall rot bin.«

»Wie?«, fragte Gorm und folgte Sigurors Blick. »Wirklich, es ist alles richtig ...« Er machte eine kleine Pause. »... rot.«

Schallend lachte Gorm, als er Sigurors feuerrotes Schamhaar genauer betrachtete.

»Das ist wirklich ein außergewöhnliches Prachtexemplar«, frotzelte Gorm und öffnete für seinen Freund die Hüttentür. »Ich hoffe, du magst meine Kleidung?«

»Aber immer doch«, schmeichelte Siguror zähnefletschend. Dann verschwanden die nackten Gestalten im Hütteninneren.

* * *

Haesten sah sie, kurz bevor sie in die Hütte gingen. »Muss wohl ein bemerkenswertes Rendezvous gewesen sein.« Er lachte und humpelte auf Krücken in die Unterkunft von Gorm.

»Es muss ein beachtenswerter Feind sein, der es schafft, dem kühnen Häuptling Gorm und dem ausgezeichneten Krieger Siguror die Kleidung zu rauben, ohne dass beide Nordmänner schwere lebensbedrohliche Verletzungen davongetragen haben«, spottete Haesten, als er ins Dämmerlicht der Hütte trat.

»Wir reden nicht darüber«, erklärte Siguror rigoros.

»Das ist vielleicht auch besser.« Haesten setzte sich stöhnend auf die Felle.

»Deine Verletzungen«, Gorm deutete auf die Krücken. »Heilen sie gut?« Er schlüpfte in seine Stiefel, bevor er ein Hemd anzog.

»Ich spüre sie noch, aber die Wunden heilen.« Haesten schlug ungeduldig mit der Faust gegen einen Holzbalken. »Morgen, morgen ist es so weit!« Seine Augen leuchteten kämpferisch. »Morgen werden wir die ersten Flussmeilen zum Erfolg zurücklegen.«

»Ja.« Gorm setzte sich Haesten gegenüber. »Morgen brechen wir auf und holen uns in einigen Tagen unsere Kriegsflotte aus Ludúnir zurück.«

Haesten sah Gorm aus leeren Augen an.

,Er sieht in die Vergangenheit', erkannte Gorm und ließ Haesten reden.

»Alle Wikinger folgten meinem Ruf. Sie kamen aus meinen Befestigungsanlagen. Aus Appledore und Milton, um mich in meinem Kampf auf meiner *burh* in Benfleet zu unterstützen.« Aus traurigen Augen sah er Gorm an. »Alles vergebens. Sie schlugen uns vernichtend. Sie schafften es, weil diese verfluchten Engländer Verstärkung aus Ludúnir bekamen. Dieses Inselvolk täuschte mich. Es sind nicht alle Engländer nach Norden, nach Northumbria gezogen. So wie die Nachricht uns überbracht wurde und wie es die Feinde planten. Alfred täuschte mich und schickte seine Streitmacht zu uns nach Benfleet.«

Immer noch erschüttert von dieser dominanten Kriegsmacht starrte Haesten die Balken in der Hütte an.

»Und sie erstürmten mit dieser Übermacht unser Fort und nahmen alles in Besitz, was darin war. Unsere Güter, unsere Waffen, unsere Nahrung und Kleidung. Diese Engländer mordeten und zerstückelten meine *húskarl*, meine *drengire*, meine *skiparii*.«

Er schüttelte den Kopf und starrte vor seine Füße auf die festgetretene dunkle Erde. Leise sprach er weiter.

»Dann stahlen sie unsere Frauen und Kinder.« Haestens Gesicht war verzerrt vor Zorn und Entsetzen. »Wer weiß, was sie ihnen angetan haben und noch antun? Dieses Inselvolk verbrannte und zerlegte unsere Drachenschiffe!«

Nur dieser Gedanke an diesen Kampf ließ sein Gesicht erblassen.

Gorm wechselte mit Siguror einen wissenden Blick. Siguror hatte sich angekleidet und setzte sich ruhig neben Haesten auf die Felle.

»Sie raubten unsere Schiffe, beluden diese mit unseren Waren und befahlen meinen Männern, auf unseren Kriegsschiffen in ihre Häfen zu fahren!«

»Wir werden sie uns zurückholen.«

Mit leerem Blick sah Haesten Gorm an. »Wie?«

»Wir werden verhandeln! Alfred liebt den Handel. Außerdem waren wir in der Zeit, in der wir hier lagerten, nicht untätig. Wir haben Felle. Gute Felle! Schwarzer Zobel, rothaariger Fuchs, ebenso Hermelin, Otter, Biber und Luchspelze. Es wurden grüne Glasperlen gebrannt. Außerdem Taue und Seile. Die Frauen webten drei Segel. Besondere Segel. Sie nähten sie aus verschiedenfarbigen Webbahnen zusammen. Eines mit senkrechten blauen, roten und grünen Streifen, eines ist sogar ein Purpursegel.« Lächelnd sah er in Haestens erstauntes Gesicht. »Das Blausegel wurde sogar aufwendig mit Golddraht bestickt!«

Haesten war mehr als überrascht. »Das habe ich nicht erwartet! Das sind sehr wertvolle Handelsobjekte.«

»Diese Segel wurden zusätzlich mit einer besonderen Mischung aus Ocker, Fett und Teer eingestrichen, was diese sehr widerstandsfähig gegen die Widrigkeiten der Meere macht.«

Haestens Augen fingen zu leuchten an.

»Unsere Wikingerfrauen webten viele farbige Tücher. Du weißt, unsere Stoffe sind äußerst begehrt. Die Frauen waren fleißig und nähten farbige Mäntel, Tuniken und Umhänge. Und wir haben eine *Ambátt*. Eine königliche Geisel!« Gorm sprach nicht weiter und Siguror kannte den Grund.

»Dann werde ich meine Frau und meine Kinder vielleicht doch wiedersehen. Lebend!« Ein Hoffnungsschimmer keimte in Haestens Augen.

»Die Engländer wissen, welch hohen Status deine Gemahlin und deine Söhne in unserem Volk haben und welchen Wert deine Frau und deine Söhne für dich haben. Außerdem ist dein Ältester, Haengr, der Patensohn des Königs der Angelsachsen, König Alfred. Alfred weiß, dass dein jüngerer Sohn, Haeningr, der Patensohn des verstorbenen Ealdorman Ethelred ist.«

»Ja.« Stumpfsinnig stocherte Haesten mit einem Stock Löcher in die festgetretene Erde.

»König Alfred wird deine Familie gut behandeln«, sagte Siguror überzeugt und setzte sich dazu. »Er ist Christ. Christen kommen in die Hölle, wenn sie morden. Dort hocken sie, ohne je wieder das Licht der Erde zu erblicken.«

»Ja!«, ächzte Haesten. »Aber wenn der Priester ihnen diese Schuld von der Schulter nimmt und die Sünder beichten, dann morden sie weiter. Ohne jemals diese sagenumwobene Hölle zu betreten.«

Gorm und Siguror sahen einander abwägend an.

»Christen dürfen nach ihrem Tod nicht in Odins Halle. Sie treffen sich nicht mit den toten, erfolgreichen Kriegern in Walhalla. Sie können nicht kämpfen, reden und nicht feiern. Ihre Seele bleibt, wenn sie in ihrer Lebenszeit bestialisch und ungerecht handelten, für ewig in der dämonischen, glühenden Hölle. Nur die Daseinsform bei der grausamen, auf der einen Hälfte ihres Gesichtes hässlichen und auf der anderen Gesichtsseite schönen Hel, unserer Todesgöttin, gleicht allenfalls dem Leben in deren Hölle.« Gorm sah Haesten aufmunternd an. »Alfred will nicht in die Christenhölle. Er ist ein gläubiger Christ. Deiner Frau und deinen Söhnen geht es sicher gut.« Gorm senkte seine Stimme. »Wir werden sie aus der Geiselhaft befreien!«

»Ja!« Haesten richtete sich auf. »Das werden wir!«

»Gut!« Gorm schlug Haesten kräftig auf die Schulter. »Heute Abend feiern wir ein letztes Mal vor der *burh* in Benfleet. Lasst uns gehen. Ich bin am Verhungern.«

Die Flammen loderten hoch. Die Drachenschiffe waren zum Aufbruch bereit. Die Zelte standen nicht mehr. Jedes gefüllte Fass und jedes Tier lagerte auf den Schiffen. Nur die heißen Feuer vor der *burh* brannten. Die Wikinger tranken und aßen und feierten ein letztes Mal an diesem Ort. Sie feierten bis zum späten Einbruch der Dunkelheit in diesen kurzen Sommernächten.

Gorm lag unter den Fellen in der Hütte, als er leise knirschende Schritte vor dem Eingang hörte. Sofort war er hellwach, griff zum Dolch. Er bewegte sich nicht. Atmete und beobachtete die Tür, die vorsichtig und kaum vernehmbar zurückklappte, und sah, wie eine Person geschmeidig leise in die Hütte glitt.

Gorm spannte seinen Körper an und wartete. Lauschte. Täuschte das gleichmäßige Atemgeräusch eines Schlafenden vor. Er wartete auf die Attacke! Dass der Meuchelmörder sich auf ihn stürzen und ihm ein Messer in die Brust stoßen würde. Doch nichts geschah!

Er hörte leises, schnelles Atmen. Und riss erstaunt die Augen auf. Er sah, wer im schwachen Schein der roten Feuersglut an sein Lager trat.

Dort stand sie!

Thyra!

Sie sagte kein Wort, sah ihn nur an. Bedächtig ließ Thyra das Gewand zur Erde gleiten. Nackt stand sie vor ihm und sah nervös und hoffnungsvoll in seine Augen. Das glühende Feuer warf flackernde Schatten auf ihre helle Haut.

Gorm betrachtete Thyra und wanderte mit seinen Augen über ihre Brüste, zum flachen Bauch, zum Brustkorb, der sich nervös hob und senkte. Sein Blick zielte zu ihren Schenkeln, dem dunklen Dreieck darüber und zurück zu ihren Brüsten. Nervös blickte Gorm in Thyras schillernde Augen. Sagte kein Wort und schlug die Felldecke zurück. Schweigend forderte er Thyra auf, sich zu ihm zu legen.

Ihr Herz flatterte. Aber sie wollte diesen Mann.

Thyra wollte Gorm.

Lautlos setzte sie einen Fuß vor den anderen. Spürte die kalte Erde unter den Fußsohlen, die kleinen Steine und die Feuchtigkeit. Der Glanz des Feuers zeichnete ein flimmerndes Bildermeer auf ihre Haut und die Flammen ließen ungezügelte Schattenbilder aufflackern.

Ganz langsam kniete Thyra sich auf die warme Felldecke und beugte sich über Gorms nackten Körper. Zögernd berührte sie seine Lippen und küsste ihn sanft, fragend, fast bittend. Während ihre Brustwarzen leicht über seine Haut strichen. Zitternd vor Erregung legte Thyra sich zu ihm, schmiegte sich an seinen muskulösen Körper. Fühlte die starke Wärme.

»Wir fahren morgen«, flüsterte sie erstickt. »Dann bringst du mich nach Ludúnir – und dann… Wir sehen uns nie …«

Sie beendete den Satz nicht, denn Gorm presste fordernd seine Lippen auf ihren Mund und umschlang Thyra mit kräftigen Armen und Beinen.

»Schscht«, raunte er. »Nicht reden. Nicht an morgen denken.« Er drehte Thyra auf den Rücken und legte sich auf sie.

»Wer weiß schon, was morgen ist.«

Seine heisere Stimme vibrierte an ihrem Ohr, während er zärtlich mit seinen Lippen den Weg vom Hals zum Nacken erkundete.

Thyra umklammerte seinen Hintern mit ihren Beinen und hungerte nach seinen Liebkosungen. Tastend fuhr sie mit ihren Fingern an der heißen Haut seines Rückens herunter. Fühlte jeden Muskel, den feinen Schweißfilm, seine Anspannung.

»Bitte«, murmelte sie.

Gorm blickte erstaunt in ihr Gesicht.

»Ich habe noch nie …« Sie sprach nicht weiter.

Er küsste ihr Ohr und knabberte zart am Ohrläppchen.

»Ich werde dich verwöhnen. So sehr, dass du es nie wieder missen möchtest.«

Thyra schluckte fahrig.

»Das habe ich befürchtet«, flüsterte sie rau und Gorm sah ein bezauberndes, nervöses Lächeln.

»Ja?«, fragte er ungläubig.

»Ja«, raunte Thyra überzeugt und küsste seinen Hals und streichelte die heiße, sonnenverbrannte Haut seines Hinterns.

Fest krallte Thyra sich in Gorms Fleisch und hob sich seinem Körper entgegen. Sie forderte ihn unmissverständlich auf. Sie wollte endlich mehr. Viel mehr!

Einen winzigen Augenblick verwehrte er sich noch seinem Ziel. Doch dann zog Thyra ihn plötzlich mit ihren Beinen in sich hinein. Sie schrie leise. Gorm schloss ihren Mund mit seinen Lippen und schmeckte zum ersten Mal die Frau, die er liebte.

Ganz langsam bewegte er sich ihn ihr, sah in Thyras Augen und streichelte ihre nasse Haut.

»Jetzt ist bald«, raunte er mit heiserer Stimme.

* * *

Der nächste Morgen war grausam.

Thyra stand allein am Bug der *dreki*. Der Wind spielte mit dem Haar und nur der feuchte, kalte Nebel berührte ihre Haut. Sie schloss die Augen und erinnerte sich an jedes einzelne Gefühl. Jede einzelne Berührung. Zitternd atmete Thyra die kühle Morgenluft. Versuchte, sich auf die Gegenwart zu konzentrieren.

Wieder und wieder hörte Thyra den Gleichklang der Ruderschläge, das Stöhnen der Wikinger, wenn sie sich kräftig in die Riemen legten und die Ruderblätter durchs Wasser zogen. Die Sonne überwand den schmalen Grat zwischen Himmel und Erde. Zu kurz war die helle Sommernacht und zu schrecklich das Wissen, dass sie einander nie mehr berühren würden.

Es war noch sehr früh am Morgen und gemächlich fuhren die Drachenschiffe flussaufwärts ihrem Ziel, der Stadt Ludúnir, entgegen.

‚Ludúnir', dachte Thyra sehnsuchtsvoll, doch ihr Blick wanderte zu Gorm, der neben Siguror am Heck stand.

‚Dann werde ich dich nie wiedersehen.' Ihre Augen fingen zu schimmern an.

»Na, mein *mey-l-a*.²³⁶« Hallgeirr trat hinter Thyra und legte freundschaftlich seine Hände auf ihre Schultern. »Bald siehst du deine Familie wieder.«

»Ja.« Sie schniefte.

Fragend beugte sich Hallgeirr über ihre Schulter und sah ihr ins Gesicht. »Du weinst?«

»Nein«, log Thyra. »Ich weine nicht!«

»Du musst nicht traurig sein. Hier nimm.« Er reichte ihr ein Tuch, doch als sie es nur zögernd annahm, sagte er: »Für deine Nase – und deine Tränen.«

»Ach, Hallgeirr!« Sie wischte ihre Tränen ab. »Ich weiß auch nicht.« Heftig schniefte sie ins Tuch. »Als ihr Oxfordshire überfallen habt, wollte ich jeden von euch nur noch töten, bestialisch ermorden und jeder Wikinger sollte vor seinem Tod grausame Qualen erleiden. Und dann ...« Sie schniefte laut und wieder rannen Tränen über ihre geröteten Wangen. »... dann wollte ... und dann wollte ich nur noch weg von euch. Nur fort!« Erneut prustete Thyra in das Taschentuch. »Und jetzt?«

»Jetzt ist alles anders«, sagte er sanft.

»Ja, aaalleeees!«

»Nicht weinen mein *mey-l-a*. Nicht weinen, Odin wird es schon richten.«

»Ach Odin!«, schluchzte Thyra. »Was weiß Odin schon? Erst nimmt er mich gefangen. Dann lerne ich Gorm kennen. Und nun will euer Häuptling mich verkaufen!«

»Wer? Odin doch nicht?«

»Nein, der nicht. Gorm!« Geräuschvoll zog Thyra die nassen Tropfen in ihrer Nase hoch.

»Gorm?« Überrascht blickte er zum Heck. »Unser Gorm?«

»Na wer denn sonst?«

»Du liebst ihn?«

---

236 Mädchen.

»Ja! Nein! Ach! Ich weiß nicht«, jammerte Thyra. »Woher soll ich das wissen?«

Hallgeirr fing langsam zu grinsen an. »Na, *mey-l-a*, wenn du es nicht weißt, wer soll es dann wissen?«

»Aber ich bin doch seine *Ambátt* und er will mich austauschen, wenn wir in Ludúnir sind.«

»Will er das?«, fragte Hallgeirr und bekam sein nasses Taschentuch zurück.

»Jahaa«, jammerte Thyra und heulte. »Das will er. Das würde er doch nicht machen, wenn er mich lieben würde.«

»Oder erst recht.«

»Was ist das für eine Logik? Er lässt mich in Ludúnir zurück, weil er mich liebt. Das würde doch jeder andere auch machen, der mich nicht liebt.«

»Stimmt.«

»Ich – ich ...«, stotterte Thyra, »finde das nicht lustig.«

»Weiß er denn, dass du ihn liebst?«, wollte Hallgeirr wissen. Er versuchte, in ihre verweinten roten Augen zu blicken, indem er sich tief zu ihr herunterbeugte und ihr genau ins Gesicht schaute.

»Weiß nicht«, schniefte Thyra und drehte ihr Gesicht weg. »Ich weiß ja auch nicht, ob er mich liebt?«

»Habt ihr nicht miteinander gesprochen?«

»Neeeiiin.« Ein erneuter Tränenstrom drang aus ihren Augen heraus und hemmungslos warf Thyra sich an seine Brust.

»Das wird schwierig«, murmelte Hallgeirr und klopfte tröstend ihren Rücken. »Sehr schwierig.«

Bergdis war zusammen mit Thyra die einzige Frau auf der *dreki*. Aesa fuhr auf der *ormr in langi*.

Hüften schwingend ging Bergdis auf Thyra zu. Ihr langes Haar trug sie entgegen der landläufigen Tracht offen über ihren Rücken. Der Wind spielte mit den schimmernden Strähnen des weißblonden Haares.

Thyra sah aus dem Augenwinkel, wie Bergdis auf sie zusteuerte.

»Ich mag diese Frau nicht«, nuschelte sie und starrte stur über den Fluss. Doch Bergdis ließ sich von dieser abweisenden Geste nicht beirren.

»Guten Morgen Thyra«, flötete sie freundlich und zog ihren Gürtel noch etwas enger um ihre schmale Taille, um die weiblichen Rundungen ihrer Hüfte noch mehr zu betonen.

»Bergdis.« Thyra nickte der Wikingerin nicht gerade freundlich zu. Sie sollte ihre Tränen nicht sehen.

»Wie schön muss es für dich sein, endlich die Familie und die Freunde wiederzusehen.« Bergdis stockte und wartete auf eine Reaktion.

Thyra schwieg und sah die schöne Wikingerin ausdruckslos an.

»Wo du doch jetzt schon eine so lange Zeit in unserem Volk gelebt und sicher einflussreiche Freundschaften geknüpft hast.«

Thyras Augen zuckten kurz. ‚Sie hat mich mit Gorm gesehen. Was will sie?'

Bergdis lehnte sich gegen die Reling und starrte auf die glitzernde Wasseroberfläche. Die Fahrt gegen die Strömung der Themse ging nur schleppend voran. Vor allem, weil der Wind nur schwach die Segel blähte.

»Ich liebe dein Land.«

»Ach ja.«

»Hier sind die Felder grün und saftig. Das Wild gesund und fett und die Sommer so warm und schön anzusehen, wenn die Blumen blühen und das Korn wächst.«

»Ist es in deinem Land nicht so?«

»Nicht so schön wie in diesem Land.«

Thyra schwieg. Sie wollte mit dieser Frau nicht reden, doch Bergdis blieb hartnäckig.

»Deine Familie wird sich sehr freuen, dich wiederzusehen. Besonders dein Vater.«

»Mein Vater ist tot«, berichtete Thyra knapp.
»Ahh. Er ist tot. Das macht mich traurig.«
»Muss es nicht. Er ist schon sehr lange tot. Seit über zwanzig Sommern.«
»Oh. Aber du hast doch sicherlich noch Familie?«
Thyra war verärgert über sich und ihre Auskünfte.
»Was willst du eigentlich?«
»Ich?« Bergdis lächelte verständnisvoll. »Ich will mich nur mit dir unterhalten. Wir sind die einzigen Frauen auf der *dreki*. Wir sollten zusammenhalten.«
‚Und warum erst jetzt?', fragte sich Thyra und forschte, was sich hinter dem Lächeln der Wikingerin versteckte.
»Welche Aufgabe bekleidest du auf dem Schiff?«
»Ich sorge für das leibliche Wohl der Männer.«
‚Ja, das glaube ich. Besonders für das körperliche Wohl.'
»Du kennst die Männer deines Volkes bestimmt sehr gut. Und weißt um ihre Qualitäten.« Bergdis sah Thyra aus dem Augenwinkel an. »Ich sah, wie du dich öfter mit Gorm unterhieltest.«
‚Ah, daher deine offenkundigen Annäherungsversuche', erkannte Thyra. »Hast du das?«, bemerkte sie daher zynisch.
»Ihr müsst euch gut verstehen.« Falsch sah Bergdis Thyra an.
»Manchmal.«
»Die Männer an Bord fragen mich immer, ob du von königlicher Abstammung bist.«
»Wie kommen sie darauf?«
»Weiß nicht«, log Bergdis und strich den Rock ihres Kleides glatt. »Sie fragen halt. Bist du?«
»Frage doch deinen Häuptling«, wich Thyra aus. »Er wird es dir bestimmt sagen.«
»Gorm!« Bergdis sah zum Heck. »Gorm ist ein großer *edling-r*. Er spricht nicht mit jedem oder jeder.« Erschrocken sah sie Thyra an. Sie hatte schon zu viel gesagt und versuchte, ihre Situation zu retten. »Gorm muss sich sehr gut mit dir verstehen.«

‚Falsche Schlange', dachte Thyra und lächelte Bergdis an.

»Möchtest du, dass ich mit dir zu ihm gehe?«

Sofort leuchteten Bergdis' Augen auf.

‚Ah, das willst du!', begriff Thyra, doch Bergdis hatte ihr Gesicht sehr schnell wieder unter Kontrolle.

»Ach, nicht unbedingt«, täuschte sie. »Mir liegt viel mehr an unserer Freundschaft.«

»Bestimmt«, lächelte Thyra. »Wenn ich wieder mit Gorm sprechen sollte, werde ich ihm ausrichten, dass du etwas mit ihm zu besprechen hast.«

»Ach, es ist nichts Wichtiges. Doch vielleicht sollte er wissen, was seine Männer über ihn denken.«

»Sicher sollte er das. So etwas ist immer wichtig.« Thyra drehte sich wieder zur Reling. Für sie war das Gespräch beendet.

»Ich werde gehen. Vielleicht können wir heute Abend miteinander reden.«

»Vielleicht.«

Thyras abweisende Haltung war nur allzu deutlich.

»Sie ist von königlichem Geblüt«, tobte Bergdis und lief unruhig auf und ab. »Das spüre ich deutlich. Alles deutet darauf hin. Wie sie spricht. Wie sie sich bewegt. Wenn wir nicht bald etwas unternehmen, nimmt sie Gorm für sich ein und wir können unseren Plan vergessen, dass ich jemals die Ehefrau an Gorms Seite werde.«

»Gorm wird sie bald ausliefern. Sie ist sein Tribut. Er wird sie gegen Haestens Gemahlin und seine Söhne eintauschen«, beruhigte Ketill sie. »Dann ist sie fort und wir können an unserem Plan arbeiten.«

»Und wenn nicht?«, giftete Bergdis ihren Geliebten an. »Wenn er sie nicht ausliefert? Ich sah sie heute Morgen aus seiner Hütte kriechen.«

»Was bedeutet das schon. Eine Nacht«, wiegelte Ketill mit einer verächtlichen Handbewegung ab.

»Sie ist von königlichem Geblüt. Er ist ein einflussreicher Häuptling. Und wenn es stimmt, was ich hörte, ist sie die Nichte des englischen Königs.« Bergdis tobte vor Wut. »Wenn Gorm mit dem König in Verhandlungen tritt, könnte er Thyra zur Gemahlin nehmen. Dann hätte Gorm außer einer immensen Mitgift aus dem Königshaus Einfluss in den höchsten Räten unseres Volkes und im Land unserer Feinde.«

»Etwas Besseres kann uns doch gar nicht geschehen. Er nimmt diesen königlichen Spross zum Weibe, bekommt Ländereien und Einfluss bis ins englische Königshaus und ...« Ketill lächelte verschlagen. »... und dann stirbt sie. Plötzlich und unerwartet.«

Bergdis' Augen leuchteten auf.

»Noch bevor sie ihr erstes Kind gebiert.«

Ketill küsste Bergdis auf den Mund. »Genau so. Doch du wirst ihre Freundschaft suchen müssen.«

»Das wird schwierig«, murrte Bergdis. »Wir mögen uns nicht sonderlich.«

»Streng dich an!« Ketill brauste auf und griff brutal in das lange, weißblonde Haar seiner Geliebten.

»Jaaa.« Der brutale Griff ließ Bergdis aufstöhnen. »Lass mich los!«

Ätzend stieß Ketill die jammernde Frau von sich und knurrte bösartig: »Gib dein Bestes!« Er starrte Bergdis eindringlich an. »Ich will, dass Gorm ruhmreich aus diesem Land, aus diesen Kämpfen in unsere Heimat zurückkehrt. Dann wirst du die Frau an seiner Seite sein und leider«, er lächelte heimtückisch, »wird auch Gorm eines baldigen Todes sterben.«

Bergdis beobachtete Ketill und rieb die malträtierte Kopfhaut, küsste ihn hingebungsvoll auf seinen harten Mund und flüsterte unterwürfig: »Ich liebe dich.« Dann ging sie und Ketill warf einen ungezügelten Blick auf ihre wiegenden Hüften.

»Gefährliches Weib.«

* * *

Die kleine Flotte zog flussaufwärts. Thyra beobachtete Njal, den hünenhaften Lotsen mit dem dichten Bart, der von der Reling aus beständig eine lange Stange in den Fluss stach und herauszog.

»Ich grüße dich.« Thyra trat neben Njal an die Brüstung und spähte ins klare Wasser.

Gewissenhaft begutachtete Njal den feuchten Schatten des Wassers auf dem Holz, ohne sich von den Blicken der neugierigen Frau irritieren zu lassen. Er sprach kein Wort der Erklärung und Thyra fühlte sich genötigt, ihn zu fragen, was er mit dieser Tätigkeit bezweckte.

»Ich messe die Tiefe des Flusses.«

Erstaunt beugte Thyra sich weit über die Balustrade und starrte angestrengt ins kristallklare Gewässer, um die Entfernung bis zum Grund zu erspähen.

»Nicht so.« Njal stieß sie lächelnd mit dem Ellenbogen in die Seite. »So.« Erneut stieß er die Holzstange ins Wasser und zog sie andächtig heraus. »Hier, siehst du?«

Njal deutete mit dem Finger auf das nasse Holz.

»Der dunkle Schatten des Wassers zeigt mir, wie viel Wasserlängen wir unter der *dreki* haben.«

Thyra betrachtete ihn aufmerksam. »Und wie viel Wasserlängen haben wir jetzt unter der *dreki*?«

»Nun, die Stange misst zehn Armlängen. Das Wasser befeuchtet das Holz.« Er nahm mit seinem Arm Maß. »Mmmh, die Tiefe beträgt fünf Armlängen.«

»Und wenn der Fluss hinter der nächsten Biegung flacher wird? Wie erkennst du dann die Tiefe?« Spitzbübisch funkelten Thyras Augen.

Njal schmunzelte. »Ich binde einen dünnen Lederriemen fest um den *forkr*.[237]« Er deutete auf den Wasserrand des Peilstabes.

---

237 Peilstab.

»Genau dort, wo die Grenze vom nassen zum trockenen Holz sichtbar ist, befestige ich das Leder. So erkenne ich die Längenunterschiede. Ob wir in flacheres oder in tieferes Gewässer fahren.«

Er balancierte den langen Peilstab wie einen Speer in der Hand.

»Ist das deine Aufgabe auf der *dreki*?« Thyra drehte sich musternd zu den anderen Männern um.

»Ja«, nickte Njal stolz. »Ich rufe Gorm die Wassertiefe zu.« Thyra nickte verstehend. »Dann bist du der Flusslotse?«

»Ja.« Njal stand mit stolzgeschwellter Brust vor Thyra. »Ich bin der *leidsógumadr*.[238]« Doch dann beäugte Njal Thyra neugierig. »Was willst du wissen?«

»Oh.« Eilig beugte Thyra sich über die Reling, wandte ihr Gesicht ab und betrachtete die silbernen Rücken der glitzernden Forellen, die am Schiffsrumpf vorbei schnellten.

»Da! Fische.«

»Was willst du wirklich wissen?« Verärgert packte Njal Thyra am Arm.

»Ah! Du bist stark«, wandte Thyra sich unter dem Griff.

»Was?«, fauchte er Thyra leise knurrend an.

»Ah!«

Njal drückte fester zu.

»Wann wir in Ludúnir sind«, quetschte Thyra gequält heraus.

Njal ließ Thyra los und widmete sich konzentriert der Peilstange. »Das solltest du unseren Häuptling fragen.«

Skeptisch warf Thyra einen Blick zum Heck und entdeckte dort Gorm mit Siguror im Gespräch vertieft.

»Und du glaubst, ich bekomme eine Antwort?«

»Nein.« Njal lächelte Thyra an.

Sie versuchte einen verführerischen Augenaufschlag.

---

238 Lotse.

»Darum frage ich ja auch den großen Mann«, lockte sie.

»Ich erkläre dir gerne, wofür wir die *forkr* noch gebrauchen«, ignorierte er ihren koketten Blick.

»Drei Tage?«

»Wir benutzen unseren *forkr* auch zum Abstoßen der *dreki* vom Land ...«

»Vier Tage?«

»... oder zum Abstand halten zu den anderen Schiffen.«

»Noch länger?«

Thyra wurde langsam unruhig.

Njal hielt zögernd mit seiner Arbeit und der Erklärung der *forkr* inne. Er sah Thyra nicht an, als er ihr die Antwort gab.

»Ungefähr eine Woche. Je nachdem, wie stark die Strömung ist und ob der Wind in unsere Segel bläst.«

»Njal, du bist sehr geschickt im Umgang mit der *forkr*«, dankte Thyra dem Hünen.

Geübt stieß Njal die Stange bis zum Grund ins Wasser der Themse.

»Sieben Armlängen«, rief er Gorm zu, als er das Maß abschätzte.

Thyra lehnte mit dem Rücken gegen die Reling und betrachtete den Häuptling und seinen Freund.

»Eine Woche«, flüsterte sie im Selbstgespräch. »Eine kurze Zeit.«

Thyra bemerkte nicht, dass zwei Augenpaare genau auf ihre Lippen gerichtet waren. Ketill prüfte die Lebensmittel und befahl Bergdis, die faulen Äpfel aus dem Fass zu sortieren.

»Was wollte die Angeln-Frau von Njal?«, zischelte Bergdis, während sie tief in das Apfelfass tauchte und mit ausgestreckten Armen nach dem faulen, matschigen Fruchtfleisch griff.

»Wir werden ihn fragen«, knurrte Ketill und ging zum nächsten Fass, in dem das gepökelte Fleisch lagerte.

»Eine Woche.« Thyra lief unruhig an Deck hin und her. »Nur eine Woche. Was soll ich ihm sagen? Soll ich bei ihm bleiben?

Bei einem Wikinger? Einem Nordmann? Einem mordenden Barbaren? Und dann? Was dann? Dann werde ich mein Land verlassen müssen! Will ich das?«

Ihr wurde speiübel bei diesen Gedankengängen.

»Und wenn er mich nicht liebt, was dann?« Sie starrte übers Wasser.

‚Das ist ja noch schlimmer!', zuckte es durch ihre Gedanken.

»Dann ist alles einfach«, murmelte Thyra.

‚Was ist daran einfach? Ich liebe diesen Barbaren! Was ist daran einfach?'

»Dann bleibe ich hier«, nuschelte sie und sah die silbernen Fischrücken durchs Wasser schneiden. »Allein.« Sie schluckte und ihr Magen drehte sich um. »Dann sehe ich ihn nie wieder.«

Nur dieser eine Gedanke ließ die Augen in einem Tränenmeer versinken.

»Na, so allein?«, flötete Bergdis.

Thyra sah die Wikingerin schneidend an. »Ja – und so soll es auch bleiben!«

»Dann werde ich wohl lieber gehen.«

Pikiert drehte Bergdis sich um.

Thyras Augen schleuderten Giftpfeile in den Rücken der Frau. Dieses Weibsbild hatte ihr gerade noch gefehlt.

»Verschwinde!«, fauchte Thyra grimmig.

»Wer?«, fragte Hallgeirr und wollte schon gehen.

»Ach, du doch nicht. Du bist immer willkommen.«

Hallgeirr legte eine Hand unter Thyras Kinn und hob ihren Kopf. Nachdenklich sah er in ihre traurig glänzenden Augen.

»Kummer«, stellte er unumwunden fest.

Thyra entzog sich seinem untersuchenden Blick und beugte sich tief über die Reling.

»Ob die Fische wohl wissen, wohin sie schwimmen?«, lenkte sie ab.

»Die Fische wissen genau, was sie tun. Du auch?« Hallgeirr beugte sich neben Thyra über das Wasser und betrachtete den Fischschwarm.

»Die Fische sind klüger als ich. Hallgeirr, was soll ich nur tun?«

»Du liebst ihn«, murmelte er leise, so dass nur Thyra es hörte.

Sie nickte und versuchte, ihre Tränen zurückzuhalten.

»Wenn du ihm folgst, lebst du das Leben unseres Seefahrervolkes.«

Wieder nickte Thyra.

»Weißt du, was das bedeutet?«

»Nein.«

»Kennst du unsere Götter?«

»Nein.«

»Unsere Gebräuche und Sitten?«

»Nur die Bestattung«, grinste sie Hallgeirr traurig an.

»Du lässt alles zurück. Deine Familie, deine Freunde, deine Heimat. Und du weißt nicht, ob er deine Gefühle erwidert?«

»Nein.«

»Dann wird es das Klügste sein, bei deinem Volk zu bleiben«, meinte Hallgeirr.

Thyra schluckte.

»So betrachtet hast du recht. Es steht ja nicht zur Wahl. Doch …« Sie konnte den Satz nicht beenden, denn ein dicker, fetter Kloß nistete sich in ihrer Kehle ein und ihr Magen rebellierte plötzlich. Ihr wurde übel.

»Du liebst ihn«, meinte Hallgeirr trocken. »Das ist ein Problem.«

Erneut nickte Thyra und versuchte, ihre Gefühle unter Kontrolle zu behalten.

»Ich kann mit Aesa reden«, überlegte er laut.

»Und dann?«

»Sie weiß immer einen Rat.«

»Ja, nur für euch nicht.«

»Für wen nicht?« Misstrauisch beugte er sich zu Thyra.

»Für euch?«, wiederholte Thyra, der Hallgeirrs vorsichtige Sprechweise entgangen war. »Ich denke, ihr seid ein heimliches Paar.«

Nun starrte Hallgeirr schweigsam über den Fluss, so dass Thyra ihn erstaunt anblickte.

»Habe ich etwas Falsches gesagt?«

»Nein!«, grummelte Hallgeirr. »Woher weißt du es?«

»Ich sah es«, fing Thyra mit ihrer Erklärung an, »ich habe es niemandem gesagt.«

»Du sahst es?« Hallgeirr wandte sich Thyra direkt zu. »Wann?« Eingeschüchtert ließ Thyra ihre Schulter hängen. »Niemandem. Wirklich ich habe es niemandem erzählt!«

»Wann?«

»Als du fast leblos nach dem Kielholen an Deck lagst und Aesa sich um dich kümmerte.«

»Hat es noch jemand gesehen?«

»Nein, ich glaube nicht. Warum?«

Hallgeirr sah wieder ins Wasser. »Weil es nicht sein darf.«

Thyra wartete.

»Weil …« Jetzt war es an Hallgeirr, seine Sprache wiederzufinden. »Weil …« Er fing noch mal an. »Ich habe eine Frau und Kinder in der Heimat. Darum nicht!«, fuhr er Thyra heftiger an als beabsichtigt.

»Oh.«

»Mmpf.«

»Es weiß niemand«, beruhigte sie ihn.

Nun standen sie gemeinsam nebeneinander an der Reling und starrten missmutig ins Wasser.

»Möchtest du Wasser?« Bergdis reichte Gorm die Kelle.

»Danke.« Vorsichtig setzte Gorm die Wasserkelle an die Lippen und trank.

395

»Sie müssen sich gut verstehen«, sagte Bergdis leichthin und gab Siguror den erneut gefüllten Schöpflöffel.

»Hm. Wer?«, fragte Gorm abwesend, weil er das Flussufer nach Felsen absuchte.

»Hallgeirr und Thyra.« Bergdis deutete zum Paar an der Reling. Gorm warf einen Blick in die gezeigte Richtung und betrachtete Thyras Rücken eingehend.

Siguror reichte Bergdis die Holzkelle zurück. Während Bergdis sie wieder in den Wassereimer zurücklegte, versprühte sie ihr Gift.

»Na ja. Sie hat Hallgeirr ja während seiner Verletzung hingebungsvoll gepflegt und in den langen kalten Nächten gewärmt. Dabei werden sie sich nähergekommen sein.«

»Wie?«, fragte Gorm leicht verwirrt und blickte erneut zu Thyra, die sich angeregt mit Hallgeirr unterhielt.

»Ach Gorm. Du weißt schon. So wie sich Mann und Frau halt nähern«, lächelte sie und ging mit wiegenden Hüften davon.

»Wie sich Männer und Frauen halt nähern«, wiederholte Gorm missgestimmt und dachte an die Nacht, die er mit Thyra verbrachte. »So kam sie mir aber gar nicht vor. Thyra fühlte sich wie eine Jungfrau an«, grübelte er. Doch der Stich des feinen giftigen Stachels bohrte quälend ins Fleisch.

‚Die Saat ist gesät', dachte Bergdis und lächelte. »Nun braucht dieser Keimling nur noch Speis und Trank, damit er groß und größer wird.«

Langsam und träge verging die Zeit auf dem Fluss. Thyra sehnte und fürchtete sich vor dem Anblick der Stadt. Ihr Blick schweifte immer wieder zu Gorm und blieb an ihm haften.

»Was dann?«

Ihr Blick ging zu der goldenen *vedrviti*, die unbeweglich an der Mastspitze nach Osten zeigte. Glänzend hob sie sich vor dem Hintergrund des azurblauen Himmels ab.

»Kein Wind.«

Thyra spähte mit halbgeschlossenen Augen zu den anderen Drachenbooten. Eines nach dem anderen folgte ihrer Spur.

»Wie lange noch? Wie viele Tage muss ich noch warten, um Gewissheit zu haben?«

Sie spähte zur *ormr inn langi* und erkannte Aesa an Deck mit Bror im Gespräch vertieft. Es folgte die *vargr hafs*. Doch die Entfernung war zu weit, um Gesichter zu erkennen. Schwerfällig schlenderte Thyra zum Bug der *dreki* und genoss den lauen Fahrtwind.

Lange stand sie bewegungslos und starrte über den lebendigen Fluss zum hügeligen Land.

‚Was sehe ich ein letztes Mal?', fragte Thyra sich. ‚Mein Land oder den Mann, den ich liebe?'

Mit Angst und dennoch voller Sehnsucht erwartete Thyra die Stadt Ludúnir, die ihr die Antwort auf ihre Fragen geben sollte.

Gorm sah zu der Frau, die an der Reling stand und den Sommerwind genoss. Lange betrachtete er Thyra. Das lange Haar, die schmalen Schultern, ihre Gesichtszüge mit der leicht gebräunten Haut. Tief brannte sich ihre Silhouette in seine Erinnerung.

Denn er kannte den Tag der Entscheidung!

Gorm hatte einige Reiter auf den zotteligen Pferden nach Ludúnir zu König Alfred gesandt, um die Ankunft der Wikingerschiffe anzukündigen.

Sie wurden erwartet!

Die Sommernächte im Norden sind kurz. Die Drachenbootflotte legte weite Wegstrecken zurück, bevor sehr spät der Ankerplatz für die Nacht gesucht wurde. Alle Nordmänner schliefen jetzt an Deck in ihren *húdfadfélagar* im *rúm* zwischen den Spanten. Sie bauten keine Zelte auf, nur die stattlichen Kochfeuer flackerten heiß und hell an Land. Die Köche der Kriegsschiffe rührten in den gigantischen eisernen Kesseln, die an Dreibeinen über den Feuern hingen, und ein herrlich würziger Essensduft zog verlockend über die Ebene.

Von der täglichen Ruderarbeit erschöpft, saßen die Männer auf der von der Sonne erwärmten Erde und genossen die Mahlzeit, die Vestar, der Koch der *dreki*, zubereitet hatte. Sie unterhielten sich flüsternd und tranken die *drykkr*. Doch schon nach kurzer Zeit krochen die meisten müde und erschöpft in ihre *húdfat* zu ihrem Schlafgenossen.

Nur noch einige Wikinger blieben um das Feuer sitzen. Im untergehenden Sonnenlicht tanzten Mückenschwärme und in einer hohen Tanne gurrten beharrlich Tauben.

Thyra suchte den Blickkontakt zu Gorm. Er saß entfernt neben Ongull und besprach mit dem Steuermann den kommenden Tag. Auch Gorm suchte Thyra.

»Morgen wird die Fahrt auf der Themse sehr kurvenreich.« Besorgt runzelte Ongull die Stirn.

»Mmmhmmm.«

»Wir werden kaum den Wind ausnützen können.«

»Mmmmh.«

»Die Ruderer werden schwer arbeiten müssen.«

Gorm beobachtete, wie Thyra ein Stück Brot aß.

»Wir werden ...« Ongull betrachtete seinen Häuptling leicht verärgert. »Gorm! Hörst du mir zu?«

»Wie? Ja, natürlich.« Etwas irritiert widmete Gorm seine Aufmerksamkeit dem Steuermann.

»Also, wir werden ...«

»Ongull«, unterbrach Gorm die Ausführungen seines Steuermannes. »Wir werden morgen darüber reden.«

Leicht pikiert starrte Ongull den zerstreuten Wikingerführer an.

»Gut, machen wir.« Er trank den Rest der *drykkr* und erhob sich. »Dann werde ich jetzt an Bord gehen.«

»Mmmmhm.«

»Gute Nacht.«

Gorm nickte Ongull kurz zu und betrachtete stattdessen über dem züngelnden Feuer diese eine Frau, die sämtliche seiner Sinne gefangen hielt. Er nippte an der Molke und starrte Thyra unverhohlen an.

Thyra saß Gorm gegenüber und spürte körperlich seine Augen auf sich ruhen. Äußerlich ruhig aß sie das Brot und trank. ‚Nur nicht ansehen', forderte sie streng. ‚Sieh nicht in seine Richtung. Nur das nicht!'

Stur starrte Thyra stattdessen auf die rote Glut. Doch wider besseren Wissens hob sie ihren Kopf und sah hinüber. Augenblicklich trafen sich ihre Augen und Thyra fühlte diesen Blitzeinschlag! Wie er durch ihren Körper raste. Einen Schweißfilm auf der Haut glänzen ließ und das pulsierende Blut durch die Adern trieb. Sie wusste, auch Gorm dachte an diese eine Nacht.

Thyra schluckte, hob ihr Trinkhorn an die Lippen und leerte es in einem Zug.

‚Jetzt hätte ich Met gebrauchen können! Keine Molke.' Zerstreut seufzte sie und leerte das Horn bis auf den letzten Tropfen. Sah ihn an und verlor den Kampf.

‚Nur noch ein letztes Mal', versprach sie. ‚Ich will es jetzt wissen! Ihn fragen! Ein allerletztes Mal.'

Gemächlich erhob Thyra sich und gähnte offensichtlich äußerst müde.

»Willst du schon gehen?«, fragte Hallgeirr erstaunt, der neben ihr saß.

»Ich bin müde«, lächelte sie ihn entschuldigend an und gähnte erneut.

»Bis morgen.«

»Bis morgen.«

Verstohlen warf Thyra Gorm einen Blick zu und verließ die Runde.

»Müde«, flüsterte Hallgeirr, versteckte sein verschmitztes Lächeln hinter dem Trinkhorn. Er sah ihr nach, bis die Dunkelheit Thyra verschluckte.

Auch Gorm ließ Thyra nicht aus den Augen, trank den letzten Schluck der *drykkr* und erhob sich geschmeidig.

»Schon müde, großer Häuptling?«, neckte ihn Siguror.

»Hundemüde«, log Gorm und ging.

Nachdenklich horchte Siguror den immer leiser werdenden Schritten hinterher.

»Dieses Weib wird dir noch lange in deinem Kopf herumspuken«, raunte er im Selbstgespräch und wandte sich Hallgeirr zu.

»Bald erreichen wir das Ziel dieser Reise.«

»Wird auch Zeit«, meinte Hallgeirr und starrte in die Glut.

»Allerhöchste Zeit.«

Beide meinten das Gleiche, doch keiner sprach es aus.

Unterdessen beobachteten zwei weitere Augenpaare den Häuptling und die Angeln-Frau. Bergdis und Ketill tauschten eindringliche Blicke aus. Nachdenklich strich Ketill sich übers stoppelige Kinn.

»Es wird Zeit, dass wir Ludúnir erreichen«, zischte Bergdis verschlagen. »Diese liebestolle Katze streift mir zu geschmeidig um Gorms Beine und er folgt ihr wie ein streunender Kater.«

Ketill nickte Bergdis kaum merklich zu. »Hohe Zeit.«

Thyra ging vorsichtig durch die verwilderte Uferlandschaft. Sorgfältig achtete sie auf jeden Tritt, bog die Weidenruten zur Seite und stand vor einem gigantischen Felsen. Sie hatte den hoch aufragenden hellgrauen Felsen schon vom Schiff gesehen. Trotzdem war sie erstaunt, als er in der Finsternis unerwartet vor ihr auftauchte. Sie hatte noch die Worte von Njal im Ohr.

»Dieser Megalith dient uns Lotsen als Landmarke. Wenn wir ihn sehen, wissen wir genau, wo wir sind, wie tief an dieser Stelle der Fluss ist. Wenn unwissende Lotsen das erste Mal diesen Fluss befahren, gehen sie an Land und fragen den Felsen um Rat.«

»Sie fragen den Felsen um Rat?« Ungläubig hatte Thyra Njal angestarrt. »Einen Stein!«

»Das ist ein besonderer Fels. Vor langer Zeit stellte ein *styrimannr* diesen Stein auf, und ließ Runen in den Fels meißeln.«

»Was steht darauf?«

»Alles, was ein Lotse wissen muss«, antwortete Njal ausweichend.

»Alles, was ein Lotse wissen muss. Nur der Lotse? Oder lesen die Runen auch andere?«

Das fahle Licht des Mondes warf den Schatten der Bäume gegen den harten Granit. Unwillkürlich legte Thyra eine Hand auf den noch warmen Stein und fühlte die feinen gemeißelten Linien.

»Was bedeuten diese Zeichen?« Mit den Fingern folgte sie den Rillen und Vertiefungen, musterte diesen Megalithen. »Erzählst du mir, was Njal mir nicht sagen mochte? Oder willst du ebenso schweigen?«

Gorm sah Thyra vor dem Megalithen stehen und verharrte in der Bewegung. Im Stillen betrachtete er diese ungewöhnliche Frau. Wie sie die Runenzeichen seines Seefahrervolkes auf dem Felsen abtastete. Geräuschlos näherte er sich und noch bevor sie ihn sah, fühlte sie, dass er hinter ihrem Rücken stand. Abrupt schloss Thyra die Augen und presste die Lippen zusammen. Plötzlich drehte sie sich heftig atmend um, öffnete die Augen und blickte in sein Gesicht.

»Ich habe gehofft, dass du kommst.«

»Hast du je gezweifelt?« Herausfordernd platzierte Gorm seine Hände rechts und links neben ihrem Kopf auf dem Megalithfelsen.

»Habe ich nicht.« Angriffslustig hob Thyra den Kopf.

»Das ist gut«, raunte Gorm und presste ungeduldig seine Lippen auf ihren Mund.

Thyra erwiderte seinen Kuss, schloss die Augen und forderte mehr. Gorm drückte Thyra gegen den Felsen.

Leidenschaftlich erwiderte Thyra sein Verlangen und umklammerte ihn mit einem Bein. Und da war es wieder! Dieses merkwürdige Gefühl, das ihren Körper in den Grundfesten erschütterte. Ausgelöst durch ihre und seine Begierde. Ihre Beine zitterten. Konnten ihren Körper nicht mehr tragen. Sie konnte nicht mehr vernünftig denken, nicht mehr sachlich handeln.

Hemmungslos schlang sie ihre Arme um Gorms Nacken und zog ihn dichter an sich. Fasste ihm in sein langes Haar. Packte die muskulösen Schultern.

Ungeduldig streichelte sie mit ihrem Bein an seinem Körper entlang. Sie fühlte nur noch. Spürte, wie auch sein angespannter Körper unter ihren streichelnden, fordernden Händen den Willen verlor.

»Wie du mir, so ich dir«, murmelte sie undeutlich.

Gorm packte ihren Oberschenkel und wanderte mit der Hand den samtenen Pfad hinauf zu ihren Hinterbacken. Thyra verlor die Kontrolle über ihren Körper und rutschte den Felsen auf die moosbedeckte Erde hinunter.

Ein Windzug kühlte die schweißbedeckte Haut. Thyra spürte kaum, wie Gorm ihr das Kleid abstreifte. Nackt lag sie auf dem Moosteppich. Nur das Mondlicht schimmerte undeutlich.

Doch nur für einen Wimpernschlag, dann lag Gorms hüllenloser, angespannter Körper auf ihr.

Ungeniert umklammerte Thyra mit ihren Beinen seinen Hintern, hob ihr Becken an und lockte ihn zu sich.

»Was bist du für ein Weib!«, keuchte Gorm und biss ihr in den Hals.

‚Deines', dachte Thyra und sah ihn mit glänzenden Augen an.

Sie vergaß alles. Wo sie lag. Wer sie war. Was die Zukunft anrichten würde. Es zählte nur dieser Moment mit dem Mann, den sie liebte. Barbar, Nordmann, Häuptling und Krieger. Sie schloss die Augen und erlebte Gorm mit allen Sinnen. Genoss jede Bewegung. Jedes Streicheln und den immer intensiver werdenden Rhythmus. Sie tastete über seinen schweißnassen Rücken. Roch seinen markanten Duft, der sich mit ihrem Schweiß vermengte, bis zu dem Moment, wo nur noch ihre Körper handelten.

Bewegungslos lagen beide auf dem weichen Bett. Der Wind brachte ihre Gedanken zurück, als er sanft und erfrischend kalt über die nasse Haut strich.

»Frierst du?«

Thyra antwortete nicht. Ihre Stimme funktionierte, gehorchte nicht. Sie nickte nur. Er lächelte Thyra an, umarmte sie mit seinem gesamten Körper und presste Thyra noch fester in das weiche und dichte dunkelgrüne Moos. Kaum ein Hautfleck ihres erhitzten Körpers zeigte sich im fahlen Mondlicht.

Sanft bedeckte Gorm ihr Gesicht mit liebevollen Küssen, streichelte mit den Lippen ihren Hals, die Ohren, die Brüste. Durchwühlte ihr langes Haar mit den Händen und genoss diese kurze Zeit der Zärtlichkeit.

Sie gingen nicht zurück zur *dreki*.

Sie schliefen nicht auf den harten Planken des Drachenbootes neben all den anderen Wikingern. Die wenige Zeit dieser unbewölkten kurzen Sommernacht blieben sie im Schatten des mystischen Megalithen.

Gegen Mittag, als die Sommersonne heiß vom Himmel brannte, ruderte die Wikingerflotte bei lauem Wind in den Ludúnirer Hafen. Nur das rhythmische Platschen der Riemen auf der Wasseroberfläche und das dröhnende Schlagen der Trommeln, die den Takt der Ruderschläge angaben, schwangen durch die vor Hitze schwirrende Luft. Langsam liefen die dänischen Kriegsschiffe in den Hafen ein, doch je näher sie dem Ufer kamen, desto unerträglicher wurde der Kloakengestank. Braungelbe Ströme in unzähligen Rinnsalen liefen über die Stadtwege, überquerten große Lagerflächen des Hafens, um irgendwann die Kaimauer zu überwinden und in das Wasser der Themse zu klatschen.

Jedes Kriegsschiff setzte seine farbenprächtigen Segel und die eindrucksvollen Galionsfiguren am Bug erzählten den Ludúnirern vom Heldenmut und von der Stärke der Wikinger und von ihren ungeheuerlichen Taten. Das erschrockene Raunen drang bis zum nordischen Seefahrervolk auf den Schiffen. Gorm lächelte grimmig. Seine einschüchternde Taktik zeigte Wirkung.

Jeder *styrimannr* stand in seinen edelsten Gewändern zusammen mit seinen Königsdrengiren an der Reling seines Kriegsschiffes und betrachtete mit stolzer und grimmiger Miene die grauen, tristen Felssteinhäuser der stinkenden Stadt. Die kohlschwarzen Schornsteinköpfe stießen jetzt kalt in den Sommerhimmel über den aschfarbenen Schindeldächern, die unterhalb der Schlote von weißem Taubenkot übersät waren. Die Tauben flatterten über die Dächer Ludúnirs und ließen sich kurz darauf auf den mit Kopfsteinen gepflasterten Wegen nieder.

Schon seit geraumer Zeit ankerte die Wikingerflotte in Ludúnir. Gelangweilt starrte Thyra in das verdreckte Wasser und wedelte die aufsässigen Fliegen mit der Hand fort. Nichts tat sich in diesen von der Sonne aufgeheizten Gemäuern. Stumpfsinnig ertrugen alle die brennende Hitze und warteten auf die Einladung des Königs, sein Land und diese Stadt betreten zu dürfen. Thyra rollte mit den Augen und sah hinauf zur goldglänzenden *vedrviti*.

»Kein Lufthauch.«

Dann vernahm sie aus der Ferne einen dumpfen Gleichklang von Schritten. Vielen Schritten! Plötzlich hellwach horchte sie und versuchte mit zusammengekniffenen Augen, die Mauern von Ludúnir[239] zu durchdringen.

---

239 London.

Das Stampfen wurde lauter. Immer bedrohlicher. Eine männliche Stimme befahl den Menschen offensichtlich, den Weg frei zu machen. Neugierig stellte Thyra sich zu der versammelten Mannschaft der *dreki* an die Brüstung neben Hallgeirr.

»Was geschieht dort in der Stadt?«

»Soldaten«, antwortete er, ohne den Blick abzuwenden.

»Soldaten? Was wollen die Soldaten im Hafen?«

Hallgeirr sah auf Thyra hinab.

»Für eine Königstochter weißt du aber nicht sehr viel.«

»Pah.« Thyra klappte beleidigt den Mund zu.

Hallgeirr sah Thyras verkniffenen Gesichtsausdruck und stieß sie versöhnlich in die Seite.

»Die Soldaten stellen sich im Hafen auf und warten wie wir auf die Gesandten des Königs. Die Gesandten holen unsere *styrimannr* und bringen sie in das Gebäude deines Onkels, wo alles Weitere besprochen wird.«

»Hmmh.« Thyra wirkte immer noch etwas gekränkt.

»Mach dir nichts draus.« Hallgeirr schlug ihr kräftig auf die Schulter, so dass Thyra leicht vornüberfiel. »Du kannst ja nicht alles wissen.«

Die Nordmänner beobachteten die Ludúnirer, die neugierig aus den kleinen Fensteröffnungen der Häuser über die Häupter der Soldaten zur dänischen Kriegsflotte starrten. Einige verschlossen eilig die hölzernen Fensterläden und verbarrikadierten sich ängstlich in ihren beengten und ärmlichen Fischerhäusern. Während aus einem anderen Haus kreischende Frauenstimmen mit eindeutigen lockenden Gebärden herüberschallten.

Mit einem Kopfnicken gab Gorm den Befehl, das Beiboot zu wassern. Die Riemen der *dreki* wurden eingezogen, der Anker geworfen und das kleine Boot lag kurze Zeit später auf den kaum spürbaren, funkelnden Wellen der Themse.

Doch nichts geschah! Der englische König ließ die gesamte Flotte der Wikinger in seinem Hafen in der brennenden Sonne warten.

Die unzähligen Soldaten des Königs standen in Reih und Glied. Die Sonne brannte und die von der Kloake geschwängerte Luft stand flimmernd in den Häuserschluchten. Kein Wind blähte die Segel und der Schweiß der Männer perlte auf den Stirnen.

»Sie wollen uns demütigen«, fluchte Haesten, der nervös neben Gorm auf das Ertönen der Hörner wartete, die die Abgesandten des Königs ankündigten.

»Wir werden ihnen diese Demütigung heimzahlen«, knurrte Gorm wie ein bissiger Hund und atmete den Gestank der Stadt aus. »Nur nicht heute! Heute werden wir sein Spiel spielen. Er soll ruhig denken, dass er uns gezähmt und besiegt hat.« Geräuschvoll blies er durch seine Nase den Kloakengestank aus und lächelte grimmig. »Doch wenn die Zeit reif ist, werden wir zuschlagen, seine Stadt einnehmen und sein Land überrennen! Sein Volk wird zu unseren Göttern aufschauen und unsere Gebräuche lieben lernen.«

»Odin wird sie als Wikingerkrieger in Walhalla begrüßen.« Haesten starrte zu den Soldaten der Stadt.

»Wenn sie sich seiner würdig erweisen«, schränkte Gorm ein.

»Es werden wenige sein.« Es kostete ihn unbändige Beherrschung, nicht sein Schwert zu ziehen und mit dem Blut der Feinde auf diese Demütigung zu antworten.

Plötzlich ertönten wohlklingend die Hörner des Königs von den hohen Türmen. Laut und weit über die Dächer der Stadt schallend, kündigten sie die Ankunft der Edelmänner an.

»Zu lange.« Gorm blinzelte zur Sonne. »Alfred hat uns zu lange warten lassen. Das wird er büßen.«

»Hmpf.« Haesten knirschte mit den Zähnen. »Für meine Frau und meine Söhne werde ich diese Schmach ertragen.« Kurz sah er zu Gorm. »Ich danke dir für deine Demut.«

»Für deine Frau und fast mündigen Söhne!«, grollte Gorm. Er beobachtete den Tumult in den Reihen der feindlichen Soldaten. Kaum merklich gab er Siguror ein Zeichen. Dann folgte ein kurzer Pfiff und die Schiffsführer stiegen mit ihren Königsdrengiren in die Beiboote. Jeweils vier Ruderer ließen ihre Riemen in das warme Wasser gleiten und fuhren die im Boot stehenden Anführer zum Land der Widersacher.

Thyra beobachtete, wie die neun *styrimannr*, begleitet von ihren Königsdrengiren, in den kleinen Booten übersetzten und von der eigenen *hásetar* in die Stadt gerudert wurden. Gorm stand am Bug des Bootes und Thyra bewunderte seine aufwändige und kostbare Kleidung. Neben ihm stand Haesten und dahinter Siguror, Gorms Königsdrengir. Haestens *drengire* waren entweder im Kampf getötet oder von den Angelsachsen gefangen genommen worden. Breitbeinig standen die hochrangigen Wikinger in den kleinen Booten und bewegten sich im Pulsschlag der Ruderschläge leicht vor und zurück.

»Siehst du die Abgesandten des Königs?«, presste Gorm zischend hervor.

»Drei konnte ich in der Meute erkennen«, raunte Haesten, ohne den Blick von den Soldaten abzuwenden.

»Nur drei?«

»Wo ist der König? Hat er es nicht nötig, uns persönlich zu begrüßen?« Gorm knirschte mit den Zähnen.

»Wir sind Bittsteller.« Haesten nickte dem Abgesandten des Königs aus der Entfernung zu, doch sein freundliches Lächeln erreichte seine hart glänzenden Augen nicht. »Das lässt er uns deutlich spüren.«

»Bittsteller«, knurrte Gorm übel gelaunt und ließ seinen Blick über die Reihen der Soldaten schweifen. »Diese schmächtigen Gestalten in ihren lächerlichen Uniformen.«

»Nur heute«, beschwichtigte Haesten. »Heute sind wir die Bettler.«

»Ja! Heute darf König Alfred seine Tributzahlungen einfordern. Doch morgen ...«

»Morgen?« Haesten grinste Gorm an. »Morgen werden wir sein Land einnehmen, sein Volk vertreiben, sein Vieh über dem Feuer rösten und sein Korn zu Mehl für unser Brot verarbeiten.«

Gorm sah Haesten kurz an. »Für deine Familie werden wir einen Tribut aushandeln, zahlen und höflich sein.« Er lachte. »Und danach ...«

Haesten grinste ebenfalls und sein Blick wanderte zu den schwarzen Fenstern hinauf zu den Türmen des Königs. »Und danach werden wir diesen herablassenden Angelsachsen unsere Werte erklären.«

»Kriegerische Werte«, grollte Gorm bösartig.

Die Rudermannschaft verringerte die Fahrt und zwei Ruderer stellten ihre Riemen auf die Planken.

»Es sind einige hundert Soldaten«, überflog Haesten die Anzahl der Männer am Hafen.

»Vereinzelt stehen Einwohner hinter den Reihen. Sie haben Angst vor uns. Hast du sie in Benfleet das Fürchten gelehrt?«

Seine Augen blitzten schneidend. »Sie haben uns geschlagen.« Achselzuckend überschlug Haesten mit geübtem Blick die Kampfbereitschaft der königlichen Söldner. »Jetzt wissen sie, was wir sind.«

»Wissen sie es?«, fragte Gorm zweifelnd, kurz bevor sie anlandeten.

Die Beiboote erreichten die Kaimauer. Die *styrimannr* und ihre Königsdrengire kletterten über eine schlichte Leiter an Land. Achtungsgebietend traten die Soldaten zurück und bildeten ein Areal für die stattlichen nordischen Krieger in ihren Prachtgewändern.

»Dort hinten stehen sie, die Abgesandten des Königs«, knirschte Cuaran mit den Zähnen. »Weiß Alfred sich nicht zu benehmen? Will er uns verärgern und demütigen?«

»Übe Nachsicht einem ungläubigen Angelsachsen gegenüber«, beruhigte ihn Nereior.

»Nachsicht üben!«, giftete Elfraor temperamentvoll und strich sich über seine sonnengerötete Glatze. Mit grimmigem Gesicht betrachtete er die angelsächsische Meute, die die Gruppe der *styrimannr* und der Königsdrengire umringte.

»Diese Ungläubigen stehen dort im Schatten der Häuser und lassen uns in der Sonne schmoren. Ich erkläre diesen Weichlingen gleich, was Nachsicht bedeutet!« Heißblütig griff er zum Sax und sofort wichen die Soldaten wachsam zurück.

»Alles Söhne von räudigen, wurmzerfressenen Kötern«, spuckte Nereior auf den Boden.

Plötzlich bildete sich unerwartet eine schmale Gasse und die *styrimannr* sahen drei Abgesandte des Königs in glanzvoller Kleidung auf sie zuschreiten.

Mit weit geöffneten Armen begrüßte der weißhäuptige Älteste die Wikinger.

»Seid herzlich willkommen auf unserem Land.« Kurz vor den Nordmännern blieb er mit einem breiten Lächeln stehen und zeigte sein lückenhaftes Gebiss. »Ich bin der persönliche Gesandte des Königs Alfred des Großen und begrüße die Häuptlinge der Nordmänner mit Ehrfurcht.« Mit einem kaum erkennbaren Kopfnicken unterstrich er seine Worte.

»Wir werden von einem Diener begrüßt, der es nicht für nötig erachtet, uns in unserer Sprache zu begrüßen!« Yngvarr, der *styrimannr* der *gammr*, wurde weiß vor Wut.

»Vielleicht nur eine Finte«, zischte Elfraor, der neben Yngvarr stand. »Sei vorsichtig.«

»Schwächlinge«, schnaubte Yngvarr.

Gorm räusperte sich, um seine Verärgerung nicht durch seine Stimme zu präsentieren.

»Vér erum hér, til at tala við Alfreð, hinn mikli Englakonungr.«[240] Er wartete mit einem scheinbar freundlichen Lächeln auf den Lippen. Hatte der Angelsachse die Worte seiner Sprache verstanden?

»Natürlich, natürlich. Folgt mir«, wieselte der Mann, drehte sich um und schritt durch die Gasse der Soldaten voran.

»Sie verstehen unsere Muttersprache genau«, erkannte Briningr und zwirbelte seine Bartzöpfe. Herrisch warf er seinen goldglänzenden Umhang über die Schulter zurück, während er dem Tross folgte.

»Der König schickt uns einen Gesandten, der unsere Werte nicht achtet. Wir sollten vorsichtig sein«, grummelte Israuor, der hinter Gorm ging.

»Nur für heute«, antwortete Gorm listig. »Wir werden dem Angelsachsen Rätsel erzählen. Soll er glauben, dass er uns besiegt hat.«

Bror griff zum Schwert und ließ es im Sonnenlicht blitzen. Sofort wichen die Soldaten zurück. Einige zogen geräuschvoll ihre Schwerter, doch niemand griff an. Brors schwarze Schlangen auf dem muskulösen Arm züngelten giftig.

»Heute werden wir dem Inselvolk eine Lektion in List und Tücke erteilen. Spielen Bettler und Verlierer.«

Stolz und mit grimmigen Gesichtern folgten die Nordmänner den Abgesandten des Königs.

Die Gesandten des Königs führten die hochrangigen Nordmänner durch die engen Straßen der Stadt zu einem monumentalen Gebäude. Sie schritten durch ein stattliches zweiflügliges hölzernes Tor in einen weiträumigen kühlen und nach Blumen duftenden Innenhof. Eichen, Buchen und Kastanien mit Schatten spendenden weitausgreifenden Kronen wuchsen vor der

---

240 Wir sind hier, um mit dem großen König der Angelsachsen, König Alfred, zu sprechen.

steilen Innenmauer und bildeten mit ihren grünen Blättern einen wunderbaren Kontrast zur graubraunen Felsenmauer.

Die sternförmig angelegten Wege im Innenhof bestanden aus zerschlagenen weißen Flussmuscheln, die in dem üppig grünen Grasteppich strahlend zur Geltung kamen. Ein Brunnen in der Mitte des Hofes bildete das Zentrum. Sein Wasser wurde von einem kunstvoll geschnitzten Wasserrad in filigrane Wasserrinnen geleitet, die den Sonnenhof in vier Bereiche teilten. Plätschernd floss das kalte und lupenreine Trinkwasser durch die künstlich angelegte Flusslandschaft, während Kinder in weißen Gewändern unermüdlich das hölzerne Wasserrad antrieben.

In jedem Viertel stand ein langer, festlich gedeckter Tisch, umsäumt von kostbaren, aus Ebenholz geschnitzten Stühlen mit hohen Rückenlehnen. Jeder Tisch wurde von einem farbenprächtigen Sonnensegel überspannt, um die Gäste vor den heißen Strahlen der Sonne zu schützen. Zusätzlich stand hinter jedem Stuhl ein Sklavenkind und wartete auf den Besucher, um ihm sofort unentwegt mit einem bunt schimmernden Straußenfedernwedel einen kühlen Lufthauch zuzufächeln.

Geräuschvoll schloss sich das hölzerne Tor zum Innenhof und Gorm betrachtete nachdenklich die hohe Mauer und den schmalen Pfad auf dem Mauerfirst.

»Sehr geschickt. Dieser König ist vorsichtig und schlau. Er lädt uns in seinen Hof, wo Bogenschützen uns wie Schweine im Pferch abschießen können. Hast du ihn das Fürchten gelehrt?« Gorm drehte sich mit ironischem Blick zu Haesten um.

»Möglich.« Haesten berechnete eilig die Lage, während er die Mauern betrachtete.

»Ich sehe keine Bogenschützen.«

»Auch keine Wachen.«

»Allerdings auch keine weiteren Tore, die aus diesem Hof in die Stadt führen. Nur Türen, die in das Gebäude weisen«, erkannte Siguror und musterte skeptisch das Haus.

»So ist es, wenn man als Bittsteller in das Haus des Bezwingers geht. Man ist ihm ausgeliefert.«

Gorm betrat die unter seinen Sohlen knirschenden Muschelschalenwege. Das plätschernde Wasser im Brunnen weckte seine Neugierde. Die Gruppe der Nordmänner verteilte sich über den weiträumigen Innenhof und wartete schon wieder.

»Wenn ich diesen König auf offener Fläche im Kampf erblicke, gehört er mir!«, zürnte Gorm.

»Dieser König ist ein Meister der Taktik. Er beleidigt uns durch seine Abwesenheit und wir müssen höflich bleiben.« Haesten schlug zornig in das kalte Brunnenwasser. »Für meine Söhne und meine Frau! Und das weiß dieser Lump. Er kostet meine Niederlage bis zur Neige aus und testet, wie hoch er unsere Tributzahlungen treiben kann. Ich wette mit dir, dass er irgendwo seine Beobachter positioniert hat, die ihm regelmäßig unseren Gemütszustand mitteilen.«

»Wir sollten uns setzen und feiern. Wir werden von seinen Speisen essen und ihn glauben machen, dass sein Wein uns berauscht und wir nicht mehr Herr unserer Sinne sind.«

Haesten grinste Gorm und Siguror an.

»Du bist zu Recht ein *edl-ing-r*. Deine Worte sind klug gesprochen. Lasst uns essen und trinken, wie es einem Nordmann gebührt und diesem angelsächsischen König zeigen, wie ein *Ascomanni* auf seine Erniedrigungen antwortet.«

Siguror gab den Befehl mit leiser Stimme weiter.

Laut lachend und lärmend setzten sich die Wikinger an die Tische und bedienten sich hemmungslos an den bereitgestellten Speisen. Die Diener wurden aufgefordert, noch mehr Wein in die verzierten Gläser zu schenken und noch mehr von dem herzhaft gewürzten Rinderbraten, den Wachteleiern und den zierlichen gebratenen Tauben aufzutischen. Ungeniert griffen sie zum Brot, zum Obst und zum dampfenden Gemüse. Sie tranken ungezügelt, wobei der hervorragende Wein nicht in ihre Kehlen floss, sondern außerhalb ihres Halses über die gebräunte Haut in ihren Gewändern versickerte. Sie aßen und feierten. Ihre Reden wurden lauter und ihre Bewegungen ungelenker und wilder. Nereior, der am Kopfende eines Tisches saß, stand plötzlich schwankend auf und bewegte sich tollpatschig zum Haus. Vor einer verschlossenen Tür stoppte er seinen schaukelnden Schritt, betrachtete eingehend das Gesicht des stummen Dieners vor der Tür und erbrach seinen kaum gekauten Mageninhalt auf die lederbesohlten Füße des dürren Mannes. Die flüssige Wärme und das Gefühl der festen Essensreste auf seinen Füßen ließen dessen Gesichtsfarbe noch bleicher werden und der Adamsapfel in seiner Kehle glitt bei jedem würgenden Geräusch deutlich auf und ab.

Schwankend schlug Nereior dem Diener kräftig mit seiner großen Hand auf die Schulter und lehnte sich schaukelnd mit seinem schweren Gewicht gegen ihn, sodass das ungleiche Paar gegen die hölzerne Tür prallte.

»Was machst du denn da? Kannst du nicht stehen bleiben?«, lallte Nereior mit offenbar schwerer Zunge und sah den dünnen Mann mit betrunkener Grimasse fragend an.

Doch seine listigen Augen zeigten seinen wahren Zustand. Aber seine Gewänder und seine Haut dünsteten den Wein aus und bei jedem seiner Worte drehte der Diener sich angewidert zur Seite, denn der saure Hauch des Mageninhaltes des Wikingers vor ihm verursachte bei ihm unerträgliche Übelkeit. Er erkannte nicht, dass der grobe Nordmann seine betrunkenen, ungelenken Bewegungen nur vorspielte.

»Was ist denn hinter der Tür versteckt?« Ungeschickt griff Nereior zur Klinke und zog die Tür auf. »Was haben wir denn da?«

»Mein Herr, ich bitte Euch, Ihr dürft diese Tür nicht öffnen.« Der Widerstand des Dieners verstärkte sich und er lehnte sich mit seinem Rücken gegen die Tür. Nereior zog an der Klinke und ohne Schwierigkeiten gelang es ihm, in das dunkle Hausinnere zu blicken.

»Versteckst du deine räudige Mutter vor mir?« Nereior wollte wissen, was dieser von seinen Worten verstand. Kurz blitzten die Augen des Dieners zornig auf, doch nur wenig später tat er unwissend und reagierte nicht auf die Beleidigung des Wikingers.

»Bitte mein Herr. Ihr dürft nicht hinein! Ich muss es Euch verwehren.«

Laut rufend drehte Nereior sich um und brüllte: »Ich sehe hier keine nackten Weiber! Doch vielleicht stehen hinter der nächsten Tür ja welche?«

»Bring mir auch eine mit!«

»Ich will auch eine. Aber eine mit einem fetten Arsch und prallen Titten.«

Doch als Nereior die nächste Tür erreichte, war sie verschlossen. Ebenso die folgenden Türen.

»Die haben hier keine Weiber«, lallte Nereior laut und ging schwankend zum Tisch zurück. Als er an Gorm vorbei wankte, flüsterte er. »Sie verstehen uns gut.«

»Trink noch etwas von dem Wein.« Gorm reichte Nereior seinen Becher.

Grinsend griff Nereior das filigrane Gefäß und setzte es an seine Lippen. Der Wein durchnässte seine Gewänder bis auf die Haut. Schwankend griff er an die hohe Rückenlehne des Stuhles und fasste mit einer Hand an Gorms Umhang. Das Glas fiel aus der nassen Hand und zerbrach. Seine wackeligen Beine glichen kaum seinen taumelnden Oberkörper aus, so dass Gorm ihn hilfreich am Arm packte.

»Ich hörte, wie sie die Riegel vor die Türen schoben«, flüsterte Nereior in Gorms Ohr.

»Du solltest noch etwas von dem Met trinken«, lachte Gorm laut. Doch leise fragte er: »Was konntest du sehen?«

»Keine Wachen, aber ein langer dunkler Gang führt in das Gebäude.« Mit hochgestrecktem rechtem Arm forderte er laut brüllend: »Ich will keinen Met. Ich will noch mehr Wein. Das ist das Getränk der Götter!«

Das Kind hinter Gorms Stuhl trat ängstlich mit seinem Straußenwedel zurück. Nereior stierte dem mageren Jungen in die eingeschüchterten Augen.

»Buh!«, erschreckte er den Jungen, der erschrocken den Wedel fallen ließ und ins Haus rannte. Unversehens öffnete und schloss sich eilig eine Tür.

»Da ist ja noch eine Tür unverschlossen«, grinste Gorm staunend.

»Wir sollten langsam anfangen, etwas von dem edlen Inventar zu zerstören. Damit verkürzen wir unsere Wartezeit um ein Vielfaches.« Bror griff über den Tisch zu den Wachteleiern und sein Schlangenarm züngelte gierig nach den kleinen ovalen Delikatessen.

»Das ist eine gute Idee«, griff Israuor Brors Idee auf.

Er stellte sich auf den Stuhl, zog sein riesiges Schwert aus der Scheide, packte es mit beiden Händen, hob es in die Höhe und schlug mit der glänzenden Klinge den Tisch in zwei Teile. Polternd fielen die Teller und Schalen, die Speisen und Getränke in die abknickende Spalte. Die am Tisch sitzenden Wikinger sprangen brüllend auf und begannen lautstark eine derbe Rauferei. Wie wild gewordene Berserker sprangen sie auf die Tische, zerrissen die Sonnensegel und zerstörten kostbare Gläser. Der vorher so gepflegte Rasen wurde gepflügt. Wie eine Wildschweinhorde auf der Suche nach Eicheln umwühlten sie das Grün. Einer fiel brüllend in den Brunnen und blieb angenehm überrascht im Wasser sitzen, während drei *drengire*, gefolgt von einem *styrimannr*, zielstrebig eine Treppe zur Innenhofmauer heraufrannten.

Immer drei Stufen auf einmal nehmend erreichten sie den Mauerfirst. Sie teilten sich in zwei Gruppen und rannten auf dem schmalen Pfad der Felssteinmauer entlang.

Der Tumult wurde immer lauter. Im Blätterdach der hohen Bäume baumelten die Straußenwedel der Sklavenkinder und wie lustig flatternde Fahnen die zerrissenen Tischtücher aus feinem Leinen, als der König mit seinem Gefolge schnellen Schrittes den Innenhof betrat.

Fanfaren ertönten und der Aufstand der Wikinger brach ab. Der Monarch hob eine Hand und ging auf Haesten zu.

»Seid gegrüßt, Häuptling Haesten«, sagte er noch im Gehen in der Sprache der Dänen und blickte leicht verärgert auf die Verwüstungen.

»Das wirkte aber schnell«, flüsterte Siguror Gorm grinsend ins Ohr.

»Hmpf.« Gorm pulte unterschiedlich große, farbige, etwas zermatschte Gemüseteile von seiner Hose.

Der König stand vor Haesten und Gorm, als er sagte: »Ich bitte Euch für die Zeit des Wartens um Vergebung. Doch wie ich sehe, konntet Ihr die Wartezeit ohne größere Langeweile überbrücken.« Alfred erfasste mit einem Blick die umfangreiche Zerstörung seines Innenhofes.

»Konnten wir. Ich hoffe, Ihr habt die Zeit ebenso genutzt?«

»Wir sollten uns setzen«, sagte der angelsächsische König, diese Anzüglichkeit überhörend. Wieselflink strömte die Dienerschaft aus allen Winkeln des Hauses, um die umfangreiche Verwüstung zu beheben.

Schnell wurde ein Tisch hergerichtet und Stühle herbeigetragen. Die verängstigten Kinder mit ihren Straußenwedeln wurden wieder auf ihre Arbeitsplätze hinter den Stühlen beordert und Getränke, Obst und Brot gereicht.

»Ihr seht erholt aus«, meinte Alfred zynisch und griff zu den blauroten Pflaumen.

»Oh! Das habe ich nicht Euch zu verdanken«, antwortete ihm Haesten leichthin und Zynismus triefte aus seiner Stimme. »Wir *Ascomanni* haben ausgezeichnete Heilerinnen und Kräuterfrauen an Bord. Sie sind sehr geschickt.«

»Das hörte ich«, nickte der König. »Außerdem wurde mir zugetragen, dass Euer Handwerk, wie das Segelmachen, Tauedrehen und das Weben eurer Kleidung, von hoher Qualität ist.«

»Mmmh«, stimmte ihm Gorm zu. »Auch unsere Felle sind dicht und warm und fein gegerbt.«

Haesten mischte sich kauend in das Gespräch ein. »Während meiner Genesung war unser Seefahrervolk nicht untätig. Unsere Drachenschiffe tragen viele Geschenke an Bord.«

»Das dachte ich mir. Eure Frau und Eure Söhne freuen sich schon. Sie hoffen, dass Ihr äußerst fleißig wart.«

»Fünfzig Marderfelle, vierundzwanzig Hirschfelle, ein Bärenfell und siebenunddreißig Wolfsfelle«, zählte Gorm auf. Er griff zum Brot, riss gelassen ein Stück ab und kaute es langsam. »Außerdem«, sprach er mit vollem Mund, »zehn Maß Federn, dreizehn Jacken aus Otterfell, zehn Schiffstaue. Jedes sechzig Ellen lang. Sechs Taue wurden aus Walrossfell, die anderen aus Seehundfell gedreht. Die Tiere erlegten wir in Norwegen. Alles ist von einer außerordentlichen Güte.«

»Gut, gut«, nickte Alfred und verbarg seine Zufriedenheit, indem er das Weinglas hob und trank. »Doch die Frauen in meinem Haus werden sehr traurig sein. Wo sie doch außergewöhnliche Stoffe für ihre Kleidung so sehr lieben.«

»Auch Eure Frauen werden sich an unseren Geschenken erfreuen. In Haithabu webten unsere Frauen vierzig Ellen feinstes Tuch.« Haesten beäugte den englischen König vorsichtig.

‚Du angelsächsischer Lump', dachte Gorm. ‚Listig wie ein alter Fuchs und habgierig wie eine Elster.' Dann wanderten Gorms Gedanken zu Thyra. ‚Von ihr erzähle ich dir noch nichts.'

»Auch unsere *húskarl* werden sich glücklich schätzen, wenn sie ihren Fuß wieder auf unsere Schiffe setzen können.«

»Werden sie?«, fragte Alfred stattdessen.

»Sicher.« Haesten sah den König jedoch nicht an, sondern griff nach seinem Trinkglas. »Ihr habt vorzüglichen Wein.« Er drehte das Glas und musterte das Farbspektrum des Weines.

»Aus dem fernen Frankenreich. Er ist sehr weich und aromatisch. Aber wem erzähle ich das? Ihr seid doch schon in diesem Land gewesen?«

»Das eine und das andere Mal«, wich Haesten aus. »Mein Weib, mein Sohn Haengr, der Euer Patensohn ist«, er machte eine bedeutsame Pause, »sowie mein jüngerer Sohn Haeningr, der Patensohn vom Ealdorman Ethelred, werden sich freuen, mit mir erneut diese Länder zu betreten und den Edelmännern Euren Gruß auszurichten.«

Lange betrachtete der König diese durchtriebenen Wikinger, bevor er gedehnt antwortete: »Das werden sie.« Bedächtig lehnte er sich in dem Stuhl zurück. »Sie werden sich außerordentlich freuen. So wie ich mich auf Eure Geschenke freue, die morgen in meine Gemäuer gebracht werden.«

»So soll es sein«, bestätigte Gorm laut und hob das Glas.

»So soll es sein.« Haesten und Alfred leerten, sich gegenseitig beobachtend, in einem Zug die mit Wein gefüllten Gefäße.

* * *

Spät in der Nacht kehrten die *Ascomanni* auf ihren schaukelnden kleinen Beibooten zu den Drachenschiffen zurück.

Es war Neumond, nicht ein Silberschimmer beleuchtete den Pfad. Nur die goldenen Funken der Sterne schimmerten vom tiefschwarzen Himmel. Nervös lief Thyra an der Reling der *dreki* auf und ab, sie konnte ihren Blick kaum von der schwarzen Silhouette der Stadt abwenden.

»Gorm ist ein geschickter Händler«, sprach Bergdis Thyra an. Erschrocken fuhr Thyra zusammen. Befriedigt bemerkte Bergdis Thyras Reaktion und sah die Nebenbuhlerin mit einem Unschuldsblick an.
»Oh, entschuldige. Ich wollte dich nicht erschrecken. Doch ich sah deine Unruhe.«
‚Dir werde ich die Liebe zu Gorm, meinem Häuptling und zukünftigen Gatten, schon austreiben', dachte Bergdis gehässig, strich sich durchs Haar und flüsterte sanft in Thyras Ohr.
»Gorm wird bei deinem König einen guten Preis ausgehandelt haben, damit du bald einen Mann aus deinem Volk mit einem hoffähigen Rang heiraten kannst.«
Mit zusammengekniffenen Augen musterte Bergdis das blasse Gesicht der verhassten Angeln-Frau und lächelte. »So ist es bei uns Brauch. So entscheiden unsere Häuptlinge«, verdeutlichte Bergdis arglistig. »Nordmänner heiraten Frauen aus ihrem Volk.« Zufrieden musterte sie Thyras bekümmertes Gesicht.
‚Diese dumme Göre', höhnte sie verzückt. ‚Was haben wir für ein Glück, dass sich dieses Weib nicht mit den Gepflogenheiten der *Ascomanni* auskennt und nicht weiß, dass ein Wikingerhäuptling jede Frau heiraten kann. Hafr und Ketill werden mit mir zufrieden sein.'
»Ist es so?« Bekümmert traten Tränen in Thyras Augen.
»Was meinst du?« Bergdis beugte sich freundschaftlich zu ihr.
»Dass die Nordmänner nur Frauen aus ihrem Volk heiraten?«
»Natürlich.« Bergdis lehnte sich weit über die Reling, um ihr Spiegelbild auf der Wasseroberfläche zu betrachten. Die Nacht war zu dunkel dafür; doch sie erahnte es und wusste, dass sie sich immer darüber freuen konnte. »Wie sollten unsere Männer auch Frauen mit einem fremden Glauben heiraten können. Das würden unsere Götter nie gutheißen«, drang ihre Stimme dumpf zu Thyra hinauf.

»Die Frau muss also den heidnischen Götterglauben annehmen«, überlegte Thyra laut.

»So ist es!« Strahlend richtete sie sich wieder auf. »Ist es bei deinem Gott nicht so?«

»Doch, doch. Natürlich«, antwortete Thyra eilig, aber mit ihren Gedanken war sie ganz woanders. ‚Soll ich wirklich die heidnischen Götter anbeten und meinen Gott verleugnen? Sagt er nicht, du sollst keine anderen Götter neben mir haben?'

Bergdis starrte durch die düstere Nacht über den Fluss. Dorthin, wo sie die Stadt vermutete. »Aber darüber musst du dir keine Gedanken machen. Denn ich glaube, dein König Alfred hat schon den passenden Bräutigam für dich ausgesucht.« Ihre Stimme wurde immer leiser. Angestrengt lauschte sie, denn leise plätschernde Geräusche auf dem Wasser beanspruchten ihre Aufmerksamkeit. Sie versuchte, die Dunkelheit mit den Augen zu durchdringen.

»Siehst du sie? Was hörst du? Kommen sie zurück?«, fragte Thyra aufgeregt.

»Schscht.«

Die Frauen standen an Deck und spähten durch die rabenschwarze Finsternis.

»Sie kommen«, flog eine leise männliche Stimme über das Deck. »Sie kommen zurück.«

»Sie kommen. Sie kommen«, tanzte Bergdis und umarmte spontan Thyra. »Bald bist du wieder zu Hause. Ist das nicht schön?«

»Ja«, murmelte Thyra stoisch und versuchte, an Bergdis vorbei einen Blick auf die Männer in den kleinen Booten zu erhaschen. Doch eigentlich suchte sie nur Gorm.

Einer nach dem anderen kletterte an Deck. Bis sie endlich den Häuptling entdeckte. Kurz ließ er seinen Blick über das Deck der *dreki* schweifen und blieb für einen langen Augenblick an Thyra hängen.

»Wann ist es so weit? Wann ist die Übergabe?«, bedrängte Ketill ihn neugierig.

»Morgen«, antwortete Gorm und sah über seinen Kopf in Thyras Augen. »Morgen werden wir unseren Tribut an den König der Angelsachsen zahlen.«

Er ließ sie nicht aus den Augen.

‚Wir haben nur noch heute Nacht', dachte er. ‚Dann gehörst du wieder deinem Onkel.'

»Wie waren die Verhandlungen? Liefen sie erfolgreich?«, bestürmte ihn Hallgeirr. Neben ihm standen Gestr und Afaldr ebenso wissbegierig.

»Sie sind für beide Parteien zufriedenstellend. Morgen werden wir unsere ‚Geschenke' an König Alfred übergeben.« Wieder suchte er Thyra, doch sie stand nicht mehr neben der weißblonden Schönheit. Der Schatten der Nacht hatte ihren Körper verschlungen.

Unwirsch richtete er die Befehle an seine Nordmänner.

»Morgen bei Sonnenaufgang werden alle Geschenke an Land gebracht.«

Aalakr sah Ketill erstaunt an. »Was ist mit unserem Häuptling los?«, flüsterte er ihm vorsichtig zu. »Die Verhandlungen müssen nicht zu seiner Zufriedenheit gelaufen sein.«

* * *

Es verging eine lange Zeit, ehe Gorm die Muße fand, um nach Thyra zu suchen. Sie stand am Bug der *dreki*, wo sie die ersten Strahlen der Morgendämmerung begrüßte.

Thyra drehte sich nicht um. Sie wusste genau, wer hinter sie trat.

»Ich habe auf dich gewartet«, raunte sie und lehnte sich gegen seine breite, warme Brust.

Gorm schloss seine Augen und umarmte Thyra.

‚Du bist es! Du bist meine Frau! Nur mit dir will ich mein Leben teilen', dachte er, doch seine Lippen verweigerten diese Worte. Eine unendliche Traurigkeit krallte in seine Kehle, fraß sich durch die Brust und nistete sich in seinem Herz ein. ‚Wie kann ich von dir verlangen, deinen Glauben zu verraten. Deinem Gott den Rücken zuzukehren, ihn zu verleugnen und abzuschwören!' Der Griff um Thyras Körper wurde unwillkürlich fester. ‚Wie!', schrie es in ihm. ‚Wie!'

»Der Tag bricht an«, hauchte Thyra und schmiegte sich noch enger an Gorms Körper.

»Ja«, schaffte Gorm zu antworten.

Sie schloss ihre Augen und genoss die schon fast schmerzhafte Umarmung. Thyra weinte. Er sah es nicht!

»Wir werden so bald wie möglich an Land gehen.« Gorm gab seiner Stimme einen festen Klang.

»Ja.« Fast wäre Thyra an diesem Wort erstickt.

Er atmete den Duft ihres Haares ein. »Dann wirst du zurück zu deiner Familie gehen. Du kannst sie wiedersehen.«

»Ja.« Seltsamerweise waren ihre Stimmbänder noch intakt. Das ‚ja' kostete ihre gesamte Selbstbeherrschung.

‚Frag mich! Bitte! Frag mich, ob ich bei dir bleiben will! Bitte!', flehte Thyra inständig.

Er küsste ihr Haar. Doch er sagte nichts! Keine Bitte! Kein Wort des Bedauerns! Nichts!

Ihr Hals schnürte sich zu. Sie konnte nicht mehr atmen. Nicht mehr denken. Sie wollte nur bei ihm bleiben! Ganz eng, ganz nah. Gorm hielt sie in seinen Armen gefangen. Doch sie hatte Angst um ihre Selbstbeherrschung. Sie wusste, sie würde bald hemmungslos zu weinen anfangen.

Noch einmal genoss sie seine Wärme und das herrliche Gefühl, in seinen Armen geschützt und geborgen zu sein. Sie schloss ihre Augen, atmete noch einmal tief die Morgenluft ein und befreite sich dann energisch aus seiner Umarmung.

Thyra drehte sich um, drückte sich gegen seine Brust und seine Arme von sich.

»Lass mich sofort los!«, fauchte sie viel schärfer als beabsichtigt.

»Was ist?« Erstaunt sah er in ihr Gesicht.

»Du sollst mich loslassen! Sofort!« Sie schrie fast und war dankbar, dass sich ihr Haar über ihr tränenüberströmtes Gesicht legte und er ihre Tränen nicht sah.

Konfus stand Gorm vor Thyra und verstand diese Frau nicht. War es nicht das, was sie wollte? Wollte sie nicht zurück? Zurück zur Familie, ihren Leuten, ihrem Volk?

Er brachte gerade eines der größten Opfer, das er ihr schenken konnte, und ließ sie zurück in den Schoß ihrer Familie gehen! Er, Gorm Grymme, der große Häuptling der *Ascomanni*, ließ seine *Ambátt* gehen, obwohl sie die Frau seines Herzens war. Nur diese Frau, Thyra Danebod, war die Frau an seiner Seite. Sie hätte er heiraten und mit ihr hätte er Kinder haben wollen.

»Was soll das?«, fragte er immer noch verdutzt.

»Du sollst mich sofort loslassen!«, fuhr Thyra den großen geliebten Mann an. »Lass mich einfach nur gehen. Ich will sofort von Bord gehen!«

»Was willst du?« Nun wurde er auch langsam wütend.

Thyra warf ihr Haar zurück und starrte herausfordernd in sein Gesicht. Die Wut half ihr, vor seinen Augen nicht zusammenzubrechen und auf die Knie zu fallen.

»Du sollst mich sofort an Land zu meinem König bringen!« Kalt fuhr sie Gorm an, doch ihr Herz schrumpfte bei diesen Worten zu einem hässlichen Kriechtier zusammen.

Gorm kniff seine Augen zu Schlitzen, beugte sich leicht zu ihr hinab und funkelte Thyra zornig an. »Du willst also sofort zu deinem König?« Leise und drohend sprangen die Worte aus dem Mund.

Thyra schluckte und kämpfte mit ihren Tränen, doch ihre Stimme klang eisig, während sie sagte. »Sofort!«

Stolz stand Thyra vor Gorm und forderte den Häuptling der *Ascomanni* heraus.

»Du willst also sofort an Land!« Gorm baute sich vor Thyra auf.

»Spreche ich deine Sprache etwa so undeutlich?«

»Siguror!«, bellte Gorm über das gesamte Deck der *dreki* wie ein plötzlicher Wirbelsturm, ohne sich von Thyra abzuwenden.

»Siguror!«

Thyra stand vor ihm, biss ihre Zähne aufeinander und hoffte, ihr kümmerlicher Rest von Selbstbeherrschung würde vor ihm standhalten. Sie schluckte und schaffte es nicht mehr, ihn anzusehen, denn dann wäre sie zusammengebrochen. Stur blickte sie an Gorm vorbei, über das Deck der *dreki*, zur goldenen Wetterfahne am Mast hinauf. Die *vedrviti* bewegte sich leicht im lauen Wind.

»Siguror!«, brüllte Gorm erneut und Thyra zuckte zusammen.

»Was ist denn?« Verschlafen erschien sein Freund neben Gorm und kratzte seinen juckenden Schädel.

»Mache alles bereit«, befahl Gorm herrisch mit eisiger Stimme. »Wir wollen so schnell es geht unsere Geschäfte ...« Dabei spuckte er das Wort Geschäfte so geringschätzig aus, dass es Thyra einen schmerzhaften Stich durchs Herz jagte.

»Wir wollen unsere Geschäfte an diesem Ort, so schnell es geht, erledigen und dann werden wir von diesem stinkenden, verpesteten Königssitz verschwinden!«

Erstaunt sah Siguror von Gorm zu Thyra und wieder zurück.

»So schnell?«

Tief atmete Gorm ein und richtete sich zu seiner vollen, imposanten Größe auf. Ein gnadenloser, eisiger Blick traf seinen Freund.

Siguror war plötzlich hellwach.

‚Was ist denn hier los?', fragte er sich noch, denn er kannte Gorm. Und das war der Moment, in dem selbst ein Freund diesem Mann nie in die Quere kommen sollte. Noch bevor Gorm seinen Befehl wiederholen konnte, antwortete er.

»Sofort, großer *edl-ing-r*.« Er weckte eilig die Mannschaft und trieb sie aus ihren *húdfats*.

Gorm sah auf die störrische und so selbstbewusste Frau, die sich selbst jetzt von seiner Erscheinung nicht beeindrucken ließ. Stolz und herausfordernd blickte sie ihn an.

»In Kürze bist du an Land.«

Und genauso eisig erwiderte Thyra: »Dann hoffe ich, dass dort Pferde bereitstehen. Denn ich werde den Weg zum König nicht zu Fuß beschreiten!«

Gorm knirschte mit seinen Zähnen. Thyra sah, wie seine Wangenmuskeln spielten und sich seine Gesichtsfarbe zornig veränderte. Langsam beugte er sich zu ihr hinab, griff in ihren Nacken und drückte sie gnadenlos zu sich.

»Königstochter«, flüsterte er frostklirrend, doch sie konnte die Hitze seines Körpers spüren. »Du wirst deine Pferde bekommen!« Dann küsste er sie hart und schmerzhaft auf den Mund. Thyra schmeckte einen Hauch von Blut und roch seinen markant männlichen Duft. Sie konnte kaum atmen. Fühlte mit den Händen seine angespannten Muskeln unter dem Hemd. Jählings riss Gorm sich von Thyra los und diese fuhr mit der Zunge über ihre blutigen Lippen.

Gorm sah sie nur an. Mit einem Blick, der Thyra erschauern ließ.

Dieser kalte Blick war das Versprechen, dass sie ihn verloren hatte!

Sie hatte verloren! Die Liebe ihres Lebens, einen stolzen Krieger, einen hervorragenden Kämpfer, einen klugen Häuptling und – den glücklichen Vater ihrer ungeborenen Kinder.

Zügig drehte Gorm sich um und ging.

Allein und verlassen stand Thyra auf den harten Planken des Kriegsschiffes und sah dem *edl-ing-r* der *Ascomanni* nach.

»Nur ein Wort«, flüsterte sie todunglücklich mit tränenerstickter Stimme. »Ein einziges Wort von dir und ich wäre für immer bei dir geblieben.«

Schlagartig drehte sie sich um und sah der aufgehenden Sommersonne ins gleißende Gesicht.

* * *

Sie ritten auf zotteligen Pferden durch die beengten Gassen der zu dieser frühen Zeit bereits lärmenden Stadt. Der Widerhall der Pferdehufe an den Mauern der Häuser stimmte ein feuriges Stakkato, einen wirbelnden Trommelwirbel an, der sie viel zu schnell zum Zielort brachte.

Thyra ritt auf einem dunkelbraunen Islandpferd, sah über die buschigen Ohren des wippenden Kopfes auf Gorms Rücken, der vor ihr auf einem Falben ritt. Nicht ein Wimpernschlag glitt ihr Blick von diesem Mann.

Siguror ritt inmitten der Reiterkolonne und beobachtete Thyra und Gorm. Stirnrunzelnd schüttelte er den Kopf, so dass die geflochtenen Bartzöpfe hin und her wippten.

»Was ist zwischen den beiden nur vorgefallen?«, fragte er sich im Selbstgespräch. »Das sieht doch ein Blinder, dass sie sich lieben.«

»Es ist besser so.«

Erstaunt sah Siguror zur Seite. Ihm war nicht bewusst, dass er seine Worte laut ausgesprochen hatte.

Hafr ritt neben ihm und sah Siguror ernst an.

»Es ist besser so«, wiederholte er eindringlich und nahm die Zügel in die andere Hand.

»Soll er Bergdis heiraten. Sie ist schön, mit gebärfähigen Hüften und ...« Er sah Siguror vielsagend an. »Sie betet die richtigen Götter an. Das erspart uns viel Ungemach. Eine Angeln-Frau, die Frau eines Wikingers! Eines *edl-ing-rs*! Das würde Unmengen an Ärger bedeuten.«

Siguror ritt neben Hafr und beobachtete den massigen Nordmann. ‚Du hast auch allen Grund, diese Angeln-Frau zu hassen', dachte er, während vor seinem inneren Auge das Bild eines abgebrochenen, kümmerlichen und verschrumpelten Penis entstand, der es nie mehr schaffen würde.

Das Klacken der zahlreichen Pferdehufe begleitete die kleine Karawane durch die vom Sonnenlicht erwärmten Gassen der Stadt. Die Stadtbevölkerung presste sich eng an die steinernen Hausmauern oder sie flüchtete in die kreuzenden Gassen, um den königlichen Besuchern keinen Anlass zum Streit zu geben. Die Nordmänner sahen die ängstlichen und unterwürfigen Blicke der Ludúnirer und fragten sich erneut, mit welcher List diese Leute es geschafft hatten, Haesten in Benfleet zu besiegen, ihre mächtigen Kriegsschiffe zu zerstören oder zu erbeuten.

Sie ritten über einen bedeutungslosen Marktplatz, streiften kurz das Ufer der Themse, wo Waschfrauen mit einem Holzprügel und Knochenseife den Dreck aus der Kleidung schlugen und erreichten wenig später den Ort, wo die Übergabe der Geschenke und die Ablieferung der kostbaren königlichen Geisel erfolgen sollte.

Thyras Blick wanderte an der vom Sonnenlicht bestrahlten Felssteinwand des hohen Hauses entlang. ‚Das Geburtshaus meines Vaters. Wie passend!' Ironisch lächelnd stieg sie vom Pferd.

»Es ist keine Residenz«, raunte Siguror Gorm ins Ohr. »Dieser König beleidigt uns aufs Neue.«

»Hmmh«, brummte Gorm und warf die rechte Seite seines Umhanges über die Schulter, damit sein scharfes Schwert für jeden sichtbar wurde.

»Wir werden uns für Haesten, seine Frau und seine Söhne diese Schmach bieten lassen«, knurrte Gorm und Haesten sah den Freund dankbar an.

»Unsere Zeit wird kommen. Später!« Diese Worte schwebten wie eine Prophezeiung durch die Reihen der Wikinger.

Die *Ascomanni* schritten stolz durch die weit geöffnete Eingangstür, angeführt von einem Diener, der seine Schritte vor Angst und Ehrfurcht immer schneller werden ließ.

Thyra folgte stumm.

Erneut schossen Tränen in ihre Augen. Energisch blinzelte Thyra die salzige Flüssigkeit fort. Sie schritten durch den endlosen Korridor. An den Wänden begleiteten die Bilder ihrer Ahnen den Tross der Wikinger. Sie erkannte Egbert den Großen, König von Wessex und England, dann folgte Ethelwulf mit seiner Gemahlin Osburga, gefolgt von Ethelstan, dem Unterkönig von Kent, Essex und Sussex und Ethelbald, der 855 König von England gewesen war.

Mit weitausgreifenden Schritten folgte Thyra den wehenden Umhängen der *styrimannr*. Fast hätte sie das Bild ihres Vaters übersehen, das gleich hinter Ethelbert, dem König von Kent, Sussex und Surrey, an der Wand hing.

Nur kurz erhaschte Thyra einen Blick auf das Gesicht ihres Vaters, Ethelred, der dort mit ihren Brüdern Ethelhelm und Ethelwold gemalt an der rauen Wand hing. Die Flammen der Kerzen in den Kandelabern an der Wand flackerten vom Windzug, den die Männer auf dem Korridor hinterließen, und erloschen genau vor dem Gemälde König Alfreds.

Eilig ging der Tross voran und schritt durch eine ausladend zweiflügelige Tür, die in einen gigantischen, lichtdurchfluteten Raum mit stattlichen Fensterflügeln führte.

Scharf sog Thyra die abgestandene Luft ein. Dies war der offizielle Festsaal des Hauses. Nur zu besonderen Anlässen wurde dieser Raum in der kalten Jahreszeit von den vier

Kaminen, die nach Norden, Osten, Süden und Westen ausgerichtet waren, erwärmt. Heute fiel das Licht der Sonne durch die weit geöffneten, monumentalen Fensterflügel und Tageslicht und Sonnenwärme strömte hinein.

»Seid gegrüßt. Nordmänner, Reisende der Meere«, dröhnte die Stimme von Edmy, dem Herold des Königs, den Besuchern zu. Ohne eine Miene zu verziehen, stand er vor den gefürchteten Barbaren und versperrte ihnen den Blick auf seinen König.

Thyra erhaschte einen Blick auf Edmy, ihren Freund aus Kindertagen und lächelte ihm zaghaft zu. Er erkannte sie, doch als Oberhaupt der Dienerschaft erfüllte er seine Aufgabe perfekt. Nur ein kurzes Flackern der Augenlider gestattete er sich zur Begrüßung der Tochter des verstorbenen Königs Ethelred.

»Edmy«, hörte Thyra die Stimme ihres Onkels. »Lasse die Besucher vortreten!«

Edmy wich rückwärts zur Seite und ermöglichte den Wikingern den freien Zutritt zum König. Alfred saß auf seinem legendären, stilvoll aus Ebenholz geschnitzten Stuhl mit einer gigantischen, verzierten Rückenlehne. Doch der König erhob sich nicht, um die Nordmänner zu begrüßen. Erstaunt sog Thyra die Luft durch die zusammengebissenen Zähne.

»Kein gutes Zeichen.«

»Ich bitte Euch«, sagte er und breitete seine Arme aus, »setzt Euch zu mir an meine gedeckte Tafel und speist mit mir!«

Gorm, Siguror und auch Haesten warfen einander einen kurzen, warnenden Blick zu, bevor sie sich an den Tisch des angelsächsischen Königs setzten.

Auch Thyra setzte sich, ließ ihren Onkel jedoch nicht einen Augenblick aus den Augen. Mit Erstaunen sah sie seinen fassungslosen Gesichtsausdruck.

‚Wusste er denn nicht, dass ich heute komme?'

Doch der König beherrschte rasendschnell seine Gesichtszüge und lächelte Haesten zu.

»Mein Freund Haesten, Ihr seid schnell wieder genesen. Ihr ahnt nicht, wie sehr es mich freut, Euch gesund zu sehen.«

Haesten nickte »Auch ich freue mich, Alfred, dass ich Euch gesund und in prächtiger körperlicher und geistiger Verfassung an dieser Tafel sitzen sehe.«

Ein kurzes Aufflackern der Augen des Königs ließ Gorm wachsam sein Messer am Gürtel zurechtrücken. Doch der König hob den mit goldschimmerndem Wein gefüllten Trinkbecher und rief über die Tafel seinen Gästen zu.

»Mögen wir einen friedlichen und erfolgreichen Tag miteinander verbringen!«

Die Wikinger hoben ihre Becher zum Gruß und leerten sie in einem Zug. Doch mehr würden sie heute nicht trinken - im Fuchsbau ihres hinterlistigen Feindes. Heute waren sie äußerst wachsam.

Edmy gab der Dienerschaft ein Zeichen und die Diener reichten den Gästen Teller, gefüllt mit duftendem Fleisch und dampfendem Gemüse. Flink füllten die Dienstboten die Weinbecher. Der goldene Wein jedoch versickerte heimlich und geschickt verborgen vor den Blicken der Angelsachsen unter den Tischen zwischen den Ritzen der flach behauenen Steine. Nur die duftenden, nassen Flecken auf dem steinernen Boden zeugten von dem vermeidlichen Ungeschick. Die Zeit verrann mit höflichem Geplänkel und trivialem Gerede, bis die Speisen von der Tafel verschwunden waren.

Nach außen hin ruhig lehnte Gorm sich im Stuhl zurück und wartete. Gespannt saßen die *Ascomanni* an der königlichen Tafel, lauernd, abwartend und bereit, sofort ihre Messer und Schwerter zu ziehen.

»Nun«, stocherte Alfred mit einem Fingernagel zwischen seinen Zahnlücken herum, um die quälenden Fleischreste dazwischen zu entfernen. »Habt Ihr Eure Geschenke dabei?«

»Wollt Ihr sie sehen?«, fragte Gorm angespannt.

Zur Antwort glitt nur ein Lächeln über das Gesicht des Königs. Aber seine Augen erreichte diese freundliche Aufforderung nicht.

»Bringt sie herein!«, forderte Gorm.

Die monumentale zweiflüglige Tür wurde geöffnet und Segel, Taue, Felle, Kleider, Schalen und die seltenen, farbenfrohen Perlen aus Glas und Bernstein aus *haidabýr* wurden hereingebracht.

Langsam erhob sich König Alfred von seinem hohen Lehnstuhl und schlenderte abschätzend durch die kostbaren Gaben hindurch. Fühlte die Qualität der Felle, prüfte die Taue und die Festigkeit der Segel. »Prächtig! Gute Verarbeitung!«, lobte er die Güter. Seine Finger glitten über die Perlen und genüsslich ließ er sie klirrend in die Schale fallen. »Schöne Perlen.« Sein Blick glitt zu Thyra, seiner Nichte. »Und wie ich sehe, habt Ihr sogar noch eine Perle des königlichen Hofes dabei.«

Thyras Herz schlug bei den Worten ihres Onkels Alfred sofort einige Takte schneller.

Gorm erhob sich ebenfalls und schritt, wie der König vor ihm, durch die endlosen Reihen seiner Tributzahlungen. Als er ihn ansprach, stellte der Wikingerhäuptling sich neben den König.

»Sie ist unser besonderes Geschenk an Euch«, knurrte er, während er zornig Thyra in die Augen sah.

‚Du hättest meine Frau werden sollen! Doch du ziehst es ja vor, den Machenschaften deines Königs zu dienen, der deinen Körper verschenkt! Willst lieber einem alten, fetten Fürsten deine Kinder schenken!'

Thyra erwiderte seinen messerscharfen Blick.

‚Ein Wort von dir – und ich wäre geblieben! Aber du wirfst mich fort. Weil der Tribut, den du für mich erhältst, wertvoller ist!'

Amüsiert beobachtete König Alfred das wortlose Duell.

»Ja. Thyra Danebod hat es schon immer verstanden, die Menschen in ihrer Umgebung zu beeinflussen.«

Thyra riss ihre Augen auf und starrte jetzt ihren Onkel erstaunt und ebenso erbost an.

‚Was hat denn diese Äußerung zu bedeuten? War ich nicht immer eine gehorsame Tochter und Nichte?'

Sie sagte kein Wort, doch ihr Blick erzählte alles.

Lächelnd griff der König Gorms Arm.

»Seht, wie ihre Augen funkeln. Sie ist wahrlich keine einfache Frau.«

»Das ist sie bestimmt nicht!«

»Ah, der große Häuptling der Nordmänner hat meine Nichte näher kennengelernt?«

»Flüchtig.« Gorm wandte sich ab und versuchte, das Gespräch in eine andere Richtung zu leiten.

»Wie gefallen Euch unsere Geschenke? Entsprechen sie Euren Vorstellungen?«

»Vortrefflich. Hervorragend! Das handwerkliche Geschick Eures Volkes und die Qualität der Materialien sind exzellent. Ach ja!«, äußerte er und tat, als ob es ihm gerade erst einfiel. »Edmy. Hole die Frau und die Patensöhne von mir und Ethelred.« Entschuldigend sah er in Haestens Richtung. »Verzeiht!«, richtete er sein Wort an den Anführer der Wikingerflotte von Benfleet. »Ich vergaß. Ich hoffe, Ihr nehmt es mir nicht übel?«

»Aber nein, König der Angelsachsen! Warum sollte ich?«, beschwichtigte Haesten mit einem breiten Lächeln. Doch seine Gedanken sprachen eine vollständig andere Sprache.

‚Du boshafter Mann! Das zahle ich dir zigfach zurück!'

Doch als die Tür erneut geöffnet wurde, hatte Haesten nur noch Augen für seine Frau und seine Söhne.

»Att-i!«,[241] riefen seine beiden Söhne und stürmten in ausgebreitete Arme. »Att-i.«

---

241 Vater.

»Haengr. Haeningr«, umarmte Haesten seine Söhne und blinzelte die Tränen fort. Dann blickte er hoch und sah direkt in die glücklichen Augen seiner Frau.

‚Für dich nehme ich jede Schmach mit Freude entgegen', dachte er und nahm seine Frau in die Arme. Ungeniert küsste er Una auf ihren strahlenden Mund.

»Ich danke dir«, flüsterte Una unter Tränen. »Ich danke dir.«

»Ist es nicht schön, so eine glückliche Familie zu sehen!«, spottete Alfred. »Ich liebe es.«

»Ja«, antwortete Gorm, der an Thyra dachte.

»Schade, dass sie so lange getrennt voneinander leben mussten.« Alfred wollte sich gerade setzen, doch Gorm hielt ihn zurück.

Umständlich nestelte Gorm aus seinem Lederbeutel eine Kette mit einem Amulett hervor.

Thyra sog zischend die Luft ein. ‚Meine Kette!' Aber rechtzeitig biss sie sich auf die Lippen. Kein Ton kam aus ihrer Kehle.

»Was habt Ihr da?«, wollte Alfred wissen. »Noch eine Tributzahlung?«, stichelte er. »Ohne dass ich diese von Euch forderte. Wie nett!«

Gorm hielt die Kette in die Höhe. Sie baumelte jetzt direkt vor Alfreds Augen. »Ich nahm sie der Frau, die Ihr Thyra nennt, ab, als wir sie in Oxfordshire gefangen nahmen. Sie behauptete, es sei ihr Amulett, was sie als Königstochter des verstorbenen Königs Ethelred mit seiner Gemahlin Wulfthryth und somit als Eure Nichte ausweist.«

Die Kette baumelte im Sonnenlicht und Thyra beherrschte sich aufs Äußerste. ‚Du Bastard! Du heidnischer Lump!'

Der König griff gelangweilt die Kette und besah sich flüchtig das Amulett. Ein kurzes Lächeln glitt über seine Lippen. »Wenn sie es sagt«, meinte er süffisant und betrachtete Thyra. »Dann wird es wohl stimmen. Sie ist die Tochter meines verstorbenen Bruders Ethelred.« Er ließ das Amulett los und wieder schwebte es im Licht der Sonne.

Thyra sprang nach vorn, griff zu und packte ihre Kette.

»Danke«, zürnte sie angriffslustig und band ihre Kette nach langer Zeit wieder um ihren Hals. Nachdenklich sah Gorm Thyra an und die folgenden Worte wollten kaum über seine Lippen. Doch er sagte sie. »Dann bringen wir Euch Eure Nichte, Thyra Danebod, zurück. Sie fiel uns in Oxfordshire in unsere Hände.«

Ernst sah Alfred seine Nichte an und sagte abweisend: »Ich dachte mir so etwas schon.«

Gorm horchte bei den Worten auf. »Ihr dachtet Euch so etwas schon?«

»Ja«, antwortete Alfred kurz und entzog sich Gorms Griff. Langsam ging er zu Thyra. »Mein Täubchen, meine Lieblingsnichte, meine Wölfin, die sich immer wieder meinen Anweisungen entzieht.« Fest packte er Thyra am Kinn und zwang sie, ihn direkt anzublicken. Gorm musste sich zwingen, ruhig zu bleiben, als er sah, wie grob der König mit Thyra umging.

»Thyra, mein Augenstern, der ich über viele Jahre immer wieder empfohlen habe, meinen Besitz zu mehren, indem sie einen meiner begüterten Fürsten heiratet.« Abrupt ließ er ihr Kinn los und sah grimmig in die böse funkelnden Augen seiner Nichte. »Doch was soll ich Euch sagen?« Er richtete sein Wort wieder an Gorm. »Sie hat sich mir immer wieder widersetzt!«

‚Ach! Dir auch?'

»Kein Fürst war für diese Dame geschaffen. Nie gehorchte sie meinem Befehl.« Sanft streichelte er ihr glänzendes Haar, doch Thyra graute es bei dieser Berührung. Ihr war nicht wohl bei der Wortwahl ihres Onkels.

Was hatte er vor?

»Jeder Fürst und jeder Graf, einer nach dem anderen, ehelichte ein anderes Weib.« Er zuckte mit der Schulter. »Zudem starben bei der Schlacht um Benfleet ...«, dabei sah er leidend zu Haesten,»... so viele treue Edelmänner aus meinem königlichen Gefolge.«

»Was wollt Ihr andeuten?«

»Andeuten! Ich deute nie etwas an!«, donnerte er los und begab sich zu seinem Platz.

Ruhig setzte er sich in seinen Lehnstuhl, als ob er nie zuvor seine Fassung verloren hätte. Auch Gorm begab sich nachdenklich zu seinem Platz.

»Ist Thyra Danebod nicht die Tochter Eures Bruders Ethelred?«, fragte er leichthin.

»Gewiss, gewiss«, antwortete Alfred mit einer wegwerfenden Handbewegung. »Thyra ist seine fünfte und jüngste Tochter. Und was soll ich sagen?« Er lehnte sich zurück und sämtliche, vorher gut getarnte Gutmütigkeit fiel vom König ab. »Sie hat keinen Wert mehr für mich!«

Thyra erstarrte fassungslos.

»Keinen Wert mehr!« Drohend richtete Thyra sich auf und sah kampfbereit in die kalten Augen ihres Onkels, der ihren Blick schonungslos zurückwarf.

»Mein Täubchen, mein Augenstern.« Er lächelte wölfisch. »Gehe mit den heidnischen Wikingern und bete deren Götter an. An meinem Hof bist du nicht mehr erwünscht.«

»Nicht mehr erwünscht«, wiederholte sie diese Demütigung. Langsam richtete Thyra sich zur vollen Größe auf. Bleich sah sie in die Augen ihres als Kind so geliebten Onkels.

»Ich bin hier nicht mehr erwünscht!«, versuchte sie mit leiser und dennoch starker Stimme, die Verbannung vom Hof zu verarbeiten.

»Edmy! Thyra Danebod möchte den Saal verlassen."

Allmählich begriff Thyra die Tragweite dieser Worte. Ganz allmählich erkannte sie das tückische Spiel des Königs, ihres Onkels.

»Ihr verbannt mich vom königlichen Hof!«

»Edmy«, wiederholte Alfred nörgelnd seinen Befehl.

Thyra schüttelte die Hand des Dieners wie einen schleimigen Blutegel ab.

»Fass mich nicht an!«

Gemessenen Schrittes trat sie in die Mitte des Festsaales. Jedes Augenpaar war auf Thyra gerichtet, wartete mit Spannung auf das Ende des Schauspiels. Bedeutsam sah Thyra jeden Gast intensiv an, vergewisserte sich, dass jeder Nordmann und jeder Angelsachse ihren Worten lauschte, um sie weit über das Land zu tragen. Weit über die Grenzen ihrer Heimat hinaus.

Zornig blickte sie für einen kurzen Moment auf den Boden, sammelte ihre Gedanken, holte Atem, spannte ihren Rücken, hob ihren Kopf und richtete den undurchdringlichen Blick einer feindlichen Herrscherin auf den König.

»Ich bin von königlichem Geblüt!« Laut und klar klang ihre Stimme im Saal. »Ich bin die Tochter des Königs Ethelred von Wessex und seiner Gemahlin Wulfthryth. Und ich werde gehen.« Tief hob und senkte sich Thyras Brustkorb. »Doch ab dem heutigen Tage werde ich Euch bekämpfen.«

»Du bist eine Frau!«, höhnte der König und lachte hämisch. »Wie will eine Frau mich, den König, bekämpfen?«

»Ja, ich bin eine Frau! Und Ihr werdet an meine Worte denken. Ihr werdet Eure heutige Tat bitter bereuen!«

Tief atmete sie die stickige Luft im Saal ein und jäh wurde ihr von den vergifteten Ausdünstungen speiübel.

Unbeugsam stand sie in der Mitte des Raumes, hinter ihr die Tributgaben der Wikinger. Noch einmal sah sie in das Gesicht ihres Onkels und dann – sah sie Gorm. Sah, wie seine grauen Augen kurz aufflackerten wie ein Versprechen.

Doch nur für einen kurzen Moment weilte ihr Blick auf dem *styrimannr*, dann sah sie hasserfüllt auf das herablassende Gesicht ihres Onkels und prägte sich dessen Gesichtszüge genau ein. Sein schütteres Haar, seinen harten, drohenden Blick und die gebieterische Stimme, mit der er sie so demütigte. Thyra schluckte, drehte sich hoheitsvoll um und ging.

Elegant, mit der anmutigen Bewegung einer stolzen, ungebrochenen Frau schritt Thyra aus dem Saal. Nur ihre Tritte waren zu hören. Sie spürte sämtliche Augen der Männer auf ihrem Rücken und befahl sich Beherrschung.

Gorm sah ihr mit Achtung nach.

‚Du hast Mut', dachte er, lehnte sich nachdenklich zurück und langsam zog ein Lächeln über sein Gesicht.

Siguror betrachtete Gorm grinsend und sagte zuversichtlich: »Offensichtlich hatte Sjöfn, unsere Liebesgöttin, hier ihre Finger im Spiel.«

Erstaunt richtete Gorm den Blick auf seinen Freund.

»Wenn du es sagst«, grinste er und sah zur Tür, die sich hinter Thyra schloss.

»Ich muss gehen.« Gorm stand auf und konnte seine Freude Siguror gegenüber kaum verbergen.

»Du solltest dich beeilen, großer Freund«, neckte Siguror. »Du kennst doch die schnellen Beine dieser Frau.«

Gorm nickte Una, die strahlend neben Haesten saß, freundschaftlich zu.

»Haesten. Ich muss gehen«, richtete er sein Wort an den Wikingerführer. »Ich überlasse es jetzt deinem Verhandlungsgeschick, deine *styrimannr* und die erbeuteten Kriegsschiffe auszulösen.«

Er warf einen prüfenden Blick auf die kostbaren Tribute.

»Unsere Schicksalsgöttinnen spielen mit uns«, brummte Haesten. »Skuld treibt die Schulden ein und Werdandi spielt mit unserer Zukunft nach Belieben. Und Urd.« Er schüttelte leicht seinen Kopf. »Urd erzählt uns nichts über unser Schicksal. Doch ich bitte Snotra, unsere Göttin der Klugheit und der feinen Manieren, mir bei den Verhandlungen mit diesem listigen König beizustehen und ich flehe unsere Asin an, ihre schützende Hand über unsere Verträge und Abkommen zu halten.«

Gorm legte freundschaftlich seine Hand auf Haestens Schulter. »Unsere Göttinnen und Götter werden mit uns sein.«

Gorm ging, ohne einen Blick auf den König zu werfen, aus dem Saal.

Verärgert blickte Alfred dem Häuptling nach.

»Diese Wikinger haben keinen Anstand«, zürnte er und trank den Wein. Doch seine Augen blinzelten kaltblütig über den Rand des Weinkelches auf die nordischen Eindringlinge in seinem Land.

* * *

Thyra rang um Selbstbeherrschung! Als die schwere Tür hinter ihrem Rücken ins Schloss fiel, flossen die zurückgehaltenen Tränen. Sie rannte den langen Korridor entlang.

»Ich habe keine Familie mehr. Meine Familie ist tot!« Mit dem Ärmel ihres Kleides wischte sie den Tränenstrom von den Wangen.

Trotzig sah Thyra hinauf zu den lebensgroßen Bildern an der kalten Wand. Sie rannte vorbei an der langen Ahnenreihe, der sie angehörte und erreichte das Ende des Korridors und das hölzerne Portal des Einganges. Zwei Diener öffneten eilig die Tür. Doch Thyra drehte sich zu ihnen um und kraftvoll ertönte ihre Stimme in dem kalten, langen Korridor.

»Jetzt nicht mehr!«, rief sie den leblosen Gesichtern entgegen. »Jetzt gehöre ich nicht mehr zu euch und ihr nicht mehr zu mir! Ich gründe meine eigene Dynastie!«

Mit hocherhobenem Haupt schritt Thyra zur Tür hinaus in das warme Sonnenlicht auf den weitläufigen Platz vor dem

Geburtshaus ihres Vaters und ihrer Familie, einverleibt von König Alfred.

Thyra ahnte nicht, dass ihre Worte ihre Zukunft werden würden.

* * *

Haesten sah König Alfred mit klarem Blick an. »Da habt Ihr ja gekonnt Eure Mitgiftzahlung eingespart und sie aus Eurem Land verwiesen.«

»Habe ich das?« Nachdenklich lächelnd trank Alfred einen Schluck des Weines.

»Und den Ärger, endlich dieses widerspenstige Weib mit einem Mann zu verehelichen, wo doch so viele Eurer Gefolgsmänner jetzt im Kampf um Benfleet gestorben sind.« Haesten tat gelangweilt.

»Meint Ihr?«, lauerte Alfred und sah Haesten das erste Mal an diesem Tag direkt in die Augen.

»Meine ich«, erklärte Haesten ruhig. »Dieses Weib hat sich schon viel zu lange Euren Befehlen widersetzt. Sie ist doch sicher schon über zwanzig Sommer alt.«

»Zweiundzwanzig«, gab der König leichthin Auskunft.

»In dem Alter wird es durchaus schwierig, sie zu verheiraten. Aber wir nehmen diese alte Jungfer mit und werden Euch für immer von dieser Plage erlösen und somit könnt Ihr die wertvolle Mitgift, die einer Königstochter zusteht, für Eure eigenen – gewinnbringenden – Zwecke einsetzen.« Haesten stocherte mit der scharfen Messerspitze in seinem saftigen Fleischstück herum.

Alfred setzte sich gerade in seinem hohen Lehnstuhl und wartete.

»Was wollt Ihr?« Lauernd betrachtete Alfred den heidnischen Gegner, dessen ältester Sohn sein Patensohn war.

»Meine Schiffe und meine *styrimannr* mitsamt meinem gestohlenen Heer!«, brach es laut aus Haesten heraus.

»Ahhh.« Überlegend lehnte Alfred sich zurück. »Ihr wollt also mein Beutegut.«

»Meine Schiffe.« Haesten tat ruhig, doch in ihm brodelte es.

»Meine Schiffe!«, betonte Alfred.

»... und alle meine Nordmänner«, erweiterte Haesten erneut seinen Anspruch.

»Hmmm.« Alfred strich sich mit der linken Hand übers Kinn. »Das ist ein hoher Preis – für eine alte Frau.«

»Ein kleiner Preis«, widersprach Haesten und sah listig in die Augen des Widersachers. »Wenn man bedenkt, dass ich Euch von einer Königstochter befreie, die Euch in Eurem Land mächtigen Ärger bereiten könnte.«

»Ärger! Eine Frau!«, lachte Alfred.

»Diese Frau hat mächtige Verbündete«, lächelte Haesten herablassend.

»Wen denn?«, brauste Alfred auf.

»Uns Wikinger. Somit Feinde in Eurem eigenen Land. Feinde an Euren Grenzen. Feinde ...« Er sah angriffslustig auf. »Soll ich weiter zählen?«

»Jeder König hat Feinde«, winkte Alfred gelangweilt ab.

»Und jeder Feind weniger ...«, wollte Haesten aufzählen, doch er wurde vom König unterbrochen.

»Also gut! Einige Eurer Schiffe mit Euren Leuten gehen in Eure Hände.«

»Alle!«, forderte Haesten kategorisch.

»Einige! So viel ist keine Frau wert, noch nicht einmal die streitbare Tochter eines toten Königs.«

»Das stimmt. Keine Frau ist so viel wert«, erklärte Haesten freimütig. »Doch diese ist eine besondere Frau. Sie könnte viel Macht erlangen, wo sie doch keine Kinder hat, die sie dazu zwingen, das Heim und ihre Bälger zu hüten.«

»Ach«, winkte Alfred nun doch etwas nervös ab. »Ein Kind soll kein Hindernis sein.«

»Das geht schnell«, lachte Haesten und sah seine Frau liebevoll an. »Doch Ihr habt gerade eben sämtlichen Einfluss über dieses Weib von Euch gewiesen.« Er wurde langsam zornig und ungeduldig, doch Haesten war darin geübt, seine Ungeduld zu bezwingen und wartete.

»Edmy!«, forderte der König schneidend. »Schenkt mir und unseren Gästen noch etwas Wein ein.«

Es war totenstill im Saal. Niemand wagte, das Wortgefecht der einflussreichen Männer zu stören. Kaum jemand aß von den Gerichten oder trank Wein. Eine erdrückende Stille lastete im Raum, bis Alfred sie plötzlich unterbrach.

»Also gut!« Der König schmiss seinen Becher über den Tisch auf den kalten Steinboden, wo der Rebensaft eine dunkle Pfütze bildete.

»Sie gehören Euch. Alle!« Er sprang aus seinem Stuhl. Zornesrot sah er Haesten an. »Nimm dein Weib und nimm deine Söhne sowie deine Schiffe mit deinen Wikingern und verschwinde von meinem Land!«

»Wir werden ins dänische Danelag gehen«, meinte Haesten tonlos.

Alfred schnaufte, während sein Brustkorb sich bei jedem Atemzug heftig hob und senkte. »Und nehmt dieses störrische Weib, die Tochter meines toten Bruders, mit! Ich will nie mehr etwas von dieser Frau hören, geschweige denn sehen!«

»Das werden wir.« Haesten erhob sich und nahm ebenfalls seinen Weinbecher. Genüsslich leerte er den vergorenen Traubensaft.

»Ich will nie wieder einen von Eurem Blut auf meinem Land sehen!« Leise fauchte Alfred die Drohung. »Sie würden mit ihrem Blut meine Felder tränken.«

Das laute Scharren von vielen Füßen ertönte im Saal. Die dänischen Wikinger standen nun und hoben die Becher.

»Auf unsere Verhandlungen!«, brüllten dunkel drohende Männerstimmen. Dann warf jeder den Becher fort und laut scheppernd rollten sie übereinander polternd über den Boden.

»Bei Odin«, brüllten die Wikinger, Berserkern gleich.

Unzufrieden stand Alfred an einem der hohen Fenster und sah hinaus. Abschätzig winkte er. »Ich werde Euch Eure Schiffe zukommen lassen. Ihr dürft gehen.« Er entließ seine Feinde aus dem Saal. »Alle!«, kam schneidend der Befehl.

Haesten verbeugte sich ehrgebietend. »Wir werden Euch immer als einen großen König mit einem hervorragenden Verhandlungsgeschick in Erinnerung behalten.« Er meinte es so, wie er es gesagt hatte.

Schnell war der Raum von den Wikingern gesäubert. Schnaubend stand Alfred auf, kreuzte seine Hände hinter dem Rücken und starrte aus dem Fenster auf die Straßen seiner Stadt. Er lächelte leicht, denn er dachte an all die Ländereien, die jetzt immer noch ihm gehörten und mit denen er seine Gefolgsmänner bezahlen und ein Leben lang deren Gunst erkaufen konnte.

»Ein lächerlicher Preis für so viele Ländereien«, laut lachte er auf. »Diese einfältigen Nordmänner!«

* * *

Gorm rannte durch den Korridor und sah Thyra, wie sie gerade auf eines der zotteligen Pferde stieg.

»Thyra!«

Erschrocken drehte sie sich um und riss die Augen auf, als sie Gorm erkannte. Sofort schlug ihr Herz schneller, was sie aufs Äußerste verärgerte.

»Was willst du?«

»Du bist immer noch meine *Ambátt*«, meinte Gorm mit ernster Stimme, doch seine strahlenden Augen straften seine Worte Lügen.
»Ich – bin – deine – Sklavin!« Thyra spuckte die Worte aus und betonte vor Wut jedes einzelne.
»Ja«, erklärte Gorm und stieg aufs Pferd. »Und du kommst mit mir.«
Thyras Augen funkelten vor Zorn, Wut und unbändiger Streitlust vor dieser erneuten Demütigung. Langsam ritt Gorm neben Thyra und bemerkte, wie sie vor Groll mit den Zähnen knirschte. Ohne darauf einzugehen, fing er an, Thyra ihren zukünftigen Lebensablauf zu erläutern.
»Als meine *Ambátt* hast du viele Privilegien.«
»Ach!« Ihr Gesicht erbleichte noch eine Nuance mehr.
»Du darfst mein Bett mit mir teilen.«
Er wartete und beobachtete Thyra aus seinem Augenwinkel, während er so tat, als würde er konzentriert auf den Weg achten. Er sah, wie sie heftig die Luft einsog und sich aufs Äußerste beherrschte, um ihn nicht sofort zu erschlagen.
»Du wirst mein Haus pflegen, Essen zubereiten, Kleidung nähen, ...«
Weiter kam er nicht. Lächelnd unterbrach sie seine Ausschweifungen.
»Mein lieber Häuptling, ich glaube, deine Vorstellung von der gemeinsamen Zukunft stimmt nicht mit meiner überein.«
»Ach?«
Sie sah ihn niederschmetternd an.
»Aber du bist meine *Ambátt*«, freute er sich.
»Das bin ich nicht.«
»Ach!«
»Aber ich weiß, dass eure Sklaven ihre Freiheit wiedererlangen können. Als Krieger!«
»Männer können es. Männer erstreiten sich Ruhm und Reichtum. Sie dienen den Mächtigen, den Häuptlingen, den

Königsdrengiren. Sie fahren mit ihnen über die Meere von Küste zu Küste, erobern fremde Länder und unterwerfen die Völker. Bis ein *Ambátt* seine Freiheit wiedererlangt, vergehen Jahre! Einige sterben, bevor sie *húskarl* sind, freie Männer. Oder ihre vorher gesunden, kräftigen Körper werden verkrüppelt, weil sie in den Kämpfen so schwer verletzt wurden, dass sie selbst die einfachsten Feldarbeiten nicht mehr ausüben können. Einige Männer können, wenn sie geschickt sind, vielleicht noch ein leichtes Handwerk erlernen. Doch das sind die Wenigsten!« Gorm sah Thyra eindringlich an. »Unsere *húskarl* bilden zusammen mit den *drengiren* das Gefolge der einflussreichen Häuptlinge und stehen ihnen bei allen Unternehmungen bei. Es sind *het-ja*.[242]«

Thyra lächelte Gorm wissend an. Er ahnte nicht, was sie jetzt sagen würde.

»*Het-ja*«, lächelte Thyra. »Mutige Krieger.«

Er nickte. In der Ferne sah Gorm die Wipfel der Schiffsmasten.

»Dann werde ich eine *het-ja*!« Sie erschlug ihn fast mit ihren Worten.

»Du bist eine Frau!«

»Ich weiß.« Thyra lächelte ihn herausfordernd an und warf ihm einen bezaubernden Augenaufschlag zu.

Zornig sah Gorm Thyra an. Er musste sich sehr beherrschen, bevor er diese Worte sprach: »Du bist meine Sklavin und du bist eine Frau!«

»Ja, das bin ich.« Thyra lächelte grimmig und säuselte mit sanfter Stimme: »Gerade du solltest es wissen!«

»Du wirst nicht auf große Fahrt gehen und dort gegen die feindlichen Krieger anderer Häuptlinge kämpfen! Das verbiete ich dir!«

»Du kannst es mir nicht verbieten.« Thyra lächelte und es gehörte eine gehörige Portion Gelassenheit dazu, so ruhig zu

---

242 mutige Krieger.

bleiben. »Eure Gesetze erlauben es jeder *Ambátt*, sich die Freiheit zu erkämpfen.« Thyra war wirklich sehr nervös. Das Pferd unter ihr spürte die Unruhe und fing zu tänzeln an.

»Aber ...«, fauchte Gorm weiß vor Wut, dennoch mit gedämpfter Stimme. »Du – bist – eine – *engl-a-r.*«[243] »Das war ich«, stellte Thyra beißend fest. »Ich war eine Angeln-Frau! Gerade eben hat mein Onkel, der König, mich von sich gestoßen!« Sie presste fest ihre Lippen zusammen und atmete heftig. Das Pferd tänzelte auf der Hinterhand und stieg mit den Vorderbeinen schlagend in die Höhe. Thyras Wut übertrug sich auf das Tier.

Erschrocken griff sie in die buschige Mähne und lehnte sich gegen seinen warmen Hals.

»Und ...«, keuchte sie, als das Pferd wieder festen Boden unter den Hufen hatte. »Ab dem heutigen Tage ist dieser König Alfred, der jüngere Bruder meines verstorbenen Vaters, mein Feind. Mein Feind, den ich mit allen Mitteln bekämpfen werde!« Zornig sah sie Gorm an, der Thyra mit gemischten Gefühlen betrachtete.

»Du bist eine mutige Frau. Doch wie will eine Frau einen König bekämpfen?«

»Es gibt viele Wege.«

»Ja, den einer Kriegerin! Hast du schon jemals gekämpft? Ein Schwert geführt? Oder einen Menschen gerochen, dem du gerade mit deinem scharfen Messer durch einen sauberen Schnitt an der Kehle die Luft zum Atmen nahmst? Gesehen, wenn dein Feind dich ein letztes überraschtes Mal mit fassungslosen, toten Augen anstarrt! Weißt du, wie das riecht, wenn er dir in die Arme fällt und in kurzer Zeit dieser warme Leib kalt sein wird?«

---

243 Engländerin, Angelsächsin.

»Ich werde es lernen.« Thyra starrte die schmale Straße entlang. ‚Diese Häuser werde ich für eine lange Zeit nicht mehr sehen', verabschiedete sie sich.

»Du wirst es lernen!«, schnaubte Gorm. »Weißt du, wie lange es dauert, ein guter Krieger zu werden?«

»Ich werde es lernen.«

Gorm verstummte wutschnaubend.

Wortlos ritten die zwei durch die schmale Häusergasse. Gorm hörte kaum den gleichmäßigen Takt der Pferdehufe auf der festgetretenen, trockenen Lehmstraße.

»Frauen können in eurem Volk Kriegerinnen werden«, sagte Thyra mit energischer Stimme.

Gorms Zähne knirschten vor Zorn und er fragte sich, woher sie dieses Wissen hatte.

»Ich werde eine Kriegerin, eine *het-ja*!«

»Bisher bist du eher ein verwöhntes Weib«, urteilte Gorm.

Sie erreichten den Hafen. Gorm stieg vom Pferd und schritt zu Thyra, packte grob ihre Taille und hob sie vom Pferd herunter.

»Bist du dir da ganz sicher?«

Thyra nickte. »Ganz sicher.«

Langsam ließ er sie zwischen sich und dem Pferd zu Boden gleiten. Thyra hatte keine Möglichkeit, auszuweichen. Ihr Herz klopfte.

‚Wie widersinnig!', schoss es ihr durch den Kopf. Sie genoss mit jeder Faser seinen warmen und muskulösen Körper.

»*Het-ja*.« Nachdenklich betrachtete Gorm die Frau in seinen Armen.

»Du bist eine ungewöhnliche Frau.«

Thyra lächelte ihn an. Gorm ließ sie nicht los. Nervös drehte Thyra den Kopf hin und her. Rechts von ihnen die Schiffe mit der gesamten, schaulustigen Besatzung und zur linken Seite die Häuser des Hafens.

»Gorm, wir stehen mitten auf dem Ludúnirer Landungsplatz!«

»*Het-ja.*«

»Kannst du auch etwas anderes sagen?« Thyra wurde immer unruhiger. Hinter ihrem Rücken begrenzte sie das Pferd und vor ihr stand der stattliche *edl-ing-r* der *Ascomanni*.

»Wir können uns auch an Bord über weitere Zukunftspläne unterhalten.«

Er ignorierte den Einwand völlig.

»Gorm!« Thyra fing das Zappeln an. »Wir können hier nicht ewig so stehen bleiben!«

Er grinste. »Dann ist es also abgemacht.«

»Was?«

Thyra hatte das wahnsinnig ungute Gefühl, dass er sie nicht nur körperlich in die Enge trieb.

»Du wirst meine *het-ja*!«

»Was werde ich?« Sie boxte dem Pferd in die Seite, worauf es zur Seite trat. Erleichtert atmete Thyra durch und stellte eine Spur befreiter fest: »Ich werde eine *het-ja*?«

»Meine! Anders geht es nicht.« Gorm küsste Thyra auf den Mund.

»Gorm«, tadelte Thyra nuschelnd mit seinen Lippen auf ihrem Mund und drehte ihre Augen zur *dreki*. »Deine *drengire* und *húskarl* beobachten uns.«

Unvermittelt löste Gorm sich von seiner Kriegerin, so dass Thyra fast vornübergefallen wäre. »Dann wollen wir dieser heidnischen Mannschaft meine *het-ja* mal vorstellen.«

Er packte Thyra an der Hand und schleifte sie hinter sich her in das kleine schwankende Beiboot und kurz darauf auf das Deck der *dreki*.

Thyra sah in lauter amüsierte Augen.

Gorm brauchte seine Mannschaft nicht zusammenzurufen. Sie standen schon neugierig an Bord. »Wie ihr seht ...« Er machte eine kurze Pause und deutete auf Thyra, die eilig auf die sicheren Planken der *dreki* sprang.

»Wie ihr seht«, fing Gorm erneut an, »verzichtet König Alfred auf diesen kostbaren Tribut. Diese Frau bleibt uns erhalten.« Stolz und glücklich sah er in die Runde. Doch der entsetzte Blick von Bergdis und Ketill blieb ihm verborgen.

»Sie ...« Er sprang neben Thyra aufs Deck. »Ich meine, Thyra.« Er sah der Frau an seiner Seite bedeutungsvoll in die Augen. »Thyra wird unsere neue *het-ja*!«

»*Het-ja*«, murmelte Siguror anerkennend.

»Eine Kriegerin an Bord der *dreki*«, flüsterte Geiri und schlug Ongull lachend auf die Schulter, der sich grimmig zum Jüngling umdrehte.

»Diese *het-ja* wird dir schon noch heftigen Wind um deine Ohren blasen«, spottete Ongull und grinste über beide Ohren.

Doch Thyra hörte das Gemurmel nicht. Der Hass auf ihren Onkel brannte in den Gedanken und das Verlangen auf Rache wuchs. Sie sah zu Gorm und ließ den Namen genüsslich auf der Zunge zergehen.

»*Het-ja*. Kriegerin. Das fühlt sich gut an.«

end-i

Anhang

Die altnordische Sprache

In »Feindin der Wikinger« schreibe ich einige Wörter und Passagen in der altnordischen Sprache.

Eine fremde Sprache, die zu Beginn des Kennenlernens nicht verstanden wird, stellt die eigene Fremdheit in einem neuen Volk wunderbar dar. Das spätere Erlernen beeinflusst die Zugehörigkeit zu den Menschen eines Landes positiv.

Aus dem Wörterbuch von Gerhard Köbler übersetze ich ins Altnordische und bin mir durchaus bewusst, dass dieses Unterfangen im umgekehrten Fall fast unmöglich scheint. Für die Zeit im 10. Jahrhundert gibt es kaum altnordische Quellentexte, um die Sprache der Wikinger authentisch zu rekonstruieren. Die Schriftquellen der Wikinger aus dieser Zeit sind die Runen.

Glossar

162 vika sjáfar	162 Seemeilen = 300 Kilometer
76 vika sjáfar	76 Seemeilen = 140 Kilometer
ambátt	Sklavin
ascomanni	Dänische Wikinger
atfararthing	Vollstreckungsthing; Vollstreckungsversammlung
att-i	Vater
beiz-l-a	Bitte
berserkir	Berserker
berserkir	Bärenhemd
brau-d	Brot
burhs	Burgen
danskir víginar	Dänische Wikinger
drengir	Junge Männer, die sich Habe und Ruhm erstreiten. Die den mächtigen Häuptlingen und Bauern dienen, aber auch reife und rüstige Männer.
drengiren	Ehrenwerte Männer
drykkr	Molke
duph	Dänen
edl-ing-r	Häuptling
ek	Ich
engl-a-r	Engländer
eoh	Eibe

eolx	Schutz
faereyiar	Färöer-Inseln
fál-a	Hexe
fardrengire	Mächtige Männer, die von Land zu Land segeln
faxi byrjar	Windpferd
filaga	Kamerad
forkr	Peilstab
foroyskur bátur	Färöerboot zur Jagd
gammr	Greif
ganga til borda	Notdurft über die Reling
gifu	Hindernis
graenlendingar	Grönland
graenlendingar	Grönländer
grindabátur	Grind-Boot
grindadráp	Grindwalfang
grindahvalur	Grindwal
grindareidskapur	Die Waffen zur Grindwaljagd
Grünlands	Grönland, im Sommer ist es grünes Land
gullbringa	Goldbrust
haidabýr	Haitabu, auch Haithabu, Wikingerstadt
hal-d!	Halt!
hangistaz	Hengst
hárknifr	Rasiermesser

hásetar	Rudermannschaft
havilla	Richtungsloses Umhertreiben
hed-ja	Kriegerin
helvítiskona	Du verdammtes Weib
herkona	Kriegerin
Herold	Verkünder, Bote, Vorbote
herskip	Kriegsschiff
hjallin	Spezieller Holzschuppen zum Trocknen des Fisches
hudarketill	Kochkessel
húdfat	Ledersack zum Schlafen
húdfatéger	Doppelschlafsack
húdfatfélagar	Schlafgenossen
húskarl	Freie Männer, die sich den Mächtigen anschließen und dessen Gefolge bilden. Sie genießen freien Unterhalt und leben im Haus des Mächtigen. Sie verpflichten sich aber, ihm bei allen Unternehmungen beizustehen.
hvalvágir	Walbucht
hvarf	Verschwinde
komþú	Bitte
kona	Frau
konur	Weiber
kvend-i	Weiber
laek-n-a	Heilerin
lag	Wasser

lagu	Wasser, für das Volk der Seefahrer ein entscheidendes Element
landnordr	Nordosten
Leeseite	Dem Wind zugewandte Seite
leidarstein	Wegstern zur Navigation
leidsógumadr	Lotse
lochlannach	Irische Wikingerin
logsogmuadur	Vorsitzende der Versammlung
logting	Gerichtsversammlung der Wikinger Versammlung, Gerichtsverhandlung, thing
lung	Langschiff
Luvseite	Dem Wind abgewandte Seite
lyptingartjald	Hinterdeck
men-ja	Sklavin
mey-l-a	Kleines Mädchen
mót	Schiffsgericht
mýl-in	Name der Sonne
mýl-in-n	Name des Mondes
nabíd	Alkoholisches Getränk; vergorene Molke
nabud	Alkoholisches Getränk
naut	Vieh
nei	Nein
nid-du-r	Grimmige Krieger
nyd	Widrige Umstände und Geduld

ormr inn langi	Lange Schlange
pagani	Heiden
Ragnarök	Götterdämmerung
reidumenn	Auf See ist der Mast der Ort für das Schiffsgericht.
Riemen	Langes Holzruder / Paddel oder auch Ruderblatt
riklingr	Heilbuttstreifen
rúm	Raum
ry-n-d-r gryl-a	Runenkundiges Zauberweib, auch Hohe Frau
ság-a	Seherin
sall-ad-r	Gesalzener Fisch
sjáfar	Seemeilen
sjónarvördr	Ausguck gegen den Feind
skinnklaedi	Kleidung auf See, zusammengenähte Häute, die vor Nässe schützen.
skiparií	Schiffsmänner
skipreiduthing	Klärung der Schifffahrtsrouten, Schiffhandel und Ankerplätze
skreid	Stockfisch
skuld	Schuld
snaeland	Island, Schneeland
sólskuggafjöl	Sonnenschattenbrett
spik	Speck
stafntjald	Vorderdeck
stef-n-ir	Steuermann

stryj-r	Sturmwind
styrimannr	Schiffsführer, er steht im Rang gleich hinter dem edl-ing-r, dem Häuptling.
thing	Versammlungsort, Gerichtsort
thraell	Sklavin
Þú!	Du
tvost	Grindwalfleisch
ulfhednar	Wolfsmantel
ulfr elfar	Wolf der Flüsse
urd	Schicksal
uthlaupsship	Seeräuberschiff
valr	Gefallene der Schlacht
vápnathing	Waffenappell
vedrviti	Wetterfahne
Werdandi	Werden – eine der Nornen, Schicksalsgöttin
wuc	Bucht

Thyra Danebod

Thyra Danebod: * um 870, † um 935. Über die genauen Lebensdaten besteht in der Forschung Uneinigkeit. Im vorliegenden Roman wurde das Jahr 870 als Geburtsjahr angenommen.

Sie ist die jüngste Tochter des angelsächsischen Königs Ethelred von Wessex (*837 - †871) und seiner Frau Wulfthryth. Ethelred stirbt in der Schlacht von Merton, als Thyra ein Jahr alt ist. Sie ist die Nichte des Königs Alfred des Großen von England.

892 wird Thyra Danebod von dänischen Wikingern aus Oxfordshire geraubt. Sie heiratet 899 den dänischen Häuptling und späteren König Gorm den Gamle und gründet mit ihm die Jelling-Dynastie. Die mächtige Wikingerkönigin ist eine charismatische Anführerin, die es versteht, ihr Volk zu führen und zu vereinen.

Geschichtlich gesichert gilt der Ausbau des Walls durch die dänische Königin Thyra im 10. Jahrhundert, das Danewerk in Schleswig-Holstein, bei Haitabu, der damals reichsten und bedeutendsten Handelsstadt des Nordens. Der Ort liegt in der Nähe der heutigen Stadt Schleswig und ist UNESCO-Weltkulturerbe.

Sie war es, die alle arbeitsfähigen dänischen Männer aufbot für die Errichtung jenes Grenzwalls, der sich als Schutz gegen die südlichen Feinde der Dänen quer über die engste Stelle Jütlands zog.

Gorm errichtete einen Runenstein zu Ehren seines Weibes, auf dem steht, dass sie die Zierde Dänemarks ist. Thyra wird als Erneuerin Dänemarks, Wohltäterin, Heil und Segen Dänemarks gepriesen. Thyra stand im Ruf ihrer großen Schönheit mit dem Scharfsinn eines Nester, der Verschlagenheit eines Odysseus, der Weisheit Salomos.

Aus der Ehe mit Gorm den Gamle (*860 – †ca. 950) gingen fünf Kinder hervor:

Connor	*899, †940, verheiratet mit Ranulf de Crépon
Gunnhild	*900, †ca. 954, verheiratet mit König Erik I. Blutaxt von Norwegen und Northumbrien
Harald Blauzahn	*910, †987,
	verheiratet mit Gunhild,
	verheiratet mit Prinzessin Tove von Mecklenburg
	verheiratet mit Prinzessin Gyrihte von Schweden
Knut Daast	* ---, ermordet 940, Herzog von Holstein
Torke	* ---, gefallen 985

Gorm Gormsen, auch Gorm den Gamle (Gorm der Alte), Gorm Grymme

Gorm: *um 860, †zwischen 958 und 964.

Um 892 ist er ein dänischer Häuptling und Schiffsführer der *dreki*, einem Kriegsschiff der Wikinger.

Gorm besteigt den dänischen Thron etwa 934. Der König von Dänemark ist zu seiner Zeit der mächtigste Herrscher in Jütland. Er ist ein heidnischer Ascomanni, der dreißig Jahre lang über sein Volk herrscht.

Thyra und Gorm sind die Gründer der dänischen Jelling-Dynastie und damit in direkter Linie die Vorfahren des heutigen dänischen Königshauses.

In Jelling steht der Runenstein für Thyra. Ein Abbild des Runensteines ist heute in jedem dänischen Pass zu sehen.

Historischer Kontext

In Haitabu oder Haithabu, altnordisch heidabyr, lebten damals etwa tausend bis tausendfünfhundert Einwohner. Handwerker, Fischer, Bauern, Krieger und Sklaven wohnten mit ihren Familien in der Wikingerstadt. Der Ort liegt wenige Kilometer westlich vom Ochsenweg, der jahrhundertelang die entscheidende Süd-Nord-Verbindung zwischen Hamburg und Viborg in Jütland war.

Eine West-Ost-Verbindung war die Seehandelsroute der Wikinger, zwischen der Nord- und Ostsee. Sie bestand aus den Flüssen Eider, Treene, Rheider-Au und der Schlei.

Das Wikingerdorf in Haitabu sowie das Wikingermuseum, das archäologische Landesmuseum Schloss Gottorf, die Universität in Kiel und die Archäologen, die sich auf die Welt der Wikinger spezialisiert haben, gaben mir über die damalige Zeit detaillierte Auskunft. Meinen allerherzlichsten Dank.

Die Wikingervölker der einzelnen nordischen Länder

Ascomanni	allgemein, die skandinavischen Wikinger. Sie wurden auch Eschenmänner genannt. Denn ihre Schiffe wurden unterhalb der Wasserlinie aus Eiche, aber oberhalb der Wasserlinie aus Eschenholz gebaut, welches weiß erscheint. Daher Asco = Esche.
duph	die Schwarzen, die dänischen Wikinger
finn	die Weißen, die norwegischen Wikinger. Der Name, die Weißen, führt auf die Schutzschildfarbe zurück.
lochlannach	irische Wikinger
rús	die Wikinger in den östlichen Gebieten, wie z.B. Lettland oder im russischen Raum.

Die styrimannr (*Schiffsführer*) der dänischen Wikingerflotte

Elfraor *styrimannr* des Kriegsschiffes *ulfr elfar* (Wolf der Flüsse)

ein *halfprigtugt* mit 25 *sessa* ca. 50 Nordmänner

Elfraor ist ein glatzköpfiger Königsdrengir (Männer, ohne Land, die dem Häuptling dienen)

Cuaran *styrimannr* des Kriegsschiffes *faxi byrjar* (Windpferd)

ein *halfprigtugt* mit 25 *sessa* ca. 50 Nordmänner.

Cuaran ist ein Königsdrengir.

Nereior *styrimannr* des Kriegsschiffes *vargr hafs* (Wolf des Meeres)

eine *pritugsessa* mit 30 *sessa* ca. 60 Nordmänner

Nereior ist ein Königsdrengir. Gerissen, schlau, gefährlich, besonnen.

Briningr *styrimannr* des Kriegsschiffes *gullbringa* (Goldbrust)

ein *halfprigtugt* mit 25 *sessa* ca. 50 Nordmänner.

Er ist ein Königsdrengir mit zwei dicken, blonden Bartzöpfen.

Bror — *styrimannr* des Kriegsschiffes *ormr inn langi* (Lange Schlage)

eine *pritugsessa* mit 30 *sessa* ca. 60 Nordmänner.

Er ist ein Königsdrengir.

Yngvarr — *styrimannr* des Kriegsschiffes *gammr* (Greif)

ein *halfprigtugt* mit 25 *sessa* ca. 50 Nordmänner.

Er ist ein Königsdrengir. Ein hitzköpfiger Hüne.

Israuor — *styrimannr* des Kriegsschiffes *hárknifr* (Rasiermesser)

ein *njósnarskútur* Späherschiff, leicht, wendig, schnell.

Israuor ist ein Königsdrengir.

Gorm — *styrimannr* des Kriegsschiffes *dreki* (Drache)

ein *edl-ing-r* Häuptling der Kriegsflotte mit ca. 450 Kriegern, die 892 England / Oxfordshire überfallen. *halfprigtugt* 25 *sessa* ca. 50 Nordmänner.

Die Hierarchie des Wikingervolkes

König	*reges*; Seekönig ohne Land, aber nur, wenn er von der königlichen Blutlinie abstammt. Er führt ein Heer und die Flotte.
Häuptling	*edl-ing-r*
Schiffsführer	*styrimannr*
Königsdrengir	die Männer, die dem Häuptling dienen. Sie bilden die Kerntruppe, wenn der König auf *viking* geht.
Drengir	junge Männer, manchmal auch rüstige, ältere **Männer, oft Bauern, Handwerker, Fischer. Sie sind** *drengire*, solange sie sich Habe und Ruhm erstreiten.
Fardrengir	die von Land zu Land segeln.
Húskarl	freie Männer, die sich den Mächtigen anschließen und dessen Gefolge bilden. Sie genießen freien Unterhalt und leben im Haus des Mächtigen. Dieses ist ein riesiges Anwesen. Ein *húskarl* verpflichtet sich, ihm bei allen Unternehmungen beizustehen.
Karler	einfache Bauern, einfaches Volk, ohne Besitz
Thraell	Sklaven und Sklavinnen

Kriegsschiffe (*herskip*) der Drachenflotte

dreki	Drache
styrimannr =>	Gorm. Er ist der Häuptling und Anführer der Flotte.
halfprigtugt =>	ein sehr manövrierfähiges Kriegsschiff mit 25 sessa (Sitzen) an Steuer- und Backbord, also sind immer mindestens 50 Personen an Bord.
Segel =>	purpurfarben
Rumpf =>	unterhalb der Wasserlinie besteht das Schiff aus Eichenholz und oberhalb aus Eschenholz. Das Eschenholz liegt über der Wasseroberfläche und mutet weiß an. Daher lautet der Name der dänischen Wikinger *dubh*, die Weißen.
Schilde =>	in allen leuchtenden Farben und darauf schwarze Abbildungen von Drachenkämpfen und Wikingergöttern.
Galionsfigur =>	ein Drachenschädel mit einem kräftigen Rumpf und zwei Flügeln
Wetterfahne =>	im breiten Rand der goldglänzenden *vedrviti* sind ineinander verschlungene Schlingpflanzen eingeritzt. Im lichtdurchfluteten filigranen Inneren der *vedrviti* ist ein von Ranken und Blattwerk eingebetteter Drache geschmiedet, in dessen Fuß sich ein kleineres Tier verbeißt und sich ein anderes an seinem gebogenen Schwanz festklammert. Auf der Spitze der *vedrviti* steht ein dreidimensionaler Hirsch. Die *vedrviti* ist an der Mastspitze befestigt.

ulfr elfar	Wolf der Flüsse
styrimannr =>	Elfraor
halfprigtugt =>	25 sessa (Sitze) für mindestens 50 Personen
Segel =>	blau und weiß gestreift
Rumpf =>	wie bei der *dreki*
Schilde =>	auf jedem Schild eines Kriegers sind mythische und heidnische Figuren des Wolfes und Symbole der eigenen persönlichen Schutzzeichen der Wikingerkrieger aufgemalt.
Galionsfigur =>	ein Wolf mit weit aufgerissenem Schlund
Wetterfahne =>	die *vedrviti* ist ein Wolf mit aufgerissenem Schlund, der von vielen verschlungenen Flüssen im lichtdurchlässigen Inneren der Fahne geführt wird. Die *vedrviti* ist am Steven befestigt.
faxi byrjar	Windpferd
styrimannr =>	Cuaran
halfprigtugt =>	25 sessa (Sitze) an Steuer- und Backbord
Segel =>	braun und sandfarben gestreift
Rumpf =>	wie beim *halfprigtugt*
Schilde =>	mythische Zeichen vom achtbeinigen Pferd Odins, Sleipnir. Dieses Pferd ist schnell wie der Wind. Die Schilde sind in Farben der Pferde gehalten: weiß, schwarz, braun und beige und gescheckt. Die mythischen Zeichen sind goldenen und schwarz.
Galionsfigur =>	Pferdekopf mit wehender Mähne

Wetterfahne =>	in dieser *vedrviti* ist das achtbeinige Pferd Sleipnir, eingebettet in Ranken und Schlingpflanzen. Die *vedrviti* ist am Steven befestigt.
Wichtige Personen =>	Aesa und Ruadhan
vargr hafs	Wolf des Meeres
styrimannr =>	Nereior
pritugsessa =>	30 sessa (Sitze) an Steuer- und Backbord. Es sind mindestens 60 Personen an Bord.
Segel =>	leuchtend blau
Rumpf =>	wie beim *halfprigtugt*
Schilde =>	die Schilde der Krieger sind alle in den vielfältigen blauen Farben des Meeres gehalten. Die Applikationen der heidnischen Götter und Wolfsabbildungen glänzen silber.
Galionsfigur =>	Ein Wolf mit angelegten Ohren und fletschenden Zähnen.
Wetterfahne =>	die *vedrviti* zeigt ein auf den Schaumkronen der Meereswellen tanzenden Wolf. Die *vedrviti* ist am Mast befestigt.
gullbringa	Goldbrust
styrimannr =>	Briningr
halffertugt skip =>	35 sessa (Sitze) an Steuer- und Backbord. Es ist das größte und imposanteste Schiff der Drachenflotte und beherbergt mindestens 70 Personen.

Segel =>	leuchtet gelb wie die Sonne. Die Goldstickerei zeigt Thor mit dem Hammer Mjöllnir im Kampf.
Rumpf =>	wie beim *halfprigtugt*
Schilde =>	jedes Schild zeigt unterschiedliche Darstellungen des Gottes Thor beim Kampf und Odins Walküren auf dem Weg nach Walhalla.
Galionsfigur =>	keine, doch der gesamte Bug der *gullbringa* ist golden.
Wetterfahne =>	die *vedrviti* zeigt einen Raben mit weit ausgebreiteten Schwingen und ist am Mast befestigt.
ormr inn langi	Lange Schlange
styrimannr =>	Bror
prigtugtsessa =>	30 sessa (Sitze) für mindestens 60 Personen
Segel =>	gelb und braun gestreift
Rumpf =>	wie beim *halfprigtugt*
Schilde =>	alle Farben und alle Schlangenformen
Galionsfigur =>	die riesige Schlange, die nur Bror gehorcht. Die züngelnde Schlange mit ihren eisigen starren Augen windet sich mit muskulösem Reptilienkörper, aufgerissenem Maul und langen Giftzähnen an der Reling vom Bug bis zum Heck entlang.
Wetterfahne =>	die goldglänzende *vedrviti* zeigt eine sich windende Riesenschlange im lichtdurchlässigen Inneren. Die *vedrviti* ist am Steven befestigt.

Wichtige Person =>	Gnupas, das runenkundige Zauberweib und Hohe Frau (ry-n-d-r gryl-a) und Hexe (fál-a)
gammr	Greif
styrimannr =>	Yngvarr
halfprigtugt =>	25 sessa (Sitze) für mindestens 50 Personen
Segel =>	breite braune und schwarze Streifen mit zarten goldenen Linien bestickt.
Schilde =>	in allen bunten Farben und mit schwarzen mystischen Zeichen.
Galionsfigur =>	ein Seeadler
Wetterfahne =>	ein Greif mit riesigen Fängen und aufgerissenem Schnabel. Die *vedrviti* ist an der Mastspitze befestigt.
Wichtige Person =>	Aesa, die Kräuterfrau (laek-n-a)
hárknifr	Rasiermesser
styrimannr =>	Israuor
njósnarskútur =>	Späherschiff, leicht, wendig und schnell
Segel =>	viele braune, blaue und grüne Streifen
Rumpf =>	wie beim *halfprigtugt*
Schilde =>	in den Farben der Erde, der Pflanzen und des Meeres. Alle Götter werden darauf abgebildet.
Galionsfigur =>	keine
Wetterfahne =>	einfach, aus Eisen, nur scharfe Linien, die sich kreuzen, sie ist am Steven befestigt.

Die dänischen Wikinger

Namen	Berufe auf altnordisch: set-a	Schlafgenosse in einem Lederschlafsack húdfadfélagar á ei-n-n húdfat
Aalakar	Wache Landungsstelle und Nagelschmied vak-a skek-il-l en kló smi-d-r	Schlafgenosse von Ulf
Aesa	Kräuterfrau und Heilerin jurt bed-ja en laek-n-a	
Afaldr	Schiffszimmermann as-k-r fle-t af-i	Schlafgenosse von Geiri
Agmundr	Versorgt das Vieh ann-kvist-a pat bú	Schlafgenosse von Isleifr
Arnthor	Wachaufgabe für Segel und Plankenhauer rávärdr en pla-nk-a hnaf-a	Schlafgenosse von Einar
Asroor	Segelmacher dúk-r ger-a	Schlafgenosse von Dalkr
Berfin	Ausguck Fahrwasser und Stevenschmied stafnbúas en bard smí-d-r	Schlafgenossen von Gizur
Bergdis	Silberknotenfrau sil-fr fal-d-r bed-ja	
Bersi	Bernsteinschleifer raf slíp-ari	Schlafgenosse von Tindr

Boovarr	Seiler reip-ar-i	Schlafgenosse von Josurr
Broddr	Versorgt das Vieh ann-kvist-a pat bú	Schlafgenosse von Vester
Dagfuss	Waffenschmied für Messer und Schwerter mal-m-r smí-d-r fyr kníf-r en att-i	Schlafgenosse von Finnr
Dalkr	Glas- und Perlenmacher gler pael-a ger-a	Schlafgenossen von Asroor
Einar	Wachaufgabe für Segel und Plankenhauer vak-r fyr dúk-r en plank-a hnaf-a	Schlafgenosse von Arnthor
Eirikr	Waffenmacher für Bogen und Pfeile mal-m-r-ger-a fyr al-m-r en akk-a	Schlafgenosse von Konall
Ethelgiva	Gouvernante von Thyra in Oxfordshire	
Fargrim	Ausguck Feind und Kammmacher sjóarvördr en ka-m-b-r ger-a	Schlafgenosse von Knut
Finnr	Gerber und Rufer auf der dreki beim Einlaufen in Häfen	Schlafgenosse von Dagfuss
Froori	Bronzegießer	Schlafgenosse von Gils
Galti	Segelmacher dúk-r ger-a	Schlafgenosse von Skiori

Geiri	lernt Zimmermann get-a sto-k-k-a af-i	Schlafgenosse von Afaldr
Gestr	lernt Waffenmacher get-a mal-m-r ger-a	Schlafgenosse von Snorri
Gils	Kammmacher ka-m-b-r ger-a	Schlafgenosse von Froori
Gizur	Ausguck Fahrwasser und Stevenschmied stafnbúar en bard smi-d-r	Schlafgenosse von Bergfin
Gnupas	Runenkundiges Zauberweib und Hexe ry-n-d-r gryl-a en fál-a	
Gorm	Schiffsführer und Häuptling der dänischen Flotte styrimannr en edl-ing-r in-n duph flo-t-i	Schlafgenosse von Siguror
Gunnar	Zimmermann sto-k-k-a af-i	Schlafgenosse von Orlyg
Hafr	Waffenschmied für Messer und Schwerter mal-mr smi-d-r fyr kní-f-r en att-i	Schlafgenosse von Ketill
Hallgeirr	Überwacht den Mast der dreki vak-a sig-l-a in-n dreki	Schlafgenosse von Bjorg
Horor	Überwacht den Mast der dreki vak-a sig-l-a in-n dreki	Schlafgenosse von Ofeigr

Islaifr	Ausguck Ankertau und Taumacher strengvördr en rei-p ger-a	Schlafgenosse von Agmundr
Josurr	Seiler reip-ar-i	Schlafgenosse von Boovarr
Kali	Lotsengehilfe	Schlafgenosse von Njal
Kalmann	Rudermann am Steuer der dreki ár af-i á gjald in-n dreki	schläft allein
Ketill	Segelmacher dúr-k ger-a	Schlafgenosse von Hafr
Knut	Ausguck Feind und Goldschmied sjónar-vördr en gul-l-smi-d-r	Schlafgenosse von Fargrim
Konall	Waffenmacher für Bogen und Pfeile mal-m-r ger-a fyr al-m-r en akk-a	Schlafgenosse von Eirikr
Moror	Glasperlenmacher gler pael-a ger-a	Schlafgenosse von Oli
Njal	Lotse	Schlafgenosse von Kali
Ofeigr	Überwacht den Mast der dreki vak-a sig-l-a in-n dreki	Schlafgenosse von Horor
Oli	Wachaufgabe für Segel und Schmied vak-a fyr dúk-r fyr smi-d-r	Schlafgenosse von Moror
Ongull	Steuermann der dreki stef-n-ir in-n dreki	Schlafgenosse von Ulkell

Orlyg	Schiffszimmermann as-k-r fle-t af-i	Schlafgenosse von Gunnar
Pall	Ausguck Ankertau und Taumacher strengvördr en rei-p ger-a	Schlafgenosse von Refr
Refr	Schumacher sút-ar-i	Schlafgenosse von Pall
Siguror	Königsdrengir auf der dreki	Schlafgenosse von Gorm
Skiori	Kochgehilfe (Kochhelfer) matsveinn bei-n-ir	Schlafgenosse von Galti
Snorri	Wachaufgabe Segel und Kürschner rávärdr en ski-n-nari	Schlafgenosse von Gestr, später von Thyra
Styrmir	Waffenschmied für Messer und Schwerter mal-m-r smi-d-r fyr kníf-r en att-i	Schlafgenosse von Tanni
Svatrr	Töpfer, Topfmacher pott-r ger-a	Schlafgenosse von Vigfuss
Tanni	Bogenmacher und bester Schütze alm-r ger-a en baz-t-r sky-t-ar-i	Schlafgenosse von Styrmir
Tindr	Bernsteinschleifer raf slíp-ari	Schlafgenosse von Bersi
Torkel	Überwacht den Mast der dreki vak-a sig-l-a in-n dreki	Schlafgenosse von Hallgeirr

Ulf	Wache Landungsstelle und Stevenschmied vak-r skek-il-l en bard smid-r	Schlafgenosse von Aalakr
Ulkell	Seiler reip-ar-i	Schlafgenosse von Ongull
Vester	Koch matsveinn	Schlafgenosse von Broddr
Vigfusss	Schuster sút-ar-i	Schlafgenosse von Svartrr

Berufe auf der dreki und Schlafgenossen
(*húdfadfélagar*)

Stevenschmied, Ausguck Fahrwasser	Bergfin
Stevenschmied, Ausguck Fahrwasser	Gizur
Plankenhauer, Wachaufgabe Segel	Einar
Plankenhauer, Wachaufgabe Segel	Arnthor
Nagelschmied, Wache Landungsbrücke	Ulf
Nagelschmied, Wache Landungsbrücke	Aalakr
Versorgt das Vieh	Broddr
Koch	Vester
Schiffszimmermann	Orlyg
Zimmermann	Gunnar
Waffenmacher für Bogen und Pfeile	Konall
Waffenmacher für Bogen und Pfeile	Eirikr
Waffenschmied für Messer und Schwerter	Dagfuss
Gerber, Rufer auf der dreki beim Einlaufen in den Häfen	Finnr
Mast	Horor
Mast	Ofeigr
Kochgehilfe	Skiori
Segelmacher	Galti
Segelmacher	Asroor
Perlen- und Glasmacher	Dalkr
Schuhmacher, Ausguck und Herstellen von Ankertau	Refr
	Pall
Ausguck und Herstellen von Ankertau	Isleifr
Versorgt das Vieh	Agmundr
Waffenschmied für Messer und Schwerter	Hafr
Segelmacher	Ketill

Nachschlagewerke für den Roman:

Viking-woman / Jelling-Dynastie / Thyra und Gorm

Auf den Spuren der Wikinger und Slawen	Claudia Blank, Theiss
Das Runen-Wörterbuch	Dr. Udo Waldemar Dieterich, marixverlag
Die Götter der Wikinger	Hrsg. Jón Hinrichsen, Gudrun
Frauen der Vikingzeit	Judith Jesch, Wiener Frauenverlag, Reihe Frauenforschung Band 22
Haithabu	Birgit Maixner, Fernhandelszentrum zwischen den Welten, Hrsg. Archäologisches Landesmuseum, in der Stiftung Schleswig-Holsteinische Landesmuseen Schloß Gottorf Lexikon der Midgard
Altnordische Literatur	Simek/Pálsson, Kröner
Auf den Spuren der Wikinger	Gerhard Köbler, Heiko Fritz & Joachim Feik, Books on Demand, Band 1: Deutschland & Dänemark
Ruf der Runen	Igor Warneck, Eine Einführung in die Welt der Runen, Stb
Runendenkmäler in Schleswig-Holstein und in Nordschleswig	Wolfgang Laur, Landesmuseen Gottorf, Hrsg. Archäologisches Landesmuseum, in der Stiftung Schleswig-Holsteinische Landesmuseen

Runenkunde	Klaus Düwel, Sammlung Metzler, J.B. Metzler Verlag
Schaufenster einer frühen Stadt	Hildegard Elsner, Wikinger Museum Haithabu, Hrsg. Archäologisches Landesmuseum, in der Stiftung Schleswig-Holsteinische Landesmuseen
Die Wikinger	Angus Konstam, Geschichte, Eroberungen, Kultur, Tosa Verlag
Die Wikinger	Burkhard-Verlag Ernst Heyer Essen
Die Wikinger	Claudia Blank; Theiss WissenKompakt
Die Wikinger	Historisches Museum der Pfalz Speyer, Edition Minerva
Die Wikinger	John Grand, Kultur und Mythen, Evergreen
Die Wikinger	Peter Sawyer (Hrsg.), Geschichte und Kultur eines Seefahrervolkes, Nikol
Die Wikinger	Rudolf Simek, C.H. Beck Wissen
Die Wikinger	Abenteurer aus dem Norden, Untergegangene Kulturen, Weltbild
Die Wikinger und Nordgermanen	Eric Graf Oxenstierna, fourierverlag
PDF-Datei	Altnordisches - hochdeutsches Wörterbuch, Gerhard Köbler
Spurensuche Haitabu	Kurt Schietzel; Wachholtz-Verlag

Danksagung

Danken möchte ich im Besonderen meinem Mann, der mir in konstruktiven Debatten und mit unermüdlicher Unterstützung ein hervorragender Kritiker und Förderer ist.

Einen großen, für mich unschätzbaren Wert haben meine Freunde, die mit unermüdlicher Hingabe diesen historischen Roman in der Rohfassung lesen konnten und mir wertvolle Hinweise gaben.

Daher danke ich besonders:

Eva Bauer, Sabine Meerle Gröne, Anke Buffler, Yvonne Nörenberg, Thelma Frahm, Madeline Richter und Holger Weber sowie für die Überarbeitung der Programmleiterin und Lektorin des acabus Verlags Amandara M. Schulzke. Dank an Bedey & Thoms, die mir die Möglichkeit gaben, die Trilogie über Thyra Danebod zu realisieren.

Die Autorin

Andrea Storm (*1964) wuchs in der Nähe der Wikingerstadt Haithabu in Schleswig-Holstein auf. Sie wurde für ihre plattdeutsche Geschichte »So föhlt sik dat also an« im Schreibwettbewerb des NDR und Radio Bremen »Vertell doch mal« unter dem Titel »Löppt?!« prämiert.

2021 erschien ihr Thriller »Nur ein Stich« (Redrum) und mit ihrem historischen Roman »Feindin der Wikinger« der erste Band ihrer Trilogie über die Jelling-Dynastie im acabus Verlag. Darüber hinaus veröffentlichte die prämierte Autorin bereits zahlreiche Kurzkrimis in Anthologien. Andrea Storm ist verheiratet und lebt in Erfurt.

Dorothe Zürcher
BITTERMANDELN AUS BYZANZ
HISTORISCHER ROMAN

kartoniertes Buch
480 Seiten
Preis 16,00 EUR (D)
ISBN 978-3-86282-861-6
lieferbar

Ebook epub
ISBN 978-3-86282-849-4

Lorbeerduft und Rosenwein – Ein Kreuzritter Barbarossas wird verzaubert von der Kochkunst einer Delikatess-Köchin aus Byzanz. Eine Leidenschaft, die viele in Gefahr bringt.

Byzanz im Jahre 1189: Das Kreuzritterheer Barbarossas plündert und brandschatzt auf seinem Weg nach Jerusalem. Bei der Besetzung von Adrianopol wird Alkmene, eine Köchin aus der Palastküche, Ritter Diethelm als Zeltmagd zugeteilt. Dieser hat schon längst den Glauben an den Kreuzzug verloren und will sich nicht auch noch um Alkmene kümmern. Doch sie ringt ihm ein Versprechen ab: Sie wird ihm eine so köstliche Mahlzeit vorsetzen, dass Diethelm Alkmene an dem Herzog empfehlen würde.

Er schlägt ein, ohne zu wissen, dass Liebe durch den Magen geht. Diethelm interessiert sich jeglicher Sitten zum Trotz für Pares, Alkmenes heimliche Liebe. Alle drei werden zum Spielball mächtiger Intriganten.